KB187304

THE MATRIX OF VISUAL CULTURE

시각문화의 매트릭스

들뢰즈와 함께 보는 현대 영화

[파트리샤 피스터르스(Patricia Pisters) 지음 · 정민아 옮김]

철학과현실사

THE MATRIX OF VISUAL CULTURE:
Working with Deleuze in Film Theory
Copyright ⓒ 2003 Patricia Pisters
All rights reserved.
Korean Translation Copyright ⓒ 2007
by Chul-Hak-Kwa-Hyun-Sil-Sa Publishing Co.
Korean edition is published by arrangement
with Stanford UP Stanford, Calif. through DURAN KIM Agency.
이 책의 한국어판 저작권은 듀란킴 에이전시를 통한
Stanford UP과의 독점 계약으로 [철학과현실사]에 있습니다.
저작권법에 따라 한국에서 보호를 받는 저작물이므로
무단 전재와 무단 복제를 금합니다.

* 이 책은 경기영상위원회 <제2회 경기영상창작지원프로그램>의 지원을 받아 출판되었습니다.

한국어판 서문

> 뇌는 이제 우리의 통제, 해결 혹은 결정이라기보다는 우리의 문제, 우리의 병 혹은 우리의 정열이 되었다.[1]

　나는 파리에서 유학중이던 1990년대 초에 처음으로 들뢰즈의 영화 책을 알게 되었다. 당시에는 들뢰즈 연구와 관련된 글들이 그다지 많이 나오지는 않았다. 하지만 『시각 문화의 매트릭스』가 출간된 2003년 즈음에 들뢰즈 철학은 순식간에 중요하게 인식되고 있었다. 그리고 대단히 놀랍게도 최근 몇 년 사이에 들뢰즈 연구는 학술지, 웹 사이트, 정기 학술 대회, 출판물의 홍수 등으로 엄청난 국제적 네트워크를 형성하는 세계적인 현상으로 발전해오고 있다. 영화에 대한 들뢰즈적 접근은 이제 영화 연구 프로그램 교과 과정의 필수로 자리잡았다. 나는 (아직까지) 한국 영화와 한국 문화를 접할 기회를 그리 많이 갖지는 못했다. 그러나 책과 이제까지 본 영화들을 통해 나는 들뢰즈 철학과 한국 영화의 만남이 얼마나 생산적일 수 있는지 이해하게 되었다. 이러한 나의 인상을 간단히 전달하기 위해 두 편의 한국 영화를 참조하며, 또한 이 책에서 이미 내포적 의미로서 한 부분을 형성

---

1) Gilles Deleuze, *Cinema 2 : The Time-Image*. Trans. Hugh Tomlinson and Robert Galeta. London: The Athlone Press, p. 211.

하고 있는, 영화 연구의 최근 두 가지 경향을 지적하고자 한다. 두 가지 주요 경향 중 하나는 영화의 분열 분석(schizoanalysis)의 발전이며, 또 다른 하나는 신경학(neuroscience)과 영화 이론의 학제적 만남으로, 이는 들뢰즈의 유명한 언급인 '뇌는 스크린이다'를 더욱 발전시키기 위한 것이다.

영화 이론에서 들뢰즈 철학으로 연구하는 방식으로서 내가 『시각 문화의 매트릭스』에서 제안한 것은 항상 들뢰즈의 영화책을 그의 다른 저서들과 함께 결합하는 것인데, 특히 들뢰즈가 구아타리와 함께 저술한 『앙티 오이디푸스』와 『천 개의 고원』에서 보여준 자본주의와 정신분열증 연구에 집중할 필요가 있다. 오늘날 들뢰즈 연구의 가장 최근 경향 중 하나는 '영화의 분열 분석'을 더욱 명시적으로 발전시키는 것이다. 1970년대와 1980년대에 영화의 정신 분석이 영화에 대한 이론적 접근으로서 확고하게 자리잡았던 것처럼, 영화의 분열 분석은 참된 이론적 틀로서 점점 더 널리 발전하기 시작했다. 영화의 분열 분석이 정의되는 한 가지 방식은 분열증의 임상 조건을 살펴보기 시작함으로써 이루어지고 있다. 분명하게도 들뢰즈와 구아타리는 우리로 하여금 병리학적 정신 이상자를 탐구하게 하는 것을 목표로 하지는 않았다. 그럼에도 불구하고 '임상적인' 것은 '비평적인' 것(세계에 대한 비평적 접근)에 대해 무언가를 말한다. 임상적 정신분열증을 관찰하는 것으로부터 들뢰즈와 구아타리는 정신 착란의 세계-역사적 특징, 기관 없는 몸의 창조와 욕망의 기계적 접속과 같은 더욱 보편적인 분열증적 접근으로 설명할 수 있는 특정 요소들을 발전시켜왔다. 동시대 문화의 정신분열증은 또한 변용의 역량, 거짓의 역량과 같이 포화 상태에 있는 우리의 미디어 문화에서 유력한 특정 역량을 설명할 수 있다. 이러한 점에서 볼 때, 「사이보그지만 괜찮아」(박찬욱, 2006)를 독해하는 것은 매우 흥미롭다. 이 영화는 정신병원 환자에 관한 '임상적' 정신

착란 영화의 한 예일 뿐 아니라 동시대 문화가 가지는 좀더 일반적인 양상을 지적하고 있기 때문이다. 영화의 내러티브 층위에서 볼 때, 자신이 사이보그라고 믿고 있는 소녀 영군(임수정)은 먹는 것을 거부하고 모든 종류의 기계와 전기에 자신을 연결함으로써(정말 문자 그대로) 식욕이 감퇴하게 된 기관 없는 몸을 창조한다. 그 자신이 정신분열증 환자인 일순(비)은 영군과 접속할 방법을 찾고, 자신이 음식을 전자 에너지로 전환하는 장치인 '밥 메가트론'을 설치했다며 영군을 확신시킨다. 따라서 영군은 자기 파괴적인 기관 없는 몸의 블랙홀에서 구출된다. 변용의 역량(설명 없이 접속하기)과 거짓의 역량(광기 게임하기)은 이야기 도처에 존재한다. 하지만 영화의 미학 층위에서는 이러한 분열증적 요소들이 강조된다. 오프닝 시퀀스는 매끈하게 영화 세계 속으로 크레딧을 삽입하고, 기계적 접속들이 미장센에서 강조되며, 영화 미학의 정서적 차원은 주로 테크니컬러와 같은 질감을 지닌 풍부한 색채를 통해 느껴진다. 여기서 나는 이 영화에 대해 잠깐 스케치만 할 뿐이지만, 한국 영화와 관련하여 좀더 깊고 넓은 분석이 행해져야 한다는 점을 강조하고 싶다. 그리고 문자 그대로 정신 착란을 보이는 인물들을 다루는 영화들(그리고 분열증적이거나 "뒤죽박죽인 뇌"를 가진 인물이 주인공인 영화들이 세계적으로도 증가하고 있다)은 동시대 시청각 문화가 지니는 더욱 일반적인 정신 착란증적 특성을 어떻게 가리키고 있는지 보여준다. 동시대 시청각 문화의 정신 착란증적 특성은 주요 질문이 제기되는 곳에서 분열 분석을 강력하게 요청한다. 그렇다면 대약진이 몰락하는 것을 어떻게 피할 수 있을까?

이제 영화 이론의 두 번째 가능한 새로운 발전을 살펴보자. 들뢰즈는 스크린 위의 이미지를 가치 평가하기 위해 영화 이론은 신경학 원리들을 탐구해야 한다고 주장했다.[2] 비록 들뢰즈 자신이 그의 영화 개념들을 신경학적 발견과 뚜렷하게 연관시키지는 않았지만, 학제적 연구로의 초대는 앞으로의 발전을 위해 필요한 부분이며, 특히 신경학이 매우 큰 새로운 발전을 거듭하고 있는 점을 볼 때 더욱 그러하다. 이러한 접속들이 이루어질 수 있는 적확한 방식들이 이제야 확립되고 있고, 잠재적으로 이는 끝없는 흥미로운 접속들과 만남들로 안내할 것이다. 일반적 층위에서 들뢰즈 철학은 사실 신경학적 증명을 많은 방식으로 예측했다. 하나의 놀라운 예는 소위 '거울 뉴런(mirror neuron)'이라 불리는 신경학적 발견인데, 이는 들뢰즈의 (베르그손적) 개념인 운동-이미지를 증명할 수 있다. 거울 뉴런은 우리가 무엇인가를 할 때, 그리고 우리가 무엇인가를 하고 있는 누군가를 볼 때(실제로 또는 스크린으로. 둘 사이에 차이는 없다) 자극되는 뉴런이다. 따라서 거울 뉴런은 보는 것을 행하는 것이라는 점을 우리에게 말해주며, 최소한 뇌 세포 층위에서는 그러하다. 들뢰즈 용어로 다시 번역함으로써 우리는 행동-이미지가 뇌에서의 행동을 어떻게 일으키는지, 감정-이미지가 감정을 어떻게 일으키는지 이해할 수 있게 된다. 이는 이미지가 내재적 힘을 지니고 있고, 또한 어떤 다른 진실한 차원(실재)의 부차적 재현이 아니라는 점을 입증한다.

이것은 신경학과 영화 이론 사이의 하나의 접속일 뿐이며, 그 외에 더 많은 것들이 이루어질 수 있다. 나는 영화 연구에서 매우 생산적인 기능을 담당할 신경학 연구의 또 다른 일반 영역을 간단히 언급하고자 한다. 그것은 주의(attention)와 인식(awareness)에 대한 질문을 탐구하는 시감각 신경학(visual neuroscience) 안에서 행해지는 연구다. 신경학 실험은 지각(perception)이 의식적인 주의와 인식에 의해 얼마나 교묘히 오도될 수 있는지 입증한다. 여기서 자세하게 설명하지는 않겠지만, 나는 「빈집」(김기덕,

---

2) Gilles Deleuze, *Negotiations*. Trans. Martin Joughin. New York : Columbia University Press, 1995, p. 60.

2004)이 영화 내러티브 층위에서 심리 게임(mind-game)을 강조하는 영화라고 주장한다. 영화에서 주인공 태석(재희)은 그의 주변 환경을 가지고 유희한다. 태석은 지각에서 주의와 인식의 한계를 가지고 유희함으로써 '지각 불가능하게-되기'의 주인이 된다. 영화 도입부에서 태석은 빈집에 몰래 들어가지만, 실제 집주인들에게는 그의 모습이 보이지 않는다. 그가 선화(이승연)와 이 놀이를 계속하자, 결국은 잡히고 감옥에 가며, 그 자신을 지각 불가능하게 만든 심리 게임은 점점 더 사실이 되어간다. 교도관이 태석에게 도전하자, 그는 인간 마음의 불완전한 작용을 예측하고, 스스로 눈으로는 지각되지 않도록 연습을 거듭한다. 이러한 태석의 노력은 영화에서 가장 아름다운 순간으로 이끄는데, 그것은 선화가 남편에게 안기어 '사랑해'(선화가 영화에서 유일하게 하는 말)를 속삭이는 때다. 물론 남편은 그녀가 자신을 향해 말하고 있는 것으로 오인하고 있다. 그리고 아무것도 인식하지 못하는 남편 등 뒤에서 태석은 선화와 키스한다. 물론 영화는 다양한 층위에서 은유적으로 독해될 수 있다(또한 그렇게 독해되어 왔다). 하지만 들뢰즈 식 신경학적 접근은 우리로 하여금 이 영화가 마음이 가진 지각의 한계를 가지고 얼마나 장난하고 있는지 알도록 해준다(남편은 다른 누군가의 존재를 느끼지만 볼 수는 없다. 이 영화에서 촉감은 눈을 대체한다). 영화에 대해, 그리고 이러한 접근이 함의하는 것에 대해 많은 것들을 말할 수 있다. 그러나 나는 영화의 메타-함의점과, 주의와 인식에 대한 신경학적 질문이 지니는 메타-함의점만을 지적하고자 한다. 김기덕 감독도 지적하듯이, 「빈집」의 최종 진술은 '우리가 살고 있는 세상이 현실인지 꿈인지 말하는 게 어렵다'는 것이다. 이것은 영화의 은유적, 환상적 요소(마지막에 주인공은 무중력 상태가 된다)의 정당화일 뿐이라고 주장할 수도 있다. 그러나 이는 스크린으로서의 뇌의 기능과 의식에 대해 근본적인 질문을 제기한

다. 우리가 실재를 단지 제한적이거나 심지어 왜곡되게 지각하고 있다면, 실재는 존재할까? 아니면 뇌에서 구성될까? 모든 신경학적 증거들은 두 가지 선택이 모두 사실이라는 점을 지적하지만, '외부' 스크린과 '내부' 스크린 사이의 경계가 지속적으로 바뀌고 있으므로, 두 가지 선택은 근본적으로 모호하게 남아 있다. 그러나 어쨌든 영화는 시간-이미지로부터 새로운 유형의 이미지를 말하는 게 가능해지는 지점, 즉 뇌의 신비와의 접속을 점차적으로 보여주고 있는 '신경-이미지(neuro-image)'로 전진하면서 정신 예술(mental art)이 되어간다.

나는 영화 이미지에 대한 들뢰즈적 접근의 최근 발전들을 지적하고자 했으며, 한국 영화의 풍부함이 들뢰즈 철학과 많은 방식으로 관련을 맺고 있다고 확신한다. 나의 저서가 이제 한국어로 번역되어 영광이며, 이 책이 한국의 영화 철학에 생산적인 방식으로 기여하길 바란다. 나는 영어로 번역된 한국 책에 관심이 많다. 풍부하고 흥미로운 한국 영화 제작 현실을 통해 판단해보건대, 영어로 번역된 한국 책은 많은 이들에게 훌륭한 독서가 될 것이며, 초민족적 교환을 반영하는 즐거운 일일 것이다.

2007년 11월, 암스테르담에서
파트리샤 피스터르스

감사의 글

다음의 많은 분들의 지지에 감사드리고자 한다. 인내와 헌신을 보여준 편집자 헬렌 타르타르(Helen Tartar), 지난 수년간 용기를 북돋아주고 지지해주었으며 몇 개의 장에 대해 조언해주었던 미커 발(Mieke Bal), 각 장 초안에 대해 조언해주었던 토마스 앨세서(Thomas Elsaesser), 매우 엄격하지만 큰 도움을 준 평론가 토마스 포엘(Thomas Poell), 가장 큰 도움과 자극을 주는 암스테르담대 영화 & 텔레비전학과 동료 교수들과 학생들, 특히 원고를 꼼꼼하게 읽어준 샤를르 포르스빌(Charles Forceville)과 자넷 테일러(Janet Taylor), 늘 지지해주고 깊은 우정을 보여준 친구들, 조건 없는 사랑을 주시는 부모님과 자매에게 감사드린다. 너무도 훌륭하게 자신의 인생을 나와 함께 나누는 헤르트얀트르 하아르(Gertjan ter Haar)와 곧 태어날 아기 로코에게 마지막 감사를 보낸다.

차 례

차 례

T·H·E
M·A·T·R·I·X
O·F
V·I·S·U·A·L
C·U·L·T·U·R·E university

들어가는 글

> 내재성의 평면인 물질적 우주란 운동-이미지의 기계적 배치인 것이다. 여기서 베르그손의 탁월한 선각이 있다. 그것은 영화 그 자체로서의 우주, 곧 메타 시네마다. — 질 들뢰즈[1]

> 뇌는 단일체다. 뇌는 스크린이다. 우리는 영화를 언어가 아니라 묘사의 물질(signaletic material)로 이해해야 한다. — 질 들뢰즈[2]

□메타 시네마로서의 우주 : 카메라 의식과 내재성의 평면

1999년에 샘 멘더스(Sam Mendes) 감독의 「아메리칸 뷰티(America Beauty)」가 5개 부문의 오스카상을 수상했다. 그 중 하나는 레스터 번햄 역을 맡은 케빈 스페이시(Kevin Spacey)에게 주어졌다. 40대 미국 남성인 레스터는 그를 구속하는 억압과 공허한 도시 주변 생활로부터 자유롭고 싶은 자다. 이 영화에 대해 친구들, 동료들, 학생들과 토론하던 중, 나는 중년의 위기를 보여주는 이야기를 통해 많은 것들이 불거져 나옴을 알 수 있었다. 이를테면, 레스터가 딸의 친구인 제인을 사랑하는 것이 플롯

---

1) Gilles Deleuze, *Cinema 1 : The Movement-Image*. Trans. Hugh Tomlinson and Barbara Habberjam, (London : The Athline Press, 1986) p.59. (질 들뢰즈 지음, 유진상 옮김, 『시네마 1 : 운동-이미지』, 시각과언어, 2002, pp.117-118.)
2) G. Deleuze, "The Brain Is the Screen." *The Brain Is the Screen : Deleuze and the Philosophy of Cinema*. Trans. Marie Therese Guiris. Ed. Georges Flaxman (Mineapolis and London : University of Minnesota Press, 2000) p.367.

상 특별히 놀랍다거나 독창적인 사건은 아니라는 것이다. 이러한 의견에 관한 한 나는 평론가들의 생각에 동의한다.

그러나 이 영화의 다른 측면들은 흥미로운데, 예를 들어 위협적인 군인 아버지와 함께 사는 이웃집 소년 리키가 세상을 비디오의 시각으로 바라보는 시선이다. 리키는 비디오카메라를 이용하여 눈에 보이는 모든 것들을 찍는다. 이웃, 죽은 새, 바람결에 춤추는 비닐봉지 등 그의 눈이 포착하는 어떤 것들도 비디오에 담긴다. 그의 침실 벽은 비디오테이프로 도배되어 있다. 이 비디오테이프들은 (내러티브) 응집력이나 논리적 전개가 없는 기억과 인상의 데이터베이스다. 고다르가 「영화사(들)(Histoire(s) du Cinéma)」에서 영화사와 영화에 담긴 역사를 비선형적으로 재현한 것과 매우 유사하게도, 리키는 이미지와 카메라 그리고 결국에는 그 자신의 응시에서 벗어나는 방식을 찾아내었다. "그의 비디오카메라는 그의 응시를 자유롭게 해주었고, 인과 관계의 사슬에서 응시를 풀어주었다. 비극과 무상함, 피와 고통과 죽음. 이것들은 여전히 온전하게 존재한다. 그리고 온 신경을 집중하여 바라보는 이웃은 어떤 면에서는 자신의 좁은 세계를 극복하지 못했다. 그러나 그의 응시는 초연해졌다. 그는 자신의 인생사에서 자유로웠다. 그의 눈은 세계에 대한 신비로운 경이감으로 빛난다."[3] 리키는, 들뢰즈가 사회의 고정된 구조와 재현의 분절선이라고 부르는 것에서 생겨난 그의 응시를 느슨하게 만들고 만다. 비디오에 담는 행위를 통해 리키는 새로운 개별화 양태를 발견했다. 이 새로운 개별화 양태는 비인격적이며, ("나는 본다"와 같은) 초월론

---

3) Bastian van Werven, *De herinneringsmachine : Godard, Deleuze, Historie (s)*. MA thesis (Amsterdam : Amsterdam University Press, 2000) p.32. 반 베르벤은 이 글에서 네덜란드 기자인 바스 반 헤이뉴가 쓴 글을 인용하고 있다. ("Kijk opnieuw : Bernlef, Couperus en American Beauty over de essentie van het leven" in *NRC-Handelsblad* Ⅱ-02-00 : p.29).

적 주체로서의 그와 관련이 없다.

'이것임(haecceity)'은 들뢰즈·구아타리[4]가 중세 철학자 둔스 스코투스(Duns Scotus)에게서 가져온 용어로서, 위와 같은 유형의 비인격적 개별화를 가리킨다. "어느 계절, 어느 여름, 어느 시각, 어느 날짜는 사물이나 주체가 갖는 개별성과는 다르지만 나름대로 완전한, 무엇 하나 결핍된 것이 없는 개별성을 갖고 있다. 이것들이 '이것임'들이다. 여기에서 모든 것은 분자들이나 입자들 간의 운동과 정지의 관계며, 모든 것은 변용시키고 변용되는 능력이라는 의미에서 말이다."[5] 들뢰즈·구아타리는 분자, 운동, 정지, 변용과 같은 용어로 일종의 비인격적 개별화에 대해 말한다. 「아메리칸 뷰티」에서 중요한 것은 이러한 비인격적 "응시의 거리 두기"와 '이것임'에 대한 감수성이 카메라를 통해 일어난다는 것이다. 『시네마 1 : 운동-이미지(Cinema 1 : Movement-Image)』에서 들뢰즈가 주장한 것처럼, 카메라가 공간화되기를 그만두고 시간화되었듯이 카메라의 본질은 카메라의 운동성과 시점의 자유로움에 있다.[6] 영화 책에서 베르그손 이론을 적용하고 있는 들뢰즈에 의하면, 우리가 메타 시네마적인 우주에서 살게 된 것은 카메라를 통해서다. 이 점에서 보면, 모든 종류의 잠재적([virtual] 과거와 미래) 이미지는 "저장되고" 현실적([actual] 현재) 이미지는 지속적으로 발생하며, 두 유형은 서로 각각 영향을 미친다. 이 점에서 우리는 과거, 현재, 미래를 지각 안으로 들어

---

4) [옮긴이] 누군가에 의해서 우리는 '가타리'라는 이름을 쓰고 있으나, 그의 이름은 엄밀히 말하여 가타리가 아니라 '구아타리'다. 베르그손을 베르그송으로 잘못 부르는 것과 같다. 이 책에서는 '구아타리'와 '베르그손'으로 통일하여 표기한다.

5) G. Deleuze and Félix Guattari, *A Thousand Plateaus : Capitalism and Schizophrenia*. Trans. Brian Massumi (London : The Atholone Press, 1988) p.261. (질 들뢰즈·펠릭스 구아타리 지음, 김재인 옮김,『천 개의 고원』, 새물결, 2001, p.494.)

6) *Movement-Image*, p.8.

온 새로운 "카메라 의식(camera consciousness)"을 통해 이해하게 된다. 마이클 샤피로(Michael Shapiro)는 『영화적인 정치적 사유(*Cinematic Political Thought*)』에서 현재 비판적으로 경험하고 있는 사건은 "다른 인지 기능에 의해 통제되는 영역을 통합할 수 있는 판단 능력의 발휘로 인한 것이 아니라, 영화적 장치(cinematographic apparatus)로 인해"[7] 가능하게 된다고 주장한다. 따라서 동시대 문화와 그 과거 및 미래를 이해하기 위해서는, 현실태와 잠재태 사이뿐 아니라 시간의 층 사이를 쉽게 뛰어넘게 하는 카메라 의식을 발전시키는 것이 필요하다. 들뢰즈의 영화 책들과 구아타리와 함께 발전시킨 여러 개념들은 이러한 새로운 비평 의식에 유용한 도구를 제공한다. 따라서 이 책의 첫 번째 목표는 들뢰즈의 영화 책들과 들뢰즈와 구아타리가 개발한 개념들을 통해 얻어진 새로운 메타 시네마 의식의 유형, 그리고 그 비인격적 개별화 형식을 탐구하는 것이다.

베르그손과 들뢰즈에 의하면, 모든 이미지는 과거, 현재, 미래가 공존하는 곳에서 내재성의 평면 위에 놓이며, 선형을 포함한 다양한 방식으로 배열될 수 있다. 이미지는 그곳에 있다. 이미지는 어떤 이상의 세계를 표상하는 것이 아니라 지속적으로 세계와 그 주체에 형태를 부여하는 것이다. 이러한 이미지 개념과 함께, 들뢰즈는 이미지를 항상 다른 (초월론적) 세계들의 재현으로 바라보는 전통적 영화 이론과는 다소 다르게 영화 이론을 발전시켰다. 그 중 한 가지 질문이 전통적 영화 이론 내부에서 제기되는데, 그 질문은 들뢰즈 시각에서 탐구할 때는 무가치한 것이 된다. 즉, 실재와 비실재(꿈, 허구, 기억)의 차이에 대한 질문이다. 들뢰즈가 주장했듯이, 잠재태와 현실태의 구분은 이미지 안에서 사유하기에 더욱 적합한 방식이 된다. 잠재태와

---

7) Michael Shapiro, *Cinematic Political Thought : Narrating Race, Nation and Gender* (Edinburgh : Edinburgh University Press, 1999), p.23.

현실태는 각각 반대되는 개념이 아니다. 두 가지는 모두 "실재"이지만, 오직 현실태만이 (물리적인) 현재 안에 존재한다. 『디알로그(*Dialogues*)』 프랑스어판에서 들뢰즈는 "현실태와 잠재태(L'actuel et le virtuel)"라고 이름 붙인 보충 텍스트에서 모든 "현실적" 이미지는 잠재적 이미지의 안개로 둘러싸여 있다고 주장한다. 즉, "지각은 입자와 같다. 그리고 현실적 지각은 잠재적 이미지라는 안개 속으로 들어간다. 잠재적 이미지는 더 멀리 움직이고 더 크게 자라나는 이동 회로 속으로 스스로 퍼져나가며 스스로 구성하고 해체한다."[8] 잠재적 이미지는 현실적 이미지에 반응하며, 현실적 이미지는 잠재태에 속한다. 들뢰즈는 『시네마 2 : 시간-이미지(*Cinema 2 : The Time-Image*)』에서 다음과 같이 말한다.

> 베르그손의 용어로 얘기하자면, 실재 대상은, 자신의 옆에서 그리고 동시적으로 실재적인 것을 감싸거나 반사하는 잠재적 대상과도 같은 거울 이미지를 통해 자신을 비춰본다. 즉, 이 둘 사이에는 "유착"이 존재한다. 현실태적이면서 동시에 잠재태적인 양면의 이미지의 형성이 존재하는 것이다. 이것은 마치 거울 이미지, 사진, 우편엽서가 생동하여 독립성을 획득하고 현실태 속으로 이행하기라도 하듯, 심지어는 현실태적 이미지가 해방과 포획이라는 이중적 움직임을 따라 거울로 다시 돌아와, 카드 엽서나 사진 속에 다시 자리를 잡은 것과도 같다.[9]

마돈나의 뮤직비디오 「돈텔미(Don't Tell Me)」는 들뢰즈가 지적한 잠재태와 현실태의 유착에 관한 완벽한 실례다. 이 뮤직비

---

8) G. Deleuze, "L'Actuel et le Virtuel", *Dialogues* (Paris : Flammarion, edition 1996), pp.179-180.

9) G. Deleuze, *Cinema 2 : The Time-Image*. Trans. Hugh Tomlinson and Robert Galeta (London : The Athlone Press, 1989) p.68. (질 들뢰즈 지음, 이정하 옮김, 『시네마 2 : 시간-이미지』, 시각과 언어, 2005, p.144.)

디오에서 춤추며 로데오를 하는 카우보이 이미지는 우편엽서가 아니라 사막의 광고판 위에 그려진 "삶이 되고", 이어서 이 이미지는 사막 길을 보여주는 스크린 앞에 서 있는 마돈나의 현실적 이미지에 잠재적 질감을 부여한다. 이 뮤직비디오에서 특히 마돈나와 함께 춤추는 카우보이의 움직임과 반복적인 동작을 통해 현실적 이미지와 잠재적 이미지는 특정한 질감으로 상호 교환하기 시작한다. 뮤직비디오는 강렬한 만큼 단순하며, 그 강렬함은 확실히 잠재태와 현실태 사이의 유희에 자리한다. 따라서 다이아몬드의 수많은 작은 마면들처럼 잠재태와 현실태는 상호 교환 가능하게 된다. 들뢰즈에 의하면, 현실태는 지나가는 현재로 정의되고, 잠재태는 간직되는 과거로 정의된다. 끊임없는 결정화 과정이 둘 사이에서 발생하고 있다. 현실태와 잠재태 모두는 들뢰즈가 "내재성의 평면"이라고 지칭한 것에 내포되어 있다. 내재성의 평면은 영화 이미지뿐 아니라 "삶"과 관련된 모든 이미지를 포함한다. 새로운 카메라 의식은 근본적으로 비인격적이며 비주관적인 "삶"과 관련되지만, 매우 특수하고 개별화되어 있으며 항상 구체적 배치의 일부다.

전통적 영화 이론에서 영화적 장치(아마도 카메라 의식의 "낡은" 형식으로서)는 이미지를 정체성 구성과 주체성을 위한 (왜곡되거나 환영적인) 거울로 기능하는 재현으로 이해한다. 50년간의 영화 이론 역사가 입증한 것처럼, 재현은 긍정적이거나 부정적 역할 모델을 제공함으로써 정체성 형성에 깊이 영향을 미칠 수 있다. 페미니즘과 (포스트)콜로니얼리즘 담론은 종종 정신분석학 이론의 도움을 받아 재현이 사회의 특정 집단에 대해 부정적 의식을 가지게 하는 방식을 보여주었다. 또한 (영화적) 이미지와 카메라 의식에 대한 상이한 개념화가 정체성 및 주체성에 대해 결론을 내릴 수 있을 것으로 보인다. 시각 문화에 대한 들뢰즈적 접근이 재현으로서의 이미지라는 전통적 시각과는 다른 방식임을 밝혀내기 위해 나는 영화에 대한 전통적인 이론적 접근과 사물을 바라보는 들뢰즈적 방식을 비교하는 것으로 시작하고자 한다.

제1장 "메타 시네마로서의 우주"에서는 슬라보예 지젝(Slavoj Žižek)과 들뢰즈가 알프레드 히치콕(Alfred Hitchcock) 영화를 가지고 나누는 대화로 포문을 엶으로써 두 개의 접근 방식이 함의하는 바를 살펴본다. 히치콕의 세계를 불가능한 욕망의 재현, 혹은 잠재적 이미지와 현실적 이미지 사이의 네트워크로 간주한다면, 히치콕의 우주는 어떻게 볼까? 나는 히치콕의 「현기증(Vertigo)」과 매우 유사한 영화 「스트레인지 데이즈(Strange Days)」를 분석함으로써 제1장을 마칠 것이다. 이 영화는 들뢰즈적 의미로 메타 시네마로서의 우주를 표현하며, 히치콕의 징후가 다음과 같이 실현 가능함을 설명한다. "카메라 의식은 더 이상 뒤따르거나 완수할 수 있는 운동에 의해 정의되는 것이 아니라, 그것이 가능하게 하는 정신적 관계에 의해 정의될 것이다."[10]

이 책 전체에 걸쳐 이미지에 대한 전통적인 정신분석학적 접근과 들뢰즈적 접근을 균형 있게 비교하고자 한다. 목적은 항상 두 개의 상이한 접근 방식이 우리에게 무엇을 보고 느끼게 하는지 이해하기 위함이다.

제2장 "주체성의 질료적 측면들"에서는 호러 장르와 살(flesh)의 괴물성(monstrosity)에 대해 논한다. 살의 괴물성은 지난 수십 년간 자주 나타났고 중요한 이미지가 되었다. 정신분석학은 이러한 이미지들이 공포 및 비천한 여성성의 매혹에 어떻게 관계 맺는지에 대해 입증해왔다. 이렇게 괴물 같은 살의 이미지는 늘 정체성 확립에 필요한 경계(인간과 비인간의 경계, 삶과 죽음의 경계, 남

---

10) *Time-Image*, p.23 / 50.

성과 여성의 경계)를 지시한다. 들뢰즈적 접근에서, 이러한 이미지들은 한 가지 고정된 의미를 가지는 것이 아니라 항상 재고찰되어서 특정 배치와 관계 맺을 필요가 있다. 그래서 특정 배치들은 이미지 안에서 "물질화된" 상이한 주체성의 측면들을 구성하게 된다. 나는 들뢰즈로 보는 영화 이론의 한 방식을 제안하면서 들어가는 글 뒷부분에서 배치라는 점으로 되돌아가고자 한다.

음향과 음악은 동시대 이미지 문화의 다른 측면들로, 점차 더욱 큰 중요성을 획득하고 있다. 음향과 음악을 재현으로, 그리고 성차의 청각적 거울로 바라보는 것이 가능한데, 예를 들어 사운드 트랙을 분석하는 정신분석학적 접근에서 그러하다. 음악에 대한 들뢰즈적 개념화에서, 음향과 음악은 청각적 거울을 구성하지 않고 오히려 자아 (거울) 이미지로부터 스스로를 자유롭게 하는 수단을 제공한다. 즉, 음악은 음악-되기(becoming-music)의 주체를 탈영토화한다. 그럼에도 불구하고 음악은 또한 강력한 영토화의 역량을 가질 수 있다. 음악과 "정체성"을 고려하는 이러한 모든 점은 마지막 장에서 자세히 설명된다.

이 책의 두 번째 목표를 살펴보기 전에 들뢰즈가 재현적 사유에 대해 말한 바를 간단히 살펴보고, 우리가 기본적인 "사유의 이미지"를 바꿔야 하는 이유를 명확히 하며, 재현이 아직까지도 이토록 매력적인 사유 방식인 이유를 확실히 정리하고자 한다. 들뢰즈는 『차이와 반복(*Difference and Repetition*)』에서 재현에 관해 사유하는 것으로 정의되는 지배적인 사유의 이미지에 대해 논의한다. 재현은 동일성, 대립, 유비 그리고 유사성 등 네 가지 측면들에 의해서 특징지어진다.

이런 것이 재현의 세계 일반이다. 앞에서 말했던 것처럼, 재현은 특정한 요소들에 의해 정의된다. 개념 안의 동일성, 개념의 규정 안에 있는 대립, 판단 안의 유비, 대상 안의 유사성 등이 그 요소에 해당한 다. "나는 생각한다"는 재현의 가장 일반적인 원리이고, 다시 말해서 이 요소들의 원천이자 이 모든 인식 능력들의 통일이다. 가령 나는 개념적으로 파악한다, 나는 판단한다, 나는 상상하고 회상한다, 나는 지각한다 등은 코기토에서 뻗어나오는 네 갈래의 가지에 해당한다. 정확히 말해서 바로 이 가지들 위에서 차이는 십자가의 수난을 당하 는 것이다. 이 4중의 굴레 속에서 오로지 동일성을 띤 것, 유사한 것, 유비적인 것, 대립하는 것 등만이 차이를 지니는 것으로 생각될 수 있다. 차이가 재현의 대상이 되는 것은 언제나 개념적으로 파악되는 어떤 동일성, 판단을 통해 주어지는 어떤 유비, 상상에 의한 어떤 대 립, 지각상의 어떤 유사성과 관계 맺을 때다.[11]

들뢰즈에 의하면, 지배적인 사유의 이미지는 제한적이며, 비교할 수 있는 어떤 것이 없다면 사유가 생겨나지 않는다. 이는 실재 차이, 즉 사물이 그 자체로 다르다는 것을 사유하게 하지 않는다. 왜냐하 면 작동에는 항상 비교 원리(a principium comparationis. 어떤 사 람이 선한가 악한가, 청년인가 노인인가, 남자인가 여자인가와 같 은)가 따르기 때문이다. 들뢰즈는 좀더 열린 복합적인 사유 방식 을 제안하는데, 들뢰즈 · 구아타리는 이것에 **리좀학**(rhizomatics) 이라는 이름을 붙인다. 리좀학은 위계, 시간과 끝, 분절적이고 대 립적인 분할을 알지 못하는 민중적 사유의 유형이다.[12] 이러한 리좀적 사유는 영화에도 적절하다. 중요한 것은 리좀적 사유 방 식이 이질적 관점들이 한데 모인 편제 안에서 사유하기라는 유 형을 함의한다는 것이다. 이것은 또한 익숙하지 않은 것, 예를 들어 영토화와 탈영토화, 빠름과 느림, 정서 등에 관해 사유하는

---

11) G. Geleuze, *Difference and Repetition*. Trans. Paul Patton (London : The Athlone Press, 1994) p.138. (질 들뢰즈 지음, 김상환 옮김, 『차이와 반복』, 민음 사, 2004, pp.307-308.)

12) *A Thousand Plateaus* 제1장을 보라. p.3-25.

것을 의미한다.

우선 리좀적 사유는 지배적인 사유의 이미지가 가진 명확하고도 이원적인 논리와 비교하자면 혼돈스러우며 무질서한 것으로 보인다. 동시에 우리는 지배적인 사유의 이미지가 가진 강력함 및 힘과 마주친다. 예를 들어, 지배적인 사유의 이미지는 동일성 안에 안전함과 안정성의 이념을 불어넣을 수 있는 안정적이고 인식 가능한 형식을 제공한다. 도로시 올코프스키(Dorothea Olkowski)가 『질 들뢰즈 : 재현의 몰락(Gilles Deleuze : The Ruins of Representation)』에서 설명하듯이, "재현은 배치 — 분자나 유사 분자 요소가 모인 것 — 안에서 특정한 요소들의 조직화로 생산된다. 재현의 생산은 그램분자 합성물 혹은 실체 안에서 지속적으로 현실화하는, 기능적이고 조밀하며 안정적인 형식(대상)을 확립하는 2차 접합이다. 결과적으로 안정적이고 기능적인 구조는 동일성과의 관계에서만 다른, 차이를 재현하는 유형이다."[13]

따라서 "안전한" 재현의 영역을 벗어나는 것은 다중체와 새로운 사유의 모험, 정서, 지각을 수반한다. 이는 또한 재현과 차이를 인식하고, 개념으로 파악하고, 상상하고, 판단하기에 전통적으로 가장 중요한 모델이었던 눈의 모델("나는 본다", "나는 생각한다", "나는 상상한다", "나는 판단한다" 등의 것들은 고귀한 시각의 감각을 통해서 얻어지는 것으로, 경험을 초월하는 "나"를 가정한다)을 뒤로 하고, 뇌의 모델을 향해 떠나게 한다. 들뢰즈의 내재적인 이미지의 개념화에서 뇌 자체는 스크린처럼 기능한다. 여기에서 우리는 배치와 함께 리좀적 접속을 만들어낸다. 들뢰즈는 "뇌는 스크린이다"라고 말한다. 미학적으로나 혹은 다른 방법으로 영화에서의 변화를 평가할 수 있는 영역이 있다면, 그것은 뇌 생물학이 될 것이다.

---

13) Dorothea Olkowski, *G. Deleuze : The Ruins of Representation* (Berkeley, Los Angeles, and London : University of California Press, 1999), p.26.

우리가 원리를 찾아야 하는 것은 정신분석학이나 언어학에서가 아니라 뇌 생물학에서다. 뇌 생물학은 이미 설정된 개념들을 적용하는데 정신분석학과 언어학이 가진 것과 같은 결점이 없기 때문이다. 우리는 뇌를 비교적 분화되지 않은 덩어리로 상정하며, 무엇이 순환하는지, 어떤 종류의 회로인지, 운동-이미지나 시간-이미지가 흔적을 남기는지 조작하는지 질문한다. 회로는 그곳에서 시작하지 않기 때문이다.[14]

또한 운동-이미지나 시간-이미지 각각의 회로는 영화적, 비영화적 측면들의 리좀적 배치로 진입한다. 이러한 점은 이 책의 두 번째 목표를 탐구하게 하는 요인이다.

□들뢰즈와 함께 하기 : 활용서

1980년대에 출간된 들뢰즈의 영화 책들은 곧바로 영어로 번역되기는 했지만, 이 책들은 21세기에 접어들어서도 영화 이론에서 제 방향을 찾지 못했다. 데이비드 로도윅(David Rodowick)의 『질 들뢰즈의 시간 기계(Gilles Deleuze's Time Machine)』는 들뢰즈의 영화 책의 철학적, 영화 이론적 가치를 확립하는 데 도움을 주었다. 로도윅은 들뢰즈의 영화 책에는 "들뢰즈가 현대 철학에 중점적으로 기여한 부분, 즉 시간에 대한 심층적이고도 복잡한 성찰이 그대로 이어지고 있다"[15]고 설득력 있게 주장한다. 로도윅이 들뢰즈의 영화 책과 베르그손, 니체, 스피노자에 관한 여러 철학 책 사이의 관련성을 탐구하는 반면, 그레고리 플랙스먼(Gregory Flaxman)은 『뇌는 스크린이다(The Brain Is the

---

14) Gilles Deleuze, *Negotiations*, Trans. Martin Joughin (New York, Columbia University Press, 1995), p.60.

15) David N. Rodowick, *Gilles Deleuze's Time Machine* (Durham : Duke University Press, 1997), p.x.

Screen)』에 『운동-이미지』와 『시간-이미지』가 함의하는 수많은 흥미로운 메타 비평적 성찰을 모은다. 예를 들어 이미지에 대한 들뢰즈적 지질학과 존재론을 고찰하거나 영화적 사유의 출현을 탐구하는 것이다.16) 로버트 스탬(Robert Stam)은『영화 이론(Film Theory : An Introduction)』에서 영화 이론의 정전에 공식적으로는 처음 들뢰즈를 포함한다. 스탬은 들뢰즈의 영화 책이 갖고 있는 실용적 타당성에 의문을 표함으로써 들뢰즈에 대한 논쟁을 다음과 같이 끝맺는다. "누군가는 들뢰즈의 분석이 탁월하다는 것을 이해하고, 또 누군가는 들뢰즈와 대화를 나누고, 들뢰즈처럼 철학적으로 해석하고, 들뢰즈가 베르그손 이론을 활용하여 연구했던 것처럼 어떤 철학자의 이론을 활용하여 그처럼 연구해낼 수 있겠지만, '분석'을 들뢰즈 언어로 단순 번역하기 위해 들뢰즈를 '적용'하는 것은 문제가 있다."17)

로도윅의 저서와 플랙스먼의 편저는 모두 특정 영화에 대해 몇 가지 구체적인 분석을 보여주고 있지만, 이 책들의 강조점은 실로 메타 담론 층위에 놓여 있다.18) 또한 이 책들에서 이루어진 분석들은 들뢰즈가 『시간-이미지』에서 정리한 현대 정치 영화의 특징을 가진 "소수적 영화"에 집중한다.19) 이러한 이유 때문에 나는 좀더 대중적이고 상업적인 영화에 들뢰즈의 연구를 적용하는 게 가능한지 밝혀보고 싶었다. 위에 언급한 연구들에서

---

16) Gregory Flaxman, ed., *The Brain is the Screen : Deleuze and the Philosophy of Cinema* (Minneapolis and London : University of Minnesota Press, 2000).

17) Robert Stam, *Film Theory : An Introduction* (Malden and Oxford : Blackwell, 2000), p.262.

18) 예를 들어, 데이비드 로도윅은 우스만 셈벤의 영화「보롬 사레(Borom Sarret)」(*Gilles Deleuze's Time Machine*, pp.162-169)를 분석했고, 로라 마크스(Laura Marks)는 *The Brain is the Screen*에서 아랍 다큐멘터리들과 들뢰즈가 활용하는 퍼스 이론의 연관성을 탐구한다.

19) *Time-Image*, pp.215-224.

영감과 자극을 받았고, 따라서 이 책의 두 번째 목표는 실용주의적 질문에 대한 해답을 찾는 것이다. 동시대 대중 미디어 문화의 특수한 표현을 분석하는 데 들뢰즈 이론을 가지고 어떻게 작업해나갈 것인가? 들뢰즈는 그의 영화 책에서 영화사의 걸작들에 엄격히 자신의 이론을 한정한다. 그러나 나는 동시대 영화와 대중 문화에 대한 들뢰즈의 영화적, 비영화적 개념들과 마주치는 데에서 엄밀하게 들뢰즈 식 접근의 모든 방식을 따라가지는 않는다. 이 점에서 나는 이안 뷰캐넌(Ian Buchanan)과 일치한다. 『들뢰즈주의: 메타 해설(*Deleuzism: Metacommentary*)』에서 뷰캐넌의 야심이란 "들뢰즈에 대한 여타 독해의 가능성은 그의 연구가 체계적으로 적용될 수 있도록 하는 것이라고 주장"[20]하는 것이다. 뷰캐넌이 인정하듯이, 위와 같은 언급은 몇몇 반들뢰즈주의(anti-Delezism) 또한 포함할 것인데, 그럼에도 불구하고 반들뢰즈주의는 "(자유로운) 독창성을 지지하면서 모든 노예 근성의 형식을 거부하는 들뢰즈 정신에 놓여야"[21] 할 것이다.

나는 들뢰즈 개념을 통해 아방가르드 영화, 정치 영화 그리고 좀더 상업적인 미디어 표현 사이에서 예기치 않은 마주침을 확인하기를 희망한다. 이 책 안에서 들뢰즈(그리고 구아타리) 개념의 도구 상자는 "미지의 영역으로의 탐험"으로 나와 함께 동행

---

20) Ian Buchanan, *Deleuzism: A Metacommentary* (Edinburgh: Edinburgh University Press, 2000) p.8. 뷰캐넌은 「블레이드 러너(Blade Runner)」와 팝음악에 대한 들뢰즈의 흥미로운 분석을 제시한다. 이 책에서는 제1장에서 간단히 이 부분을 언급한다.
21) 브라이언 마수미는 들뢰즈가 자신의 초기 작업에 대해 설명한 부분을 인용한다. "그 기간 동안 내가 몰두해 있던 것은 철학의 역사를 일종의 항문 성교라고 생각하는 것이었다. 혹은 무엇이 그에 상당하는 완벽한 개념화인가 하는 것이었다. 나는 뒤에서 작가에게 접근하여 그에게 아이를 가져다주는 나를 상상했다. 그 아이는 그의 아이임이 분명하지만 기괴한 모습을 하고 있었다." Brian Massumi, "Translator's Foreword" in *A Thousand Plateaus*, p.x.

하면서 잠재적 지침으로 기능할 것이다. 이 연구의 실험적, 탐구적 특성이 많은 전통 학문의 실행과 함께 하지 않을 수도 있다. 들뢰즈 연구가 정신분석학 개념보다 "더 올바르다"거나 나의 들뢰즈 독해가 "올바른" 해석이라고 독자를 설득할 의도는 없다. 단지 들뢰즈의 작업이 얼마나 발휘될 수 있는가 하는 것을 증명해보이고 싶다. 어떤 새로운 사유가 가능하게 될 것인가? 어떤 새로운 감동을 느낄 수 있나? 어떤 새로운 감각과 지각이 몸 안에서 열리게 될 것인가?[22] 그 결과 나의 희망은 열린 특성을 지닌 이 연구가 문화 분석에서 점점 성장하고 있는 분야인 "들뢰즈주의"에 기여하는 한 권의 활용서가 되도록 하는 것이다.

사실 들뢰즈의 영화 책은 새로운 실험의 공간을 배제하는 완벽한 독립적인 글쓰기로 보인다. 그러나 이러한 인상은 잘못된 것이다. 그의 책들은 모든 종류의 미디어 표현을 분석하는 실용적인 도구로 활용 가능한 수많은 개념들로 가득하기 때문이다. 게다가 들뢰즈를 "적용"하는 데 가장 매력적인 측면 중 하나는 들뢰즈가 구아타리와 함께 여러 책에서 발전시킨 개념과 영화 책과의 결합 관계가 눈에 띈다는 것이다. 이런 식으로 영화적 개념이나 영화의 이야기에 관련된 순수한 내용적 질료 각각에 대해 엄격하게 형식적, 미학적으로 분석하지 않을 수도 있다. 배치 개념은 이러한 점에서 중요하다.

들뢰즈·구아타리는 『앙티 오이디푸스(*Anti-Oedipus*)』와 『천 개의 고원(*A Thousand Plateaus*)』에서 "기계적" 배치 개념을 소개한다. 배치 분석에 대한 가능한 방식을 논의할 때, 그들은 옐름슬레브(Hjelmslev)에게서 많은 것을 가져온다. 들뢰즈·구아타리는 옐름슬레브를 언어학자가 아닌 덴마크의 스피노자주의 지질학자로 간주한다.

---

22) *A Thousand Plateaus*, p.x.

옐름슬레브는 질료, 내용과 표현, 형식과 실체 개념으로 온전한 격자 판을 구성할 수 있었다. 옐름슬레브에 따르면, 그런 것들이 지층들이었다. 이 격자 판은 이미 내용-형식의 이원성을 부순다는 이점을 가지고 있었는데, 왜냐하면 표현의 형식뿐 아니라 내용의 형식도 존재하기 때문이다. 첫 번째 접합은 내용과 관련되어 있고 두 번째 접합은 표현과 관련되어 있다. 두 접합의 구분은 형식과 실체 사이에서 일어나는 것이 아니라 내용과 표현 사이에서 일어난다. 표현은 내용 못지않게 실체를 갖고 있으며 내용은 표현 못지않게 형식을 갖고 있기 때문이다.[23]

들뢰즈·구아타리는 단 하나의 옐름슬레브 분석 모델이 있는 것은 아니라고 주장하는데 내용과 표현의 관계는 다양한 형식을 취할 수 있기 때문이다. 그럼에도 불구하고, 그들은 배치의 특성에 대해 몇몇 일반적 결론을 이끌어낸다.

첫 번째 축인 수평축에 따르면 배치는 두 개의 절편을 포함하는데, 그 하나는 내용의 절편이고 다른 하나는 표현의 절편이다. 배치는 능동 작용이자 수동 작용인 몸체들이라는 기계적 배치며, 서로 반응하는 몸체들의 혼합물이다. 다른 한편으로 배치는 행위들이자 언표들인 언표 행위라는 집단적 배치며, 몸체들에 귀속되는 비물체적 변형이다. 하지만 수직 방향의 축에 따르면, 배치는 한편으로는 자신을 안정화시키는 **영토물의 측면들** 또는 재영토화된 측면들을 갖고 있고, 다른 한편으로는 자신을 실어 나르는 **탈영토화의 점들을** 갖고 있다.[24]

특정 이미지의 내용과 표현이라는 특정 영화적 형식 및 이미지들을 횡단하는 **영토화의 힘과 탈영토화의 힘** 모두를 살펴봄으로써 들뢰즈적 영화 분석을 시행하기 위해 한 가지 가능한 모델

---

23) *A Thousand Plateaus*, pp.43-44.
24) *A Thousand Plateaus*, p.88 / 172.

로 4가 배치(tetravalence of assemblage)를 발전시키고자 한다. 제1장 "메타 시네마로서의 우주"에서 「현기증」과 「스트레인지 데이즈」를 메타 층위에서 살펴본 후, 제2장 "주체성의 질료적 측면들"에서 배치의 분석 모델을 소개할 것이다. 여기에서 나는 유럽 예술 영화에서 할리우드 영화와 아프리카 영화까지 아우르면서, 여러 영화 유형들에 의해 설정되는 주체성의 질료적, 시간적 측면들에 집중한다. 제3장 "영화의 폭력 정치학"에서는 정치 영화에 대한 좀더 집단적인 언표 행위(enunciation)를 살펴본다. 폭력, 영화의 권력 만들기, 정신분열증 전략은 마르그리트 뒤라스(Marguerite Duras)의 「나탈리 그랑제(Nathalie Granger)」에서 쿠엔틴 타란티노(Quentin Tarantino)의 「펄프 픽션(Pulp Fiction)」과 데이비드 핀처(David Fincher)의 「파이트 클럽(Fight Club)」과 같은 다양한 영화들의 배치들을 참조하면서 논의될 것이다.25) 제4장과 제5장에서는 다른 접근법을 취하며 배치 모델을 좀더 느슨하게 "적용한다." 제4장 "여성-되기의 개념적 페르소나와 미학적 형상"에서는 이상한 나라의 앨리스라는 형상을 살펴본다. 여성-되기란 종종 역설적이긴 하지만, 영화와 삶에서 비평 전략이 되는 방식이 무엇인지를 논의하기 위해 개념적 페르소나와 미학적 형상으로 앨리스를 다룬다. 제4장은 라스 폰 트리에(Lars von Trier)의 「어둠 속의 댄서(Dancer in the Dark)」와 이 영화의 영화적 전략 및 탈영토화의 전략을 논의하는 것으로 끝을 맺는데, 이 영화에서 여성-되기는 음악-되기를 향해 열린다. 제5장 "동물-되기의 감각의 논리"에서는 영화의 동물-되기가 감각의 논리와

---

25) 이 책에서 나는 자본주의 권력의 영토화와 탈영토화에 대해서만 언급했다. 하지만 이것은 현재 미디어 문화의 중요한 한 측면이다. 돈과 미디어 그리고 들뢰즈와 구아타리의 정신분열증적인 전략의 역할에 대한 추가적인 논의를 위해 다음을 참고하라. Patricia Pisters ed., *Micropolitics of Media Culture : Reading the Rhizome of Deleuze and Guattari* (Amsterdam : Amsterdam University Press, 2001).

깊은 관련이 있다는 점과 감정-이미지의 표현 형식을 찾는 방식에 대해 논의한다. 제6장 "음향 기계의 (탈)영토화의 힘"에서는 이미 확립된 음악의 힘을 살펴보는 들뢰즈적 방식과 영화의 음향과 음악에 대해 전통으로 접근하는 방식을 비교함으로써 음악-되기의 측면들을 탐구한다. 나는 음악의 탈인격화된 힘을 통해 "새로운 종류의 인간"이 존재하는 것이 가능해질 것이라는 점을 주장하고자 한다.

모든 장들은 사유, 감각, 정서, 운동 그리고 나머지— 모든 것은 근본적으로 삶의 이미지라는 내재성의 평면과 관련을 맺는다—의 리좀적 네트워크를 제시한다. 래리 & 앤디 워쇼스키(Larry & Andy Warchowski)의 영화 「매트릭스(The Matrix)」가 표현한 방식으로는 아니겠지만 우리는 시각 문화의 매트릭스 안에서 살게 되었다. 미디어 문화의 매트릭스가 들뢰즈에게는 몹시도 소중한 내재성의 평면과 어떻게 관계를 맺는지 보여주기 위해 시각 문화의 매트릭스가 「매트릭스」에서 표현되는 방식을 살펴봄으로써 들어가는 글을 끝내고자 한다.

□시각 문화의 매트릭스

동시대 이론에 대한 일종의 로르샤흐 검사(Rorschach test)[26]로서 「매트릭스」(1999)보다 더 훌륭하게 기능하는 동시대 영화는 아마도 없을 것이다. 「매트릭스」의 주인공은 컴퓨터 해커인 네오로, 그는 자신이 살고 있는 세상이 실은 인간 에너지를 먹고 살아가는 자이언트 컴퓨터에 의해 구성된 매트릭스임을 발견한다. 그는 매트릭스의 지배 아래 놓인 실재 세계로의 여행을 제안받고, 몇몇 반역자들과 함께 환영의 매트릭스 세계로 인한 감금에

---

26) [옮긴이] 잉크 얼룩 같은 도형을 해석해서 사람의 성격을 판단하는 것.

저항하는 전쟁을 시작한다. 이 영화에는 보드리야르(Baudrillard)의 『시뮬라시옹(*Simulacra and Simulation*)』에 대한 명백한 참조가 있으며, 많은 포스트모더니즘 논쟁들이 이 SF 판타지 영화에 집중했다. 지젝은 정식분석학을 연구하는 동료들이 영화 작가가 라캉(Lacan)을 읽었음이 확실하다고 단언했다고 말한다. 프랑크푸르트학파는 「매트릭스」에서 소외된 문화 산업의 외삽된 구현을 본다. 또한 신세대 이론가들은 우리의 세계가 단지 월드와이드웹(World Wide Web) 안에서 구현된 글로벌 마인드로 인해 생성되는 결합일 뿐이라고 인식한다.[27] 어떤 이들은 이 영화를 "하이테크 플라톤"이라고 지칭했다. 「매트릭스」는 실제로 플라톤의 동굴과 몇 가지 유사성을 가진다. 사람들은 풀려나기 전까지는 감금되어 있고 풀려나야만 실재 세계를 볼 수 있다. 그러나 플라톤의 동굴의 비유와 비교해볼 때, 「매트릭스」의 실재 세계는 밝은 빛과 이상적인 세계가 아니라 어둡고 황폐한 곳이다. 사실 「매트릭스」는 장 루이 보드리(Jena-Louis Baudry)가 세운 영화 장치 이론의 형식화에 매우 잘 들어맞는다. 보드리는 플라톤의 동굴 및 프로이트의 무의식과 유사하게 영화 장치 이론을 전개한다.[28] 「매트릭스」는 동시대 시청각 문화와 시청각 이론에서 모범적 영화며 미래 영화를 그리는 청사진이 될 것 같다.

　동시대 문화와 들뢰즈(그리고 구아타리) 철학 연구의 관련성이 점진적이긴 하지만 부인할 수 없을 정도로 인정을 받고 있는 상황에서, 그들의 연구가 「매트릭스」의 로르샤흐 검사를 통과하지 않아 보인다는 점으로 인해 다소 실망을 느낄 수도 있다. 누군

27) Slavoj Žižek, "*The Matrix* : The Two Sides of Perversion" 「http://www.britannica.com」, 2 Dec 1999, p.18.
28) Jean-Louis Baudry, "Ideological Effects of the Basic Cinematographic Apparatus" and "The Apparatus : Metapsychological Approaches to the Impression of Reality in the Cinema" *Narrative, Apparatus, Ideology*, Ed. Philip Rosen (New York : Columbia University Press, 1986) pp.286-298, 299-318.

가는 들뢰즈 영화 책의 분류에 따라 행동-이미지(Action-Image)로 「매트릭스」를 번역하고 심지어는 「매트릭스」의 기관 없는 몸에 대한 주장을 펼치기도 하겠지만, 이 영화가 보여주는 초현대 세계는 들뢰즈·구아타리의 개념적 우주에는 상응하지 않는다. 이는 「매트릭스」가 잠재적 세계와 실재적 세계라는 두 세계를 제시하지만, 두 세계가 복잡하고 비뚤어지게 꼬여 있다는 사실과 관련이 있다.29) 「매트릭스」는 이렇게 세계의 테크노-초월론적 이미지를 현시한다. 그러나 들뢰즈 철학은 잠재태가 완벽하게 실재하지만 현실태는 항상 실재하지는 않는 곳의 내재성이다. 들뢰즈의 마지막 텍스트 중 하나인 「내재성:삶(Immanence:A Life)」에

---

29) "*The Matrix*: The Two Sides of Perversion"에서 지젝은 매트릭스와 실재계의 상호 독립성에 대해 라캉 식의 뫼비우스 띠 분석을 제시한다. 매트릭스는 "큰 타자"며 가상적인 상징계적 명령이다. "거대한 타자는 줄을 잡아당긴다. 주체는 말하지 않는다. 주체는 상징계적 구조에 의해 '말해진다'"(p.3). 따라서 「매트릭스」의 첫 번째 도착성은 현실은 가상 영역으로 환원된다는 믿음이다. 가상 영역은 보류될 수 있는 임의의 규칙에 의해 통치된다. 그러나 라캉적 현실이 가상의 시뮬레이션 뒤에 감춰진 '진정한 현실'이라고 생각하는 것은 피해야 한다. 영화를 액면 그대로 받아들일 때 우리가 흔히 저지르는 실수다. 실재계는 큰 타자의 매트릭스에 훨씬 더 내포되어 있다. 완전하지도 영속적이지도 않은 현실을 만드는 것이 바로 그 텅 빔이다(p.4). 지젝은 「매트릭스」에서 스미스 요원의 말을 인용한다. 스미스 요원은, 첫 번째 매트릭스는 매트릭스 자체가 우리의 현실 인식을 왜곡하는 '실재계'임을 증명하기에 완벽했으나, 그곳에는 불행이 없었기 때문에 아무도 그 프로그램이 현실이라고 받아들이지 않을 거라고 말한다. 지젝은 우리가 사는 세계의 불완전함은 동시에 가상성의 기호와 현실성의 기호 모두에 해당된다고 주장한다(p.12). 요컨대 「매트릭스」의 독특한 충격은 영화의 중심 주제(우리가 경험하는 것은 단지 인공적인 가상 현실에 지나지 않는다는 것)에서 오는 것이 아니라 궁극적으로 내포된 도착적 환상에서 온다. 아무 움직임도 없이 수동적으로 액체에 잠겨 태아 상태에 있는 수많은 사람들의 이미지는 매트릭스의 희열의 도구로 작용한다. 두 번째 도착성은 영화의 꼬임이다. 그러니까 우리의 진짜 상황을 자각하도록 하는 장면으로 묘사된 것은 실상 정확히 반대 지점, 즉 우리의 존재를 유지하는 근본적인 수동성의 환상인 것이다(p.15). 따라서 지젝은 사이버스페이스 안에서 말한다.

서 그는 자신의 철학의 핵심으로 이와 같은 측면을 강조한다. "명백한 내재성은 그 자체 안에 있다. 그것은 어떤 것 안에 존재하는 것이 아니며 어떤 것을 **향해** 존재하지도 않는다. 그것은 대상에 의존하지 않고 주체에 속하지도 않는다. 스피노자에게 내재성은 실체를 **향한** 내재성은 아니지만 실체와 양태는 내재성 안에 있다. 순수 내재성은 **삶**이며 그 외에는 아무것도 아니다. 삶은 단지 잠재태들만을 내포한다."30)

이를테면, 들뢰즈는 내재성의 평면에 의해 정의되는 주체, 대상, 의식 등과 같은 **초월론적 장**과, 내재성에 기인하며, 주체("나")나 대상 일반과 같은 보편적인 것으로 받아들여지는 **초월적인 것**을 구별한다. 초월론적 장은 내재성의 결과, 즉 삶이며, 따라서 동일한 이미지 세계 내부에 자리하지만 또한 다른 장 위에도 있다. 이언 뷰캐넌은 이 점을 앞으로 더 설명하고, 이러한 "내재적 선험론" 형식을 초월론적 경험주의라고 지칭한다.

이제 초월론적 환원으로 인해 모든 사물들에서 시도되는 핵심적인 "나는 생각한다"라는 보편적인 실재 대신, 모든 질료의 기본으로서 내재적인 "그것은 생각한다"라는 관조는 보편적이거나 유기적이거나 비유기적이다. 이때 "그것"은 들뢰즈・구아타리가 "미시뇌(microbrain)"라고 지칭한 것을 사유하는 것이다. "모든 기관이 뇌를 가지는 것은 아니며, 모든 삶이 기관을 가지는 것은 아니다. 하지만 미시뇌 혹은 사물의 비유기적 삶을 구성하는 힘은 어디에나 있다." 그러나 이 과정이 사유되는 한 철학은 반드시 그 개념들을 만들어내야 하며, 그 안에서 이 과정은 다시 한 번 초월론적 용어가 된다. 하지만 그것은 이제 완전히 다른 종류다. 그것은 내재성에 대해 초월론적이고, 광대한 과정에 대한 의미심장하게 가공된 관찰이지만, 그 자체로는 그 과정의 직접적 생산물은 아니다. 이것은 엄청나게 단순화된 방식으로 초월론적 경험

---

30) Gilles Deleuze, "Immanence : A Life." Trans. Nick Millet, *Theory, Culture & Society*, Vol. 14(2) (London : Sage, 1997), pp.3–7.

주의가 실제로 무엇을 의미하는지에 대한 것이다.[31]

「매트릭스」의 두 세계의 근본 이념이 세계에 대한 초월론적 환상을 너무나도 명백하게 제시하기 때문에 나는 이 영화가 들뢰즈의 내재적 혹은 초월론적 경험주의 철학에 상응하지는 않는다고 생각한다. 그럼에도 불구하고 이 영화가 너무도 많은 이론적 논쟁을 불러일으켰고, 동시에 전통적인 초월론적 영화 장치 모델이 여전히 강력하게 존재한다는 점을 입증하기 때문에 이 영화에 대해 논의한 것이다. 이 점이 책 전체를 관통하여 영화 장치 모델에서 관심의 끈을 놓지 않는 이유다. 이어지는 각 장들에서는 이미지와 음향을 가지고 실험하는 몇몇 초월론적 경험주의 실험들을 제시한다. 이러한 실험들은 들뢰즈 개념의 도구 상자, 평면들, 배치를 통해 연구하는 것이 시각 문화의 매트릭스에서 "우리의" 삶과 우리의 "주체성"의 흥미로운 상들을 드러내는 것임을 입증한다. 시각 문화의 매트릭스는 내재성과 새로운 비인격성에 의해 정의되지만, 그럼에도 불구하고 카메라 의식을 개별화한다.

---

31) *Deleuzism*, p.63. 인용은 Gilles Deleuze and Félix Guattari, *What is Philosophy?* Trans. Graham Burchell, Hugh Tomlinson (London and New York : Verso, 1994) p.213에서.

제 1 장
메타 시네마로서의 우주

어니, 당신은 우리가 이 영화에서 무엇을 하고 있다고 생각하는가요?
관객은 당신과 내가 연주하는 거대한 오르간과 같아요. 우리는 이 음을
연주하는 동시에 이에 대한 반응을 느끼죠. 이어서 우리는 화음을 연주
하고 관객은 그에 대해 반응합니다. 그리고 언젠가는 영화를 만들 필요
조차 없게 될 거예요. 관객의 뇌에는 이식된 전극이 있을 것이며, 우리
는 다양한 버튼을 누르기만 하면 될 거란 말이죠. 그리고 관객은 "우",
"아"라고 소리칠 것이며, 우리는 그들을 무섭게 하기도 하고 웃게도 할
거예요. 정말 멋지지 않은가요?
ㅡ「북북서로 진로를 돌려라(North by Northwest)」 세트장에서 히치콕[1]

인간의 뇌로 직접 들어가는 히치콕의 환상은 미래적이며, 그
가 시나리오 작가인 어네스트 레만(Ernest Lehman)에게 위와
같이 말했던 1950년대에는 부조리한 것으로 보였다. 그러나 몇
십 년 후, 과학 기술과 영화적 기술은 히치콕의 농담이 더 이상
너무나 억지스럽게 보이지는 않는다는 것을 증명했다. 더글라스
트럼불(Douglas Trumbull)의 「브레인스톰(Brainstorm)」(1983)
과 캐슬린 비글로(Kathryn Bigelow)의 영화 「스트레인지 데이
즈」(1995)에서 뇌파의 직접 녹음과 연주는 가능한 것으로 표현
된다. 물론 이 영화들은 SF 장르에 속하고, 이와 같은 기술의
현실 가능성은 영화에서 그려지는 것처럼 정교하지는 않다. 나

---

1) 「북북서로 진로를 돌려라」를 찍으며 히치콕이 했던 말로, Donald Spoto, *The
Dark Side of the Genius : The Life of Alfred Hitchicock* (New York :
Ballantine, 1984) p.440에서 인용했다.

는 이 영화들에서 재현된 정확한 사건 상태에는 관심이 없다. 오히려 인간 존재들(주체들), 이미지, 세계 사이의 관계가 내포하는 것이, 그리고 히치콕 자신의 작품과 관련하여, 또한 동시대 영화와 동시대 시청각 문화의 발전과 관련하여 히치콕이 한 말이 표현하고 있는 강력한 사유의 이미지가 내포하는 것이 나에게는 도발적이다. 히치콕의 표현을 정신분석학적 사유 모델이 그러한 것처럼 재현 없이 사람들에게 효과를 일으키는 것, 곧 관객의 눈을 거치지 않고 뇌를 통해 직접 도달하는 것을 단지 결코 충족되지 않을 환상으로 간주하는 것이 아니라면 어떨까? 리좀적 사유 모델인, 뇌가 문자 그대로 스크린이라는 것에 따라, 히치콕을 동시대 SF 장르와 [사람들이] 영화에 몰두할 것이라는 것을 예측한 공상가로 간주한다면 어떨까? 그렇다면 히치콕의 환상은 몸, 뇌, 이미지의 내재성에 대한 베르그손적 주장은 아닐까? 들뢰즈가 『시간-이미지』에서 주장하듯이, 베르그손은 "그 시대에 놀랍게도 앞서갔다. 그것은 영화 그 자체로서의 우주, 즉 메타 시네마다."[2] 결국 히치콕의 바람은 어떤 것의 재현이 아니라 그 자체로서 존재하는 이미지라는 혁명적 개념을 낳은 것으로 보인다. 『시간-이미지』에서 들뢰즈는 히치콕이 동시대 사회의 이미지의 특성에 대해 명확하게 예측하는 통찰력을 높이 산다. 들뢰즈는 (영화적이거나 "실재의") 이미지의 발전을 논의하면서, "히치콕의 예감은 실현될 것이라고 주장했다. 카메라 의식은 더 이상 뒤따르거나 완수할 수 있는 운동에 의해 정의되는 것이 아니라, 그것이 가능하게 하는 정신적 관계에 의해 정의될 것이다"[3]라고 주장한다.

하지만 히치콕이 공상가이자 최초의 현대 영화감독일 뿐 아니라 실제로 고전적 행동-이미지를 완성한 최후의 고전 감독이라

---

2) *Movement-Image*, p.59.
3) *Time-Image*, p.23 / 50.

면, 그의 환상은 결국 징후적 환상일 것이다.[4] 하여튼 히치콕의 작품은 주체, 세계, 영화에 대한 고전적인 정식분석학적 시각 및 리좀적 시각이 전제하는 사유의 서로 다른 이미지들이 갖는 몇 가지 가정을 추적하기 위한 풍부한 원천이다.

이러한 몇 가지 전제들과 함의를 드러내기 위해 우선 욕망에 의해 정의되는 주체 개념에 집중하면서 히치콕의 우주에 대한 비교 독해를 시도해보고자 한다. 그러면 「이창(Rear Window)」과 함께 두 편의 메타 영화, 마이클 파웰(Michael Powell)의 「피핑 톰(Peeping Tom)」(1960)과 「스트레인지 데이즈」를 살펴봄으로써, 영화의 위치와 영화적 장치에 초점을 맞춰본다. 「스트레인지 데이즈」는 히치콕의 「현기증」(1958)과 매우 유사하지만 「피핑 톰」과 훨씬 더 자주 비교되었다. 「피핑 톰」과 「스트레인지 데이즈」는 관객의 영화적 관음증(voyeurism)이 가진 (어두운) 함의를 다룬다. 그럼에도 불구하고 「스트레인지 데이즈」를 「피핑 톰」과 비교함으로써 두 영화의 몇 가지 본질적인 차이, 특히 새로운 종류의 카메라 의식이 우리의 지각, 우리의 세계에 대한 경험 그리고 우리 자신에게 진입해왔던 방식을 사람들이 놓치고 있다고 주장하고자 한다. 따라서 히치콕과 「현기증」을 다시 살펴보는 것은 이 영화가 지니고 있는 모호한 위치를 탐구하고자 하기 때문이다. 이를 위해 강박적 연애를 다룬 고전 영화(운동-이미지) 및 「스트레인지 데이즈」를 예기한, 시간과 잠재태가 헷갈리는 경험을 다룬 현대 영화(시간-이미지)를 동시에 탐구한다. 「스트레인지 데이즈」가 전형적인 영화로 꼽히는 동시대 영화는 베르그손의 미래적 통찰과 히치콕의 예감이 결국은 실현되었음을 증명한다. 우리는 이제 시청각성의 내재적 개념화를 요청하는 메타 시네마적 우주에, 그리고 새로운 카메라 의식이 우

---

4) *Movement-Image*, p.205.

리의 지각으로 진입해온 세계에 살고 있다. 제1장에서는 「피핑톰」, 「스트레인지 데이즈」, 히치콕의 우주를 철학 소논문으로 간주하며, "메타 시네마로서의 우주"및 새로운 카메라 의식의 다양한 함의와 효과를 탐구한다.

히치콕의 우주 : 지젝과 들뢰즈

□죄지은 주체의 재현 혹은 관계들의 논리

슬라보예 지젝의 라캉적 사고와 들뢰즈의 베르그손적 영화 이론을 활용하여 히치콕의 작품을 다시 살펴봄으로써 제1장의 탐구를 시작하고자 한다. 이러한 비교 방식을 통해 히치콕 영화를 눈에 대한 정신분석학적 모델 및 뇌에 대한 리좀적 모델로 연결지으려고 한다. 이와 같은 방식은 두 사유 모델에 나타나는 몇 가지 주요한 차이와 유사성을 구체화하게 해준다. 목적은 하나의 모델이 다른 것보다 우수한지를 판단하는 것이 아니다. 오히려 이 상이한 모델들이 보고 생각하고 느끼는 것을 가능하게 하거나 불가능하게 하는 것이 무엇인지 판단하려는 것이다. 이 부분에서는 주체에 대한 사고 그리고 주체가 이미지 및 세계와 맺는 관계에 대한 사고에 집중한다.

지젝과 들뢰즈가 행한 히치콕에 대한 몇 가지 소견은 그들 각각의 (전제적) 입장을 꽤 명확하게 해준다. 우선 지젝과 들뢰즈는 히치콕 작품에 대한 로메르(Rohmer)와 샤브롤(Chabrol)의 ·연구를 참조한다.[5]

---

5) Eric Rohmer and Claude Chabrol, *Hitchcock — The First Forty-Four Films* (New York : Frederick Ungar, 1979).

두 사람은 로메르·샤브롤 연구의 중요성을 인식하고, 그들이 거장의 영화에 부여한 가톨릭적 해석을 참조한다. 여기에는 우선 큰 차이가 존재한다. 지젝은 히치콕의 "가톨릭성"을 좀더 심오한 얀세니즘(Jansenism)⁶⁾의 종교 형식으로 본다. 지젝에 의하면, 얀세니즘과 가톨릭에서 모든 인간 주체는 죄가 있고, 그 이유 때문에 인간 구원은 개인 스스로에게만 의지할 수 없다. 구원은 오직 외부의 힘, 즉 신으로부터 오고, 신은 미리 그 사람이 구원받을 것인지 저주받을 것인지 결정한다.⁷⁾ 반면, 들뢰즈는 로메르·샤브롤의 분석이 지닌 가톨릭적(그리고 얀세니즘까지 포함) 관점을 명백히 거부한다. 들뢰즈는 히치콕을 가톨릭 형이상학자로 만들 필요가 없다고 주장한다. 반대로 히치콕은 완전한 이론적, 실천적 관계 개념을 가지고 있으며, 그 관계는 죄지은 주체나 무섭고 어려운 신과는 아무 상관이 없다.⁸⁾

지젝과 들뢰즈가 모두 제기하는 두 번째 점은 히치콕 자신이 "태피스트리(tapestry)"의 은유를 가진다는 것이다. 지젝은 태피스트리를 불가능한 응시(Impossible Gaze)와 관련지어보고 있는데, 다시 말해서 이 응시란 운명예정설이라는 거미줄로 스크린 위의 주체를 사로잡은 신의 눈으로 보는 시점(God's-eye view)이다. 스크린 위의 주체(등장인물)는 스크린 밖의 주체(관객)를 재현한다. 관객은 등장인물의 눈/시선과 동일화하고, 동시에 그 혹은 그녀의 죄를 느끼며, 지젝이 불가능한 존재라고 지칭한 신 혹은 실재의 응시에 대해 공포를 느낀다. 그러나 관객은 결코 신

---

6) [옮긴이] 얀센파의 신조. 17세기 네덜란드 신학자 얀센(Jansen)이 주창한 교회 개혁 정신과 운동.

7) Slavoj Žižek, ed., *Everything You Always Wanted to Know about Lacan but Were Afraid to Ask Hitchcock* (London and New York : Verso, 1992) pp.212-213.

8) *Movement-Image*, p.202.

의 응시에 동일화할 수 없다.9) 따라서 지젝에 의하면, 히치콕의 카메라는 영화 바깥의 주체가 세계를 어떻게 경험하는가를 궁극적으로 재현하는 것이다. 재현된 주체는 그 자신의 삶에서는 관객과 똑같은 억압을 받는다. 하지만 들뢰즈는 태피스트리란 관계들의 네트워크라고 보며, 관계들의 네트워크는 히치콕이 관객을 (정신적) 행동에 연루시키도록 신중하게 설정한 것이라고 본다. 이것은 시선과 눈의 문제가 아니다. 기껏해야 우리는 마음의 눈에 대해 말할 수 있다. 관객은 자기 자신의 삶의 재현을 찾고 있는 것이 아니라 히치콕이 고안한 관계들의 게임에 참여하고 있다.

지젝과 들뢰즈의 접근 방식에서 세 번째와 네 번째 차이는 앞서 인용한, 직접적으로 뇌에 영향을 주는 것에 대한 히치콕의 언급에 관한 것이다. 어떠한 매개체도 없이 관객에게 직접 도달하는 방식을 표현한 히치콕의 두드러진 바람을 지젝은 히치콕의 환상의 징후적 측면이라고 강조한다. 지젝에 의하면, 히치콕의 우주에서 정신병적 핵심을 구성하는 것은 재현 없이도 기능하는 것에 대한 강한 열망이다. "현실"에서 재현은 히치콕과 대중 사이, 즉 스크린 위의 주체와 스크린 밖의 주체 사이에서 일종의 "탯줄"로 늘 존재한다.10) 재현에서 스크린 밖의 주체는 스크린 위의 주체와 동일화함으로써 자신의 정체성을 구성하며 모델로

---

9) *Everything You Always Wanted to Know*, p.254. 눈과 대조적으로, 응시는 실재계의 불가능한 영역과 관련된다. *Looking Awry : An Introduction to Jacques Lacan through Popular Culture* (Cambridge, Mass., and London : MIT, 1991)에 실린 "The Ideological Sinthome"에서 지젝은 눈과 응시의 차이에 대해 설명한다. 응시는 "바라보는 주체가 이미 응시되고 있는 그림 속의 주체를 나타낸다. 주체의 자기 존재에 대한 확신 없이(예를 들면 지배와 통치의 도구로서의 응시), 응시는 되돌릴 수 없는 분열을 제시한다. 곧, 나는 그림이 나를 응시하고 있는 지점에서 결코 그림을 볼 수 없다"(p.125). 각주 12도 보라.
10) *Everything You Always Wanted to Know*, p.241.

서의 주체를 받아들인다. 다시 한 번 강조하자면, 들뢰즈는 완전히 다른 철학을 가지고 있다. 스피노자와 베르그손으로 회귀하면서 들뢰즈는 재현의 개념에서 모든 것을 망라하는 힘을 믿지 않으며, 따라서 모델이 되는 주체성의 의미로서의 동일화 개념도 믿지 않는다. 들뢰즈에 의하면, 지적, 감정적 전체이자 몸에 (위계적이 아니라) 대등하게 기능하는 뇌는 우리가 스스로를 주체로서 어떻게 지각하는지에 대한 좀더 많은 통찰을 줄 수 있다. 따라서 들뢰즈가 보기에 뇌의 전극에 대한 히치콕의 언급은 가장 중요한 것을 무시하는 징후적인 것이 아니다. 오히려 그의 언급은 이미지가 어떻게 작용하는지, 이미지 스스로가 가지는 직접적인 효과가 무엇인지에 대한 철학적 고찰이다. 따라서 실제로 뇌의 전극을 채택하지 않고도 몸과 뇌, 지각과 기억 사이의 복잡한 상호 작용에 따라 움직이는 이미지, 효과와 정서에 의한 이미지에 대해 사유하는 것이 유용해진다.

□초월론적 혹은 내재적 욕망

(영화) 이미지, 주체, 세계 사이의 관계에 대한 정신분석학적, 리좀적 모델의 기본 전제들을 확립했으므로, 이제 주체와, 주체를 구성하는 가장 중요한 측면인 욕망을 좀더 면밀히 살펴보는 것이 필요하다. 따라서 히치콕을 다시 살펴보기 전에 두 가지 모델의 욕망과 관련된 주체 개념을 간단히 정리하고자 한다. 첫 번째는 정신분석학적 주체다. 프로이트와 라캉에 의하면, 초기 정신분석학에서 욕망은 결핍, 즉 본래적이고 상상적인 완전함의 부재에 근거한다. 완전함은 상징계적 질서에 따라 주체가 사회에 진입하자마자 소실된다. 이러한 결핍으로 특징지어진 주체는 본래의 완전함을 되찾기 위해 대상을 욕망하지만 완전함은 늘 불가능하다. 성차는 이 점(결핍은 남성 주체가 두려워하는 거세

공포에 바탕을 둔다)에서 결정적인 차이를 보인다. 페미니즘 영화 이론은 주체로서의 여성의 지위를 희생할 정도로 여성을 전유하거나 "물신화"하면서, 대부분 남성으로 상정된 주체가 여성을 욕망의 대상으로 어떻게 여기는지에 대해 꼼꼼하게 증명했다. 응시는 종종 모든 것을 아는 전체로서 보이며, 종종 데카르트의 눈/나에 필적하는 남성 가부장 주체에게 할당된다. 때때로 응시는 타자라는 다소 추상적인 개념을 적용한다. 반면, 시선은 디제시스적 세계에서 실체화된 주체에 관한 것이다.

그러나 슬라보예 지젝과 함께 조안 콥젝(Joan Copjec) 같은 몇몇 페미니즘적 정신분석학자들은[11] 응시를 상징계적 질서라는 강력한 위치에 놓지 않고, 라캉이 실재계라고 명명한 곳에 놓는다. 상상계와 잃어버린 욕망의 대상에 대한 갈망은 더 이상 후기 라캉적 주체를 따라다니지 않는다. 대신 실재계가 더욱더 따라다닌다. 실재계는 주체가 알 수 없고, 볼 수 없고, 상징계에서는 재현될 수 없는 것이지만, 그럼에도 불구하고 주체에 흔적을 남긴다. 세 번째 용어인 실재계는 상상계와 상징계를 넘어선다. 지젝은 응시를 실재계에 연관시킨다. 지젝에 의하면, 응시는 지배와 통제의 수단이 아니다. 반대로 응시는 주체가 결코 알 수 없는 것이다. 응시는 무정형이자 날 것이며 피부가 없는 살, 신 그리고 결국에는 죽음이라는 몇 가지 방식으로 정의될 수 있다. 성차는 여전히 결정적이다. 여성은 남성보다 실재계에 가깝다. (따라서 불가능한 주체다. "여성은 남성의 징후다.") 실재계는 "세계의 밤"이며, 완전한 부정이고, 비어 있으며, 결핍이고, 이것들이 주체의 기초를 이룬다. 따라서 욕망은 여전히 결핍과 부재

---

11) Joan Copjec ed., *Shades of Noir* (New York and London : Verso, 1993) ; *Supposing the Subject.* (New York and London : Verso, 1994) ; Joan Copjec, *Read My Desire : Lacan Against the Historicists* (Cambridge, Mass : MIT, 1994)를 보라.

에 기원하지만 이제는 초월론적 관념이 되었다. 주체는 실재계를 알 수 없으므로, 타자의 욕망으로 주체의 욕망을 정의한다(주체는 타자가 실재계를 소유한다는 생각의 환영 안에서 타자가 욕망한다고 생각하기를 욕망한다). 지젝에 의하면, 라캉적 / 히치콕적 주체는 죄지은 주체며, 이미 결핍, 즐거움, 희열(jouissance)의 죄를 늘 짓고 있고, 실재계에서 불가능한 기원(origin)을 가진다. 여기에서 우리는 죄의식과 신에 기초한 얀세니즘을 통해 지젝이 무엇을 의미하는지 알 수 있다.12)

지젝의 라캉적 분석에 따라 히치콕의 영화를 살펴본다면, 「이창」의 영웅은 여전히 상징계적 질서에 메어 있으며 때때로 상상계적 질서의 징후에 의해 균열을 일으키는 초기 라캉을 재현한다고 말할 수 있다. 그러나 이 영웅은 전체를 훑어보고 있지만 거의

---

12) 지젝은 라신(Racine)의 『페드르(Phèdre)』를 언급한다. 페드르는 애인의 표현을 오해하여 자멸하는 여자다. 그녀는 "그의 대담한 응시에서 나의 파멸이 과장되어 쓰인다(In His Bold Gaze My Ruin Is Writ Large)"고 말했고, 지젝은 이 말을 Everything You Always Wanted to Know에 실린 주요 논문의 제목으로 빌어 왔다. 그 제목은 라캉의 아이디어가 반영된 것이다. 라캉은 우리가 마주치는 시선은 타자의 시선이 아니라 우리가 타자에게서 상상하는 시선이라고 말했다(p.258). 다시 말하면, 우리의 욕망은 우리가 타자의 욕망을 생각하는 것으로 구성된다. 즉, 라캉에 따르면, "욕망은 타자의 욕망이다." 지젝은 욕망의 이런 형식을 "상호주체성"이라고 부른다. 우리가 욕망할 수 있는 것은 오직 타자를 통해서라는 것이다. 욕망에 대한 이런 개념으로는 (대)타자(the O / other)는 항상 욕망의 대상일 뿐이라는 문제가 제기될 수도 있다. 이런 점 때문에 상호주체성에 대해 말하기가 더욱 어려워진다. 물론 이것은 위치의 교환처럼 보일 수도 있다. 각 주체는 타자의 "욕망의 대상"이라는 기능을 가진다. 지젝은 어떻게 "대상"의 지위가 바뀌는지를 스스로 논증해본다(라캉과 히치콕에 대해서도 마찬가지다). "1950년대 라캉은 대상의 기능이 상호 주체적인 재인의 게임에서 '이해관계'의 역할로 축소된다고 보았다(어떤 대상을 욕망한다는 것은 이 대상을 요구하는 타자의 욕망을 욕망하는 방법이다). 그러나 후기 라캉에서, 대상이란 주체가 또 다른 주체에게서 찾고 있는 것이 무엇인지 하는 것이다. 곧 무엇이 주체에게 그/그녀의 존엄을 주는가 하는 것이다"(pp.223-224). 지젝은 라캉과 함께, 우리는 모두 당연히 불가능한 어떤 것을 욕망하는 불안한 주체라고 주장한다.

대부분은 통제 아래 있다. 점차 실재계의 오점이 히치콕적 이미지로 진입했다. 지젝에 의하면, 「사이코(Psycho)」의 칼을 든 손, 「새(The Birds)」의 새떼, 「북북서로 진로를 돌려라」의 비행기는 단순히 디제시스적 현실의 일부로 지각되는 것이 아니다. "오히려 외부로부터, 더 정확히는 디제시스적 현실과 우리의 "진짜" 현실의 중간에 있는 공간으로부터 디제시스적 현실에 침입하는 일종의 오점으로 경험된다."13) 상징계에 오점을 남기는 것은 실재계이므로 실재계는 스크린 위의 주체뿐 아니라 관객의 안정성까지도 위협한다. 눈으로 연결되며 안전한 거리에 있는 그/그녀의 위치는 갑자기 통제되지 않는 무언가에 의해 위협을 당한다. 요컨대 지젝에 의하면, 히치콕적 주체인 라캉적 주체는 항상 재현(탯줄)에 의해 매개되는 역사와 관계없이 초월론적 원칙에 철학적으로 종속된다. 주체의 죄의식적 (얀세니즘적) 욕망은 상상계가 아닌, 위험하고 감금된 네트워크(지젝에 의하면 태피스트리)와 같은 응시를 부과하는, 불가능하고 무시무시한 실재계와 관련 있는 근본적인 결핍에 기초한다.

들뢰즈적/구아타리적 리좀 철학에서 히치콕의 우주는 완전히 다른 주체 이미지를 표현한다. 무엇보다도 욕망은 중요한 개념이다. 하지만 들뢰즈에 의하면, 욕망은 어떤 본래부터 완전한 것의 결핍과 부재에 기초하는 것이 아니라, 불가능한 전체 혹은 위험한 공허 같은 부정성에 기초한다. 게다가 욕망은 결코 대상(명확한 욕망의 대상)과 관련 맺지 않는다.14) 오히려 욕망은 우

---

13) *Everything You Always Wanted to Know*, p.236. (슬라보예 지젝 편집, 김소연 옮김, 『항상 라캉에 대해 알고 싶었지만 감히 히치콕에게 물어보지 못한 모든 것』, 새물결, 2001, pp.344.)

14) 루이스 브뉘엘은 영화 「욕망의 모호한 대상(That Obscure Object of Desire)」(1997)에서 정신분석학적으로 매우 잘 분석될 수 있는 어떤 대상에 대한 욕망의 이미지를 표현하고 있다. 주인공 마티외(주체)는 콘차(대상으로서의 여성)를 욕망한다. 콘차는 매우 다른 두 여배우가 연기한다. 그 둘 중 한 명은 처녀, 다른

리에게 기쁨을 주는, 즉 행동하려는 우리의 역량을 증대시키는 사물 및 사람과 연결되고 관계맺음으로써 살며 삶을 유지하려는 근본적인 바람이다. 슬픔, 증오, 공포가 없다는 것을 의미하지는 않지만 슬픔, 증오, 공포는 모두 삶을 유지하려는 근본 충동에 대한 반작용이다. 우리에게 해로운 것은 슬픔과 또 다른 슬픈 열정을 불어넣는 것이다. 기쁨은 희열, 즉 라캉적 즐거움과 혼돈되어서는 안 된다. 라캉적 즐거움은 공포스러운 죽음과 실재계의 부정성과 관련된 죄의식적 쾌락이다. 들뢰즈는 이런 점에서 스피노자로부터 매우 많은 영향을 받았다.

스피노자에 의하면, 기쁨은 적절한 사유를 형성하고 행동하려는 역능과 관계가 있다.15) 능동적인 것은 삶을 향유하는 것이다.

한 명은 창녀를 의미한다고 말할 수 있다. 아니면 그들은 서로 바뀔 수 있다고 할 수도 있다(마티외는 둘의 차이를 전혀 인식하지 못한다). 그들은 욕망이 시작된 그 주체에게 근본적으로 부족한 것을 채워야만 하는 대상에 지나지 않기 때문이다. 또한 브뉘엘은 매우 상징적인 이미지를 제공한다. 여자가 피 묻은 가운을 바느질하고 있는 것이 상점의 창으로 들여다보이는 마지막 장면이 그 한 예다(이는 상처의 물신적 '극복'에 대한 은유다. 상점의 쇼윈도는 욕망의 대상의 상품적 측면에 관련된다). 따라서 주체라는 개념은 대상이라는 개념과 매우 깊게 연관되어 있다. 그리고 결핍에 기인한 욕망은 욕망하는 대상으로는 결코 완전하게 채워지지 않는다. 사실 브뉘엘이 농담하고 있는 것인지 궁금해 할 수도 있다. 이미지들의 클리셰적인 면들을 수행하도록 하기 위해 우리에게 이런 이미지들을 보여주면서 말이다. 이것은 너무나 명백하기 때문에 다른 차원에 도달한다. 그러므로 브뉘엘은 히치콕과는 다르게 읽힐 수도 있다. 들뢰즈에 따르면, 두 배우에게 하나의 캐릭터를 연기하도록 한 브뉘엘의 선택은 시간과 연관된 정신적 이미지와 더욱 긴밀하게 연결된 것이다. "순환과, 순환의 연속을 토대로 한 브뉘엘의 자연주의적 우주론이 공존하는 여러 세계들, 복수의 현재가 동시에 진행되는 세계로 통하는 길을 제공해준 것이다. 이런 것들은 동일한 세계 속에 놓인 주체의 (상상의) 시점이 아니다. 대상의 서로 다른 여러 세계에서 일어나는 하나의, 같은 사건들이다. 이 사건들은 동일하고 설명 불가능한 우주 속에 깊이 연루되어 있다"(*Time-Image*, p.103).
15) 스피노자에 의하면, 상상의 역할은 무엇이 다른 사람들에게 좋을지를 생각하는 것이다. 즐겁다는 것은 타인을 즐겁게 해주고픈 것이다. 자신만을 생각하

즐거운 것은 정신분석학에 의해 "규정된" 부정적 역량이 아닌 긍정적 역량과 관련된 접속을 욕망하는 것이다. 물론 주체는 나쁜 일을 행하고 죄를 짓기도 하지만, 정의상으로는 초월론적 관념으로 통제되는 죄지은 주체가 아니다. 이것은 스피노자 / 들뢰즈적 용어에서 자아란 시간의 내재적 힘과 혼동되거나 혼동될 수 있기 때문에 주체가 모든 것을 통제함을 의미하지도 않는다. 이러한 관점에서 주체는 실재계 혹은 외재적 힘으로서의 신 혹은 물자체(物自體. Das-Ding-an-Sich)로 인해 많이 자극받지는 않지만, 오히려 시간과 기억으로 인해 자극받는다. 즈느비에브 로이드(Genevieve Lloyd)는 스피노자에 대한 저서에서 스피노자적 자아가 주체 혹은 자아 관념에 어떠한 영향을 미쳤는지를 설명한다.

　미래를 향해 움직이는 스피노자적 자아는 실제로 존재하는 몸의 관념이며, 몸의 과거를 간직해왔던 모든 것의 관념이다. 마음은 스스로를 단일체(공간적 전체뿐 아니라 제대로 기능하는 시간적 전체)로 이루기 위해 투쟁한다. 자신을 통합하고, 자아가 의존하는 더 광범한 전체들 가운데에 자신을 유지하기 위해 지속적으로 노력하는 자아라는 이러한 관점의 맥락 안에서 경계는 불안정하게 된다.16)

스피노자적 자아에 대한 이와 같은 설명은 주체가 시간에 따라 어떻게 변화하고 시간에 따라 어떻게 되어 가는지 그리고 항상 똑같을 수는 없다는 것을 명백히 논증한다. 시간과 지속(duration)에서 생성의 개념 및 불안정한 자아 개념에 대해 이야기할 때 들뢰즈는 매우 스피노자적이며 베르그손적이다. 들뢰즈에 의하면,

---

는 것과는 너무나 다른 것이다. 스피노자는 모든 사람들이 각자 저마다의 독특한 본질을 갖고 있다고 믿는다.

16) Genevieve Lloyd, *Spinoza and the Ethics* (London and New York : Routledge, 1996) pp.96-97.

주체는 고정되며 초월론적으로 통제된 존재물이 아니라 자아(혹은 주체성)의 경계가 시간에 따라 그리고 시간으로 인해 도전받는 내재적인 독자적 몸이다. 시간이 주체에게 가져다주는 비결정성과 비안전성은 욕망과 앎의 부정적 한계가 아니라 진행하고 있는 사유의 운동을 야기하는 것이다. 우리의 앎이 드러내는 간극은 계속해서 살아가고 사유하는 데 꼭 필요하다.

따라서 들뢰즈는 히치콕을 살펴보면서 「이창」의 영웅을 (상징계적) 응시를 소유한 누군가가 아니라 사고로 인해 움직이지 못하게 되어서, 보는 사람이 된 누군가로, 정신적 관계(그의 행동이 일시적으로 중단되고, 주체가 시간으로 열리게 될 때 정신적 관계는 시작된다)를 맺기 시작하는 누군가로 본다. 지젝은 실재계가 히치콕적 우주(칼, 새, 비행기)로 들어온다고 보는 반면, 들뢰즈는 이 "사물들"이 그쪽 너머에서 온 것이 아니라는 사실을 강조한다. 반면, 그 사물들은 나머지 이미지와 자연적 관계를 맺는다. 새는 반드시 보통의 새이고 비행기는 보통의 비행기며, 「다이얼 엠을 돌려라(Dial M for Murder)」의 열쇠는 보통의 열쇠다. 열쇠가 자물쇠에 맞지 않는다면, 열쇠는 이미지의 세계에 속하고 하나의 기호(관계적 지시)가 된다. 들뢰즈는 자신이 정신적 이미지 혹은 관계 이미지라고 지칭하는 것의 네트워크를 한데 형성하는 다양한 기호들("탈표식[demarks]"과 상징)을 구분한다. 그리고 정신적 이미지나 관계 이미지는 스크린 밖의 주체뿐 아니라 스크린 위의 주체까지도 당혹스럽게 하지만, 항상 같은 방식으로 그런 것은 아니다. 히치콕은 다양한 방식으로 모든 마음들과 함께 유희한다. 요컨대 들뢰즈는 히치콕의 우주를 관계들의 네트워크(태피스트리)로 본다. 거기에는 선험적 죄의식은 없다(가톨릭성이나 얀센주의도 없다). 다만 삶을 개선하고 행동하려는 역량을 증진시키는 적합한 관계들을 이론화하고 확립하려는 시도가 있을 뿐이다. 주체의 욕망은 부정성과 결핍에 기초하는 것이 아니라(따라서 성차와 거세에 우선적으로 기초하는 것도 아니다), 관계 맺으려는 긍정적 욕망이다. 이미지는 재현, 즉 탯줄로 보이는 것이 아니라 사유를 자극하는 마주침으로 보인다.

따라서 히치콕의 우주는 다음 두 개의 서로 다른 철학적 전통에 따라 해석될 수 있다. 지젝이 표상한 초월론적 데카르트 / 칸트 / 라캉적 전통과 들뢰즈가 상세히 설명하는 내재적 스피노자 / 베르그손적(니체적) 전통이다. 초월론적 전통에서는 눈이 중요한데, 눈이 선험적 "나"에 의해 필수적으로 통합되는 모든 인상을 모으기 때문이다. "나는 본다, 나는 생각한다, 나는 느낀다"는 "나의" 모든 경험들을 종합하는 것이다. 따라서 주체는 지각과 경험 이전에 그리고 지각과 경험을 넘어서 스스로를 발견한다. 이것이 초월론적 주체다.17) 내재적 전통에서 주체는 선험적으로 주어진 것이 아니라 지각과 경험이 주체를 형성한다. "나"가 형성되는 것은 지각의 다중성에 의해서다. 그리고 모든 접속과 구성적 주체 형성의 신경 중추는 뇌다. 정신분석학과 리좀학 양자에 의하면, 가장 구성적인 요소 중 하나인 욕망은 초월론적 부과 범주나 내재적 구성의 힘으로 똑같이 이해된다. 히치콕의 작품에 대한 지젝 식 분석과 들뢰즈 식 분석에서 우리가 이미지, 주체, 세계를 이들 상이한 전통에 따라 이해한다면 주체에 대한 함의는 명확해진다. 초월론적 철학은 세계, 주체, 이미지에 대한 안정적 개념을 부여한다. 거기에는 항상 주체를 따라다니는 미지

---

17) 마이클 샤피로는 *Cinematic Political Thought : Narrating Race, Nation and Gender* (Edinburgh : Edinburgh University Press, 1999)에서 칸트의 주체 개념에 대해 논한다. "경험의 아포리아를 푸는 칸트의 해법은 주체를 세계보다 더 크게 만드는 것이다"(p.13). 그는 공통 감각을 만들어내는 방향으로 주체를 움직이려는 목적을 가지고 있었다. 들뢰즈의 *La Philosophie Critique de Kant* (Paris : PUF, 1963)도 보라.

의 어떤 것이 있지만, 초월론적 철학은 우리가 스스로 비교하고 동일화할 수 있는 견고한 토대에 우리의 경험을 부여하는 유일한 것이다. 내재적 철학에서 주체는 지속적인 형성 과정에 있으며, 다양한 마주침을 통해 항상 변화한다. 내재적 철학의 주체 개념은 원하지 않는 불확실성을 만들어낼 수 있다는 확신이 아니라 예기치 않은 가능성일 것이다. 다음 장에서는 진리, 윤리학, 정치학에 관한 내재적 모델의 함의를 특수한 시청각적 마주침과 관련하여 좀더 집중적으로 상세히 설명하고자 한다. 이 장에서는 시청각 우주의 메타 층위, 영화적 장치의 위치, (영화) 이미지에 초점을 맞춘다.

메타 시네마와 영화적 장치 : 「피핑 톰」과 「스트레인지 데이즈」

□오프닝 시퀀스 : 영화적 장치 전시하기

1950년대 『카이에 뒤 시네마(*Cahiers du Cinéma*)』 평론가들은 히치콕의 「이창」을 영화에 관한 영화의 모범으로 생각했다. 제임스 스튜어트(James Stewart)는 움직일 수 없는 위치로 인해 그의 앞에 놓인 장면에 관음증적으로 향한 채 앉아 이웃들을 엿보고 있으며, 그의 위치는 영화 관객의 위치로 상정되었다.[18] 현대 혹은 미래적 메타 영화인 「스트레인지 데이즈」가 공개되었을 때는 이 작품이 「이창」과 자주 비교되지는 않았다. 비글로의 영화는 또 다른 메타 영화인 「피핑 톰」과 훨씬 더 자주 비교되었다.

---

18) 이를테면, 프랑수아 트뤼포의 *Hitchcock / Truffaut* (New York : Simon and Schuster, 1967) p.160을 보라.

「이창」보다는 좀더 노골적이고 「스트레인지 데이즈」와 매우 유사한 「피핑 톰」은 (영화적) 관음증의 부정적 함의를 보여준다. 히치콕과 (히치콕적) 우주의 초월론적, 내재적 개념화의 다양한 관점들과 함께 새로운 카메라 의식을 살펴보기 전, 영화적 장치에 대한 다양한 개념화를 면밀히 살펴보는 것이 필요하다. 나는 이러한 개념화들이 「피핑 톰」과 「스트레인지 데이즈」에서 펼쳐지는 방식을 탐구하는 것으로 시작하고자 한다.

「스트레인지 데이즈」의 이야기(내용의 형식)는 2000년이 시작되기 전날 밤 로스앤젤레스를 배경으로 한다. 레니 네로는 겪어보지 않은 모험을 대리 체험하도록 실제 다른 사람의 인생 경험을 담은 디지털 테이프를 다루는 전직 경찰이다. 레니에게 테이프를 전달하는 창녀인 아이리스가 살해된 디지털 클립을 손에 넣자 그는 범죄, 인종 차별, 권력, 과대망상증의 위험한 세계로 빠져든다. 옛 여자 친구인 페이스를 여전히 사랑하는 레니는 살해된 동료와 유사한 운명으로 빠져드는 페이스를 구해내려 한다. 레니는 개인 보호 전문가 메이스와, 전직 경찰이자 레니의 동료 경찰이었던 맥스의 도움을 받는다. 내용의 형식과 관련해서 보자면 이 영화는 등장인물이 행동하고 반응하는 환경의 행동 이미지며, 이는 들뢰즈가 『운동-이미지』에서 설명하듯이, 고전, 상업 할리우드 영화의 전형적인 이미지 유형이다.[19] 표현의 형식과 관련하여 보자면, 「스트레인지 데이즈」는 시각 스타일이 지나쳐서 압도적이다. 이미지가 공간적 시작과 끝이 없는 것처럼 프레임 너머로 확장된다. 사실, 이미지가 너무도 넘쳐나서 "뒤죽박죽"으로 보이며, 이미지는 시간과 특수한 관계를 맺는다.[20] 다음 부분에서 이 점에 대해 다시 언급할 것이다. 그럼 우

---

19) *Movement-Image*, pp.141-196. 제2장에서 들뢰즈의 영화 책에서 가져온 이미지 범주가 더욱 세밀하게 검토된다.
20) 공간적 깊이와 응집력의 3차원이 폐기될 때, 우리에게는 다른 차원이 열린

선 「스트레인지 데이즈」에 대한 비평적 반응과 「피핑 톰」과 명확하게 연결되는 부분을 설명하고자 한다.

「스트레인지 데이즈」가 처음 공개되었을 때, 이 영화는 매우 격렬한 비판을 받았다. BBC 문화 프로그램인 「최신 리뷰(Late Review)」에서 세 명의 남성 평론가들은 비글로의 영화를 좋아하지 않았지만, 한 명의 여성 평론가는 몇 가지 유보점에도 불구하고 사유를 자극하는 이미지 때문에 이 영화를 옹호했다.[21] 이 프로그램에서 「스트레인지 데이즈」의 관음증과 주관적 카메라 운동이 마이클 파웰의 「피핑 톰」과 비교되었다. 특히 두 영화에서 보여준 창녀를 무참히 살해하는 장면이 예로 채택되었다. 두 영화의 관음증과 주관성은 정말로 유사한가? 「피핑 톰」은 정신병질 살인자인 마크 레위스의 이야기로, 그는 사람을 죽이면서 그 희생자를 영화에 담는다. 그는 또한 자신이 저지른 살인을 조사하는 경찰을 찍는다. 이러한 미친 행동은 어린 시절의 트라우마에서 기인한 것으로, 아버지는 소년에게 모든 종류의 "과학" 실험을 감행했다. 그의 이웃인 헬렌과 그녀의 시각장애인 어머

다. 들뢰즈는 감정-이미지에 대한 논의와 드레이어(Dreyer)의 클로즈업 사용에 대해 다음과 같이 주장한다. "3차원을 평면화하면서 그는 2차원적 공간을 정서에 대하여, 4차원에 대하여, 5차원에 대하여 긴밀히 연관시킨다. 그것은 시간과 정신이다(*Movement-Image*, p.107).

21) BBC-TV 「최신 리뷰」, 평론가들은 마크 로손(발표), 톰 폴린, 토니 파슨스, 수잔 무어였다. 영화에 대해 보인 남성들의 가장 강력한 반론은 다음과 같다(나는 자신의 여성 동료에게 이야기하는 이 세 명의 남성 평론가를 인용한다). "이 영화를 이를테면 브라이언 드 팔마 같은 남성 감독이 만들었다면 여러분은 역겨워했을 것이다"(이런 이야기는 질투처럼 들린다). 컨퍼런스 '부드러운 몸, 비틀어진 마음(Tender Bodies, Twisted Mind)'(암스테르담대 영화 & 텔레비전학과)에서도 이와 유사한 방식으로 이 영화가 논의되었다. 영화에 대해 긍정적인 무언가가 언급될 때마다 그것은 캐슬린 비글로의 영화가 아니라 제임스 카메론의 시나리오였다. 어쨌든 「스트레인지 데이즈」가 처음 수용될 때 「피핑 톰」과 「현기증」의 운명을 공유했다고 말할 수 있다.

니가 마크의 정체를 폭로한다. 창녀가 살해되는 장면을 제외하고, 두 영화는 내용과 관련해서는 유사점이 거의 없다. 전달되는 이야기의 관점과 이야기가 확립하려 한 주관성이 매우 다르게 보이기 때문이다. 레니와 마크는 모두 이미지의 힘과 시각 테크놀로지에 사로잡혀 있지만, 사기꾼 레니 네로는 살인자 마크 레위스와는 매우 다른 인물이다. 표현의 형식 수준에서도 「피핑 톰」은 「스트레인지 데이즈」와 다르다. 「피핑 톰」은 「스트레인지 데이즈」가 보여주는 뒤죽박죽된 세계보다는 훨씬 더 시간 순서를 따르며 공간적으로도 타당한 논리를 따라간다.

하지만 두 영화의 오프닝 시퀀스를 비교해보면 좀더 놀라운 유사성이 발견된다. 두 영화 모두에서 첫 번째 이미지는 눈의 익스트림 클로즈업으로, 이것은 주인공의 관음증적 경향을 명백히 표현해준다. 클로즈업은 주관적 카메라 이미지로 이어지고, 이것은 클로즈업된 눈의 주인의 시점으로 보는 것이다. 이때 눈의 주인은 관객에게 아직 정체를 드러내지는 않는다. 「피핑 톰」에서 우리는 카메라의 뷰파인더를 통해 창녀를 따라가게 되고, 그녀는 놀란 표정을 지으며 카메라를 화가 나서 노려본다. 이어서 관객은 그녀가 자신을 찍고 있는 남자에 의해 살해당하고 있음을 알게 된다. 관객은 이것이 이미지를 찍고 있는 카메라라는 것을 안다. 관객은 눈의 클로즈업과 주관적 카메라 이미지 사이의 짧은 시퀀스에서, 여성이 고객을 기다리고 있는 거리, 뒤에서 보이는 영화를 찍고 있는 사람, 카메라 눈의 클로즈업 등을 다소 "객관적인" 설정 쇼트로 보았기 때문이다. 관객은 또한 코닥 필름 상자를 버리는 손을 보고, 계속해서 이미지 앞에 놓인 뷰파인더의 십자 선을 보게 된다. 이 장면이 여성의 놀란 얼굴로 끝난 후, 관객은 누군가(나중에 알게 되겠지만, 카메라를 든 남자이자 주인공인 마크 레위스)가 지켜보는 동안 스크린 위에 똑같은 이미지를 투사하는 영사기를 본다. 이어서 크레딧이 올라온다. 그리하여 완전한 영화적 장치가 실제 영화가 시작되기 전에 무대화된다. 「피핑 톰」은 처음부터 영화에 관한 영화임이 명백해진다.

「스트레인지 데이즈」의 오프닝 시퀀스에서 눈의 클로즈업 다음에 나타나는 이미지가 기술적으로 매개하는 것을 관객이 알아차리는 유일한 단서는 이 클로즈업 다음에 바로 따라오는 이미지가 디지털로 나타난다는 것이다(뚜렷하고 깨끗한 이미지를 구성하는 픽셀 이미지가 나타나기 전까지 시간이 좀 걸린다). 이어서 관객은 다시 주관적 카메라 운동을 통해 강도 행위 한가운데 있게 된다. 강도 행위가 잘못 되어가면서, 경찰로부터 달아나기 위해 누군가가 지붕 위로 날아오르고, 결국 관객이 경험하는 것은 사람이 지붕에서 떨어지는 것이다. 그런데 그 이전의 모든 사건을 거치며 우리가 생생하게 느낄 수 있었던 것은 바로 그 사람의 감각을 통해서다. "우리는" 지붕에서 떨어진다. 관객은 조금 멀미가 나면서 이것이 영화의 주인공인 레니 네로가 경험하는 가상 현실임을 알게 된다. 그는 스퀴즈(SQUIDS : Superconducting Quantum Interference Device [뇌파 신경 자극 장치])에 뇌가 연결되어 있는데, 이 미래적 장치는 경험을 녹화해서 즉시 재생할 수 있다(다른 사람들의 경험이나 개인의 과거 경험).[22] 레니는 이 디지털 마약을 사고팔지만 테이프 때문에 분노하게 된다. 그 테이프는 죽음의 기록인 "블랙잭"이다. 그는 머리에서 재생 장치를 떼

---

22) 스퀴즈는 비글로의 영화에서 표현된 것만큼 정교하지 않음에도 불구하고, 실제로 신경학 연구에 이용되었다. 예를 들어, Louis Bec, "Squids, Elements of Technozoosemiotics : A Lesson in Fabulatory Epistemology of the Scientific Institute for Paranatural Research." Joke Brouwer and Carla Hoekendijk, eds. *Technomorphica* (Amsterdam De Baile and Idea Books, 1997) pp.279-314를 보라. 「스트레인지 데이즈」에 대한 텔레비전 다큐멘터리에서(VPRO-laat, October 1995) 신경학자 마이클 퍼싱어는 직접적인 뇌 자극에 대한 과학 연구에 대해 이야기한다.

어내고 "스너프(snuff)"[23]는 다루지 않는다고 판매상에게 항변한다. 「피핑 톰」과는 달리 「스트레인지 데이즈」의 오프닝 시퀀스에는 카메라와 영사기의 거리가 없지만, 몸과 뇌의 직접적인 물리적 연루가 있다는 것이 확실해진다.

우리는 이론적 층위에서 어떻게 이 차이를 설명할 수 있을까? 「피핑 톰」은 1970년대에 장 루이 보드리, 장 루이 코몰리(Jean-Louis Commolli), 크리스티앙 메츠(Christian Metz)가 발전시킨 소위 장치 이론에 대한 예가 될 것이다.[24] 이 영화는 또한 장치 이론의 정신분석학적 해석과 페미니즘적 젠더 함의에 관한 설명처럼 독해할 수 있겠다. 보드리는 영화적 장치를 플라톤의 동굴과 유사한 것으로 보았다. 영화적 장치는 "주체에게 실제로는 잘못 지각된 재현일 뿐인 지각을 제공한다."[25] 「피핑 톰」은 영화적 장치를 전시하고 있으므로, 재현 모델이 세계를 인식하는 방법을 확장 예술을 통해 논증한다. 우리가 실제로 보는 이미지는 재현이며 본래 현실의 복제다(원본과 이미지, 본질과 반영). 더 나아가 「피핑 톰」은 재현에서도 보고 있는 자(주체, 마크, 사진가, 엿보는

---

23) [옮긴이] 살인이나 잔인한 장면을 연출과 여과 없이 그대로 찍은 것.

24) Jean-Louis Baudry, "Ideological Effects of the Basic Cinematographic Apparatus"(first published 1970)와 "The Apparatus : Metapsychological Approaches to the Impression of Reality in Cinema" (first published 1975)를 보라. 이 두 편의 논문은 Phillip Rosen, ed. *Narrative, Apparatus, Ideology* (New York : Columbia University Press, 1986 : 앞으로는 이 판본을 참조할 것이다.) pp.286-318에 실려 있다. Jean-Louis Commoli, "Machines of the Visible", Teresa de Lauretis and Stephen Heath, eds. *The Cinematic Apparatus* (Houndmills, Basingstoke, and London : Columbia University Press, 1986) pp.121-142 ; Christian Metz, "The Imaginary Signifier", *Screen*, vol. 16, no. 2, 1975 : 14-76. Robert Stam, et al., *New Vocabularies of Film Semiotics : Structuralism, Post-Structuralism and Beyond* (London and New York : Routledge, 1992).

25) "The Apparatus", p.315.

톰)와 보이는 자(대상, 창녀, 욕망의 대상) 사이에 명확한 구분이 있다는 것을 증명한다. 카메라의 운동성과 관련하여 영화적 장치의 주체는 초월론적 주체로 간주된다.

(사실 질서지음, 다시 말해서 규제된 초월을 산출하기 위한 더 큰 노력만을 재현하고 있는) 인위적 원근법의 불가시적 토대인 눈-주체는 안으로 빨려 들어가면서, 좀더 광범위하게 기능하도록 "상승되며", 그것이 보여줄 수 있는 운동과 비례하게 된다. … 카메라의 운동성은 "초월론적 주체"의 표명을 위해 가장 유리한 조건을 충족시키는 것으로 보인다.26)

보드리는 주체가 의도적 의식으로 통제할 수 있는 객관적 현실이 있다는 환상을 카메라가 제공한다고 주장한다. 보드리가 이러한 의식이 어떤 것의 의식이라고 주장할 때는 현상학자다. 그런데 이때 그는 어떤 것의 의식을 영화 이미지의 상태 및 작용에 연관시킨다. "어떤 것의 이미지가 되기 위해서는 이 어떤 것을 의미로서 구성해야 한다." 이미지는 세계를 반영하는 것 같지만 기초적인 위계의 순진한 전도 속에 있을 뿐이다. "따라서 자연적 존재의 영역은 단지 부차적 질서의 권위를 가질 뿐이며 항상 초월론적인 것을 전제한다."27) 『차이와 반복』에서 들뢰즈가 정의하듯이, 영화적 장치가 인식되는 방식은 영화 이론을 재현적 사유와 연관시키는 것이다. 이러한 사유 모델은 인식된 정체성, 판단된 유비, 상상된 대립, 지각된 유사성이라는 비교 원리에 기초한다. 「피핑 톰」에서 우리는 항상 모델(찍혀진 것)과 복제(재현된 이미지)의 거리를 알고 있다. 또한 지각하는 주체와 지각되는 대상 사이의 거리를 깨닫는다.

---

26) "Ideological Effects", p.292.
27) "Ideological Effects", p.292.

「피핑 톰」의 레이저 디스크 판에서 사운드트랙을 뺀 위에 영화에 대해 설명하고 있는 로라 멀비(Laura Mulvey)는 「피핑 톰」이 영화와 영화적 재현에 대한 영화일 뿐 아니라 영화적 장치의 역사(최소한 전통적으로 받아들여지는 영화적 장치의 기원에 대한 것)를 얼마나 잘 표현하는지 설명한다. 영화 종결부에서 관객은 마크 레위스가 일종의 사진 카메라의 머이브리지[28] 장치를 재구축하는 것을 보게 되는데, 이 장치를 통해 이미지는 빠른 연속성으로 보이고, 카메라의 삼각대에 숨겨진 창에 스스로 찔림으로써 마크가 자살을 감행하는 것이 사진으로 찍힌다. 멀비에 의하면, 주인공의 비극적 결말이 영화적 장치의 기원과 연결됨으로써 「피핑 톰」은 영화적 장치의 죽음에 관한 주장을 하고 있다. 따라서 「스트레인지 데이즈」에서 같은 종류의 영화적 장치를 볼 수 없다는 것은 놀라운 일이 아니다. 우리는 이미지와 소리의 광란적인 세상에 빠져든 스스로를 발견한다. 그곳에는 자아와 타자의 경계가 없다. 또한 거기에는 지각하는 자와 지각되는 자의 거리가 더 이상 없다(거리를 두는 카메라도 없다). 가상 경험은 실재 경험이다. 몸과 마음은 동시에 강렬한 에너지를 받아들인다. 우리는 동시에 더 이상은 재현이 아닌 이미지에 대해 다르게 사유하도록 촉구하는 또 다른 세계와 마주치는데, 이는 보는 자와 보이는 자의 거리가 사라짐을 통해, 관객의 물리적이고 강렬한 연루를 통해 가능해진다. 「스트레인지 데이즈」에서 전시되는 영화적 장치는 베르그손적이며 물질, 몸, 뇌가 이미지인 곳이다.

하나의 원자란 작용과 반작용들이 이어지는 데에까지 나아가는 이미지다. 나의 몸 역시 이미지며, 그러므로 작용과 반작용들의 집합이

28) [옮긴이] 1878년에 이드워드 머이브리지(Eadweard Muybridge)는 자신의 스톱 액션 카메라로 움직임을 양자화하여 현대 모션 픽처의 시대를 열었다. 머이브리지의 시리즈 사진은 자동 연결 장치를 통해 움직이는 그림으로 보인다.

다. 나의 눈과 나의 뇌도 역시 이미지들이며 내 몸의 부분들이다. 나의 뇌가 이미지들 가운데 하나라면 어떻게 그것이 이미지들을 포함할 수 있는가? 외부의 이미지들이 나에게 작용하며 운동을 전달하고 나는 그 운동을 재구성한다. 나 자신이 이미지라면, 다시 말해 운동이라면 어떻게 이미지들이 의식 속에 존재할 수 있는가? … 이 모든 이미지들의 무한한 집합은 일종의 내재성의 평면이 된다. 이 면 위에서 이미지는 그 자체로서 존재한다. 이러한 이미지의 즉자성, 이것이 물질이다. 이미지 뒤에 숨겨져 있는 그 무엇이 아니라 반대로 이미지와 운동의 절대적 동일성이다. … 모든 의식은 어떤 것이다. 그것은 사물과 빛이 이미지와 혼돈된다.[29]

우리는 여기에서 전통 철학 및 영화 이론에서 설명한 것과는 다른 일종의 영화적 장치를 본다. 뇌는 스크린이며, "주체"가 내재성의 평면 위의 다양한 이미지에 작용하고 반작용함으로써 형성되는 영화적 장치다.

□젠더 함의들 : 다양한 관음증

「피핑 톰」에서는 영화적 장치가 초월론적 논리의 재현으로서의 이미지라는 이념과 관련이 있다는 사실로부터 동떨어져 있으며, 영화는 프로이트적 담론에 영화적 장치를 명쾌하게 연관시킨다. 마이클 파웰 감독은 우선 프로이트에 대한 영화를 만들고자 의도했지만, 존 휴스턴(John Huston)이 먼저 이 아이디어를 가지고 있었기 때문에(휴스톤은 「프로이트, 비밀의 열정(Freud, the Secret Passion)」을 연출했다), 파웰은 대신 "자신이 찍은 여성을 살해하는 카메라를 든 남자에 대한 영화"를 만들기로 결정했다. 이는 바로 영화적 장치와 정신분석학의 관계에 관한 어떤 것을 말해준다. 페미니스트들은 카메라가 얼마나 자주 여성혐오

---

29) *Movement-Image*, pp.58-61 / 116-120.

증을 드러냈는지 입증해왔다. 물론 여성혐오증 문제를 지적한 페미니스트 이론가 중 한 명인 로라 멀비 역시 「피핑 톰」에 대해 설명하면서 여성혐오증 문제를 다시 제기한다. 「피핑 톰」은 젊은 남성이 아버지로 인해 겪게 된 어린 시절의 트라우마로 고통을 받는다는 고전적 오이디푸스 불안을 표현한다. 그리고 그의 불안은 그가 만나는 여성에게 전가된다. 그가 영화로 찍고 살해하는 여성들은 최고의 위협을 표상하기 때문에 모두 성적으로 적극적이다(창녀). 찍히기를 거부한, 순수하고 예의바르며 성적이지 않은 옆집 소녀 헬렌만이 그에게 다가갈 수 있다(그러나 어떠한 치유책을 제시하기에는 너무 늦었다).

멀비의 「시각적 쾌락과 내러티브 영화(Visual Pleasure and Narrative Cinema)」[30]의 유명한 단어를 활용하자면, 「피핑 톰」의 오프닝 시퀀스에서 남성은 시선의 주체이고 여성은 "시선의 대상"이다. 우리는 재현의 왕국에 존재하기 때문에, 남성 주체에 사디즘적으로, 혹은 여성 대상에 마조히즘적으로 동일화할 수 있다. 정신분석학 용어로 살펴보면, 관음증은 사디즘적 거리와 강요된 처벌(여성이 거세 불안을 야기하기 때문에 여성에게 처벌이 부과된다)의 쾌락과 관련이 있다. 주체성은 완전함을 얻기 위해서 타자와의 동일화 및 자신을 타인화하는 관계를 갖게 된다. 그리고 차이는 남성과 여성의 젠더 대립에 기초한다. 또한 정신분석학의 핵심 용어인 욕망은 동일한 체계로 통합되기에 적절한 대상에 대한 동경 및 결핍을 기초로 부정적으로 정의된다. 「피핑 톰」은 장치 이론으로 이론화된 영화적 장치, 정신분석학, 젠더 이분법 사이의 관계를 드러내고 있으며, 영화적 장치, 정신분석학, 젠더 이분법은 영화 이론에서 위와 같은 패러다임을 강조하는 재현 철학의 논리를 따르는 이론들이다.

---

30) Laura Mulvey, "Visual Pleasure and Narrative Cinema."(first published in 1975) *Narrative, Apparatus, Ideology*, pp.198-209.

「스트레인지 데이즈」에서도 관음증적 눈의 재현적 모델이 다음과 같이 독해된다. 예를 들어 로라 래스캐롤리(Laura Rascaroli)는 비글로의 영화를 영화적 장치와 라캉적 거울에 대한 예로 생각한다.31) 그녀의 논리에 따르면, 「스트레인지 데이즈」는 정신분석학적 모델에서 너무도 강력하게 작동하는 젠더 대립을 따른다. 이 영화에 대한 래스캐롤리의 시각은 확실히 옹호할만한 것이지만, 사실 여기에는 좀더 복잡한 것이 있다고 나는 주장하고 싶다. 이 영화의 오프닝 시퀀스는 이미 다른 철학적 모델과 유사하지만 또한 다르기도 한 시각 체제(scopic regime)를 다루고 있다. 영화가 진행되는 동안, 젠더 관계들은 똑같이 다르게 표현된다. 남자 주인공은 오히려 "약하고" 여자 주인공들은 강하지만, 그것은 관객을 젠더 대립과 동일한 패러다임에 머물게 하는, 단순히 역할 전도의 문제는 아니다(보고 있는 여성과 보이는 남성). 이와 같은 차이는 「스트레인지 데이즈」가 확실히 몇 가지 중요한 의미를 지니고 있음에도 불구하고 단지 영화에 더 이상 오이디푸스 가족 관계가 없다는 사실에서 기인하는 것은 아니다. 영화에서 좀더 중요한 것은 시선이 다른 모든 지각들과 연결되어 있고 완벽하게 구현된다는 것이다. 이미지 / 찍힌 대상을 찍고, 지켜보며, [타인으로 자신을] 전유하는 명백하게 정의된 주체는 더 이상 없다. 실재 가상 경험은 육체적, 정신적으로 주인공과 관객을 연루시킨다는 것으로 표현된다. 주체와 대상의 관계는 양방향의 과정, 즉 (대립에서 뿐 아니라 그의 모든 변주들에서도 다른) 상이한 힘들 사이의 마주침이 된다. 마주침의 관념이라는 기초 위에 욕망의 성격이 재정의될 필요가 있다. 여기에서 욕망에 대한 좀더 들뢰즈적인 개념화를 볼 수 있다. 들뢰즈·구아타리에게 욕망이란 정신분석학에서와 마찬가지로 무의식이며

---

31) Laura Rascaroli, "Strange Visions : Kathryn Bigelow's MetaFiction" *Enculturation* 2(1), Fall 1998.

중요한 것이다. 하지만 욕망은 무언가 혹은 누구와의 연결로서 긍정적으로 사고된다. 따라서 이러한 욕망에 대한 긍정적 정의는 젠더 이론에서 많은 함의를 지니게 된다. 더 이상 대상(여성)을 욕망하고 / 찍는 주체(남성)에 대해 말할 필요가 없다.

「스트레인지 데이즈」에서 레니는 자신을 욕망으로 가득한 사람들을 돕는 "정신과 의사(Shrink)"로 여긴다. 자신이 정신과 의사라는 생각은 그가 (전선으로 연결된) 사람들에게 모든 종류의 경험("영혼의 교환원"으로서)을 접속시켜주는 능력을 가진 것과 관련이 있다. 이 능력으로 그는 전통적 정신분석학자와 대립하고, 그의 임무는 오이디푸스 규준을 넘어서는 모든 욕망을 제거하는 것이다. 영화 도입부에서 그는 고객에게 "경험하고 싶은 게 뭐죠? 여자랑 자고 싶은가요? 아님 여자 두 명과 하고 싶은가요? 소년이랑 하고 싶나요? 아님 여자가 되고 싶은가요?"라고 묻는다. 물론 이러한 성관계의 재현에는 유토피아적 요소가 있다. 그럼에도 불구하고, 이것은 젠더 관계를 향한 상이하고도 긍정적 태도, 즉 다중성(multiplicity)과 되기(becoming)(다른 것을 소유하거나 가지는 것 대신에 다른 것이 되는 것), 불안정한 정체성과 변화하는 관계, 요컨대 수많은 마주침에서의 차이와 반복을 지적한다.

불행하게도 이것이 그 모든 남용이 사라졌음을 의미하지는 않는다. 「피핑 톰」에서와 같이, 「스트레인지 데이즈」의 중심 장면 중 하나는 창녀를 강간하고 살해하는 장면이다. 이 장면을 보는 것은 확실히 불쾌하다. 「최신 리뷰」의 남성 평론가는 분개하며 이 장면을 언급하고 있었다. 그러나 두 영화의 강간 / 살인 장면에는 차이가 있다. 「피핑 톰」(그리고 히치콕의 「프렌지(Frenzy)」에서와 같이, 영화사에서 수많은 유사한 장면들)에서 강간 장면의 관음증과 사디즘은 범죄 주체와 범죄 대상인 여성 희생자 사이의 거리와 관련이 있다. 그런데 문자 그대로 주체는 죽음 속에서 [대상과 자신을] 전유하는 것이다. 그러나 「피핑 톰」에는 살인자가 희생자에 대해 가지는 일종의 동일화도 있다. 그는 카메라 삼각대에 꽂은 칼로 여성을 죽이는 동안 그들의 얼굴 앞에 거울을 가져다놓는다. 그리하여 희생자들은 자신의 눈으로 자신의 죽음이 가져다주는 공포를 보게 되고, 그는 다시 이 장면을 찍는다. 마크가 결국에 동일화하는 것은 이러한 공포다. 하지만 동일화는 마크가 스크린으로 재현을 감상할 때, (다시 안전한 거리를 유지하며) 곧 실제 사건 이후에 생겨난다. 그가 계속하여 주체가 될 수 있는 것은 이러한 거리를 통해서다. 그럼에도 불구하고 영화 마지막에서 정신분석학적 여성의 입장과의 동일화는 완전해지고, 희생자들에게 너무 많이 동일화한 남자의 유일하게 가능한 해결책은 바로 죽음이다. 그는 찍히는 동안 스스로를 살해함으로써 비극적 결말을 맞이한다.

따라서 「피핑 톰」에서 희생자와의 마조히즘적 동일화의 순간은 엿보는 톰을 대개 여성들이 "유지하는" 위치로 데려다놓는다. 마크가 이제 대상이 된다는 이유로 위의 장면이 대상과 주체의 기본 대립에 도전하는 것은 아니다. 주체 위치와 대상 위치 간의 이동은 가능하지만, 죽는 순간을 제외하면 완전한 주체에 대한 해결책은 없다. 거리(관음증, 힘) 혹은 근접성(마조히즘, 죽음) 중에서 선택해야 한다. 「피핑 톰」은 강렬하지만, 비평 방식으로 정신분석학과 영화적 장치의 (숨겨진) 함의를 논증하는 슬픈 영화다.

「스트레인지 데이즈」에서도 주체와 대상 간의 이동이 있지만, 다른 방식으로 이루어지며 다른 함의를 지닌다. 희생자와 살인자는 모두 같은 스퀴즈로 연결되어 있으며, 둘의 경험은 동시에 전송된다. 이것은 이 재생 장치를 쓰고 이미지를 전송받는 자가 또한 동시에 두 사람의 관점을 경험하게 된다는 것을 의미한다. 더 이상 이미지를 가지는 것과 이미지가 되는 것 사이에 거리는 없다. 이것이 덜 위험하고 덜 고통스러운 사건을 만들어내는 것은 아니지만, 관음증적 경험에 연루된 정도 때문에 「스트레인지 데이즈」는 우리에게 관음증과 이미지에 대한 갈망에서 또 다른 비평적 관점, 즉 우리가 스스로 강간범과 희생자가 되는 지점에 관객을 연관시키는 관점을 선사한다. 조앤 스미스(Joan Smith)는 논문 「시체 변호하기(Speaking Up for Corpses)」에 제임스 카메론(James Cameron)[32]의 시나리오에서 다음과 같이 인용한다. "우리는 칼을 그녀의 목에 겨누고, 그녀는 울음이 터져 나오려는 것을 두려워하며 훌쩍인다. 그리고 우리는 마치 죽음을 앞에 놓고 그녀를 희롱하듯 칼날의 납작한 면으로 그녀의 몸을 여기저기 긋는다." 극적이게도 익명의 테이프를 받은 레니 네로가 그 테이프를 틀 때, 그는 살인자의 희열과 여성의 공포를 느끼도록 강요된다. "레니는 스토커의 흥분, 쿵쿵 울리는 심장, 상기된 피부, 헐떡거리는 숨, 그녀 자신의 감각에 덧씌워짐을 느끼고 있다. … 그리하여 희열과 공포는 한 가지 느낌, 즉 두려움의 감각이라는 압도적인 파장으로 통합된다. 레니는 테이프 롤로 조각조각 쪼개진다."[33] 그가 경험했던 것은 최악이다. 「피핑 톰」과 달리, 공포에 떠는 레니의 클로즈업된 얼굴은 종종 강간 장면을 방해한다. 그는 메스꺼워하며 토한다. 이러한 즉각적인 몸의 반응은 안전한 거리를 유지하지 않은 채 역시 관객에게 "전염된다."

조앤 스미스는 주로 남성 평론가들이 이 영화에 대해 취한 격렬한 반응에 주목하며 왜 그들이 그렇게 화가 났는지를 설명한

---

32) [옮긴이] 캐슬린 비글로가 연출한 「스트레인지 데이즈」의 시나리오는 당시 남편이었던 제임스 카메론이 쓴 것이다. 시간 관념이 중심이 되는 독특한 SF 장르를 구상한 제임스 카메론은 「터미네이터(Terminator)」 시리즈를 통해 그의 시간 관념을 발전시킨다.

33) Joan Smith, "Speaking Up for Corpses", Karl French, ed., *Screen Violence* (London : Bloombury Publishing 1996) p.198을 보라. 스미스는 여기서 제임스 카메론의 시나리오를 인용한다.

다. 관객은 창녀들이 곧 죽게 될 것이라는 것을 약호를 통해 알고 있기 때문에 영화의 창녀들은 대개 전형적인 방식으로 약호화하며, 거의 "실재" 인간이 아니라고 설명한 후, 스미스는 다음과 같이 덧붙인다.

「스트레인지 데이즈」에서 다른 점은 아이리스라는 인물이 정확하게 몸에 꼭 맞는 짧은 드레스를 입고 거칠고 불안정한 행동을 취하는 [전형적인] 방식으로 약호화해 있더라도 레니에게는 실재 인간이 되며, 죽음의 순간에는 관객에게 실재 인간이 된다. 남성 관객들은 여성들이 시체로 변하게 되는 과정을 지켜보는 것에서 관습적인 안전한 거리를 유지하지 못한다. 대신, 그들은 레니의 반응을 통하여 아이리스가 고통을 받고 있다는 것을 깨닫도록 강요된다. … [영화가] 분노의 반응과, 특히 이처럼 여성들이 자신의 손을 더럽히지 말았어야 한다는 비난을 동시에 불러일으켰던 것은 거의 우연이 아니다. 이러한 반응에 대해서는 비논리적인 무언가가 있다. 정확하게 강간범과 살인자에 의해 연쇄적으로 희생자가 되는 여성들 때문인데, 희생자가 되는 여성의 목소리는 우선 실재 삶에서, 그 다음으로는 여성들의 공격에 한없는 매혹을 발견하는 작가와 감독으로 인해 침묵한다. 남성들은 소설과 스크린에서 원하는 만큼의 수많은 여성들을 처치할 수 있을 것이다. 용서할 수 없는 것은 시체를 변호하는 여성들이다.[34]

BBC「최신 리뷰」에서 보인 남성 평론가들의 격렬한 반응은 남성 관객들이 경험한 여성의 공포에 대한 충격(게다가 이 충격은 더 이상 여성의 공포가 아니다)과 여성이 "시체를 변호한다"는 사실과 관련이 있는 듯하다. (어느 평론가가 여성 동료에게 "남성이 이 영화를 만들었다면, 여성 여러분은 분노했을 것입니다. 하지만 남성들은 그렇지 않겠죠"라고 말했다는 것은 무언의 함의를 가진 것으로 보인다.)

---

34) "Speaking Up for Corpses", p.204.

물론 여기서 영화로 진입하는 것은 라캉적 실재라고 주장할
수 있다. 이것은 사실 「스트레인즈 데이즈」의 강간 / 살인 장면에
대한 하나의 설명일 것이다(창녀는 죽음의 순간에만 주체가 된
다). 「피핑 톰」의 주체가 관객에게 (정신분석학처럼) 실제로 남
성은 여성처럼 비극적인 희생자이고 사디즘적 관음증자가 될 수
밖에 없다는 것을 말해주는 것으로 보이는 반면, 「스트레인지 데
이즈」의 메시지는 다른 것이다. 강간범과 희생자 모두가 되는 경
험을 만들어내는 것에서 완전한 전통적 주체-대상 대립에 대한
비판이 이루어진다. 「스트레인지 데이즈」는 "남성이 도와줄 수
없고, 우리는 모두 희생자다"가 아닌, 차라리 "뭔가를 하라. 주체
가 됨을 의미하는 것으로 당신의 개념을 바꾸라"고 말한다.

「스트레인지 데이즈」의 강간 장면의 또 다른 중요한 측면은
영화에 표현되는 다양한 (스퀴즈) 경험들 중에서 그것이 위치하
는 장소다. 강간은 동시에 발생하는 다른 무수한 사건들 중 하나
다. 「스트레인지 데이즈」를 단지 이 한 장면을 기초로 하여 판단
할 수는 없다. 「피핑 톰」과 달리, 이 장면은 전체 영화를 대표하
는 특정 범례가 아니다. 「스트레인지 데이즈」에서 제기되는 가
장 중요한 측면 중 하나는 로스앤젤레스 경찰이 집행하는 흑인
래퍼인 제리코 원의 사형이다. 물론 이 장면은 소수 민족 차별,
인종 차별에 기인한 로드니 킹과 여타의 갖가지 드라마들을 상
기시킨다. 이 영화에서 보이는 로스앤젤레스는 약간은 과장되어
있지만, 과밀 인구와 복잡하고 편협한 도시 분위기는 현실 상황
으로 "리좀을 만들어낸다."35) 「스트레인지 데이즈」는 다문화 사

---

35) 로드니 킹 구타 사건에 대한 미디어의 비평을 보려면, John Caldwell, *Tele-
visuality : Style, Crisis and Authority in American Television* (New Brun-
swick, NJ : Rutgers University Press, 1995) pp.302-335를 보라. 로드니 킹 사
건과 「스트레인지 데이즈」에 대한 더욱 심도 있는 분석을 위해서는 Patricia
Pisters, "The War of Images : Appropriation and Fabulation" *ASCA Yearbook*
(Amsterdam : ASCA Press, 2000) pp.69-81을 보라.

회에서 타자에 대한 우리들의 불관용에 대해 비판적 태도를 보인다. 그 불관용이란 대립적인 "타자", 즉 여성만큼 "타자"로 간주되고 있는 흑인들을 희생시킴으로써 동일하게 묘사된 정체성 모델에 대한 절망적인 탐색에 여전히 기초한다. 최소한 젠더 문제와 같은 수준에서 영화는 우리가 새로운 밀레니엄 시대로 진입하면서 직면해야 하는 기본적인 문제로 인종과 에스니시티(ethnicity)에 대해 질문을 던진다. 따라서 영화에서 가장 강한 인물이 흑인 여성 안젤라 바셋(Angela Bassett)이 연기하는 메이스라는 점은 매우 의미심장하다.

압도적인 시각 스타일과 매력적인 사운드트랙 때문에 「스트레인지 데이즈」는 순전한, 심지어는 과도한 오락으로 보일 수 있다. 강렬함(이미지와 소리에서)과 물리적 연루(주인공과 관객의)를 통해 영화는 함의적으로 동시대 영화와 사회를 분석하고 이해하는 새로운 전략을 요청한다. 「스트레인지 데이즈」는 주체, 대상, 거리로 더 이상 이해할 수 없는 관음증과 주체성을 자세히 탐구한다. 응시는 구현되었고, 세계를 경험하는 정력적인 방식과 심오하게 연결된다. 이러한 모든 질문들은 더 이상 재현이라는 용어로 다루어질 수 없다. 오히려 질문들은 복합적 차이와 반복으로, 몸과 마음을 동요시키는 마주침으로 이해되어야 한다.

「피핑 톰」과 「스트레인지 데이즈」에 전시된 영화적 장치를 탐구함으로써 다른 카메라 의식의 유형 역시 내포된다는 결론이 가능하다. 정신분석학적 장치 이론에서 카메라는 초월론적 조절(의 환영)과 함께, 객관적인 것과 주관적인 것을 구별하는 능력을 관객에게 부여한다. 지젝에 의하면, 객관적인 것과 주관적인 것을 구별하는 능력은 실은 항상 갇혀 있는 환영이다. 리좀적 모델에서 이러한 구별이 명확하게 이루어질 수는 없다. 물론 거기에는 좀더 주관적인 이미지와 좀더 객관적인 이미지가 있다. 하지만 그것들은 들뢰즈가 파졸리니(Pasolini) 이론을 가져와서 설명하는, 반(半)-주관적(semisubjective) 혹은 "자유 간접 화법(free indirect discourse)"으로 명명한 것에서 동요하는 듯하다. 지각-이미지(perception-image)가 모든 다양한 이미지들에 의해 "전제되는" 이미지 유형이라고 설명하면서, 들뢰즈는 자유 간접 화법으로서의 카메라 의식이 영화의 본질이라고 주장한다. "우리는 더 이상 주관적인 이미지 또는 객관적인 이미지를 마주 대하고 있지 않다. 우리는 지각-이미지와 그것을 변형시키는 카메라 의식 간의 상호 관계 속에 개입되어 있는 것이다."[36]

들뢰즈가 주관적이고 객관적으로 여겨지는 이미지의 가능성을 인지할지라도, 그는 이동 카메라가 결국에는 "촬영의 해방을 이끌며, … 쇼트는 공간적 범주이기를 멈추고 시간적 되기가 되는 것이다"[37]라고 주장한다. 들뢰즈에 의하면, 히치콕은 결국 이미지와 지각으로 향하며 좀더 시간적 되기가 되는 카메라 의식의 유형을 소개한 감독이기 때문에, 「스트레인지 데이즈」로 다시 돌아가기에 앞서 히치콕의 작품에 한 번 더 집중해보고자 한다.

카메라 의식과 시간적 혼돈 : 「스트레인지 데이즈」와 「현기증」

□주관적인 것과 객관적인 것, 잠재적인 것과 현실적인 것의 식별 불가능성

「현기증」은 히치콕 영화 중에서 주체에 대한 초월론적인 독해

---

36) *Movement-Image*, p.74 / 145.
37) *Movement-Image*, p.3 / 13.

및 내재적인 독해를 가장 명백하게 보여주는 영화다. 한 번 꼼꼼히 살펴보자. 「현기증」의 이야기는 잘 알려져 있다. 영화는 샌프란시스코를 배경으로 하며, 존 "스코티" 퍼거슨은 고소공포증으로 인해 경찰직을 그만둔다. 옛 친구가 스코티에게 찾아와 아내인 매들린을 미행해달라고 부탁하자, 스코티는 그녀를 뒤쫓고, 물에 빠진 그녀를 구하며 결국 사랑하게 된다. 그럼에도 불구하고, 스코티는 매들린의 자살을 막을 수 없다. 스코티는 매들린이 죽었다고 믿고, 매들린의 살아 있는 이미지인 주디와 만난다. 그는 죽은 여인의 이미지를 재창조하려는 생각에 사로잡히게 된다.

　「현기증」을 정신분석학적 방식으로 살펴보면 확실히 수많은 페미니즘 비평에 주의를 기울이게 된다. 초기 정신분석학 비평에서 히치콕의 남자 주인공들은 자신들의 욕망의 대상인 여성을 전유하려고 하는 사디즘적 응시를 가진 자로 보였다. 스코티가 매들린을 처음으로 보게 되는 어니의 레스토랑 장면을 다음과 같은 식으로 독해할 수 있다. 그(남성 주체)는 자신의 욕망의 대상(여성)을 바라본다. 영화가 반 정도 진행되는 동안, 그는 그녀가 이상한 감정에 사로잡히는 것(그녀는 자신이 왕 할머니인 칼로타 발데스라고 생각한다)으로부터 보호하려고 애쓰며, 그녀를 그의 것으로 만들려고 한다(스코티는 어느 순간에는 "나는 당신을 가집니다, 나는 당신을 가져요"라고 외친다). 스코티의 이러한 행동이 결실을 맺지 못하자, 그는 여성 주체성을 담보로 자신의 이상적 대상을 되살리는 데 집착하게 된다. 주디는 처음에는 매들린으로 다시 돌아가다가, "죄지은 여성"의 정의로 자신을 처벌함으로써 두 번째로 죽는다. 로라 멀비가 논증했듯이, 마조히즘, 이성 복장 착용, 나르시시즘, 양성애(이 모든 정신분석학 용어는 강력한 주체를 만들지 않는다)에 의한 것이 아니라면, 관객의 쾌락과 주체의 위치 짓기에 대한 최우선의 지표인 동일화는 여성 관객에 대해서는 매우 다르다.

다른 페미니즘적 정식분석학의 입장들은 좀더 복잡한 남성 주체와 여성 주체의 위치를 주장한다. 예를 들어, 타니아 모들스키(Tania Modleski)에게 여성들은 히치콕에 의해 노골적으로 "고안되지만", 「현기증」이 흔히 첫 번째로 생각되는 것같이 그렇게 일차원적이지는 않다.[38] 남자 주인공은 죄지은 여성 대상을 지배하려고 할 뿐 아니라 그녀에게 동일화하기도 한다. 「현기증」에서 스코티는 매들린에 동일화한다. 모들스키에 의하면, 여성역시 모든 영화 관객들처럼 동일화를 느낀다. 모들스키는 프로이트에 기초를 두어 자신의 이론을 설명하고, 어떻게 남성성이 여성성을 통제하지 못하는가에 대해 논증한다. 여성성은 "가부장제의 무의식"이기 때문이다.

지젝은 다르게 설명하지만, 그럼에도 불구하고 스크린 안과 스크린 밖의 여성과 남성이 모두 실재계의 구속 아래에 있다고 (그러나 여성은 남성보다 실재계에 더 가까이 있고, 따라서 여성은 수수께끼 같은 특징을 지닌다) 주장하는 모들스키와 크게 다르지 않다. 이러한 점에서 볼 때, 스코티의 고소공포증은 실재계와의 마주침에 대한 공포다. 지젝은 『항상 라캉에 대해 알고 싶었지만 감히 히치콕에게 물어보지 못한 모든 것(Everything You Always Wanted to Know about Lacan but Were Afraid to Ask Hitchcock)』에서 스코티가 실은 주위를 둘러싼 "세계"가 매우 빠르게 움직이는 동안, 잘린 자신의 목이 걸려 있는 장면을 보는 악몽에서 특히 이러한 두려움과 만난다고 주장한다. 이것은 (실재계의) 사물의 응시로, 누구나 맞닥뜨릴 수 있는 가장 공포스러운 마주침이다. 악몽이 끝난 후 스코티는 미치지만, 다시 제자리로 돌아왔을 때 그는 공포스러운 대상이 아닌 자신의 욕망을 찾기 시작한다. 영

---

38) Tania Modleski, "Femininity by Design", *The Woman Who Knew Too Much : Hitchcock and Feminist Theory* (New York and London : Methuen 1988) pp.87-100.

화에 대한 정신분석학적 독해에서 차이점이 무엇이든지 간에 질
문은 항상 욕망을 통한 주체의 위치 짓기와 동일화 전략을 중심
에 놓는다. 영화의 주체들은 무너지기 쉬운 여성적 위치에 전적
으로 동일화하거나 실재계와의 (일반적) 마주침 때문에 스스로
통제하지 못한다.

이미지를 재현으로가 아닌 정신적 관계의 표현으로 여긴다면
무슨 일이 일어날까? 「현기증」에 나타난 시간의 차원을 고려하
면 무슨 일이 일어날까? 스크린 위의 주체에게는 무슨 일이 일어
날까? 관객에게는 무슨 일이 일어날까? 들뢰즈는 히치콕이 관객
을 영화와 능동적으로 관계를 맺게 한다고 주장한다. 이러한 주
장들은 히치콕이 「현기증」에서 왜 그렇게도 빨리 주디가 실은
매들린임을 보여주었을까 하는 질문에 대한 대답을 생각할 때
더욱 명백해진다.

> 스튜어트가 아직 사실을 알지 못하지만, 관객은 주디가 매들린과
> 닮은 여성일 뿐 아니라 그녀가 매들린이라는 것을 이미 알고 있지요!
> 내 주위의 모든 사람들은 이렇게 바꾸는 것(원작 소설과 관련하여)에
> 반대했어요. 그들은 모두 영화 마지막에서야 진실이 폭로되어야 한다
> 고 느꼈죠. 어머니가 이야기를 들려주고 있는 자리에서 나는 아이의
> 위치에 나 자신을 포개어봅니다. 어머니가 이야기를 중단하면, 아이
> 는 항상 "엄마, 다음은 뭐예요?"라고 묻죠. 글쎄요. 소설의 다음 부분
> 을 보면 이 다음에는 아무 일도 일어나지 않는 것처럼 쓰여 있는 것
> 같았어요. 나의 공식에서는 그러나 좀 다르죠. 매들린과 주디가 같은
> 사람이라는 것을 아는 어린 소년은 다음에 "그러면 스튜어트는 그
> 사실을 모르나요? 그가 알게 되면 어떻게 할까요?"라고 묻겠죠.[39]

모들스키는 여성 인물이 항상 처벌을 받지만, 어머니/여성의
힘과 위와 같이 히치콕의 남성의 위치를 위협하는 여성의 시점

---

39) *The Woman Who Knew Too Much*, p.100에 인용된 히치콕.

을 지적하는 언급에 귀 기울인다. 나는 히치콕의 전략이 동일화 과정을 약화시키는 데 있다고 주장한다. 관객(독자)은 좀더 많은 것을 알고 있기 때문에 스튜어트/스코티에게 동일화하지 않는다. 대신, 히치콕은 관객에게 특별한 위치를 부여한다. 주인공보다 더 많이 아는 것은 일종의 다른 종류의 관계 및 주관성과 연관된다. 이것은 전적으로 시간의 경험 때문이다. 들뢰즈가 『운동-이미지』와 『시간-이미지』에서 명확히 하듯이, 영화는 시간의 개념화라는 점에서 베르그손적이다. 베르그손의 시간에 대한 대주제는 다음과 같이 제시된다.

과거는 자신이었던 현재와 공존하며, 과거는 보편적인 (비연대기적인) 과거로서 그 자체 즉자적으로 보존된다. 그리고 시간은 매순간 지나가는 현재와 보존되는 과거, 즉 현재와 과거로 이중화되면서 분열된다. … 유일한 주관성이란 시간, 즉 자신의 정초 중에 포착된 비연대기적 시간이며, 이 시간의 내부에 우리가 존재하고 있다는 것은 이미 알려진 상식인 것 같지만, 그러나 이것은 또한 최상의 역설이기도 하다. 시간은 우리 안에 내부가 아니라, 반대로 우리가 그 안에서 존재하고 움직이고 살고 변화하는 내면성이다.[40]

들뢰즈는 「현기증」을 우리가 시간에 어떻게 거주하는가를 보여주는 하나의 영화라고 설명한다. 크리스 마르케(Chris Marker)는 영화 「태양이 없다면(Sunless)」(1982)에서 「현기증」이 보여주는 시간의 복잡한 층을 강조한다. 장 피에르 에스케나지(Jean-Pierre Esquenazi)는 논문 「영화의 이념(Une idée du cinéma)」에서 들뢰즈의 관점에 입각해 이 점을 상세히 설명한다.[41] 에스케나지

---

40) *Time-Image*, p.82/167.
41) Jean-Pierre Esquenazi, *Image-mouvement et image-temps : une idée du cinéma* (Paris : Ph.D. diss.) pp.134-172. *Film, perception et mémoire* (Paris : L'Harmattan, 1994) pp.196-201.

에 의하면, 어니의 레스토랑 장면은 다음에 이어질 모든 것을 내포하는 장면이다. 「현기증」에는 칼로타, 매들린, 주디 등 세 명의 여성들이 있다. 이 세 여성들은 모두 동일인이지만, 그들은 동일한 시간에 존재하지 않는다. 각기 다른 시간의 층위를 구별하는 것은 스코티의 몫이고, 세 여성들이 뒤섞여 있기 때문에 그들을 구분한다는 것은 때로는 불가능하다. 스코티는 몇 겹의 시간의 층들(과거의 잠재성, 현재의 현실성)을 동시에 경험하면서 혼란을 느낀다. 에스케나지는 세밀하면서도 뛰어난 분석을 통해 레스토랑 장면에서 측면으로 보이는 매들린의 얼굴이 어떻게 결정체 이미지가 되는지를 논증한다. 과거와 현재, 잠재적인 것과 현실적인 것은 동시에 존재한다. 정신분석학적 독해가 실행하는 것처럼, 스코티의 시선을 매들린의 옆얼굴과 연관짓는 것, 따라서 스코티와 동일화하게 되는 것이 가능하다. 하지만 그렇게 함으로써 우리는 두 개의 시선 사이의 관계가 주체의 시선이 대상에게 부과하는 고전적인 쇼트/역쇼트가 아니라는 것을 알아채지 못한다. 매들린이 바에 들어오기 전에 스코티는 등을 돌린다. 그는 심지어 매들린과 같은 방향을 보고 있다. 따라서 그는 관객이 아슬아슬하게 보이는 그녀의 옆얼굴을 보고 있는 것과 같이 그녀를 볼 수가 없다. 이러한 사실은 관객이 매들린의 이미지를 실제로 현시된 잠재적 이미지라고 결론 맺어야 함을 의미한다.[42]

---

42) 베르그손에 대해 쓴 책에서 들뢰즈는, 베르그손에 따르면 우리는 현재에서 과거로 되돌아간다기보다는 현재에 필요한 과거의 이미지들을 선택하면서 과거에서 현재로 이동한다고 설명한다. "완전한 기억은 동시에 일어나는 두 개의 운동에 의해 현재의 부름에 답한다. 하나는 번역의 운동이다. 그에 따라 기억은 경험 앞에 스스로를 위치시키고, 현재의 행동과 관련하여 다소간 관계를 맺는다. 또 다른 운동은 스스로를 둘러싸고 일어나는 기억의 순환이다. 이 때문에 기억의 순환은 가장 유용한 면을 표출하기 위해 스스로 그 순간의 상황으로 나아간다. Deleuze, *Le bergonism* (Paris : PUF, 1966) p.60. 클로즈업 된 매들린의 옆얼굴의 순환하는 운동은 잠재태에서 현실태로의 운동으로 보인다.

이 첫 번째 옆얼굴에서 시간의 상이한 층들이 생겨나며, 또한 매들린이 레스토랑에서 나가자 거울에 그녀가 이중으로 비춰지는 것은 이어서 나올 시간적 이중화를 지적하는 것이다. 때때로 관객이 현실적 이미지를 보는 것인지 잠재적 이미지를 보는 것인지 명확하지 않기 때문에(매들린의 옆얼굴은 관객에게는 현실적인 것일 수 있지만, 스코티에게는 잠재적인 것일 수 있다), 시점에 대한 의문이 생겨난다. 이야기는 누구의 시점으로 말해지는 것인가? 혼돈스러우면서도 동시에 아름다운 이 장면은 이 같은 질문에 답하기가 매우 어렵다는 사실에 기인한다. 들뢰즈가 카메라 의식이 때맞춰 정신적 관계를 만들어내기 시작한다고 말하는 의미를 이제야 이해할 수 있다.

카메라는 이제 더 이상 인물의 움직임을 쫓거나 혹은 인물을 그 대상으로 하는 운동 그 자체를 행하는 데 만족하는 것이 아니라 모든 경우 공간의 묘사를 사유의 기능에 종속시킨다. 여기서 문제가 되는 것은 단순히 주관적인 것과 객관적인 것 혹은 실재적인 것과 상상적인 것의 구별이 아니라, 그와는 반대로 이들의 식별 불가능성으로서, 바로 이것이 카메라로 하여금 그 기능들을 풍요롭게 조합하도록 한다. … 히치콕의 예감은 이렇게 실현될 것이다. 카메라 의식은 더 이상 뒤따르거나 완수할 수 있는 운동에 의해 정의되는 것이 아니라 그것이 가능하게 하는 정신적 관계에 의해 정의될 것이다.[43]

매들린의 옆얼굴에서 현실태와 잠재태는 한데 섞인다. 이러한 결정체 이미지로부터 매들린은 각기 다른 시간의 층들을 점하면서 다중화된다(칼로타, 매들린, 주디). 스코티는 매들린 / 칼로타를 따라가면서 서성이고 의심하기 시작한다. 들뢰즈는 스코티의 실재(일상적인) 현기증의 중요성을 강조한다. 그의 현기증은 상징적 의미를 가지는 것도(스타일 면에서 현기증은 중요하게 되

---

43) *Time-Image*, p.23 / 49-50.

풀이되는 구조지만), 실재계(혹은 대결핍[the Big Void]) 같은 개념과 관계있는 것도 아니다. 오히려 스코티가 계단을 오르지 못하고 공간 관계를 다루지 못하는 것은 그를 관조의 상황으로 밀어 넣는다. 여기에서 들뢰즈가 시간-이미지를 확립한 몇 가지 특징을 되새겨보는 것이 유용할 것이다. 등장인물들은 연기하고 있는 배우 대신, 시간의 경험으로 혼돈을 느끼는, 보고 있는 사람이며 유랑자와 매우 비슷하다. 「현기증」에서 스코티와 매들린은 모두 유랑한다. 이러한 면에서 그들은 시간의 결정체를 볼 수 있는 환영이 된다. 그들은 숲에서 함께 거닐기로 마음먹는다. 이 장면에서 관객은 스코티가 매들린이 가지고 있는 칼로타의 잠재성에 얼마나 매혹되는지 알 수 있다. 나중에 스코티는 주디가 갖고 있는 매들린의 잠재성에 완전히 빠져들게 된다.

장 피에르 에스케나지는 「현기증」의 결정체-이미지에 대한 분석을 매우 꼼꼼하게 해낸다. 여기에서 나는 이러한 이미지의 주체 개념에 대한 몇 가지 결론을 도출하고자 한다. 시간 개념은 자아와 주체에 대한 생각을 불안정하게 만든다. 타니아 모들스키 같은 사람들은 동일화는 모두 결국에는 여성에 대한 동일화가 되고, 이것은 남성 주체의 위치를 불안정하게 만든다고 말한다. 시간에 대한 스피노자 / 들뢰즈 식 관점에서 동일화는 그다지 자주 일어나지 않는다. 스코티와 매들린은 모두 자신들의 정체성을 상실하고 정체성에 대해 혼란스러워한다. 그들은 과거와 현재에 동시에 살고 있다. 주체에 대한 생각은 과거라는 잠재적 세계와 연관되는 욕망으로 인해 모호해진다. 관객은 제3의 입장이며, 때때로 카메라에 의해 의식적으로 초점이 맞춰지며, 가끔은 주인공 중 하나의 시점으로 나타나기도 하지만, 단순히 동일화보다는 분명하게 관계의 네트워크의 일부분이다. 관객은 의아해하기 시작하면서 그 / 그녀 자신의 입장에 대해서 방황하기 시작한다.

지젝이 보여준 것처럼, 히치콕의 작품은 주체가 실재계의 초월론적 사고에 의존하는 개념으로 보일 수 있음을 입증한다. 주체의 근본적인 욕망은 종국에는 이러한 불가능한 실재계의 무(nothingness)에 근거한다. 스코티가 꿈에서 자신의 잘려진 목을 볼 때, 그는 실재계와 불쾌하게 마주친다. 관객은 주인공과 똑같은 구속(실재계의 혹은 다른)을 느끼면서 스크린 위의 등장인물(들)에 동일화함으로써 그/그녀 자신을 주체로 구성한다. 하지만 스크린 밖의 주체는 주인공처럼 결코 실재계의 응시에 동일화할 수 없으며 실재계의 응시는 재현될 수 없다. 눈과 재현될 수 없는 응시는 주체성을 이해하는 데 중요한 모델이다.

하지만 들뢰즈에 의하면, 히치콕은 정신적 관계를 이미지로 소개함으로써 재현하는 운동-이미지를 포화상태로 만든다. 관객은 더 이상 동일화로 초대되는 것이 아니라 상이한 이미지들의 관계를 사유하고 만들어낸다. 중요한 요소인 시간을 이해하는 방식은 이제 뇌의 모델, 즉 리좀적인 정신적 접속이다. 자아의 의미는 여전히 중요하지만 혼란스럽고 느슨하며 다소 유연하다. 스코티는 사실상 자신의 발 아래 땅, 즉 시선의 공간을 상실했기 때문에(그의 현기증), 그는 시간 및 잠재태와 현실태 사이의 혼란에 문을 활짝 연다. 누군가는 스코티의 악몽과 정신 쇠약 이후의 영화 중반부가 완전하게 그의 마음에서 일어나는 사건인지 아닌지(관객은 실제로 그가 병원을 떠나는 것을 보지 못하고, 그의 충성스러운 여자 친구 밋지를 다시 볼 수도 없다) 궁금해 할 수 있다. 어쨌든 히치콕의 「현기증」은 확실히 새로운 종류의 카메라 의식을 전시한다.

□뇌파와 시간 : 이상한 나날들의 "현기증"

이제 「현기증」의 오프닝 장면을 「스트레인지 데이즈」의 오프닝 장면과 비교하면서 우리는 또 다른 놀라운 반복과 차이의 사례를 확인하게 된다. 내용의 형식 면에서 두 영화 모두 처음에는 눈의 이미지가 지붕 위의 추적 시퀀스로 연결되며, 몽롱하고 깊은 공간의 어지러운 이미지로 끝난다. 「현기증」에서 오프닝 시퀀스의 눈과 마음의 눈을 연결하는 것은 여전히 관객의 몫이다. 관객은 영화의 오프닝이 고전적이기 때문에 이를 쉽게 잊어버릴 수 있다. 스코티 / 스튜어트는 지붕 위로 달려가는 도둑을 추적하고 있고, 관객은 처음에는 그에게 동일화하도록 초대된다. 그는 처음에는 객관적으로 표상되고, 관객은 지붕을 향해 계단을 오르는 스코티를 보다가, 나중에는 주관적 시점으로 그를 따라간다. 그가 아래를 내려다보자 관객은 그의 현기증을 깨닫는다. 스타일적으로(표현의 형식) 주관적인 시점과 객관적인 시점은 관객이 누군가에게 동일화하도록 조심스럽게 고안된다. 단지 점진적으로 시간의 문제가 이미지와 통합되고, 주관성과 객관성은 점점 더 흐릿해진다. 영화의 모호함은 시간의 층이 성차라는 정신분석학적 주제에 집중된다는 사실에 놓여 있다. 따라서 영화에는 두 가지 독해가 가능하다.

「스트레인지 데이즈」에는 상이한 표현의 형식이 있다. 이 영화에서 관객은 주관적 시점인 듯한 것에 즉시 직면하게 된다. 유일한 문제는 이 장면에서 누가 주체인지를 모른다는 것이다. 동일화할 사람이 아무도 없다(「피핑 톰」에서는 이미지가 찍히는 것을 통해 카메라를 들고 있는 주체에 대한 암시가 여전히 있었다). 따라서 관객은 이미지에 거리감 없이 즉각 끌어당겨진다. 이 장면이 함의하는 것은 이 이미지가 누군가의 뇌파일 수 있다는 것이다. 누군가의 기억이나 경험에 접속할 수 있다면, 바로 자아의 의미에 무슨 일이 생기는지에 대한 질문이 제기된다.44)

---

44) 호주의 테크노 퍼포먼스 아티스트인 스텔락(Stellarc)은 몇 가지 공연들을 선보였다(e.g., *Stimbod* ; *Ping Body*). 그 공연들은 뇌뿐 아니라 몸도 동일자를 넘어 확장될 수 있다는 것을 보여준다. 예를 들어 터치스크린 근육 자극을 통해

미래주의적 내용으로 「스트레인지 데이즈」는 직접적 뇌 자극이라는 관념 및 이것이 인간 존재에 무엇을 의미할 수 있는가라는 것과 관계를 가진다.45)

직접적 뇌 자극이 가능해진다면(지금까지 입증된 것처럼, 직접적 뇌 자극에 대한 철학적 기초가 새로운 것은 아니지만 과학적으로는 좀더 그럴 듯하다), 시간과 기억에 대한 질문은 더욱더 관련이 있을 것이다. 동시대 영화에서 주체성 및 자아와 관련된 시간과 기억은 사실 이미 흔한 주제다. 들뢰즈가 설명하듯이 시간-이미지에서 뿐 아니라 심지어 할리우드 행동-이미지에서도 시간은 눈부시게 진입했으며, 「현기증」에 의해 확실히 자리를 잡았다. 시간과 기억은 「블레이드 러너(Blade Runner)」, 「토탈 리콜(Total Recall)」, 「12몽키즈(Twelve Monkeys)」 등과 같은 영화에서 중심 관심사다.46) 「블레이드 러너」에서 기억은 주입될

근육의 터치를 가능하게 하는 프로그램을 컴퓨터 모델에 설치한다. 그는 자신의 몸을 "호스트"로 하고, 다른 사람들(멀리 떨어진 장소에 있는)이 호스트를 움직이거나 작동하게 할 수 있도록 한다. 그리고 터치스크린 근육 자극은 두 사람이 거리를 두고서도 서로 접촉할 수 있게 한다. "접촉하고 뒤로 잡아당기면, 나는 다른 장소에 있는 사람을 통해 부차적이고 부가적인 감각으로 나의 감촉을 느낄 것이다. 혹은 내 가슴을 느끼면서 나는 그녀의 가슴도 느낄 수 있다. 인터페이스를 통한 친밀함, 접근성 없는 친밀함이다"(Stellarc, "Parasite Visions — Alternate, Intimate, and Involuntary Experiences", *Technomorphica*, p.23). 웹사이트 http://www.merlin.com.au/stellarc도 보라.

45) 뇌 자극이라는 개념을 다루기 위해 많은 사람들이 최초의 영화들 중 하나를 언급한다. 바로 더글라스 트럼불의 「브레인스톰」(1987)이다. 이 영화는 뇌 관련 실험들에서 가능한 결과들을 보여주는 성공적인 영화로 꼽힌다. 그러나 나는 이에 대해 동의하지는 않는다. 이 영화는 약물 과다 남용의 위험을 보여주었고, 「스트레인즈 데이즈」 또한 그렇다. 두 영화의 차이는 그 맥락에 있다. 「브레인스톰」에서의 실험은 연구실이라는 과학적인 맥락에서 벌어진다면, 「스트레인지 데이즈」에서 스퀴즈는 (불법이기는 하지만) 좀더 일반적으로 사용하는 것이 되었다.

46) Anke Burger, "Strange Memories —Kathryn Bigelow's *Strange Days* und 'Erinnerung'" *Blimp — Film Magazine* 34, Summer 1996.

수 있기 때문에 더 이상 진정한 자아의 조건이 아니다.47) 「토탈 리콜」에서 과거는 개인에게 똑같이 보장된 것이 아니고, 「12몽 키스」는 「현기증」을 인용하며(영화는 주인공이 숨어 있는 극장 을 보여준다), 여주인공 캐스린이 머리를 금발로 물들일 때 우리 는 현재에 존재하는 과거로부터 온 여인인 매들린을 어떻게 생 각하지 않을 수 있을까?48) 놀라운 것은 이 모든 동시대 영화가

---

47) 스코트 부캣먼의 *Terminal Identity : The Virtual Subject in Postmordern Science Fiction* (Durham and London : Duke University Press, 1993)은 「블레 이드 러너」의 영화적 차원에서 공간적 차원을 강조한다. "영화의 특수성은 내러 티브 시간성이 두드러진 드라마투르기에 있는 것이 아니라, 다중적 관점과 단계 적 이동을 복잡하게 꼬아놓는 공간적 탐구에 있다"(p.137). 부캣먼은 「블레이드 러너」의 유효성은 이 공간이 마침내 끝난다는 사실에 있다고 덧붙인다. BFI 시 리즈 *Modern Classic* (London : BFI, 1997)의 「블레이드 러너」에 대한 논문을 보라. 이 논문에서 부캣먼은 시간을 구성된 기억이라고 칭한다(p.80). 그 기억은 구성된 주체성의 내재적인 방식으로 보일 수 있다. *Screening Space : The American Science Fiction* (New Brunswick, NJ, and London : Rutgers University Press, 1987)에서 비비안 소브책(Vivian Sobchack)은 「블레이드 러너」에서 시 간의 문제를 좀더 세밀하게 논의한다. 소브책에 의하면, 시간성, 적어도 전통적 인 연대기적 시간은 영화의 공간성 안에서 길을 잃는다. "시간의 패스티시로서 구성된 장식과, 일시적으로 과거, 현재, 미래의 융합 혹은 정신분열적으로 '시간 속에 관계되지 않은 순수 연속'으로 구성된 내러티브 속에서 새로운 SF는 과거, 현재, 미래를 융합하려는 경향이 있다"(pp.273-274. 소브책은 여기서 제임슨의 "Postmodernism, or The Cultural Logic of Late Capitalism"을 인용한다). 이런 관찰과 함께, 소브책은 미국 SF 영화에 등장한 베르그손의 시간 개념을 설명한다. 「블레이드 러너」에 정교하게 적용된 들뢰즈의 분석을 위해, Ian Buchanan. *Deleuzism : A Metacommentary* (Edinburgh : Edinburgh University Press, 2000) pp.127-140을 보라. 뷰캐넌은 「블레이드 러너」에 대한 정신분석학적 해석 들에 만족하지 않는다(슬라보예 지젝, 카자 실버만 등). 그리고 그는 배치물과 추상-기계, "정신분열증", 파열, 상호 텍스트성 그리고 결국은 영화의 구성에 대해 주장하는데, 이를 위해 들뢰즈의 영화 책에서 특수한 개념들을 이용한다.
48) 「12몽키스」는 크리스 마르케의 영화 「환송대(La Jetée)」를 원작으로 한다. 하지만 시나리오 작가 데이비드 & 자넷 피플스(David & Janet Peoples)는 시간 과 정체성 상실을 다룬 마르케의 영화 「태양이 없다면」에서 영향을 받았다. 그 영화에서 마르케는 스코티와 매들린이 시간과 맺는 관계에 대해 의문을 가지면

미래를 배경으로 하는 시간을 뚜렷하게 다루고 있다는 점이다 (이 리스트에 「백 투 더 퓨처(Back to the Future)」, 「터미네이터 (Terminator)」 같은 영화와 SF가 아닌 「페기 수 결혼하다(Peggy Sue Got Married)」 같은 영화들을 추가할 수도 있다). 위의 영화가 보여주는 시간이 실제로 현재의 우리와 관련이 없고 단지 오락적 환상인 것처럼, 시간의 문제는 어쩌면 멀리 떨어져 있는지도 모르겠다. 동시에 시간과 기억으로의 선취는 그 어느 때보다도 현재의 우리와 관련이 있으며, 미래에 매우 엄청난 선취가 될 것임을 은연중에 나타낸다. 이것은 시간과 세계가 "탈구"됨을 지적한다. 「스트레인지 데이즈」와 달리 위의 영화들은 내용의 형식과 관련하여 그 자체가 고전적 운동-이미지를 제시한다. 표현의 형식에서(과도한 공간성이나 시간-여행 내러티브에도 불구하고), 이 영화들은 「현기증」과 같이 주관적인 것과 객관적인 것, 잠재적인 것과 현실적인 것의 혼돈에서 벗어날 수 없다.[49]

「스트레인지 데이즈」가 SF 영화일지라도, 이 영화는 이미 과거인 2000년의 바로 하루 전 날에 대해 발언한다. 이것이 표현하는 과학적 도구 또한 아주 무리한 것은 아니다. 신경학자들은 기억이나 최소한 신경학적 행동과 느낌을 유도하기 위해 스퀴즈와 뇌 자극을 다룬다. 말하자면, 다른 사람들의 기억을 되살린다는 것이 아주 터무니없는 일은 아닌 시대가 되었다. 이것은 자아 개념에서 시간의 중요성을 다시 지적한다. 「페이스 오프(Face Off)」에서 두 주인공들(존 트라볼타, 니콜라스 케이지)은 글자 그대로 얼굴을 맞바꾼다. 따라서 얼굴, 시선, 눈에 보이는 외모는 더 이상 정체성과 자아를 보증하지 않는다. 트라볼타의 아내가 남편

서 그들을 '따라 간다.'

49) 동시대 할리우드에서 시간의 '탈구'에 대한 내러티브 분석은 다음을 참고하라. Sasha Vojkovic, *Subjectivity in New Hollywood Cinema : Fathers, Sons and Other Ghosts* (Amsterdam : Ph.D. diss. University of Amsterdam, 2001).

을 알아보는 유일한 방식은 혈액 이식 적합 검사(약호)와 개인적 기억을 통해서다. 따라서 이것이 누구의 기억 혹은 누구의 뇌인가에 대한 질문을 달기 전에 「스트레인지 데이즈」가 개인적 기억을 가지고 유희하는 방식을 살펴보자.

「스트레인지 데이즈」의 레니 네로는 스코티처럼 전직 경찰관이며 일을 그만둔 후 과거로부터 온 여성에게 집착하게 된다. 당시 레니의 여자 친구인 페이스와 함께 한 과거의 경험을 담은 테이프를 재생함으로써 그는 과거로 회귀한다. 「현기증」에서 (현실적 이미지로 에워싸인) 잠재태적인 것은 「스트레인지 데이즈」의 기억-이미지로 현시되는 현실태로 만들어진다. 베르그손이 『물질과 기억(Matter and Memory)』에서 설명한 것처럼, 기억, 몸, 지각 사이에는 심오한 관련성이 있다. 모든 지각은 어떤 기억과 관련이 있고, 어떤 기억은 몸이 운동하고 행동하는 것을 가능하게 한다. 우리는 동시에 아이면서 청소년이고 성인이고 노인이다. 현재의 모든 순간에서 우리는 우리가 살고 있는 비연대기적 시간의 각각 상이한 영역 사이를 뛰어넘는다. 즉각적으로 몸의 모든 흥분에 반응하는, 순수 현재에 살고 있는 누군가는 충동적이며 또한 적절하게 반응할 수 없다. 다른 한편, 기억과 기억-이미지를 강하게 선호하는 것 또한 가능하다. 이는 베르그손이 몽상가라고 부른 자다. 베르그손은 이러한 두 가지 극단 사이에 현재 순간의 요구를 기꺼이 따르는 기억을 위치시키지만, 기억은 부적절한 요구에 저항할 수 있다.[50]

「스트레인지 데이즈」를 베르그손적 시간의 관점으로 본다면, 레니가 자신의 기억에 몰두하는 것은 그로 하여금 행동하지 못하게 하는 것이라고 볼 수 있다. 이는 「현기증」에서 스코티가 행동할 수 없는 것과 유사한 방식이다(두 영화는 완전히 다른 맥락

---

50) *Matière et Mémoire*, p.170.

에 있지만). 레니가 원할 때마다 뇌에 플러그를 꼽고 기억을 재생할 수 있다는 사실은 점점 더 상황을 나쁘게 만든다. 두 영화에서 보이는 기억의 여성들은 과거의 마법을 깰 수 없다. 「현기증」의 주디는 다시 매들린이 되는 것에 동의하기 때문에, 그리고 페이스는 이전의 그녀가 아닌 다른 누군가가 되었다는 것을 레니가 알지 못하기 때문이다(그의 회상-이미지 때문이다). 「스트레인지 데이즈」에서 과거와 현재, 마음과 몸 사이에 건전한 균형을 가지고 있는 것으로 보이는 유일한 인물은 메이스다. 베르그손의 관점으로 보면, 레니가 메이스에게 "기억은 사라지도록 고안되어 있다"고 한 지적은 상관적인 것이다. 기억은 필요한 것이고 자동적으로 지각과 관련을 맺지만, 항상 현실화되어야 하는 것은 아니다. 기억은 현재 순간에 필요할 때만 회상되어야 한다.

또한 메이스의 기억이 스퀴즈로부터 나오는 것이 아니라 현재 그녀의 몸의 상태로 인해 회상된다는 것이 중요하다. 그녀의 첫번째 기억은 그녀가 어떻게 레니를 만났는지 기억하는 플래시백으로 표현된다(이는 들뢰즈가 과거를 현실화하는 운동-이미지 방식이라고 지칭하는 것이다). 흥미롭게도 이 플래시백이 단지 주관적 시점인 것만은 아니다. 마음속에서 우리는 스스로를 두 명의 타자로 그리며, 메이스로서의 나는 그녀의 플래시백에서 다른 사람으로서 스스로를 바라본다.51) 레니가 살해된 창녀 아

---

51) 여기서 호르헤 루이스 보르헤스의 짧은 에세이 「보르헤스와 나(Borges and I)」를 떠올리게 된다. 보르헤스는 그가 어떻게 자신을 두 명으로 분리해서 생각하게 되었는지를 기술하고 있다. "몇 년 전, 나는 나 자신을 그에게서 자유롭게 해주려 노력했다. 그리고 교외의 신화에서 나와 시간과 무한의 게임들로 나아갔다. 그러나 그 게임들은 이제 보르헤스의 것이고 나는 다른 것들을 생각해야 할 것이다. 그러니 나의 삶은 도주며 나는 모든 것을 잃고, 모든 것은 망각 속에 혹은 보르헤스에게 있다. 나는 우리 중 누가 이 페이지를 썼는지 알지 못한다." *The Mind's I : Fantasies and Reflections on Self and Soul*, Douglas R. Hofstadter and Daniel C. Dennett 구성 및 정리 (London, New York, etc. : Penguin, 1981) p.20.

이리스와 관련된 정보를 기억하도록 용기를 북돋는 자가 또한 메이스다. 아이리스는 죽기 바로 직전에 그에게 정보를 주려고 했었다. 이러한 과거의 이미지들은 현재 순간에 필연적인 또 하나의 현실화된 플래시백이다.

메이스의 두 번째 회상은 좀더 직접적인 결정체-이미지의 표현이다. 이 결정체-이미지는 시간을 잠재적으로 현실적 이미지로 둘러싼다. 결정체-이미지는 메이스가, 자신을 보고 있는 엄마를 인식하지 못하는 아들을 바라보고 있을 때 생겨난다. 그러나 소년의 이미지와 메이스의 모습이 맺는 관계 안에서 마음의 눈은 시간 속에서 다음과 같이 떠오른다. 소년이 어렸을 적, 그가 언제나 크게 될 것인가. 그리고 메이스가 스퀴즈를 재생하는 것에 동의하는 유일한 경우는 아이리스가 레니에게 결정적인 재생 테이프를 주었다는 것을 알게 될 때다. 그 테이프에는 흑인 가수 제리코 원과 친구들을 무참히 죽인 살인자의 증거가 담겨 있다. 로드니 킹 구타와 유사한 이 이미지들이 세계를 정말로 바꾸지는 못했지만, 「스트레인지 데이즈」는 마음의 열림을 통해 결국은 어떤 종류의 관용이 생기길 바란다는 것을 표현한다. 영화의 고도의 행동-이미지에도 불구하고, 기억의 역할과 관련하여 「스트레인지 데이즈」는 우리에게 시간에 대한 베르그손의 윤리학을 제시하고 있다.52)

---

52) "The Cinema as Experience—Kathryn Bigelow and the Cinema of Spectacle"에서 이본느 태스커(Yvonne Tasker)는 비글로의 영화 「어두워질 때까지(Near Dark)」, 「블루 스틸(Blue Steel)」, 「포인트 브레이크(Point Break)」의 육체적이고 스펙터클적인 차원을 강조한다. *Spectacular Bodies—Gender, Genre and the Action Cinema* (London and New York : Routledge, 1993). 스티븐 샤비로(Steven Shaviro)는 「블루 스틸」의 이미지가 불러일으키는 구체화된 시각적 매혹을 언급한다("Film Theory and Visual Fascination" in *The Cinematic Body* [Minneapolis and London : University of Minnesota Press, 1993]). 「스트레인지 데이즈」에서 스펙터클과 액션의 매력은 거부할 수 없이 강력하지만, 나는 비글로의 영화에서 마음에 도전하는 것 또한 중요하다고

디지털 이미지와 동시대 하이테크 시네마 같은 새로운 이미지들에 대해 들뢰즈는 시작이나 끝이 없이 어떠한 방향으로든 진행하는 혼돈의 공간적 관계를 표현한다고 말한다.53) 「스트레인지 데이즈」의 공간은 그와 같다. 끝이 있는 방은 없는 듯하다. 영화에는 또 하나의 연결된 공간에 항상 열려 있고, 등장인물들은 항상 이 모든 공간적 풍요로움의 한가운데에서 스스로를 찾는다. 이 때문에 「스트레인지 데이즈」는 시간에 열려 있다. 기억과 다른 시간 층들에 대한 뇌 실험이 지적하듯이, 시간과 기억은 개인적일 필요가 없다. 이것과 관련하여 영화는 자아의 의미에 대해 질문한다. 스퀴즈 경험이 주관적 시점으로 보인다는 사실은 관객에게는 그것이 누구의 시점인지 확신할 수 없다는 것을 의미한다. 게다가 주관적 시점 단독으로 관객의 동일화 경험을 강화하지는 않는다는 것이 증명되었다(예를 들어, 로버트 몽고메리(Robert Montgomery)가 「호반의 여인(Lady in the Lake)」(1947)에서 행한 주관적 카메라 실험).54) 「스트레인지 데이즈」에는 순수한 주관적 카메라 운동으로는 성립되지 않는 동일화가 있으며, 누군가의 기억을 경험할 때 자아의 의미가 매우 불안정하게 되는 현상도 있다. 이것은 다중 접속을 만들어내고자 하는 스피노자 / 들뢰즈적 바람(들뢰즈가 말한 '기관 없는 몸'을 창조하는 것)으로 보이는 욕망 개념에 새로운 가능성을 제공한다. 하지만 이것은 또한 위험한 측면을 지닌다. 이미 이것이 레니가 자신을 새로운 종류의 정신의학자로 표현하는 것이라고 파악했다. "나는 당신에게는 정신과 의사이자 신부요. 나는 마술사이자 영

주장해왔다.
53) 들뢰즈는 "여기서 공간의 조직은 특권적 방향을 상실하는데, 특히 끊임없이 각도와 좌표를 변경하는 전방위적인 공간을 위해 …"(*Time-Image*, p.265 / 521)
54) 이것은 아마도 각자가 다른 사람들처럼 머릿속에서 자신을 고안해내기 때문이다. 「보르헤스와 나」라는 보르헤스의 이야기를 보면 분명해진다.

혼의 산타클로스요." 전환이 다시 지적된다는 점에서 정신과 의사/신부, 마술사/영혼의 산타클로스의 결합은 흥미롭다. 전통적 정신분석학자로 여겨지며, 주체의 죄의식적 즐거움을 용서해주는 정신과 의사/신부는 마술사/영혼의 산타클로스가 되었다. 그는 매우 다른 방식으로 "치료"한다. 즉, 정체성을 상실할 두려움 없이 새로운 접속을 자극하는 방식이다. 그는 욕망이란 주체를 구성하는 긍정적이며 독창적인 요소라는 것을 잘 안다. 앞에서 분석한 끔찍한 강간 장면이나 인종 살해를 생각해본다면, 여전히 충분한 죄 의식을 느끼게 된다(들뢰즈에 의하면, 스스로에게 내재적인 미시 파시즘의 위험이 늘 존재한다).

동시에 「스트레인지 데이즈」는 자아와 욕망의 개념 위에 좀더 유연한 유목적(遊牧的) 비전에 대한 바람을 매우 명확하게 표현한다. 유목적 비전은 정글과 같은 세계에서 생존하는 데 필수적이다. 자아-주체는 더 이상 가정된 타자의 욕망에 의존하지 않는다(타자가 접속의 중요성을 유지할지라도). 욕망은 더 이상 성차에만 연결되지 않는다(들뢰즈·구아타리의 유명한 문장을 보면, "우리는 욕망을 해방시켜야 한다." 그리고 "천 개의 작은 성들(sexes), 이것은 몸의 모든 부분일 수 있다"). 관객은 스크린 위의 주체와 동일화함으로써 자신의 정체성을 확인하는 것이 아니라, 그들의 마음에 현시된 이미지와 그들 자신의 몸에 의해 유도된 기억 사이에서 협상해야 한다. 몸, 뇌, 지각은 각각의 시간 지점에서 자아의 의미를 확립하기 위해 한데 작용한다. 그리고 각각의 시간의 지점은 특수한 상황의 요구에 따라 달라진다. 「스트레인지 데이즈」는 베르그손의 기억의 윤리학을 증명한다. 영화는 또한 우리가 다른 사람의 기억을 유도할 수 있다면 무슨 일이 일어날 것인지를 질문하면서 더 멀리 한 걸음 나아가는 과학적 가능성을 지닌다. 아마도 이러한 정신적 가능성의 충격은 첫째로 동일자 주체에 대한 우리의 관념을 변화시키는 데 필수적이다. 피터 캐닝(Peter Canning)은 논문 「내재성의 상상력 : 영화의 윤리학(The Imagination of Immanence : An Ethics of Cinema)」에서 이러한 변화가 왜 우선적으로 필수적인지를 설명한다. 그는 기만적 기표(고전적 장치)에 대해 전쟁을 선포한다.

절멸, 적의 절멸이 아닌 해방을 위한 투쟁 ⋯ 매개의 종말에서 살아남기 위해 우리는 **법 없이**, 아버지 없이 사유하는 **법**을 배워야 한다. 그리고 상징적인 도덕적 매개가 사라지고 비관계(nonrelation)의 미적인 경험이 출현하는 곳에서 시작하는 절대적 윤리를 발전시키는 것을 배워야 한다. 그렇지만 그것이 아버지 살해가 결코 물리지 않아 보이는 노스탤지어나 도착적 부인(perverse denial)에 빠지지 않은 채 (그것은 실제로 절망 속에서 살고 죽는다), 새로운 관계, 새로운 힘을 발견하고 창안하는 문제인 한, 그것은 윤리적 실험으로 남는다. 그러나 그것을 넘어서는 단계를 감히 시도하지는 않는다.[55]

'아버지의 법'이나 기표에 대해 명확하게 설명하지는 않았지만 초월론적 장치, 재현적인 사유의 이미지, 정신분석학적 모델은 확실히 위와 같은 담론의 일부분이다.

「스트레인지 데이즈」는 메타 시네마로서 「피핑 톰」의 영화적 장치가 어떻게 동시대 이미지 문화의 하나의 상이 되었는지 입증하며, 또한 장치가 변해왔다는 점을 증명한다. 주체에게 통제의 환영을 주는 것으로 고안되었지만 실제로는 주체를 통제하고 있는 초월론적 장치로부터 전 우주가 영화적이 된다는 지점에까지, 장치는 내재적인 것이 되었다. 히치콕이 이미 「현기증」에서 예측했듯이, 새로운 카메라 의식이 주관적인 것과 객관적인 것 사이의 명확한 구분을 불가능하게 만드는 시대로 이미 진입했다. 과거와 현재, 잠재적인 것과 현실적인 것은 분간할 수 없게

---

55) Peter Canning, "The Imagination of Immanence : An Ethics of Cinema." Gregory Flaxman, ed. *The Brain is the Screen*, pp.351, 357.

되었다. 「스트레인지 데이즈」는 뇌가 실제로 스크린이 되는 방식이 무엇인지, 어떻게 이것이 내재적 이미지의 개념화를 필요로 하는지를 말해준다. 여전히 「스트레인지 데이즈」는 우리를 "영화 내재성(cinemance)"[56]의 평면으로 초대한다. 영화 내재성의 평면에서는 이미지를 그 자체로 바라보고 철학의 윤리적, 정치적 함의를 이해하기 위한 내재적 개념의 도구를 지니는 것이 필수적이다. 영화적 장치의 메타 층위로부터 이동하여 제2장에서는 들뢰즈가 주체성의 관점이 이미지의 평면에서 어떻게 구성될 수 있는지를 판단하기 위해 영화 책과 어딘가에서 표현한 몇몇 개념적 도구들을 가지고 작업하고자 한다.

---

56) "The Imagination of Immanence" p.346.

제 2 장
주체성의 질료적 측면들

> 내재성의 평면 또는 물질의 평면에 대해 우리는 다음과 같이 말할 수
> 있다. 그것은 운동-이미지들의 집합이며 빛의 선들과 형상들의 모음이
> 고, 일련의 시간-공간의 블록들이다. — 질 들뢰즈[1]

　몸은 흔히 무엇보다도 가장 질료적인 사물로 간주되어 왔다.
전통적으로 몸/물질은 마음/정신에 대립되었다. 지배적인 서
양 철학 전통에서 이미지는 물질의 재현으로 간주되었으며, 마
음은 재현에 의미를 주며, 의미를 이해하는 기능으로 여겨졌다.
가장 "완전한" 재현 형식으로서의 영화는 종종 문자 언어가 지
닌 좀더 정신적이고 합리적인 포부에 대립하는 몸의 이미지에
중심을 두었다. 고전 할리우드 디바 및 스타들의 몸과 동시대 미
디어 스타들의 몸은 아주 좋은 예다. 1970년대는 몸 이미지 및
영화 이미지의 유물론을 완전히 새롭게 강조하기 시작했던 것으
로 보인다. 호러 영화, SF, 액션 영화, 특수 효과 영화뿐 아니라
예술 영화에서도 우리는 다음과 같은 모든 극단적 종류의 몸을
발견한다. 절규하는 몸, 떨리는 살, 달아나고 싸우는 몸, 아름다

---

1) *Movement-Image*, p.61 / 120.

운 몸, 성적인 몸, 고통과 분노의 몸, 정복할 수 없는 몸, (살아 있는) 시체의 몸, 마조히즘적 몸. 이러한 많은 몸들은 정신분석학적 기초를 설명하고 해석하는 데 유용했다. 제1장에서 살펴보았듯이, 이러한 정신분석학적 기초는 전통적인 재현적 사유하기와 관련이 있고, 따라서 몸과 마음의 분리라는 이념과도 관계가 있다. 간단하게 지각의 중요성에 대해 살펴보고 몸의 이미지, 특히 주체성을 이해함으로써 제2장을 시작하고자 한다. 다음 단계는 들뢰즈가 사유 및 주체성에 대한 질문과 관련하여 몸에 어떻게 상이한 장소를 할당하는지 살펴보는 것이다. 따라서 들뢰즈에게 끊임없이 영감을 불러일으킨 몸의 철학자 스피노자로 돌아가는 것이 필연적이다.

제2장의 종국적 목표는 내재성의 평면, 이미지의 평면 위에 몸을 놓는 것이며, 들뢰즈적 개념의 도구 상자를 활용할 수 있는 방식은 무엇인지, 그리고 어떠한 차이가 이 도구들을 지각 가능하게 하는지 질문하는 것이다. 베르그손을 따르고 있는 들뢰즈에 의하면, 이미지, 물질, 뇌, 몸은 하나다. 데이비드 로도윅은 『질 들뢰즈의 시간 기계』에서 베르그손이 서양 철학이 가진 실재론(realism)과 관념론(idealism)의 이원론에 어떻게 도전하고 있는지 밝힌다. 실재론과 관념론 양자에서 지각은 앎과 한데 묶여 있다. 즉, 보는 것은 곧 아는 것이다. 로도윅은 "실재론의 경우 주체는 추정된 자연의 법칙에 따라 현실적 존재를 스스로에게 재현하는 반면, 관념론의 경우에는 추정된 사유의 법칙에 따라 존재를 재현한다. 어떤 경우든, 정신(mind)은 순수 지식에 대한 사변적 관심 때문에 물질 및 시간과 결별해야 한다"[2]고 설명한다. 서양 철학 전통과 대조적으로 베르그손은 물질과 이미지가 차이가 없음을 논증할 뿐 아니라 몸과 이미지는 "에너지의 전파

---

2) *Gilles Deleuze's Time Machine*, p.28(데이비드 로도윅 지음, 김지훈 옮김, 『질 들뢰즈의 시간 기계』, 그린비, 2005, p.73).

와 물질의 힘에 작용, 반작용하는 수용적 표면"3)이라는 의미에서 몸과 뇌를 특수한 이미지로 바라본다. 이렇게 베르그손은 물질과 정신의 이원론을 극복한다. 이로써 이미지에 대한 결론 및 지각이 사유되는 방식에 대한 결론을 얻는다.

이미지가 더 이상 사물의 재현이 아니라 사물 그 자체라면, 지각은 무엇인가? 제1장에서는 영화적 우주의 주체란 주체의 눈이 그 앞에 펼쳐진 재현에 접근하는 초월론적인 주체가 아니라는 점을 주장했다. 영화적 우주의 주체는 오히려 내재적 주체며, 다른 이미지들 사이의 이미지 그 자체며 다양한 지각과 경험에 의해 천천히 구성된다. 그러면 베르그손에 따르면 지각으로 구성된 주체성은 어떠한가? 들뢰즈는 영화 책에서 베르그손의 지각 분류를 발전시킨다. 운동-이미지의 여러 유형들(지각-이미지, 행동-이미지, 감정-이미지 등)과 시간-이미지의 여러 유형들(회상-이미지, 결정체-이미지 등)로 분류한다. 이 장에서는 1970년대와 1980년대 초 네 편의 영화들을 살펴볼 것이며, 이 영화들의 중심 논의는 몸, 특히 더욱 질료적인 살(flesh)이다. 분석할 작품은 마이클 크라이튼(Michael Critchton)의 「죽음의 가스(Coma)」 1978, 폴 버호벤(Paul Verhoeven)의 「포스 맨(The Fourth Man)」 (1983), 라이너 베르너 파스빈더(Rainer Werner Fassbinder)의 「13월인 어느 해에(In a Year with Thirteen Moons)」(1978), 디브릴 디옵 맘베티(Djibril Diop Mambety)의 「투키 부키(Touki Bouki)」(1973)다. 이 영화들에서 나타나는 몸과 살의 이미지는 매우 다르다. 이 영화들은 매우 상이한 주체성을 구성한다. 나는 들뢰즈의 이미지 분류로부터 도움을 받아 이 영화들의 차이를 설명할 것이다. 그리고 이 영화들이 구성한 상이한 배치들을 살펴봄으로써 들뢰즈적 정신의 분석 모델을 제안한다. 배치의 수

---

3) *Gilles Deleuze's Time Machine*, p.29 / 75.

평축 위에서 내용의 형식 및 표현의 형식을 살펴보며, 영화 책에 설명된 이미지의 내재적 개념을 참조할 것이다. 수직 축에서는 다양한 영화들의 (재)영토적, 탈영토적 선을 살펴보며 들뢰즈 · 구아타리의 『천 개의 고원』을 참조하고자 한다.

정신분석학과 괴물 같은 살

□아브젝트(abject)[4])한 여성성

살은 실제 몸에서 가장 명백한 기호다. 동시대 영화에서 살의

---

4) [옮긴이] 아브젝트가 천하고 더러운 대상을 지칭한다면, 아브젝시옹은 적합한 주체성이 형성되기 위해서 부적합하고 더럽고 무시되는 것들이 어떻게 배제되어 왔는지를 알려주는 개념이다. 즉, 아브젝시옹은 아브젝트에 관한 주체적 반응이다. 크리스테바는 주체가 상징 질서로 들어가기 전에 모체와의 관계를 더러운 것으로 보고, 그것을 자발적으로 기각하려는 움직임이 있다는 점에 주목한다. 그녀는 이 모체 기각이라는 움직임을 아브젝시옹이라고 부른다. 그러나 문제는 아브젝시옹이 충분히 강하지 않다는 점, 즉 주체가 모체를 완전히 추방할 수 없다는 사실이다. 주체는 상징 질서로 편입해 들어가기 위해 유아기에 동일시했던 어머니와의 관계를 추방하려 하지만, 그것은 모성에 대한 끊임없는 향수로 인해 방해된다. 따라서 아브젝시옹은 모체와의 분리 충동과 결합 충동이라는 이중적 양상을 지닌다. 크리스테바는 예술 창작의 근원을 아브젝시옹 체험에 두고 있는데, 주체가 아브젝트를 완전히 추방하고 배제하는 것은 불가능하다는 사실에 기반한다. 아브젝트는 주체의 통일성과 안정성을 끊임없이 파괴하기 때문에 주체는 합병과 분리, 질서와 무질서의 경계에 있게 된다. 그러나 작가는 아브젝트를 사회적으로 정화한 신성한 활동 속으로 끌어들여 예술적으로 승화시킬 수 있다. '비열한, 천한, 버려진'이라는 의미의 아브젝트는 오물, 구토물의 버려진 상태, 그것들이 섞이고 혼합되는 상태를 말한다. 아브젝트는 금지, 규칙, 법칙들을 거부하는 것이 아니라 그 방향을 돌려 절대적인 힘을 약화시킨다. 크리스테바는 아브젝트를 더러운 음식, 신체의 변질과 죽음, 여성의 신체와 근친상간 등 세 가지로 유형화하고, 주체가 상징 질서로 들어가기 위해서는 이것을 추방해야 한다고 주장한다.

이미지는 점점 더 노골적이고 반복된다. 호러 장르("난도질과 피 튀기기[splash and splatter]")는 생살(raw flesh), 피로 더럽혀진 뼈, 괴물 같은 몸의 형태들을 표현하는 이미지에서 점점 더 노골적 이 된다. 독일어나 네덜란드어로 '살'이라는 단어("fleish"나 "vlees") 는 이중 의미를 가지고 있다. 그것은 살아 있는 몸의 살아 있는 살과, 죽은 살이나 고깃덩어리 둘 다를 의미한다. 살과 고기, 삶과 죽음이라는 이러한 이중 의미는 경계선, 즉 사물이 모호하므로 주체에게는 혼란스러울 수 있는 지대를 지칭한다. 이러한 모호한 지대를 표현하기 위해 줄리아 크리스테바(Julia Kristeva)는『공 포의 권력(*Pouvoirs de l'horreur*)』에서 아브젝시옹(abjection) 개 념을 소개한다.[5] 크리스테바에 의하면 아브젝시옹은 주체도 대 상도 아니다. 아브젝시옹은 구조를 흔드는 것이다. 크리스테바 가 참조하는 틀은 정신분석학이며, 그녀 스스로는 결코 언급한 적이 없지만 아브젝시옹이나 아브젝트는 슬라보예 지젝이 실재 계라고 명명한 것에 가깝다. 라캉적 실재계에 대한 지젝의 설명 들 중에는 다음과 같은 것이 있다. "가죽 벗겨진 몸, 날 것이며 피부가 없는 붉은 살의 떨림."[6] 지젝의 실재계는 지속적으로 삶 을 위협하며 동시에 삶을 가능하게 하는 것이다. 호러 영화를 연 구해온 페미니스트 바바라 크리드(Barbara Creed)는『괴물 같은 여성(*The Monstrous Feminine*)』에서 지젝의 실재계에 대한 관 념과 가까운 방식으로 아브젝트라는 용어를 설명한다.

아브젝트의 장소는 의미가 중첩되는 장소, "내"가 아닌 장소다. 아

5) Julia Kristeva, *Pouvoirs de l'horreur —essai sur l'abjection* (Paris : Editions du Seuil, 1980).
6) Slavoj Žižek, *The Metastases of Enjoyment : Six Essays on Women and Causality* (London and New York : Verso, 1994) p.116. 제1장에서 보았듯, 지젝 은 실재계를 신의 불가능한 응시와 관련짓는다.

브젝트는 삶을 위협한다. 아브젝트는 살아 있는 주체의 장소에서 "철저히 배제되어야" 하며, 몸에서 떨어져 나와야 하고, 자아를 위협하는 것으로부터 자아를 분리하는 상상적 경계의 이면에 놓여야 한다. 주체는 아브젝트를 배제해야 하지만, 그럼에도 불구하고 삶을 파괴하고자 위협하는 것 역시 삶을 정의하는 데 기여한다는 점에서 아브젝트는 묵인되어야 한다. 더 나아가 배제 행위는 주체가 상징계와의 관련 속에서 그/그녀의 고유한 장소를 차지할 것을 보증하는 데 필수적이다.7)

아브젝트를 좋아하지 않을지라도, 아브젝트는 주체로서 우리를 정의하는 데 필수적이다. 상징계처럼 아브젝트는 위협적이면서도, 바로 아브젝트가 동시에 경계를 지시하기 때문에 우리의 정체성을 위해 꼭 필요하다.

크리드는 아브젝트 개념을 세 가지 방식으로 호러 영화와 연관짓는다. 첫째, 호러 영화는 아브젝시옹의 이미지들로 가득하다. 시체(완전한 것, 절단된 것 혹은 살아 있는 시체인 좀비)와 피, 구토물, 땀, 눈물, 침, 썩은 살과 같은 신체 쓰레기는 종종 "비명 지르는 스크린(screaming screen)"으로 그려진다. 이러한 모든 이미지들은 몸의 내부와 외부의 경계를 지칭한다. 모든 종류의 변주에서 경계의 개념은 호러 영화에서 두 번째 아브젝시옹 요소다. 여기에는 다음과 같은 많은 경계들이 파헤쳐진다. 인간과 비인간 사이의 경계, 사람과 야수 사이의 경계, 자연과 초자연 사이의 경계, 정상적인 성적 욕망 및 젠더 역할과 비정상적 성적 욕망 및 젠더 역할 사이의 경계, 깨끗하고 단정한 몸과 더럽고 비천한 몸 사이의 경계. 크리스테바 이론을 적용하고 있는 크리드에 의하면, 완전한 상징적 몸은 자연에 대해 빚을 지고 있다는 어떠한 기호도 가지고 있지 않다. 여성의 몸이 해내는 모성의 기

---

7) Barbara Creed, *The Monstrous Feminine —Film, Feminism, Psychoanalysis* (London and New York : Routledge, 1993), p.9.

능 때문에 여성의 몸은 자연에게 진 빚을 알며, 따라서 더욱더 아브젝트를 기호화하는 듯하다. 따라서 아브젝트로서의 모성 형상은 호러 영화에서 선호되는 세 번째 아브젝시옹 요소다. 크리스테바는 이러한 관점에서 플라톤의 개념 코라(chora),[8] 즉 저장소(receptacle)에 대해 말하고자 한다. 아이는 어머니의 코라로부터 벗어나려고 투쟁한다는 것이다. 거리가 생겨나도록 아이는 어머니의 몸을 아브젝트로 만들려고 한다. 어쨌든 어머니는 이중 역할을 한다. 한편, 어머니는 아이가 화장실에 가는 훈련을 시킨다(어머니로부터 바른 것과 잘못된 것의 차이를 배운다). 동시에 어머니의 몸은 불결한 것으로 받아들여진다(월경 혈, 임신 기간 중의 몸의 변형). 어머니의 권위에 대한 이러한 모호함은 이미 본질적으로 아브젝트다.

크리드는 호러 영화에서 명백하게 나타나는 이러한 모성 아브젝시옹의 다양한 측면들을 설명한다. 수많은 호러의 이미지들은 여성이 가진 몸의 생산 기능과 관계가 있다. 크리드의 이론은 「에일리언(Alien(s))」에서 어디에서나 엄청나게 전지전능한 힘을 보여주는 것은 바로 근원적 (처녀 생식이 가능한) 어머니인, 원형의 어머니(Ur-mother)(가이아, 어머니 대지)라는 생각으로 이어진다. 크리드는 또한 여성(흔히 레즈비언) 흡혈귀와 괴물 같은 자궁의 피를 설명한다. 즉, 「엑소시스트(The Exorcist)」와 「캐리(Carrie)」에서 나타나는 악마에 홀린 비천한 여성의 이미지(크리드는 이들을 "마녀로서의 여성"이라고 지칭한다) 같은 것이다. 몇몇 호러 영

---

8) [옮긴이] 코라란 유동적이고 불안정한 원초적인 저장소로서 단일성, 부성(父性) 형성에 선행하는 유모적, 모성적인 것으로 불린다. 쉽게 말해 인간의 원초적인 본능이 자리잡은 지대를 말한다. 크리스테바는 이 코라를 후설의 물질(hyle)이나 헤겔의 힘(force) 등과 연관지으면서 언어 습득 이전의 충동으로 구성된 에너지 혹은 인간에게서 생리적이거나 심리적인 현존재와 같은 것이라고 말한다. 따라서 코라의 세계에서는 어떠한 구속도 있을 수 없으며 자유로운 충동만이 있을 뿐이다.

화에서 마녀의 초자연적 힘은 여성의 재생산 구조, 특히 매달 치러지는 월경 주기와 연관된다. 「엑소시스트」의 경우, 레건이라는 소녀가 막 초경을 시작하려고 하자 악마에게 홀리며, 이는 「캐리」에서도 마찬가지다. 「캐리」에서 우리는 모든 종류의 피(월경 혈, 돼지 피, 출산 혈, 죄의 피, 죽음의 피)와 관련이 있는 마법에 대한 전통적 공포감을 발견한다. 캐리는 월경 혈이 흐르는 동시에 염력의 힘을 획득한다. 역사를 통해 마법은 완전한 상징적 남성 신체를 위협하는 "괴물 같은 여성성"(특히 산파술)과 관련을 맺어왔다. 특히 가톨릭교회의 권위는 이러한 비천한 여성들(가톨릭교회가 단행한 마녀 재판에 대한 종교재판관의 지침서인 마녀 소추 지침[Malleus Maleficarum]을 생각해보라)을 재판하는 것으로 악명이 높았다.

「캐리」에서 교회의 가장 과격한 대표자는 신부가 아니라 또 다른 여성이다. 바로 캐리가 마녀라고 믿고 있는 캐리의 어머니다(이 여성은 자신 스스로를 비천하게 하면서 교회와 가부장제가 가진 똑같은 성차별적 종교 원칙에 따라 사유한다). 그러나 캐리는 전통적 마녀로서 재현되지는 않는다. 그녀는 악마와 동침하는 악의 영혼이 아닐 뿐 아니라 세 번째 유두를 갖지도 않았고 등에 무통각점을 가지고 있지도 않다. 오히려 그녀의 극단적인 힘과 분노는 학교 친구들과 제정신이 아닌 어머니로부터 받은 사디즘적 취급에 대한 반응이다. 캐리는 또한 동정적인 인물이다. 실제로 영화가 보여주는 것은 현명하지 않은 어머니와 지나친 애착으로 결합되어 있는 여성 신체성(corporeality)의 공포와 아브젝시옹이 어떻게 파괴적인 결과를 초래하는가다. 이러한 관점에서 볼 때, 우리는 「캐리」가 마법에 대한 영화가 아니라 여성의 몸과 연관된 마법 관념으로 인해 영향을 받은, 몹시도 숨막히게 하는 모녀 관계에 대한 영화라고 말할 수 있다. 「캐리」는 몸과 비천한 살로 뒤덮여 있는 모성 멜로드라마다.

이러한 정신분석학적 독해에서 살과 모든 종류의 타자의 신체적 질료는 항상 주체 바깥의 것을 재현하지만, 그럼에도 불구하고 주체를 구성하기도 한다. 이것은 매혹적이며 동시에 위협적이다. 이미지는 주체가 스스로를 대상／타자와 구별할 수 있는 안정적인 장소를 찾는 여정에서 주체를 돕는 재현으로 보인다. 영화적 장치의 메타 층위와 유사하게 특정 이미지 층위에서도 살의 이미지, 젠더 쌍의 이미지는 주체성과 주체 위치를 확립하는 데 견고한 요소가 된다.

□위험한 여성성

제1장에서 「피핑 톰」과 「스트레인지 데이즈」의 끔찍한 강간 장면을 고전 영화적 장치에 대한 프로이트적 함의와 연결했었다. 「스트레인지 데이즈」는 확실히 정신분석학적 사유의 틀과도 연결될 수 있지만, 또한 거기에는 위태로운 무언가가 있다. 「스트레인지 데이즈」에서 시선의 주체와 타자는 동일자가 되는데, 이는 자아와 타자를 구분하는 것을 어렵게 만들며, 베르그손의 시간의 윤리학을 필요로 한다. 이 영화에서 나타나는 주체와 대상의 혼돈은 비천한 재현이 아니라 메타 시네마적 우주 안에서 장치의 함의를 다시금 사유하도록 만드는 마주침이다. 하지만 「피핑 톰」과 「스트레인지 데이즈」 두 작품 모두에서 어떤 종류의 "장치"가 연루되었다 하더라도 창녀는 살해된다. 여성 해방 운동의 영향으로 호러 영화의 새로운 하위 장르가 생겨나게 된 것도 놀라운 일은 아니다. 새로운 하위 영화는 그 중심에 성난 여성들이 있는 강간-복수 영화다. 또한 정신분석학이 이런 종류의 영화들을 이해하는 데 확실한 지침이 된다.9)

9) 1970년대 초까지, 강간은 호러 영화의 테마들 중 하나였을 뿐이고 노골적으로 표현되지도 않았다. 강간이 중심이 된다면, 히치콕의 「프렌지」에서처럼 시점

바바라 크리드는 강간-복수 이야기를 프로이트가 간과하거나 억압했던 바기나 덴타타(vagina dentata), 즉 이빨 달린 질10)이라는 신화와 연관시킨다. 바기나 덴타타에서 여성은 거세된 존재가 아닌 거세하는 존재다. 크리드는 프로이트의 꼬마 한스 사례를 다시 읽고, 여성이 난도질당하거나 강간당하는 것은 그녀가 인간 조건(캐리 어머니의 행동과 여타 다른 종교적, 가부장제적 이념 안에서도 보았던 태도)으로 인해 비난받기 때문이라고 주장한다. 사디즘적 공격의 특성은 비록 상상적일지라도 여성이 위협적인 힘을 사용하기도 전에 그 힘을 박탈하려는 시도로서만

은 항상 가해자의 위치에 있었고, 여성은 고전 호러 영화에서처럼 복수할 가능성은 전혀 없는 피해자였다. 여성의 복수를 강간과 동급으로 올려놓은 첫 번째 영화는 웨스 크레이븐(Wes Craven)의 「왼쪽 마지막 집(Last House on the Left)」(1972)이었다. (물론, 복수 그 자체는 영화에서 이미 오래된 테마였다.) 여성 운동에서 영향을 받아 복수는 강간 테마와 연결된 것이다. 많은 저예산 영화들이 강간-복수 장르로 만들어졌고, 그 중 가장 충격적이고 논쟁적인 (그리고 보고 있기도 힘든) 영화는 마이어 자르치(Meir Zarchi)의 「네 무덤에 침을 뱉는다 / 여자의 날(I Spit on Your Grave / Day of the Woman)」(1977)이다. 호러 장르에 대한 페미니즘의 가장 큰 공헌 중 하나는 분노한 여성들의 이미지라고 할 수 있다. 캐롤 클로버(Carol Clover)가 주장하듯이, 많은 '개척' 테마들이 주류 영화의 세련된 버전에서 나중에 다시 나타남을 보는 것은 매우 흥미롭다. 「피고인(The Accused)」(조너선 캐플런, 1988)은 사실 기본적으로 「네 무덤에 침을 뱉는다」와 같은 이야기로, 집단 강간당한 여성이 복수에 필사적으로 매달린다. 또한 「사지(Extremities)」나 「델마와 루이스(Thelma and Louise)」도 저예산 자매 영화로 비교할 만하다. 「피고인」과는 달리 「네 무덤에 침을 뱉는다」는 이상한 단순함을 보여준다. 여성은 자신이 강간당했다는 것을 알고 있으며 복수를 행한다. 여기에는 심도 있는 심리학도 없고 법의 조정도 없다. 남자들 간에 아무런 차이도 없다. 이것은 순수한 분노다. 클로버가 설명하듯, 일반적인 싸구려 호러 영화는 미국 주류 영화의 억압된 형태다. 「피고인」에서 남자들은 법정으로 불려오고 사건은 법적으로 해결될 것이다.

10) [옮긴이] '이빨 달린 질'은 섹스에 대한 남성들의 공포를 나타내는 고전적 상징으로, 여성이 성교 중에 남성을 먹어버리거나 거세할지도 모른다는 무의식적 공포. 프로이트는 여성의 성기를 본 남성이 거세 공포에 떤다고 하지만, 정신의학에서는 남성이 여성의 질 입구를 입이라고 상상한다고 본다.

보일 수 있다. 그녀의 복수는 그녀가 실제로 이러한 힘을 소유하고 있다는 점을 확인시켜준다. 크리드가 「네 무덤에 침을 뱉는다 (I Spit on Your Grave)」[11]와 「복수의 립스틱(Ms. 45)」[12] 같은 영화에 대해 불순하게 생각하는 것은 여성이 자신의 유혹적인 매력을 활용하여 남성들을 죽인다는 점 때문이다. 바꾸어 말하면, 크리드는 남성이 마조히즘적 쾌락으로 죽을 수도 있는 반면, 여성은 어떠한 유혹이나 쾌락도 없이 강간당한다는 사실로 혼란스러워한다. 두 개의 성은 자신들의 억압된 부분(여성은 가학적이게 되고 남성은 피학적이게 되는 것)을 꺼낸다. 그럼에도 불구하고, 강간-복수 이야기에 대한 크리드의 결론은 다음과 같이 명확하다. "치명적인 여성의 거세 위협 신호가 나타날 때마다 남성은 남근을 보호할 준비를 하면서 기민하게 대처해야 한다."[13] 강간-복수 영화는 남녀 사이의 수치스러운 전투의 최종 표현이다. 남성(강간)과 여성(복수) 사이에 최악의 것을 불러오면서 두 개의 성의 살은 조각조각 찢어진다.

슬라보예 지젝은 『향락의 전이(The Metastases of Enjoyment)』에서 여성은 "날것이며 피부가 없는 살" 혹은 "세계의 밤"인 실재계

---

11) [옮긴이] 마이어 자르치 감독의 1978년도 미국 영화. 「여인의 날」이라는 제목으로도 알려져 있다. 소설가인 제니퍼는 새로운 소설을 끝내기 위해 도시를 떠나 뉴욕 근교의 한 아파트에 거주하게 된다. 제니퍼의 출현에 관심을 가지게 된 떠들썩한 시골 남성들은 그녀를 따라가 옷을 벗기고 강간을 한다. 제니퍼는 서서히 회복하지만 차차 뒤틀린 마음과 정신병적 사고를 가지게 되며, 자신을 강간한 네 명의 남자들을 찾아가 복수를 감행한다.

12) [옮긴이] 아벨 페라라(Abel Ferrara) 감독의 1981년도 미국 영화. 옷 재단사인 데나는 퇴근길에 가면을 쓴 남자에게 강간당하고 공포를 느끼며 집으로 돌아왔지만, 집에 침입한 강도가 데나를 다시 한 번 유린한다. 공포와 분노, 치욕과 증오에 사로잡힌 데나는 강도를 다리미로 때려죽이고 시체를 토막 내 도시를 돌아다니면서 시체 일부분을 버린다. 그녀는 자신을 강간했던 강도가 가졌던 콜트 45구경 권총을 가지고 도시의 못된 남자들을 처벌하기 시작한다.

13) *Monstrous Feminine*, p.138.

와 가장 가깝다고 주장한다. 따라서 여성은 희열을 소유하는 것으로 보이며, 남성이 여성을 강간(희열의 결합으로)할지라도 남성은 희열을 소유하길 바라기만 할 뿐이다. 지젝은 데이비드 린치(David Lynch)와 여성 우울증을 다루는 장에서, (린치의) 여성에 대한 폭력은 여성 우울증의 원인이 아니며, 이러한 폭력은 실제로 "치유적"이며, 여성 우울증의 "초월론적" 상태에서 기인한다고 주장한다. 또한 폭력은 여성이 실재계의 우울증으로 미끄러지는 것을 방지하는 충격 요법의 일종으로 기능한다고 설명한다. 즉, "따라서 우울증 상태는 엄밀하게 '초월론적'이며, 우울증은 원인이 실제로 작동할 수 있는 범위 안에서 선험적인 틀을 제공한다. … 이러한 '우울증'의 철학적 명칭은 확실히 부정적이다 — 헤겔은 이를 '세계의 밤'이라고 부르며, 이는 주체의 그 자체 속으로의 퇴각이다. 요컨대 남성이 아니라 여성이 매우 탁월한 주체다."14) 지젝은 복수를 말하지는 않지만, 어쨌든 여성의 최종 복수는 그녀가 매우 탁월한 주체임을 암시적으로 드러낸다. 지젝의 라캉 및 대중 영화 독해에 따르면, 양성 간의 전쟁은 아마도 죽음/살인이 아니면 해결할 수 없는 것이다.15)

절단된 몸과 살의 다양한 이미지들에 대한 위와 같은 정신분석학적 해석으로부터 우리는 다음과 같은 결론을 내릴 수 있다. 정신분석학이 주체(특히, 남성과 여성), 이미지, 세계 간의 수많은 문제 틀의 관계를 분명하게 설명할 수 있다 해도, 그리고 지젝

---

14) *Metastases of Enjoyment*, p.122.

15) 카트린 브레야(Catherine Beillat)의 「로망스(Romance)」(1999)는 여성의 시각에서 정신분석학적 세계를 보여주며, 프로이트와 라캉을 독해하는 지젝에 대한 크리드의 해석에서 여러 요소들을 조합한다. 이 영화에서 여성 인물은 그녀의 여성성에 넌더리를 내는 남자를 사랑한다. 그녀는 다른 남자들과 성적인 쾌락을 찾는다. 하지만 그녀는 결국 사랑했던 남자로 인해 임신하게 되고, 그 남자를 죽인다. 강간-복수 영화는 아니지만 '파렴치한 행동'-복수 영화라고 할 수 있다.

이 탁월하게 주장하듯이 정신분석학이 원인과 결과의 전도 속에
있을지라도, 정신분석학 역시 생각하기,[16] 보기, 느끼기를 가두
는 매트릭스로서 기능한다. 실제로 지젝은 「매트릭스」(들어가는
글을 보라)와 앞 구절에서 언급한 여성 우울증에 대해 분석했다.
혹은 바바라 크리드가 꼬마 한스 이야기에서 한스가 자신의 공
포를 아버지에 대한 공포 대신 어머니에 대한 공포로 돌리는 것,
아버지의 검은 콧수염을 어머니의 검은색 속옷으로 전치하는 것
등을 통해 분석하듯이, 주체의 위치가 역전되어도 우리는 동일
한 오이디푸스 삼각형과 난국을 유지하게 된다. 이러한 사유 틀
에서 무시된 것은 주체, 이미지, 세계의 관계가 다중적 접속들로
구성된다는 것이다(가족은 그저 하나의 접속에 불과하다).

들뢰즈 · 구아타리는『천 개의 고원』에 꼬마 한스 사례를 참조
하며, 정신분석학자들이 모든 종류의 접속들을 이루어내려고 하
는 한스의 리좀적 욕망을 봉쇄한다고 비난한다. "사람들은 꼬마
를 건물의 리좀과 차단시켰으며, 다음에는 거리의 리좀과 차단
시켰다. 사람들은 꼬마를 부모의 침대에 뿌리내리게 했다."[17]
말, 수레, 거리의 사건들로 받은 인상에 대해 주어지는 어떠한
설명도 없으며, 감정적, 기계적 배치에 대한 설명도 없다. 단지
"수레를 끄는 말-승합마차-거리"와 "눈가리개로 가려진 두 눈
을 갖고 있음, 재갈과 고삐가 물려져 있음, 자부심이 높음, 큰 고
추를 갖고 있음, 무거운 짐을 끎, 채찍질을 당함, 쓰러짐, 네 다리
로 소란한 소리를 냄, 깨묾 등"[18]과 같은 감정적 목록에 의해 규

---

16) 나는 여기서 카자 실버만 등에 의해 이루어진 아주 자세하고 흥미로운 라캉
의 재가공에 대해 말하고 있는 것이 아니다. 실버만의 다음 책들을 참고하라.
The Threshold of the Visible World (London and New York : Routledge,
1996), *World Spectators* (Stanford : Stanford University Press, 2000).

17) *Thousand Plateaus*, p.14 / 32.

18) *Thousand Plateaus*, p.257 / 488.

정된다. 들뢰즈·구아타리는 꼬마 한스의 말(horse)이 재현적인 것이 아니라 변용태적인 것이라고 결론짓는다. 다중성과 변용(신경증과 정신병 이상의 다른 것들)은 정신분석으로 설명될 수 없는 주체성의 중요한 측면이다. 다음 부분에서는 변용에 대한 질문으로 돌아가고자 한다. 우선 호러 장르에 대한 또 다른 독해를 살펴볼 것이며, 이는 다중성에 대한 좀더 많은 여지를 허락할 것이다.

□다중성 : 재지대화하는(rezoning) 몸

캐롤 클로버(Carol Clover) 역시 『남성, 여성, 전기톱(*Men, Women and Chainsaws*)』에서 호러 장르와 호러 장르의 몸을 분석한다. 클로버는 크리드가 한 것처럼 많은 영화들에 대해 논의한다. 하지만, 크리드가 「캐리」를 아브젝트 개념과 관련된 일종의 정화 제의로 보는 반면, 클로버는 아브젝트 개념이 그렇게 중요하지는 않다고 본다. 클로버도 캐리의 월경과 영화에서 표현된 다른 모든 종류의 "더러운 피"를 지적하지만, 특히 남성 관객(이야기는 남성인 스티븐 킹(Stephen King)이 썼으며, 남성인 브라이언 드 팔마(Brian de Palma)가 연출하고, 남성이 관객 중 큰 비율을 차지한다) 입장에서 동일화의 가능성에 좀더 관심을 보인다. 따라서 『남성, 여성, 전기톱』의 서문에는 "캐리와 소년들"이라는 부제가 붙는다. 클로버는 스티븐 킹을 인용한다.

「캐리」는 주로 여성이 자신의 힘의 경로를 어떻게 발견하는가, 그리고 남성이 느끼는 여성과 여성의 섹슈얼리티에 대한 공포는 무엇인가에 대한 영화다. 나에게 캐리 화이트는 슬프게도 학대받는 10대로, 자신의 영혼이 남성 무리, 그리고 일반 교외 고등학교에 다 있는 바람둥이들로 인해 영구히 파괴되어버리는 한 소녀다. 하지만 그녀 또한 절대적 여성(Woman)이다. 그녀는 처음으로 자신의 힘을 느끼고, 책의 마지막에서는 삼손처럼 보고 있는 모든 사람들 앞에서 성전을 허물어뜨린다. … 그리고 출판과 영화 모두 성공한 이유 중 하나는 다음과 같은 점 때문이라고 생각한다. 캐리의 복수는 친구들이 체육 시간에 체육복 바지를 잡아당겨 찢기거나 교실에서 안경을 스쳐 벗겨져 보았던 경험이 있는 학생들이 공감할 어떤 것이다.[19]

클로버가 킹의 말에 대해 설명하듯이, 몹시도 위협당하고 굴욕당한 소년은 체육관 샤워실에서 피를 흘리며, 생리대로 공격을 당하고, 졸업 댄스파티에서 돼지 피를 뒤집어쓰는 소녀로 인해 자기 자신을 인식하는 소년이라고 설명한다. 이것은 클로버가 자신의 책에서 발전시킨 일반적이고 기본적인 사고다. 즉, 남성 관객이 단순히 스크린 여성들이 아니라 공포와 고통 속의 스크린 여성들과 동일화할 준비가 되어 있다는 가능성이다. 남성적 마조히즘에 대한 몇몇 연구들은 이러한 동일화 전략을 지적하지만,[20] 이러한 관점이 호러 영화와 그다지 자주 연관되지는 않았다. 호러 영화는 오히려 여성을 희생시키는 마초-남성의 경험으로 간주된다. 클로버는 「캐리」, 「엑소시스트」, 「악령의 관(The Serpent and the Rainbow)」, 「악령의 광시곡(Witchboard)」, 「악령의 상자(Poltergeist)」, 「엔젤 하트(Angel Heart)」 같은 귀신들림 영화(possession film)들이 "열린" 영화로 간주될 수 있다는 점을 논증한다. 이 영화들에서는 대개 두 개의 이야기가 전달된다. 하나는 악령에 홀린 여성(크리드의 용어로 아브젝트)이고, 또 다른 하나는 곤경에 처한 남성이다. 이 이야기들의 병치는 주로 백인(남성) 과학과 흑인(여성) 마법이라는 두 개의 경쟁적인 설명 구조로 드러난다. 「엑소시스트」에서 악령에 홀린 소녀

---

19) Carol Clover, *Men, Women and Chainsaws : Gender in the Modern Horror Film* (Princeton, New Jersey : Princeton University Press, 1992) p.4.

20) Kaja Silverman, *Male Subjectivity at the Margins* (London and New York : Routledge, 1992)를 보라.

는 데미안 카라스 신부와 맞서는데, 카라스 신부는 위기에 빠진 자신을 발견한다. 「악령의 광시곡」에서 악령에 홀린 소녀 린다는 가장 친한 남자 친구가 감정을 "열도록" 강요한다. 「캐리」는 악령에 홀린 여성의 이야기에 좀더 집중하게 하지만, 남성 또한 이 영화에 함의적으로 관심을 갖는다.21) 클로버가 실제로 주장하는 바는 여성의 신체적 귀신들림에 대한 이야기는 남성이 자신을 재정의하는 이야기와 유사하다는 것이다. 게다가 이러한 신체적 귀신들림과 궁지는 변화하는 "새로운 남성"에게는 필수적이다. 변화하기 위해서는 "열린 마음"(그리고 몸)을 가질 것이며, 여성이 하는 것과 같은 행동을 받아들이고, 감정에 솔직해야 하고, 다소 비합리적이고 마술적인 삶의 측면에도 열려 있어야 한다. 클로버에 의하면, 여성의 몸에 주목함으로써만 위의 것이 이루어질 수 있다. 그녀는 다음과 같이 표현한다.

　　간단히 말해서, 남성이 "여자 같다"는 꼬리표를 붙이지 않으면서 울 수 있는 공간이 만들어지려면, 여성은 걷잡을 수 없이 구슬프게 울게 될 공간으로 옮겨져야 한다. 그처럼 남성이 정서적인 엄격함과 통제를 마지못해 포기하게 하려면, 여성은 요란한 정신병적 분열을 참아낼 공간으로 옮겨져야 한다. 대부분 여성이 미친 여행에서 돌아올 때, 남성은 그동안 변화되어 중도에서 서로 만날 수 있게 된다(장르가 요구하는 대로).22)

따라서 클로버에 의하면, 귀신들림 영화가 갖고 있는 몸의 공포는 대부분 재지대화의 프로젝트며, 남성성은 여성성을 재위치화함으로써만 재정의될 수 있다. 여성-되기의 이미지를 논하는

---

21) 호러 귀신들림 플롯은 텔레비전 드라마 세계로도 진입했다. 「우리의 인생의 나날들(Days of our Lives)」에서 착하고 선한 인물 말레나는 전 남편(이제는 신부인!)이 위기에 처해 있는 동안 악령에게 홀린다.

22) *Men, Women and Chainsaws*, p.105.

제4장에서 이 점에 대해 다시 이야기할 것이다. 이제부터는 주체를 구성하는 다중적 접속들에 더 많은 여지를 주체가 허용하도록 구성하는 다양한 스토리라인에 대한 클로버의 분석을 강조하고자 한다. 강간-복수 영화에는 대부분 (최소한) 여성 대 남성에 대한 이야기, 나라 대 도시 생활에 대한 이야기 등 두 개의 이야기가 있다. 예를 들어, 「네 무덤에 침을 뱉는다」의 여성은 대도시 뉴욕에서 시골로 옮긴다. 도시인들은 부자이고 부드러우며, 따라서 "강간할만한 대상"이라는 것이 근본적인 가정인 듯하다(클로버는 이를 "도시병(urbanoia)"이라고 부른다). 계급과 사회적 배경을 둘러싼 논쟁에 대한 관심이 위와 같은 종류의 영화가 보여주는 젠더 대립에 새로운 한 차원을 추가한다.

클로버의 분석이 크리드의 분석과 다른 한 가지 점은 클로버가 강간-복수 영화에서의 남성의 동일화 전략에 대해 고심한다는 것이다. 이러한 점 때문에 그녀는 1970년대 제1세대 강간-복수 영화 중 하나인 「서바이벌 게임(Deliverance)」에 주목한다. 이 영화에서도 도시와 시골의 차이가 활용되지만, 강간은 남성에 대한 강간(두 명의 시골 "촌뜨기"는 시골에서 주말을 보내고 있는 네 명의 남성들 중 하나를 강간한다)이다. 이것은 남성 역시 자신의 몸이 공격당하는 (고전적 여성의) 위치에 놓일 수 있다는 것을 입증한다. 클로버는 다음과 같이 결론을 내린다. "심지어 가장 몸에 기초를 둔 장르도 성/젠더 구조, 특히 희생자-영웅의 면에 놓여 있는 성/젠더 구조를 복잡하게 만든다. 여기에서 젠더는 명백히 약호화된 여성이지만 성은 아무나 취할 수 있는 것으로 보인다. 이러한 영화들은 가장 극단적이고 신체적인 부류의 교차-젠더 동일화를 내포한다."[23] 클로버에 의하면,

---

23) *Men, Women and Chainsaws*, pp.154, 157. Peter Lehman, "Don't Blame this on the Girl—Female Rape-Revenge Films" in Steven Cohan and Ina Rae Hark, eds., *Screening the Male : Exploring Masculinities in Hollywood*

호러 영화는 남성 주체를 재지대화하는 가능성을 제시한다. 교차-젠더 동일화의 가능성은 모든 몸을 공격받기 쉽게 만들어버린다. 클로버의 입장에서 보자면, 호러 영화는 그다지 노골적으로 괴물스럽게 여성적이지는 않다. 오히려 신체 호러는 교차-젠더 동일화를 가능케 하고, 주체의 경계들을 재지대화하는 중요한 도구다. 남성과 여성 모두는 부드러운 몸을 가지고 있다. 결국 남녀는 부드러운 살에서 벗어나고, 주체의 위치는 성차뿐 아니라 사회적 배경, 종교와 같은 다양한 측면들과 관련을 맺는다. 그리고 남녀는 변화와 되기에 열려 있다. 사실 클로버는 로지 브레이도티(Rosi Braidotti)가 제안한 철학적 기형학(teratology)이라는 비들뢰즈적 용어를 설명한다. 브레이도티는 페미니즘에 대한 들뢰즈의 연구와 관련하여 다음과 같이 말한다.

괴물성이 우리의 목표에 던진 변화는 이전 세기 말로부터 물려받은 감수성의 분열이다. 우리는 변칙적인 것, 즉 타락의 기호가 아니라 우리 모두에게 긍정적 대안을 제시하는 잠재적 가능성을 펼침으로써 다양한 괴물성을 사유하도록 배울 필요가 있다. 들뢰즈가 지적하듯이, 되기의 양식은 남근중심주의가 우리로 하여금 생성하도록 프로그램화하지 않았던 모든 것의 경험 분야를 횡단한다. 이러한 점에서 볼 때 괴물성 존재라는 환영적 다양성은 고난으로 점철된 문화가 몹시도 필요로 하는 생성의 선으로 가는 길을 알려준다.24)

Cinema (London and New York : Routledge, 1993)도 보라. 남성의 동일화 전략에 집중하면서 레만은 남성들은 절대 강간범이 되도록 권유되지는 않는다고 주장한다(영화 장면들은 에로틱하지도 않고 보기가 힘들 정도다). 관객들은 강간에 역겨움을 느끼게 된다. 그래야 다음 내용이 정당화될 수 있기 때문이다. 레만은 남성 주체성의 말 걸기에서 복잡하고 다중적이며 유동적인 쾌락의 본성을 탐구한다. 그것은 (이성애적으로) 마조히즘적이고 (동성애적으로) 사디즘적이다.

24) Rosi Braidotti, "Teratologies", *Deleuze and Feminist Theory*. Ed. Ian Buchanan and Claire Colebrook (Edinburgh : Edinburgh University Press, 2000) p.172.

제5장에서 "괴물 같은" 동물-되기로 다시 돌아가겠다. 여기에서 나는 기형학적 몸이라는 다양한 개념화가 허용할 몸에 대한 스피노자적 개념화에 초점을 맞추고자 한다.

스피노자적 몸의 변용과 정치학

□몸과 뇌, 역량과 변용

호러 영화는 주체의 신체적 측면에 관심을 둔다. 서양 철학은 이제까지 몸에 큰 관심을 둔 적이 없었다. 아브젝트라는 유력하고 중요한 설명 및 "해부학은 운명"이라는 프로이트의 불명예스러운 믿음을 제외하고 정신분석학 역시 결코 몸을 진지하게 다루지는 않았다.[25] 따라서 베르그손으로부터 영감을 받아 들뢰즈가 분석한 (영화) 이미지 및 이미지로부터 구성될 수 있는 주체성의 다양한 형식들로 이동하기 전에, 몸을 재사유하는 것이 유용할 것이다. 이제 들뢰즈 개념에 대단히 중요한 역할을 한 철학자 스피노자를 간단히 살펴보고자 한다. 우리는 이미 꼬마 한스에 대한 들뢰즈·구아타리 해석의 변용적 차원을 살펴보았다. 지금 여기서 다시 언급하고자 하는 변용이란 스피노자가 철학에 기여한 육체적 차원의 일부분이다. 스피노자의 철학 정식은 "몸이 무엇을 할 수 있는지 우리는 모른다"는 것이다. 스피노자에게 몸과 마음은 근본적으로 연결되어 있는 것이라는 점을 상기해야 한다. 그는 『에티카(Ethics)』에서 다음과 같이 말한다. "우리가 원했던 것을 향유하고 있는 동안, 다르게 결정되고 사물의 다양

─────────────────

25) "The Bodily Ego"에서 카자 실버만은 정신분석학에서 몸을 복권시키기 위해 폴 실더(Paul Schilder)와 헨리 월른(Henri Wallon)을 통해 프로이트와 라캉을 다시 읽는다(The Threshold of the Visible World, pp.9-37).

한 이미지들이 그 안에서 생겨나는 새로운 구성을 습득하는 일이 매우 자주 발생한다. 또한 동시에 마음은 다른 사물들을 이미지로 상상하며 욕망하기 시작한다."26)

사유와 연장(extension)은 마음과 몸에 관련이 있다. 에드윈 컬리(Edwin Curley)가 스피노자의 저작을 번역하면서 머리말에서 설명하듯이, 사유하는 마음의 능력은 환경과 상호 작용하는 몸의 능력과 정확히 상호 연관된다. 더구나 스피노자는 연장이 (선험적) 한계가 없이 결정되는 것처럼 사유 역시 한계가 없다고 믿는다.

따라서 인간의 몸은 절대적으로 연장체가 아니라 연장된 자연의 법칙에 따라, 움직임과 정지에 의해 특정한 방식 안에서 결정되는 연장체다. 그리하여 인간의 정신 혹은 마음은 절대적으로 사유되는 것이 아니라 사유하는 자연의 법칙에 따라 이념에 의해서 특정한 방식으로 결정되는 사유다. 다시 말해서 이 사유는 인간의 몸이 존재하기 시작할 때 반드시 존재해야 하는 사유다.27)

마음의 무의식은 정확히 몸의 미지성(the unknown)과 관련이 있다. 초월론적으로 이미 확립된 인간 주체의 틀이란 없다. 인간 주체는 환경 및 다른 존재들과의 관계에 따라 변화할 것이다.28)

---

26) Genevieve Lloyd, *Spinoza and the Ethics* (London and New York : Routledge, 1996) p.79에서 인용한 스피노자.

27) Edwin Curley, ed., trans., *A Spinoza Reader — The Ethics and Other Works* (Princeton : Princeton University Press, 1944) xxviii, xix (컬리는 여기서 로데위즈크 메예(Lodewijk Meyer)의 스피노자 해설을 인용한다).

28) "Through a Spinozist Lens : Ethology, Difference, Power"(in Paul Patton, ed., *Deleuze : A Critical Reader* [Oxford and Cambridge, Mass. : Blackwell, 1996])에서 모이라 게이튼스는 미셸 투르니에(Michel Tournier)의 『방드르디 (*Friday*)』에 대한 들뢰즈의 스피노자 식 독해에 대해 논한다. "형식, 실체, 본질, 그의 인간성에 '원인이 된' 근본적 주체 로빈슨도 없다. 오히려 특정한 인간의

어쨌든 스피노자의『에티카』는 주체의 몸의 차원을 탐구하는 대안적 이론을 제안한다.『에티카』는 또한 호러 영화나 다양한 신체 영화의 강력한 신체적 변용이 태도의 변화 혹은 재지대화에서 변화를 불러일으킬 수 있는 이유를 설명한다. 몸에 변용을 일으키는 것은 정신에 변용을 가하는 것이다. 캐롤 클로버의 신체 공포에 대한 연구는 바바라 크리드의 아브젝트, 바기나 덴타타 개념보다 스피노자에 가깝다.[29]

스피노자에 의하면 몸은 역량과 변용(동력 축) 및 움직임과 정지(운동 축)로 구성된다. 인간 행동을 구성하는 세 가지 "원초적" 정서가 있는데, 그것은 욕망, 기쁨, 슬픔이다. 마음 그 자체와 행동의 역량을 고려할 때마다 마음은 더 큰 활동의 상태를 지나서 "기뻐한다." 하지만 슬픔은 마음의 행동하기 역량을 떨어뜨리거나 억제하는 것과 관련이 있다. 적합한 이념에서 마음의 활동으로부터 솟아나는 기쁨과 욕망의 정서들은 "차례로 등장 인물의 힘, 우리의 존재를 보호하려는 '이성의 명령으로부터만' 얻으려 노력하는 욕망인 끈기, 그리고 타자를 돕고 우정을 함께 하는 기쁨을 얻고자 노력하는 욕망인 고결함을 발생시킨다.[30] 더욱이

몸은 인간 사회를 한데 구성하는 몸들과 맺는 외연적이고 내포적인 상호 관계 속에 존재할 동안에만 유지될 수 있다"(p.172).

29) 모이라 게이튼스는 샤론 마커스의 용어인 강간 시나리오("우리가 사건과 행동을 조직화하고 해석하는 방식으로 사용토록 촉구함을 느낄 수도 있는 이해 가능성의 격자이자 뼈대")를 사용한다. 강간이 남성-여성(능동-수동) 관계의 본질적 특징이 아님을 설명하기 위해서다. 스피노자적 / 들뢰즈적 방식으로 그녀는 강간 시나리오를 오히려 성차가 만들어지고 유지되는 것을 통해 이루어지는 '특수한 기술'로 정의한다. 여성은 "아마도 강간 시나리오가 우리에게 채택하도록 지시하는 육체적 수동성에 저항함으로써" 이 시나리오를 "다시 쓰려고" 할 수 있다("Through a Spinozist Lens", pp.181-181). 캐롤 클로버가 저항의 가능성에 대해 말하지 않더라도, "낚아채는 성"에 대한 그녀의 반본질적 생각은 몸에 대한 스피노자 식 독해와도 가깝다.

30) *Spinoza and the Ethics*, p.78.

스피노자는 기쁨으로 사랑의 정서를 이해한다. 이는 사랑받는 대상과의 일체가 아닌, 외재적 원인의 이념에 수반되는 기쁨이다. 스피노자는 이러한 기본적 사고를 따라가는, 가능한 변용의 전체 목록을 작성한다. 하지만 결국 주체의 욕망이란 존재(코나투스[conatus][31])에서 지속하려 하는 노력이다. 이러한 노력은 들뢰즈의 몸 정치학의 이념과 매우 관계가 깊다. 들뢰즈의 몸 정치학에 대해서는 바로 다음 부분에서 상세히 설명할 것이다. 스피노자의 몸 철학은 또한 고전적 도덕성과는 다른 윤리학을 내포한다. 이런 점에서 스피노자는 니체에 가깝다. 이러한 내용은 제3장에서 좀더 자세히 다루겠다.

□몸의 지속 노력

스피노자에게 이성의 힘은 인간의 욕망과 인간의 기쁨의 힘이다. 스피노자에 의하면, 욕망은 존재 안에서 지속하려는 노력이다. 이것은 우리의 유일한 본질이다. 즈느비에브 로이드가 설명하듯이, 미덕과 행복이 거주하는 곳에서 생겨나는 이러한 지속 노력은 필연적으로 "우리 외부의 사물들"을 다루는 것과 관련이 있다. 이러한 덕스러운 삶은 소외를 요구하지 않는다. 오히려 덕스러운 삶은 나머지 세계, 특히 존속하기 위한 덕스러운 노력에 전념하는 타자의 마음들과 관계를 맺는다.[32] 접속은 기쁨(감정의 결속)과 마음의 활동(이성의 자유)을 증대시킬 수 있다. 이러한

---

31) [옮긴이] 코나투스는 자기 보존의 힘, 자기를 보존하려는 노력이라는 의미로, 외부와 단절된 주체적 자아로부터의 의지적 행위다. 스피노자는 존재하는 모든 것은 결과를 낳을 수 있는 인과력을 갖고 있어야 한다고 보기 때문에 자기 보존의 힘을 각 사물의 본질로 설정하고 있다고 할 수 있다.

32) *Spinoza and the Ethics*를 보라. 특히 pp.83~96은 이 부분에서 나의 성찰의 기초가 되었다.

점에서 기뻐하는 삶으로서의 현명한 삶이라는 스피노자의 유명한 환기를 기억하는 것 역시 유용하다. "현인의 삶의 일부는 맛있는 음식과 음료로, 향기로, 초록 식물의 아름다움으로, 장식, 음악, 운동, 극장으로 자신을 새롭게 하고 휴식하게 하는 것이다."[33] 이것은 스피노자가 단지 순간적인 쾌락을 구하고자 하는 에피쿠로스주의자임을 말해주는 것이 아니다. 다시 말해 중요한 것은 몸과 마음 간의 상호 연결이라는 것이다. "사실 인간의 몸은 매우 많은 다양한 특성들로 이루어져 있으며, 이러한 다양한 특성들은 끊임없이 다양한 음식을 필요로 한다. 그리하여 완전한 몸은 몸의 특성에서 나올 수 있는 모든 것을 똑같이 행할 수 있게 될 것이며, 결과적으로 마음 역시 많은 것들을 이해할 수 있는 능력을 똑같이 가지게 될 것이다."[34]

이제 스피노자는 비탄이나 슬픔을 인식하지 않은 것으로 보인다. 하지만 그가 자살에 대해 성찰했기 때문에 이러한 가정은 사실이 아니다. 그의 관점에서 자살이란 이성적인 것도 자유로운 것도 아니다. 모든 유한한 것들에 대해, 인간의 마음을 포함하여 각 유한자에게 그것을 파괴할 수 있는 좀더 강력한 어떤 것이 존재하지만, 그 힘은 우리의 외부에 놓여 있다. 스피노자에 의하면, 자살하는 사람들은 외부의 원인에 압도당하는 자다. 로이드가 설명하듯이, 이제 요점은 자아 바깥에 있는 것을 파괴할 수 있는 그 모든 힘들을 자아가 지속적으로 다룰 수 있는 한 자아는 존재 속에 남을 것이라는 게 아니다. 반대로 요점은 자아의 코나투스를 강화할 수 있는 여러 사물들과 함께 힘을 합칠 필요가 있다는 것이다. 다시 한 번 말해서, 스피노자에게 스스로를 보호한다는 것은 안정적인 정체성의 안전한 경계 뒤로 물러나는 것을 의미하는 게 아니다. 나머지 자연을 향해 활짝 개방함으로써

---

33) *Spinoza and the Ethics*, p.90.
34) *Spinoza and the Ethics*, p.91.

우리는 우리 자신이 된다. 제1장에서 살펴보았듯이, 스피노자의 자아의 경계들은 오히려 유동적이다(시간에 영향을 받는다). 하지만 중요한 것은 각각의 몸과 마음이 힘과 영향의 네트워크에서 어떻게 자리하고 있는지 살펴보는 것이다.

□몸 정치학: 영토화와 탈영토화

정치학에 대한 들뢰즈·구아타리의 이념을 간단히 정리해볼 필요가 있다. 다음 부분에서, 주인공이 "지속하려고 노력하는" 몸(그리고 이어서 마음)을 파괴하는 위험에 직면한 네 편의 영화를 들뢰즈·구아타리의 정치학과 관련해서 논의할 것이다. 이 영화들에서 직면하는 것은 항상 고깃덩어리가 될 살의 이미지와 관련이 있다. 이 영화들은 우리에게 "도살장의 몸"을 표현하지만, 이러한 유사한 이미지가 창출하는 "주체성"의 종류는 전적으로 정치선들(political lines)의 네트워크 및 다양한 이미지-유형에서 표현되는 상이한 내재적 작용-반작용에 전적으로 의존한다. 어떠한 힘이 외재적이며, 각각의 등장인물이 다른 힘들과 결합하려고 어떻게 노력하는가를 살펴보기 위해 배치의 수직 축을 구성하는 영토적, 탈영토적 힘의 리좀적 지도를 그리는 것이 유용하다. 이미지 유형의 형식과 내용의 수평축은 다음에 논의할 수평축을 구성한다.

들뢰즈·구아타리는『천 개의 고원』에서 리좀 정치학에 대한 자신들의 이념을 설명한다.[35] 각 집단이나 개인은 몇 가지 정치선들로 구성된다. 첫째로는 견고한 선(hard line) 혹은 절편선(segmental line)으로, 이는 개인을 사회 집단, 가족 구조, 계급, 성과 젠더, 전문가 구조로 틀 지운다. 모든 사람은 이러한 그램분

---

35) *Thousand Plateaus*, pp.505-506.

자선(molar line)을 다루어야 한다. 논의할 영화와 관련하여, 나는 절편선을 대개 영화외적인 것으로 다룬다. 절편선은 각기 다른 영화 세계에서 잠재적으로 현시하는 정치적, 역사적, 사회학적, 경제학적 절편들이다. 절편선은 때때로 영화에 적용되지만, 대개는 단지 암시적 사실로만 남아 있다(열린 전체로서의 영화). 절편선은 배치의 수직선에서 영토화하는 선이다.

들뢰즈·구아타리가 구분한 두 번째 선은 **분자선**(molecular line)이다. 분자선은 작은 변화들(개인 안에서나 집단 안에서)이 생겨나는 곳의 선이며, 저항이나 연기(deferral)가 생겨나지만 여전히 절편적인 법과 질서 안에 남아 있는 곳의 선이다. 분자선은 각 영화의 주인공과 관련하여 논의될 것이다. 등장인물들의 다양한 반작용("정신분열증이나 차단류")을 명확히 하고, 이러한 분자선에 형식을 부여하는 다양한 방식을 설명하기 위해, 영화 전체와 각 영화가 표현하는 이미지 유형을 살펴보는 것이 필요하다. 분자선은 행동-이미지, 관계-이미지, 감정-이미지, 시간-이미지의 범주들 역시 나타나는 곳에 존재한다. 여기에서 내용의 형식(신체적 수정)과 표현의 형식(비신체적 변형, 몸으로 귀착되는 표현)은 배치의 수평축을 구성한다.

세 번째 선과 배치의 관계를 논의하기 전에, 베르그손적 이미지 이론에서 주체성은 구성된 것이라는 특수한 방식에 대해 몇 가지 언급하고자 한다. 들뢰즈는 『운동-이미지』에서 주체성에 대해 세 가지 기본 형식 혹은 질료적 측면들이 있다고 설명한다. 주체성의 질료적 순간을 정의하는 첫 번째 방법은 감산적(substractive)이다. 이 방법은 사물에서 이해 관계가 없는 것은 무엇이든 뺀다. 들뢰즈는 다음과 같이 주장한다.

요컨대 사물들과 사물들의 지각은 **포착들**(prehensions)이다. 하지만 사물들은 객관적이고 총체적인 포착들이며 사물들의 지각은 부분적이고 편파적이며 주관적인 포착들이다. 따라서 객관적 포착과 주관적 포착을 오가는 이미지는 운동-이미지의 첫 번째 체계인 보편적 변주로, 그것은 지각-이미지가 된다. 하지만 운동-이미지들의 우주가 자기 안(몸)에 중심을 형성하는 특별한 이미지들 중 하나와 결부될 때, 우리는 "지각이 공간을 마련하는 것과 행동이 시간을 마련하는 것이 정확히 같은 비율로 이루어지는" 곳에서 생겨나는 **행동-이미지**를 향해 움직인다. 그리고 여기서 생각할 수 있는 과정은 더 이상 선별 또는 틀 잡기가 아니라 "우리에 대한 사물들의 잠재적 작용과 사물들에 대한 우리의 가능한 행동이 비롯되는 우주의 휘어짐이다." 이것이 주체성의 두 번째 질료적 측면이다. 세 번째 측면은 운동-이미지의 마지막 전신인 감정-이미지다. 여기에서 주체는 "어떤 점에서 혼란스런 지각과 주저하는 행동" 사이에 있으며 "안으로부터" 스스로를 느낀다.36)

들뢰즈는 우리들 각자는 지각-이미지, 행동-이미지, 감정-이미지 등 세 가지 종류의 이미지의 배치일 뿐이라고 말하며 결론을 맺는다. 하지만 몇몇 순간, 운동-이미지는 작용하기를 멈추고, 다른 주체성의 측면과 함께 상이한 이미지 유형이 존재하게 된다. 이것은 **관계-이미지**(relation-image)와 함께 발생하는 것으로, 관계-이미지는 운동-이미지를 고갈시켜버리고 **시간-이미**

---

36) *Movement-Image*, pp.64-65 / 124-127. 들뢰즈는 이 부분에서 베르그손을 인용한다. 들뢰즈가 설명하듯이, 내재성의 평면 위에는 이중의 이미지 지시 관계 체계가 있다. "사물과 사물에 대한 지각은 동일한 사물, 동일한 이미지이지만 지시 관계의 두 가지 체계 중 어느 한 편과 관계를 맺고 있다. 사물은 즉자적인 상태의 이미지며, 이 이미지에 전적으로 작용을 가하는, 그리고 그 이미지가 즉각적으로 반응하는 다른 모든 이미지들과 결부되어 있다. 그러나 사물의 지각은 동일한 이미지의 틀을 짓고 그것의 부분적 작용만을 포착하며 간접적으로만 그것에 반응하는 또 하나의 특별한 이미지와 결부되어 있는 동일한 이미지다. 이렇게 정의된 지각 속에는 사물의 내부 이상의 것은 아무것도 없다. 반대로 그보다 '이하의(less)' 장소는 있다. 우리는 사물을 지각하면서 우리의 필요에 따라 관심을 적게 끄는 사물은 적게 지각한다(p.63 / 124).

지에 길을 터준다. 이러한 범주들과 측면들에 대해서는 영화가 논의되는 다른 부분에서 설명할 것이다.

배치로 돌아가 보자. 들뢰즈는 최종적으로 세 번째 선을 구별한다. 세 번째 선은 유목선(nomad line) 혹은 도주선(line of flight)이며, 알려지지 않은 새로운 영역을 그리며 절편선으로 실재적인 파열을 구성하는 선이다. 이 선은 살에 대한 가장 직접적 결과며, 또한 가장 위험한 선이다(모든 영화에서 도주선이 지속 노력에 의해 고무될지라도, 등장인물은 도주선을 따라가면서 엄청난 위험을 무릅쓴다). 도주선은 배치의 수직 축에서 탈영토화하는 선이다. 배치의 수직 축에서 우리는 발생적 탈영토화와 하나의 이미지 유형이 다른 이미지 유형과 섞이기 시작하는 방식 역시 살펴볼 수 있다. 배치들은 이안 뷰캐넌이 「블레이드 러너」를 분석하면서 제안한 것과 같은 다양한 방식으로 구성될 수 있다.37) 이제부터 특정 이미지 위에서 작용, 반작용하는 (살의) 특정 이미지와 특정 주체성을 둘러싼 리좀적 배치에 대한 나의 독해를 설명하고자 한다. 나는 리좀적 선들을 둘러싸고 구성되는 배치를 살펴보는 것으로 시작하려 한다.

배치에 대한 독해에서 각 단계들을 요약하여 설명해보자. 배치의 수직 축은 영토화, 탈영토화의 면을 가지며, 그램분자선(세계의 구조와 제도에 대해 열린 전체로서의 영화)과 도주선(등장인물이 구조에 파열을 일으키는 순간 혹은 발생적 탈영토화)으로 이루어져 있다. 수평축은 내용의 형식과 표현의 형식을 포함한다. 여기에서 우리는 영화의 조성의 평면에 자리잡는

---

37) 뷰캐넌도 4단계 분석을 제안한다(다소 비슷하지만 내가 제안한 조합과는 순서의 차이가 있다). 그러나 그는 첫 장면이나 특수한 몇몇 장면이 아니라 영화 한 편 전체에 집중한다. 첫째, 그는 열린 완전체로서 영화의 한계를 설정한다. 둘째, 그는 정신분열증이나 파열을 탐구한다. 셋째, 이러한 관점은 상호 텍스트적 약호와 포괄적 불연속성을 포함한다. 넷째, 이러한 단계는 영화의 조성의 평면에 대한 독해와 밀접하다(*Deleuzism: A Metacommentary*, pp.129-130).

데, 이곳에서 주체적인 "정신분열증"(그램분자선)은 다양한 이
미지 범주들로 구성된다. 아래 도표는 다음 부분에서 상세히
설명할 것이다.

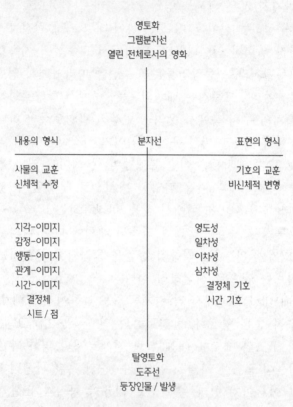

[표-1 : 4가 배치]

내재성의 평면 : 주체성과 살의 이미지

□행동-이미지에서 주체성의 질료적 측면들

들뢰즈 이론으로 독해하고 싶은 첫 번째 영화는 할리우드 행동-이미지로 분류가 가능하다. 중점적으로 분석하려는 장면은 혼수 상태에 빠진 몸이 이후의 처리를 위해 저장되는 일종의 "인간 도살장" 장면이다. 「죽음의 가스」는 1978년, 마이클 크라이튼이 연출한 작품이다. 크라이튼의 작품(「안드로메다 스트레인(The Andromeda Strain)」, 「율 브리너의 이색 지대(Westworld)」, 「쥐라기 공원(Jurassic Park)」, 「폭로(Disclosure)」 등)은 항상 테크놀로지 및 테크놀로지가 초래하는 위험에 초점을 맞춘다. 영화는 대개 분자생물학, 로봇, 정보 기술, 핵물리학 혹은 「죽음의 가스」에서 다루어진 것처럼 조직 이식과 현대 외과 수술 기술에 대한 것이다. 「죽음의 가스」의 이야기는 보스턴 메모리얼병원에서 근무하는 의사인 수전 윌러를 중심으로 전개된다. 그녀는 같은 병원 의사인 마크와 연인 관계다. 하루는 수전의 친구인 낸시가 간단한 수술을 받게 되지만 영원히 깨어나지 못한다. 무슨 일이 생기고 있는지 도무지 알 수 없던 수전은 잘못된 게 뭔지 조사하기 시작한다. 그리고 또 다른 젊고 건강한 사람들이 코마 상태에 빠지게 된 것을 알게 된다. 여기서 그녀는 의혹을 품는다. 물론 아무도 그녀가 조사하기를 원치 않지만, 그녀는 서스펜스 넘치는 순간을 이끈다. 마지막에 그녀의 의혹이 정확했음이 입증되고 악당(병원장)은 체포된다.

영화가 구성하는 배치와 다양한 선들은 무엇인가? 첫 번째는 영화에 내포된 절편선 혹은 견고한 선들이다. 가장 기본적이고 가장 견고한 선은 자본주의 돈벌이, 즉 순수 노동 역량으로서의 몸의 사용 혹은 단순한 상품이다. 인간의 신체 기관은 큰 돈을 위해 팔리고 환자들은 이와 같은 목적 때문에 죽어나간다. 이것은 영화가 구성되고 마지막에 가서야 명확해지는 가장 견고한 근원적인 절편이다. 하지만 돈과 권력(살에 대한 권력이라고 지칭할 수 있듯이)에 대한 질문 또한 병원 정치학의 일부가 된다는 점은 도입부에서부터 명백하다. 위치는 사람에 따라, 그리고 권력이 어떻게 분배되는지에 따라 진행된다. 수전은 마크가 자신의 직업적 입장에만 시선을 맞추는 것을 비난하자, 둘은 병원이 자행하는 돈과 권력의 문제에 대해 말다툼을 벌인다.

따라서 영화의 또 다른 견고한 선은 영화에서 전시되는 젠더 구조다(수전은 "남성의 세계"의 여성이다). 엘리자베스 코위 (Elizabeth Cowie)는 수전이 어떻게 자신의 여성성에 의해 결정되는가를 설명하는 흥미로운 논문을 발표했다. 수전이 전형적인 할리우드 여성은 아닐지라도(그녀는 간호사도 환자도 아닌 의사다. 그녀는 멋지거나 화려하게 꾸미지도 않는다), 그녀의 여성성은 또 다른 절편으로 그녀에게 이름표를 붙인다.[38] 이러한 모든 그램분자적 절편들(돈/비영리, 의사/환자들, 권력/무능, 남성/여성)은 체계가 굴러가도록 유지해주는 영토적 힘들이다.

그러면 절편 체계가 특히 수전의 주체성을 둘러싸고 어떻게 깨지기 시작하는가? 이를 위해 우리는 우선 영화를 전체적으로 살펴보고, 이어서 들뢰즈가 구분한 몇 가지 이미지 범주로 살펴보아야 할 것이다. 들뢰즈는 베르그손적 행동-이미지로 (고전) 할리우드 영화를 특징짓는다. 이것은 이미지의 중심에 늘 누군가가 있다는 것을 의미하는데, 그는 특수한 상황에서 자신을 발견하고 감각-운동적 구조에 따라 몇 가지 종류의 행동을 해냄으로써 그 상황에 대응하는 인물이다. 세부적으로 들어가지 않은

---

38) Elisabeth Cowie, "The Popular Film as a Progressive Text : A Discussion of *Coma*", in Contance Penley, ed., *Feminism and Film Theory* (London : BFI and Routledge 1988).

채, 「죽음의 가스」에서 큰 형식(상황-행동-새로운 해결[SAS])의 행동-이미지를 인식하는 것은 쉬운 방식이다. 이와 같은 큰 형식에서 우리는 행동의 매개를 통해 하나의 상황에서 또 다른 최종 상황으로 진행한다. 주인공은 무언가 이상한 것을 발견하고 행동을 개시하며 상황을 변화시킨다.[39] 수전은 친구의 죽음 이후 처음으로 난처한 상황에 빠진다. 그녀 내부에서 무언가가 생겨나고 그녀의 직관은 무언가 잘못되어가고 있다고 말해주지만, 그녀는 그것이 뭔지 말할 수 없다.[40] 이것은 견고한 선 위에 첫 번째 균열을 남긴다. 그녀는 조사를 시작하고 너무나 많은 젊은 환자들이 코마 상태에 빠지고 있다는 사실을 알아낸다. 젊은 환자들은 모두 이식 조직 적합 검사 중이었고, 8호 수술실에서 수술이 이루어지는 동안 병리학 연구실의 그녀는 (산소 대신에) 이산화탄소가 환자에게 주입됨으로 인해 환자들이 코마에 빠지게 되었다는 것을 알게 된다.

하지만 그녀는 여전히 개방된 곳에서 자신의 행동을 수행하며 자신을 도울 수 있는 힘과 연합하려고 한다. 그녀는 마크와 상사인 해리스 박사에게 자신의 직관과 이제까지 알아낸 사실을 이야기한다. 해리스 박사는 우선 수전에게 주말 동안 휴가를 주고(직장에는 근무-휴일 절편성이 있다), 친구의 죽음에 대한 수전의 반응에 신경 과민적인 여성적 반응이라는 이름표를 붙임으로

---

39) *The Movement-Image*, p.142. SAS(상황-행동-새로운 상황)는 들뢰즈가 행동-이미지의 큰 형식을 지칭하는 데 사용하는 약호다. 들뢰즈는 또한 행동-이미지의 작은 형식을 구별한다(ASA, 행동-상황-새로운 행동). 여기에서 "행동에서 또는 두 가지 행동 사이에서 매우 미세한 차이는 두 가지 상황 사이의 매우 큰 거리로 이끈다"(p.162). 예를 들어, 결백한 사람이 죄를 지었을 거라고 가정한다면, 그가 시체 가까이에서 발견되었기 때문일 것이다.
40) 엘리자베스 코위는 수전 윌러가 처음부터 범죄가 자행되어온 것을 알고 조사를 시작하는 고전적인 탐정은 아니라고 설명한다. 반대로 그녀는 무언가 잘못됐다는 직관적인(전통적으로 여성의 것이라고 여겨지는) 느낌만 있다.

써 수전을 그램분자 체계로 밀어넣으려고 한다. 해리스 박사는 수전에게 "감정은 우리를 인간으로 만들지"라고 말함으로써 처음에는 그녀의 "여성성"을 가볍게 놀리지만, 그녀가 자리를 뜨자 "여자, 제기랄!"이라고 한숨짓는다(남성-여성 절편성이 명확한 경우). 해리스 박사는 자신의 계획이 진행되지 않자 살인 청부업자를 고용하여 수전의 뒤를 밟게 하고, 수전은 매우 스펙터클한 방식으로 탈출을 감행한다. 따라서 우리는 여기에서 즉각 행동으로 변형되는 분자선을 보게 된다. 행동-이미지로 나타나는 이러한 모든 행동들은 내용의 형식, 즉 "사물의 교훈"이며, 우리는 사물의 교훈에서 행동과 몸의 열정을 보게 된다.

상호 관련된 표현의 형식을 위해 우리는 "기호의 교훈"으로 이동해야 한다. 들뢰즈는 영화 책에서 베르그손의 이미지 범주를 퍼스(Peirce)의 기호학과 관련시킨다.『운동-이미지』에서 정의된 다양한 범주들은 퍼스의 리얼리티를 묘사하기 위해 사용한 기호의 양식들인 일차성, 이차성, 삼차성과 관련이 있다. 일차성은 이미지 자체의 가능성과 잠재성을 지적하는 것으로 이미지는 사유보다 오히려 더 많은 것을 느끼게 해줄 수 있다. 이차성은 실제 사실, 행동, 사건의 상태를 지시한다. 삼차성은 관습 및 상징과 언어의 법칙을 지시한다. 행동-이미지는 이차성에 의해 좌우된다. 우리가 보고 있는 행동과 몸의 열정은 비신체적 변형을 겪는다. 이렇게 「죽음의 가스」는 수전에게 집중하기 — 그녀는 충성스러운 의사에서 의혹에 가득한 조사자로 변모하며, "실제 환경", 즉 "주체와 관련된 상황"에 자리를 잡는다 — 라는 이차성의 기호와 연관될 수 있다.41) 여기에서 우리는 들뢰즈가 "주체성

---

41) *The Movement-Image*, p.218. 들뢰즈는 더 설명한다. "여기서 모든 것은 그 자체로 둘이다. 환경 속에서 이미 우리는 역능-질들과 그것들을 현실화하는 사물들의 상태를 구별한다. 상황, 그리고 인물 또는 행동은 상관적인 동시에 적대적인 두 항들과 같다. 행동 그 자체는 힘들의 결투, 결투들의 한 계열이다.

의 두 번째 질료적 측면들"이라고 지칭한 것을 보게 된다. 이는 "우리에 대한 사물의 잠재적 작용과 사물들에 대한 우리의 가능한 행동이 동시에 비롯되는 우주의 휘어짐이다."[42]

배치의 마지막 측면, 즉 탈영토화의 힘들은 늘 분자선에서 시작된다. 그러나 수전의 실제 차단류, 즉 그녀의 도주선은 그녀가 모든 사람들에게 의혹을 가지게 될 때 시작한다. 그리고 그녀는 휴식을 취하고 있던 마크의 장소에서 탈출하며, 코마 상태에 빠진 모든 환자들에게 실제로 발생한 것이 무엇인지 알아내게 되는 제퍼슨 병원으로 간다. 거대한 보라색 조명으로 이루어진 공간에서 환자들의 몸은 거대한 고리에 매달려 있고, 요구가 가장 급박하고 가격이 가장 비싸게 매겨지는 시기에 가장 효과적으로 신체 기관 절제(切除)를 위해 따뜻하게 보존된다. 수전의 존재가 발각되고, 그녀는 영리하게 인간 도살장에서 도망친다. 우리는 여기서 얼마나 많은 이미지들이 행동-이미지인지를 보게 된다. 행동의 중심은 수전 주위에 형성되고 있으며, 인간의 "도살을 위한 살"은 환경에 속한다. 여전히 자신의 상사가 믿을 만하지 못하다는 것을 알아채지 못한 채 수전은 해리스 박사에게로 달려가고, 이는 물론 그녀가 행할 수 있는 최고로 나쁜 선택이다. 이는 도주선이 실제 파열로서 자신을 명시할 때다. 수전은 너무 많이 알고 있고 해리스 박사의 편에 서지 않기 때문에, 해리스 박사는 더 이상 수전을 통제할 수 없음을 직시하게 된다. 수전은 자신이 사자 우리로 뛰어들었음을 깨닫는다. 해리스 박사는 그녀에게 맹장염의 징후를 일으키는 독약을 먹이고, 그녀가 깨어나기 전에 수술해버리고자 8호 수술실로 그녀를 옮긴다. 따라서 여기에서 우리는 이어지는 도주선에 수반되는 위험(들뢰즈·구아타

환경과의 결투, 타자들과의 결투, 자신과의 결투. 마지막으로 행동으로부터 생겨나는 새로운 상황은 처음의 상황과 한 쌍을 이룬다"(p.142).
42) *The Movement-Image*, p.65 / 126.

리는 신중하게 우리에게 경고한다)을 알게 된다. 직관과 행동의 역량을 가진 살아 있는 몸을 가지고 있는 것의 위험성은 죽은 살로 바뀌었다. 계속되는 "도살"을 막으려 하던 수전은 제퍼슨 병원에 매달린, 유용하고 비싼 기관인 고깃덩어리가 거의 되어 간다. ─ "거의"란 그녀가 마지막에 구출되기 때문이며, 마크는 그녀가 전혀 편집증적이지 않았으며, 그녀의 목숨이 현재 위험에 처하였음을 알아차린다. 마크는 행동을 취하고 결국 살은 구해진다. 박사는 체포되고 환자들이 더 이상 목숨의 위험을 겪지 않는 새로운 상황이 자리를 잡는다.

□관계-이미지에서 주체성의 질료적 측면들

다음 영화에서 살의 이미지 역시 꽤나 두드러지지만, 여기에서 그 이미지들은 다양한 이미지의 유형과 관련이 있고, 결국에는 다양한 주체성의 측면과 관련을 맺는다. 「포스 맨」은 폴 버호벤이 할리우드로 가기 전 네덜란드에서 만든 영화다. 「포스 맨」의 주인공은 소설가인 제랄드 리브(Gerard Reve. 실제 네덜란드 소설가의 이름)로 그는 강연을 위해 네덜란드 해변가 마을로 간다. 그는 기차역에서 한 남자를 만나 바로 사랑의 감정을 느끼지만 그 남자는 홀연히 사라진다. 강연회에서 제랄드는 한 여성을 만나고 그 여성은 자신과 함께 머물러주길 원하는지 그에게 물어본다. 제랄드는 그녀가 역에서 보았던 남자의 정부며, 그 남자의 이름은 헤르만임을 알게 된다. 제랄드는 그녀와 함께 하기로 마음먹지만, 그는 계속해서 자신을 위협하는 꿈과 환영에 사로잡히며 이는 위험에 대한 경고로 여겨진다.

우선 선들을 보자. 모든 등장인물들이 자신들의 직업에 의해 눈에 띄게 정의되기 때문에 영화의 주요 영토적 절편은 직업적인 세계다. 제랄드는 소설가이고 그의 "직업성"은 다른 인물들,

즉 좀더 땅에 발을 딛고 있는 인물들과는 다른 입지로 그를 올려놓는다. 그가 사랑에 빠지는 남자인 헤르만은 시기적절하게 나타나는 배관공이고, 팜므 파탈인 크리스틴은 아름다운 저택을 가지고 있다. 그녀는 이 저택을 남편들 중 하나로부터 물려받았다. 크리스틴의 전 남편들은 또한 그들의 직업(애완동물 주인과 군인)과 연관된다(홈 무비를 통해). 모든 사람들은 그/그녀의 장소를 가지며, 이러한 그들의 세계 사이에서 이동하는 특권적 지위를 가진 자는 바로 소설가 제랄드다. 또 다른 견고한 절편은 남성-여성의 대립이다. 영화는 여성의 성적 매력을 중심으로 이야기를 펼치며, 소설가는 사실 남자들에게 더 끌리기 때문에 그녀의 매력을 가지고 놀 수 있다. 마지막 견고한 절편은 종교의 절편이다. 소설가는 가톨릭 신자이고 신앙심이 깊다(무정부주의적 방식에도 불구하고, 어떤 경우 그는 헤르만이 십자가에 매달리는 것과 자신이 헤르만과 사랑을 나누는 것을 상상한다). 따라서 직업, 성, 종교는 이 영화의 등장인물들을 가르는 영토적 표식이 된다.

도입부에서부터 시작하여 모든 점에서 소설가는 파열을 절편 체계로 번역한다. 소설가로서의 상상력, 동성애자로서의 욕망, 가톨릭 신자로서의 무정부주의적 신념은 제랄드를 모든 견고한 절편들에 대해 의혹을 가지게 만든다. 특히 그가 만나게 되는 호기심을 자아내는 부유한 여성에 대해 의혹이 짙어진다. 처음에 이 여성은 거미, (말 그대로) 흑거미(black widow)와 관련되어 위험한 것으로 낙인찍힌다. 남근적 힘을 가진 실제 팜므 파탈로서 그녀는 대개 남성이 가지고 있는 힘의 도구인(그녀는 남편들을 비디오에 담고 그들은 모두 죽게 된다) 치명적인 무기로서 카메라의 영화적 관습을 즐긴다. 그녀는 여성 버전 엿보는 톰(piping Tom)이다. 물론 그녀는 바바라 크리드가 묘사한 거세하는 여성(femme castratrice)도 표상한다. 따라서 주인공의 비범

한 위치 때문에 이 영화의 절편은 분자선과 섞인다.

몇 가지 점에서 이 영화는 여전히 주인공의 행동에 중심을 두는 행동-이미지다. 좀더 정학하게 보자면, 이 영화는 그의 행동에 중심을 두는 것이 아니라 그의 사고와 환영에 중심에 둔다. 소설가는 시종일관 환영과 꿈에 시달리며 상상력, 남성들에 대한 욕망, 가톨릭 정신에 대한 감수성 때문에 그가 얻는 기호를 진지하게 취한다. 영화의 도입부에서 그는 "가톨릭 신자가 된다는 것은 상상력과 공상을 받아들일 준비가 된 것"이라고 말하면서 소설가의 상상력, 욕망, 가톨릭 정신은 사실 하나라고 설명한다. 환영은 해석되어야 하며, 그 환영을 이해하기 위해 다른 여타의 사물들과 관련을 맺어야 한다. 이러한 의미에서 영화는 들뢰즈적 용법에서 행동-이미지가 아니라 관계-이미지다.[43] 은유적 이미지가 주는 단서와 추리는 전체의 조직화와 이미지의 내용을 구성한다. 모든 상징이나 관습은 영화적 맥락 안에서 명백히 설명된다. 예를 들어 영화에는 꿈 장면이 있다. 제랄드는 크리스틴과 침대로 가서 잠에 빠져든다. 꿈속에서 그는 한 다발의 장미와 커다란 열쇠를 가지고 있는 푸른 망토를 두른 여자를 본다(성모 마리아를 재현한다). 이 열쇠로 그녀는 도살된 소 세 마리가 피로 뒤범벅되어 있는 장소로 다가가서 문을 연다. 네 번째 걸쇠가 대기하고 있다. "성모 마리아"는 걸쇠 아래에 붉은 장미 다발을 놓고 제랄드를 바라본다. 그때 제랄드는 자신을 애무하는 크리스틴의 손을 느낀다. 그녀는 문자 그대로 그를 거세하고, 그는 미리 알아채지 못한다. 그는 비명을 지르며 깨어난다. 명백하게 프로이트적이며 기독교적인 상징주의는 스스로 분명해지고, 이후 영화는 꿈에 대해 다시 한 번 설명한다. 이때 제랄드와 헤르만은 차를 타고 달리고 있다. 갑자기 제랄드는 꿈속의 여인을 본다.

---

43) *The Movement-Image*, pp.197-205.

그는 그녀를 따라 묘지로 가고, 그때 천둥과 비가 내리기 시작하며, 제랄드와 헤르만은 피할 곳을 찾아 지하 무덤으로 들어간다. 그곳은 제랄드의 꿈의 장소다. 이때 세 마리의 소는 없어지고, 대신 크리스틴의 죽은 남편들의 재가 들어 있는 세 개의 단지가 그곳에 있다. 꿈속에서 도살된 세 마리 소는 크리스틴의 세 명의 죽은 남편들이며, 네 번째 희생자는 제랄드 아니면 헤르만일 것이다.

위와 같은 유형의 정신적 관계는 들뢰즈가 관계-이미지의 창시자라고 설명한 영화감독인 히치콕의 작품처럼 그렇게 세련되지는 않다. 히치콕은 관객을 좀더 능동적으로 참여시키는 기호와 표식을 가지고 훨씬 더 정제된 게임을 즐긴다. 그럼에도 불구하고 「포스 맨」은 삼차성, 즉 법칙, 습관, 관습에 의해 통제되는 기호의 차원에 의해 지배된다. 이 영화는 운동-이미지의 가능성을 완전히 소진시키는 지점까지 전적으로 상징적이며 영화적인 관습에 기초를 둔다. 따라서 우리가 이 영화에서 보게 되는 고깃덩어리는 상징적이거나 은유적인 살이다(고깃덩어리가 또한 몸의 실제적 죽음을 수반하고, 삼차성 역시 이차성을 내포할지라도). 우리는 도살장에서의 행동을 보지 못하지만, 상징성은 보게된다. 영화에서 표현된 주체성의 질료적 측면은 주요 인물들의 정신적 상태와 관련이 있다.

소설가로서 제랄드의 위치는 영화 처음부터 절편적 조직화를 경계하게끔 했다. 그러나 그가 도살된 소들과 연결되는 세 개의 재 항아리를 보는 순간 그의 탈영토적 휴지점이 생겨난다. 그는 자신의 목숨이 위험에 처해 있으며 이 여성으로부터 달아나야 한다는 것을 알게 된다. 영화의 메시지는 우리가 받은 기호에 귀를 기울여야 한다는 것이다. 헤르만은 제랄드를 믿지 않고, 기호에 귀를 기울이지 않고, 따라서 네 번째 남자가 된다. 그는 끔찍한 차 사고로 죽는다(설명한 장면 다음에 바로 나온다). 제랄드는 헤르만 옆에 앉아 있었다. 제랄드는 살아나고 그의 도주선에 감사한다. 하지만 누군가는 그가 정말로 구해지는지 의문을 갖는데, 이는 영화 종결부에서 그가 편집증자이고 미친 것으로 표현되며, 그가 또 다른 견고한 절편("제정신"과 대립되는 "미친")으로 진입하기 때문이다. 항상 직관이나 특정한 감정적 자극으로 시작하는 도주선을 따르는 것은 위험한 일이다. 수전이 마지막에 구출됨에 반해 제랄드는 구해지지만 영원히 미치게 된다.

□감정-이미지에서 주체성의 질료적 측면들

또 다른 주체성의 질료적 측면은 감정-이미지와 관련이 있다. 라이너 베르너 파스빈더가 연출한 「13월인 어느 해에」를 살펴봄으로써 주체성의 질료적 측면을 고찰해보자. 「13월인 어느 해에」는 1978년에 만들어졌고, 그 해는 파스빈더의 애인인 아르민 마이어(Armin Meir)가 자살한 직후다. 영화는 확실히 자서전적이다. 이 점에 대해 상세히 설명하지는 않겠지만, 이는 영화가 너무도(거의 참을 수 없이) 강렬한 이유가 된다. 주인공은 엘비라로, 그녀는 성전환 수술을 받기 전에는 에르빈이었다. 영화는 그녀의 삶의 마지막 나날들을 보여준다. 그녀는 최근 애인인 크리스토프로부터 버림받고, 과거에 대한 몇 가지 정보를 찾아다니며 결국에는 카사블랑카로 가서 한 남자를 만나는데, 그는 전쟁 후 부유하고 힘 있는 자가 된, 유대인 강제수용소의 생존자 안톤 사이츠다. 하지만 안톤은 에르빈/엘비라를 완전히 잊었다. 엘비라는 모든 이들에게 거의 거절당한다. 아내와 딸은 그녀와 더 이상 함께 살 수 없고, 친구인 조라는 안톤을 사랑하며, 크리스토프는 그녀를 떠났다. 그리고 엘비라를 인터뷰하는 기자는 그녀의 이야기를 들어줄 시간이 없다. 결국 그녀는 자살하고 만다.

파스빈더의 영화가 열어보이는 첫 번째 절편선은 전쟁과 강제

수용소라는 과거로 엮인, 독일인과 유대인의 역사적으로 길고 고통스러운 관계다. 또 다른 견고한 절편은 가족 구조(부모-아이)의 절편이며, 마지막 견고한 절편은 고정된 성 정체성(남성-여성 혹은 둘 다 아닌)의 절편이다. 전쟁이라는 과거 및 독일인과 유대인의 불가능한 관계는 영화에서 명확해보이지는 않는다. 사실 위와 같은 영화의 측면에 대한 명확한 단서는 전혀 없다. 가장 강력한 직접 지시는 엘비라가 안톤 사이츠를 만나기를 포기해야 하는 코드명이다. 이 코드명은 베르겐벨젠(Bergen-Belsen)[44]이다(파스빈더의 다른 영화들에서도 베르겐벨젠은 강제수용소에 대한 환영이 된다. 예를 들어 「베로니카 포스의 갈망(Veronica Voss)」에서는 트레블링카에서 살아남는 유대인 부부가 나온다). 가족 구조는 엘비라와 이렌느가 결혼 상태에 있다는 사실로 표현되고, 그들에게는 딸 마리안느가 있다. 물론 주요 등장인물의 성 정체성이라는 형식에서 여성-남성의 대립의 견고한 절편이 여러 번에 걸쳐 존재한다.[45] 이러한 모든 논쟁거리들은 영화 너머에 도달하며 세계와 역사에서 더 광대한 영토적 절편이 된다.

모든 종류의 분자선 역시 표현되며 주인공에 의해 실행된다. 엘비라는 이러한 모든 범주들에서 탈출하려고 함으로써 분자선을 창조한다. 이러한 시도는 유대인인 안톤 사이츠에 대한 에르빈의 욕망으로 독일인과 유대인 사이의 곤란한 관계에 다리를 놓아주는 것이다(이것들을 의식적이고 계획적인 행동이라고 말

---

44) [옮긴이] 독일 첼레의 북서쪽 약 16km에 위치한 베르겐과 벨젠 마을 근처에 있는 나치의 유대인 강제 수용소. 수용인원 4만 1000명 규모의 수용소로서, 이곳에서 3만 7000명에 이르는 수용자들이 굶주림과 중노동, 질병 등으로 죽어갔다. 그 중에는 『안네의 일기』의 안네 프랑크도 있다.

45) 파스빈더 작품에 대한 역사적이고 비판적인 분석은 다음을 보라. Thomas Elsaesser, *New German Cinema — A History* (London : BFI, 1989), *Fassbinder's Germany : History, Identity, Subject* (Amsterdam : Amsterdam University Press, 1995).

하지는 않겠지만, 개인의 삶으로 미끄러져 들어가는 집단적 과거의 무의식의 효과라고 할 수도 있다). 한편, 가족 구조 역시 분열되고 엉망이 될지라도 유지된다. 엘비라는 여전히 마리안느의 아버지다(엘비라는 딸에 대한 책임감을 벗어던지고 안톤 사이츠를 만나러 간다. 그녀가 해야 할 인터뷰를 핑계 댄다). 반면, 그들은 가족을 형성하지는 않는다. 엘비라는 더 이상 그들과 함께 살지 않는다. 에르빈은 성전환 수술로 엘비라가 됨으로써 성의 경계를 극복하려고 한다. 어떤 점에서 보면, 에르빈은 성전환 수술을 하게 될 동기로써 작용하게 된 "여성의 영혼"을 항상 가지고 있지는 않았다. 남자였을 때 그녀는 동성애자도 아니었다. 그럼에도 불구하고 그녀가 남자를 사랑하게 되었으며, 필요하다면 이 남자를 위해서 성을 바꿀 수도 있다는 사실은 그녀의 성정체성이 그리 중요하지 않다는 것을 입증한다. 좀더 중요한 것은 그녀가 사랑하게 된 남성이 유대인이라는 점이다. 욕망은 섹슈얼리티 이상의 것에 의해 구성된다. 독일인인 엘비라가 보여주는 욕망은 안톤 사이츠의 유대인성과 연관되어 있다. 또한 체계 속의 균열인 엘비라의 분자선은 문자 그대로 밖으로 끌려나와 노출된다고 결론지을 수 있다. 감정-이미지, 감정-이미지의 표현의 형식, 감정-이미지가 창조하는 주체성의 측면을 살펴보기 전에 「13월인 어느 해에」에서 배치의 탈영토화하는 도주선을 바로 살펴보고자 한다.

이 영화에서 가장 탈영토화하는 힘은 엘비라의 마조히즘이다. 들뢰즈·구아타리는 마조히즘을 도주선으로 본다. 따라서 기관 없는 몸(Body without Organ : BwO)의 창조 및 동물-되기와 관련된다는 점에서 이는 프로이트의 섹슈얼리티(죽음의 충동과 고통 없는 쾌락 원칙에 기인하며, 부모 중 한쪽을 욕망하는 금지된 욕망에 대한 처벌이다)에는 덜 의존한다. 엘비라가 그녀의 성 기관을 제거함으로써 말 그대로 기관 없는 몸이 되었다고 할지라도, 기관 없는 몸은 우리가 더 이상은 어떠한 기관도 전혀 갖지 않는 몸을 창조해야 한다는 것을 필연적으로 의미하지는 않는다. 기관 없는 몸을 창조한다는 것은 내재적이며 미시 층위 (microlevel)의 강렬함으로 가득한 몸을 창조하는 것이다. "기관 들의 강렬한 근거들의 분배가 있는데, 이러한 분배는 긍정적인 부정관사들을 수반하여 어느 집단이나 다중성의 한가운데서, 또 어떤 배치 속에서, 또 기관 없는 몸 위에서 작용하는 기계적 연결 접속들에 따라 행해진다."[46]

기관 없는 몸은 동일자 유기체에 대해 한계가 없는 새로운 접 속을 만들어낸다. 기관 없는 몸은 "나는 느낀다"를 구성하는 것 이며 정서의 침입인 감각적인 것에서 순수하게 작동하는 강렬함 의 장이다. 마조히즘은 기관 없는 몸을 창조하는 방법이다(하지 만 위험한 방법이며, 마약에 중독되고, 식욕 부진이며, 알코올 중 독인 몸과 같이 쉽사리 사라질 수 있는 몸이다).

마조히스트는 바로 이러한 조건에서 하나의 기관 없는 몸을 만들 어냈기 때문에 이 기관 없는 몸은 고통의 강렬함들, 고통의 파동들에 의해서만 채워질 수 있다는 것은 분명하다. 하지만 마조히스트가 고 통을 추구한다는 주장은 거짓이며, 특히 유보적이거나 우회적인 방식 을 통해 쾌락을 추구한다는 주장도 거짓이다. 마조히스트는 하나의 기관 없는 몸을 추구하는 것이지만, 이 기관 없는 몸이 구성될 때의 조건 자체로 인해 오직 고통만이 충족시켜줄 수 있는, 오직 고통만이 가로지를 수 있는 유형의 기관 없는 몸을 추구하고 있는 것이다.[47]

기관 없는 몸은 마치 성 기관이 도처에 있는 것처럼 몸의 모든 곳에서 강렬함을 느낀다. 실제로 파스빈더의 영화가 기관 없는 몸을 창조하려고 하는 사람들, 새로운 접속에 자신의 모든 체계

---

46) *Thousand Plateaus*, p.165 / 315.
47) *Thousand Plateaus*, p.152 / 291-292.

를 열려고 하는 사람들로 가득하다고 말할 수 있다(마약에 중독된 베로니카 포스, 마조히즘에 빠진 엘비라, 마르타, 그 외 많은 인물들, 「사계절의 상인(Merchant of Four Seasons)」의 술에 전 알코올 중독자). 파스빈더 자신조차도 강렬한 생활 양식에 따라 이러한 상태에 도달하려고 했으며, 그에게 이것은 치명적이었다. 이러한 상태는 파스빈더의 영화와 인물에 대해 유혹과 매혹을 불러일으킨다. 파스빈더의 영화와 인물들은 모두 어렵고 위험한 동시에 열정적인 모험인 기관 없는 몸에 도달하려고 한다. 일반적으로 기관 없는 몸은 살과 대립되는 것이 아니다. 심지어 기관 없는 몸은 감각적인 살에서 생겨난다. 기관 없는 몸이 구성되는 곳은 감각과 정서의 층위에서다. 마조히즘과 기관 없는 몸이 동물-되기의 개념에 어떻게 연결되는가를 살펴본다면 이 모든 것이 명확해질 것이다.

사실 마조히즘과 기관 없는 몸은 동물-되기와 밀접하게 관련이 있다. 제5장에서 영화의 동물-되기에 대해 좀더 상세하게 설명하고자 한다. 동물-되기는 상이하고 / 새로운 요소를 또 다른 것, 즉 내적 에너지(움직임과 속도) 및 정서의 층위에서 생겨나는 것들과 연결하려고 하기 때문에 기관 없는 몸에서 발생한다고 이해하는 것이 중요하다. "되기"란 모방이 아니라 늘 근접성의 지대, 즉 미시 층위의 사이(in-between) 위치로 진입하고자 하는 것이다. 따라서 마조히스트의 고통과 굴욕은 동물-되기에 의해 유도된다. 그리고 마조히스트의 고통과 굴욕은 은유적으로 동물이 되는 것으로 이끌지는 않는다. 영화 도입부에서 엘비라는 친구인 조라에게 소를 도살하는 것은 삶에 대항하는 것이 아니라고 설명한다. 반대로 "소는 도살당하려고 울부짖는다"고 설명한다. 이러한 수동적 변용인 "소의 마조히즘"은 엘비라도 감지하는 어떤 것이다. 이것이 그녀의 동물-되기다. 변용은 수동적이거나 능동적일 수 있다. 제5장에서는 이 영화도 능동적 동물-되기로 가득하다는 점에 대해 논의할 것이다. 하지만 여기에서는 지극히 수동적인 변용을 다룬다.

배치의 내용의 형식과 표현의 형식으로 이동하면서 이제 「13월인 어느 해에」가 감정-이미지라는 것을 살펴보는 것이 필요해진다. 감정-이미지는 즉각적인 감각을 창조하면서 신경 체계에 직접적으로 작용한다. 화가 베이컨(Bacon)을 분석한 책에서 질 들뢰즈는 베이컨이 감각, 즉 동물-되기와 관련된 변용을 어떻게 그리는지에 대해 설명한다. 베이컨의 그림들 중 몇몇은 파스빈더의 영화에서 도살장 장면으로 환기되는 정서와 동일한 동물-되기의 관념을 표현한다. 「13월인 어느 해에」의 도입부에 나오는 이 장면에서 엘비라는 자신이 에르빈이었을 때 일하던 도살장으로 친구인 조라를 데리고 간다. 이미지들은 몹시도 느리고 투박한 방식으로 소들을 도살하는 전 과정을 표현하고, 엘비라의 보이스오버는 그녀의 삶에 대해 이야기한다. 이때 그녀의 목소리는 울부짖음처럼 들리고 이미지와의 접속에서 참을 수가 없게 된다. 파스빈더는 이미지와 소리의 특별한 결합을 통해서 정서를 창조한다. 여기에서 감정-이미지가 어떻게 작용하는지는 명확해진다. 감정-이미지는 행동으로 이끄는 감각-운동적 구조에는 작동하지 않으며, 인지나 정신적 능력에 우선적으로 작동하지도 않는다. 오히려 살의 어디에나 있는 감각을 지닌 감각적 신경 체계에 직접적으로 작동한다. 위와 같은 도살장 장면은 희생이나 마조히즘에 대한 은유일 뿐 아니라 엘비라의 동물-되기와 그녀의 마조히즘의 표현이기도 하다. 주체와 대상(엘비라와 소)이 동시에 차지하는 곳의 변용은 주체가 "내부로부터" 스스로 깨닫는 방식이며 세 번째 주체성의 질료적 측면이다.

영화를 통하여 다양한 감정의 순간들(영화의 수동적 변용)을 독해하는 것도 가능하다. 파스빈더는 이러한 정서들을 표현하기 위해 다양한 촬영 방법을 활용한다. 들뢰즈에 의하면, 감정-이미지는 종종 클로즈업과 색채의 표현적 사용을 통해 이루어진다. 「13월인 어느 해에」서 클로즈업은 주로 엘비라에게 한정되어 있으며, 색채와 조명은 베이컨의 회화에서처럼 주로 붉은색과 차가운 푸른색이다. 예를 들어, 비디오 아케이드 장면에서 파스빈더는 영화 촬영 도구를 통해 도살장 장면에서와 동일한 수동적이고 슬픈 변용을 창조해낸다. 이미지의 색채는 주로 붉고 푸르며, 클로즈업으로 보이는 엘비라의 울고 있는 얼굴을 보면 가슴이 찢어질 듯하다. 감각은 소리의 층위에 도달한다. 그것은 아케이드 기계의 소음과 슬픈 노래를 부르고 있는 브라이언 페리의 목소리로, 그의 노래는 한 남성이 엘비라에게 던지는 말을 되풀이한다. "당신이 더 이상 나를 바라보지 않는다면, 나는 당신을 죽여버릴 거야, 이 바보 같은 놈아." 색채와 이미지의 프레임 만들기가 접속되고 병치되면서 슬픈 정서의 세계가 생겨난다.

고다르와 들뢰즈를 함께 연구하는 논문에서 조셉 보글(Joseph Vogl)은 고다르의 영화 「사랑과 경멸(La Mépris)」에서 색채가 만들어내는 감각적이고 잠재적인 질감이, 등장인물이 긍정과 부정 사이, 슬픔과 기쁨 사이에서 만들어내야 하는 정신적 선택의 표현을 어떻게 보여주는지에 대해 설명한다.[48] 이와 똑같이, 엘비라는 비디오 아케이드 장면에서 붉은색과 푸른색, 삶과 죽음 사이의 선택에 직면한다. 그녀의 눈물은 그녀의 "선택"이 이미 이루어졌다는 것을 명확히 해준다. 삶과 죽음의 선택의 순간과 함께 우리는 이미 표현의 형식, 곧 감정-이미지의 비신체적 변형으로 이동했다. 퍼스를 논하면서 들뢰즈는 감정-이미지를 일차성, 즉 모든 되기와 모든 변용이 가능하지만 (아직) 행동이나 사

---

48) Joseph Vogl, "Schöne Gelbe Farbe — Godard mit Deleuze", in Friedrich Balke and Joseph Vogl (eds.), *Gilles Deleuze — Fluchtlinien der Philosophie*. Ed. Friedrich Balke and Joseph Vogl (München : Wilhelm Fink Verlag, 1996).

고는 아닌 것인, 모든 가능성의 층위에 연관시킨다. 이러한 이미지의 유형을 통제하는 것은 가능성의 잠재성이다. 가능성의 잠재성은 주체를 무언가 (새로운) 일이 일어나기 바로 직전, 행동이나 사유가 어려운 의혹의 위치로 데려다놓는다. 엘비라에게 과거란 미래를 위한 가능성을 찾기 위해 다시 돌아봐야 할 그 무엇이다. 그녀가 가능성을 발견하지 못하면 살아갈 아무런 이유도 없다. 스피노자적 방식으로 볼 때, 엘비라는 자신의 존재를 유지하기 위해 필요한 접속들을 만들어내지 못한 채 수동적 변용만으로 가득하다. 기쁨과 능동적 변용을 찾아내지 못하고 그녀는 자살을 감행하게 된다. 들뢰즈적 용법에서, 엘비라의 운명은 도주선의 위험인 자기-파괴의 블랙홀로 보인다. 동물-되기와 기관 없는 몸은 도주선의 강렬한 표현이다. 그러나 그녀의 민감한 살의 동물-되기는 살이 고깃덩어리로 되는 순간 멈춰버린다.

□시간-이미지에서 주체성의 시간적 측면들

이제까지 모든 종류의 운동-이미지 및 운동-이미지가 구성하고 표현하는 주체성의 다양한 측면들에 대해 논의했다. 운동-이미지는 모두가 일종의 중심을 전제하는데, 이 중심 둘레로 이미지가 집단을 이루며 이 중심으로부터 주체성의 몇몇 측면들이 구성될 수 있다. 가장 객관적인 것에서 가장 주관적인 것으로 진행하는 지각-이미지는 모든 다양한 운동-이미지 때문에 일종의 "조건", 즉 들뢰즈가 "영도성(零度性)"이라고 지칭한 것이 된다.[49] 들뢰즈가 『운동-이미지』의 마지막에서 주장하듯이, 운동-이미지 그리고 특히 행동-이미지는 그 가능성의 최후가 되었다. 이것은 더 이상의 운동-이미지가 없다는 것을 의미하는 것이 아

---

49) *Movement-Image*, p.31.

니다. 새로운 방식으로 새로운 사고, 느낌, 지각을 창조하려고 하는 새로운 이미지의 유형 역시 존재하게 된다는 것이다. 들뢰즈는 제2차 세계대전을 둘러싸고 일어난 위기가 운동-이미지와 시간-이미지 사이의 틈을 창조한다고 주장한다.[50] 시간-이미지는 또한 베르그손의 이미지 범주로, 베르그손은 병든 사람처럼 감각-운동적 체계가 더 이상 기능하지 않는 개인을, 더 이상 자기 위치를 똑바로 알지 못하고 더 이상 자발적으로 발언하지 못하며 더 이상 목표가 없거나 어떻게 행동해야 할지 모르는 누군가와 연결한다.[51] 우리는 이탈리아 네오리얼리즘으로 시작하면서 영화의 우주에서 동일한 방식으로 세계와 시간이 "탈구되는" 곳의 "병든" 이미지 및 주체를 찾는다. 들뢰즈가 『시간-이미지』에서 주장하듯이, "그러므로 주체성은 더 이상 운동적이거나 물질적이 아닌 전혀 다른 의미, 즉 시간적, 정신적인 의미를 띠게 된다. 즉, 더 이상 질료를 이완시키는 것이 아니라 질료에 '덧붙여질 것' 그리고 더 이상 운동-이미지가 아닌 회상-이미지일 것을 말이다."[52]

행동이 일시적으로 멈추는 감정-이미지에서 우리는 이미지가 이미 시간의 4차원과 정신의 5차원에 열려 있다는 것을 발견한다. 시간-이미지에서 잠재적인 것과 현실적인 것 사이, 과거와 현실 사이의 시간 및 정신적 혼동은 두드러진다. 들뢰즈는 많은 다양한 형식과 시간-이미지의 기호들(부록을 보라)을 설명하는데, 이 모든 변주들을 되풀이하는 것이 나의 의도는 아니다. 이제 도살된 소로 다시 돌아와, 시간-이미지로 분류될 수 있는 영화 내부에서 살의 이미지가 배치를 형성하는 영화를 살펴보고자 한다. 그것은 지브릴 디옵 맘베티의 「투키 부키」다.

---

50) 예들 들어, *Movement-Image*, p.206을 보라.
51) *Le bergsonisme*, pp.65-66을 보라.
52) *Time-Image*, p.47 / 106-106.

1998년에 사망한 맘베티는 세네갈의 가장 유명한 영화감독 중한 명이다.53) 그는 1972년에 「투키 부키」를 연출했다. 이 영화는 많은 아프리카 영화가 표현한 리얼리즘 전통에 속하지 않고, 네오리얼리즘이나 누벨바그 영화, 특히 초기 고다르 영화 혹은 「이지 라이더(Easy Rider)」같이 시간-이미지의 "뉴웨이브"에 영향을 받은 미국 로드 무비와 훨씬 더 비슷하다. 맘베티의 모든 영화들처럼 「투키 부키」는 다카르(Dakar)54)를 배경으로 하는데, 그곳에서 전 양치기 모리가 대학생인 안타를 만난다. 그들은 세네갈을 떠날 꿈을 가지고 여행 자금을 마련하기 위해 모든 종류의 불행을 경험한다. 영화 마지막에서 그들은 유럽으로 가는 배에 올라타지만, 모리는 결국 세네갈을 떠나지 못한다.

이런 식으로 플롯을 요약하는 것은 영화가 공간적, 시간적 연속성을 다루는 탈구의 방식에 대해서는 아무것도 말해주지 않는다. 모든 시간-이미지처럼 「투키 부키」는 현실적인 것과 잠재적인 것, 과거와 현재 그리고 특히 현실과 꿈 혹은 서정적 환상 사이에서, 거의 감지하기 어려운 이동성으로 특징지어진다. 전체 영화에 걸쳐 위와 같은 것들은 들뢰즈가 소리의 사용을 "각기 자율적(heautonomous)"이라고 지칭한 것에 의해 달성된다. 각기 자율적인 것에서 시각적인 것과 소리는 분리되고 해체되지만, 동시에 약분할 수 없는 관계, "무리수적(irrational)" 관계, "자유 간접" 관계에서 서로 연관된다.55) 영화의 도입부에서 우리는

---

53) 더 많은 정보는 *Mambety of African Screen / Ecrans Afrique* 7(24), 1998 특별호를 참고하라. 아프리카 영화에 대한 또 다른 들뢰즈적 해석은 다음을 보라. Dudley Andrew, "The Roots of the Nomadic : Gilles Deleuze and the Cinema of West Africa", in Gregory Flaxman (ed.), *The Brain is the Screen*, pp.214-249. *Gilles Deleuze's Time Machine*에서 데이비드 로도윅은 중요한 세네갈 영화감독인 우스만 셈벤의 영화에 대해 논한다.

54) [옮긴이] 세네갈의 수도.

55) *Time-Image*, p.256.

제부(zebu)[56] 한 무리를 모는 양치기 소년을 본다. 부드러운 아프리카 피리 소리가 이미지에 수반되지만, 우리는 점차 이미지를 덮어버리는 소형 모터바이크 소리를 듣는다. 소리를 통해 또다른 시간의 층위가 이미지에 겹쳐진다. 다음 장면에서 피리 소리가 계속해서 들리는 동안 우리는 제부 뿔로 만든 모터바이크 손잡이가 그들에게 다가가는 것을 보게 된다. 이 장면은 도살장에서 도살당하고 있는 울부짖는 제부의 이미지와 소리로 연결된다. 뿔로 만든 모터바이크를 탄 사람을 우리는 아직 보지 못했기 때문에 지금 모터바이크를 타고 있는 사람이 양치기 소년이라는 직접적 단서가 없을지라도, 도살은 아마도 어린 소년이 양치기였던 시간과 그 소년이 자라 제부 뿔로 만든 모터바이크를 타고 오는 시간 사이에서 발생했을 것이라고 예측할 수 있다.

영화 도입부는 그 자체로 이미 시간의 층위가 섞이고 혼돈되는 방식을 보여주며 우리는 "중심 이미지", 즉 이 모든 이미지들과 명확하게 연결되는 주체를 아직은 보지 못했다. 나중에 영화가 진행되면서 모리와 안타가 확실히 주인공임을 알게 되지만, 그들이 옮겨다니는 과거의 시트들은 그들의 주체성과 명백하게 접속되지는 않는다. 이는 마치 그들이 좀더 일반적이며 불명확한 시간의 층위들, 즉 "세네갈의 어린 시절", "테크놀로지가 서서히 자연을 대체하는 새로운 시간" 등에 대해 말하는 것 같다. 시간-이미지의 특징 중 하나는 시간-이미지가 주체성의 중심 이미지에 더 이상 결합되는 것이 아니라, 어떻게 행동하고 반응해야 할지 모르는 스스로가 방랑자인 인물과 느슨하게 접속된다는 것이다. 이러한 무기력 상태 때문에 그들은 잠재태(시간, 꿈, 환각)에 열려 있다.[57]

---

56) [옮긴이] 등에 혹이 있는 소.
57) 들뢰즈는 「이창」의 제프의 예를 들어 말한다. 그는 움직일 수 없게 되지만, 그러므로 마치 순수 시지각적 상황에 있었던 것처럼 환원되는 정신-이미지, 시

「투키 부키」의 상징주의가 때로는 명백하게 나타나지만(바다, 떠나려는 욕망으로 바다 위에 떠 있는 배, 세네갈 땅과 연결시키는 제부 뿔, 모리와 안타의 러브신과 교차하는 다산의 상징인 도곤족[Dogon][58]), 꿈 시퀀스와 실제 시퀀스는 뒤섞여 있다. 여기에서 주체성의 측면에 대해 발언할 수 있다면, 그것은 시간적으로 혼돈된 주체성, 즉 시간에 따른 주체성이다. 그것은 "시간의 정의 그대로의 자신에 의한 자신의 감화"[59]다. 기호로서 보자면, 주체성의 측면들은 현실과 상상이 모호해지는 "결정체 기호(hyalosign)"에서부터 과거의 시트인 "시간 기호(chronosign)"까지의 범위로 분류된다.[60] 영화 마지막에서 (안타와 달리) 모리가 보트에서 내려 다카르로 돌아올 때 도살된 제부 이미지도 귀환한다. 상징적 층위에서 볼 때 세네갈을 위해 제부가 희생되거나 도살되는 것처럼 모리가 자신의 사랑(안타)을 제물로 바친다고 말할 수 있다. 확실히 이 장면은 「포스 맨」의 소의 상징처럼 그리 명확하지는 않다. 오히려 이러한 고통 받는 살의 이미지는 이제 모리에게 시간에 따라 정의를 내리는 시간적 측면에서만 배치될 수 있다고 결론 맺게 한다. 모리의 소 떼가 더 이상 존재하지 않을지라도 그는 소 떼로부터 멀어질 수 없다. 또한 그의 땅에서도 멀어질 수 없다.

「투키 부키」의 영토적, 탈영토적 힘을 살펴보면 많은 다양한 운동이 눈에 띈다. 많은 절편적 힘들 중 하나는 역시 프랑스의 전 식민지였던 세네갈의 식민지적 과거와 영향이다. 영화는 포스트콜로니얼적 유산을 무수히 참조하고 있다. 영화에서 대학생들은 프랑스어를 쓰며, 세계은행과 아프리카 프랑스권 지역(CFA,

---

간-이미지를 향해 열린다. *Time-Image*, p.205를 보라.

58) [옮긴이] 서아프리카 말리에 거주하는 종족.

59) *Time-Image*, p.83.

60) *Time-Image*, pp.68-92 and 98-125.

common African franc)에 대한 언급이 있고, 보트 위에서 우리는 두 병의 백인 여행가들이 주고받는 식민지 담론을 듣는다. 세네갈-프랑스의 대립은 또한 모리와 안타가 프랑스로 떠나려는 욕망으로 표식이 새겨진다. 영화에서 그들의 욕망은 조세핀 바케르가 노래하는 "파리, 파리, 파리"의 보이스 오버로 자주 환기된다. 동시에 그들의 욕망은 다카르의 생활 조건이 주는 가난을 깨뜨리려는 도주선이다. 운동-이미지의 파열과는 대립적으로, 시간-이미지의 도주선은 사실 해법을 제공하지는 않는다. 영화 마지막까지 아무것도 해결되지 않고, 프랑스로 향하는 보트 위에 서 있지만 불확실한 미래만이 기다리고 있는 안타에게도 해법은 없다. 포스트콜로니얼적 절편선에서도 명백한 대립으로 구분되는 것은 아무것도 없다. 주인공들은 탈구된 세계에서 방랑자로 남는다.

이제까지 네 편의 영화들을 각각 살펴봄으로써 다양한 이미지 유형과 기호를 구분해보았다. 확실히 많은 영화들이 하나의 이미지 유형만으로 이루어지지는 않는다. 예를 들어, 감정-이미지로 독특하게 구성되어 있는 드레이어(Dreyer)의 「잔 다르크의 수난(The Passion of Joan of Arc)」이라는 유명한 예가 있지만, 대부분의 영화들은 다양한 이미지와 주체성의 측면들을 결합한다. 퍼스가 주장하듯이, 모든 삼차성 또한 이차성과 일차성을 내포한다. 「포스 맨」의 도살장의 살의 이미지에서 상징적 소들(삼차성) 역시 실제로 죽은 고깃덩어리(이차성)를 명백히 지시한다. 「죽음의 가스」에서 제퍼슨 병원에 매달려 있는 인간의 살과 「포스 맨」에서 죽은 남편을 표상하는 소들 역시 내부에 일차성의 몇 가지 감각적 질들을 지닌다. 「13월인 어느 해에」에서처럼 이는 색채 효과에 의해 대부분 이루어진다. 「죽음의 가스」에서 몸은 보라색 / 푸른색 조명으로 매달려 있고, 신경 체계를 즉각 변용하는 차원으로 행동-이미지를 부과한다. 「포스 맨」에서도 동일한 따뜻한 붉은색과 차가운 푸른색이 이미지를 지배한다. 「투키 부키」에도 똑같이 푸른색과 초록색의 물 양동이 클로즈업과 같은 많은 정서적 색채의 순간들이 있다. 이는 태양광선으로 가볍게 투과됨으로써 얻어진 효과다. 정서적 색채의 순간들이 영화에서 내러티브나 논리적 기능을 지니지는 않는다. 그리고 정서적 색채의 순간들은 순수 정서다. 그것은 어디에서도 발견할 수 없는, 단순하지만 강렬한 아름다움의 이미지를 가진 아프리카를 떠나려는 욕망에 역행한다. 모든 배치들이 선들이나 발생적 탈영토화(아프리카 로드무비, 멜로드라마 「13월인 어느 해에」, 초현실 영화 「죽음의 가스」, 퀴어시네마 「포스 맨」)로 세밀히 고안될 수 있다.

앞의 분석을 통해 어쨌든 주체성의 가장 질료적인 측면으로서의 살이 단지 신체 공포 및 아브젝시옹이라는 문제인 것만은 아니라는 점을 증명하고자 했다. 호러 영화에서 살은 때때로 이와 같은 방식으로 해석될 수 있다. 예를 들어, 「13월인 어느 해에」에서 엘비라가 접근하고 있는 초월론적 "세계의 밤"을 예측하면서, 도살된 소들을 라캉의 실재계와 관련시키는 것 또한 가능하다. 엘비라는 처음에는 여성으로 변신하고 다음에는 자살하기 때문이다. 이것은 또한 내재성의 평면 위에 다양한 이미지의 효과와 정서에 대한 오히려 한정된 시각이다. 심지어 호러 영화에서 몸은 (정치적) 재지대화 프로젝트의 원천이 될 수 있다. 스피노자/들뢰즈적 관점에서 몸은 우리의 존재를 구성한다. 몸은 사람이 사유하고 행동하며 심지어 시간의 잠재적, 현실적 층위에서 의심하고 방랑하게 할 뿐 아니라 지속하게 한다.[61]

---

61) 호러 영화감독인 웨스 크레이븐이 텔레비전 인터뷰에서 이야기한 것처럼, 이런 종류의 이미지들 중 몇몇 성공적인 것들은 또한 "존재의 지속"과 관계 맺어야 한다. 많은 호러 영화에서 주의를 끄는 것은 주인공이 살아남느냐 하는

마지막 부분에서 나는 네 편의 다양한 영화들 속에서 몸 정치학을 가지고 실험했으며, 살을 구성하는 다양한 정치적인 영토적, 탈영토적 선들과 관련하여 다양한 살의 측면들을 어떻게 지도로 그릴 수 있는지에 대해 증명했다. 이어지는 경로는 다양한 세계의 측면, 다양한 주체성의 측면과 관련된 여러 가지 이미지 유형마다 다르다. 행동-이미지는 행동 및 흥분의 효과를 가지는 실제 몸을 만들어낸다. 관계-이미지는 전시된 은유에 대한 해석을 요청하며, 상징적 고깃덩어리를 생산한다. 감정-이미지는 감수성에, 이 경우에는 수동적이고 슬픈 변용에 직접적으로 작용한다. 그리고 살은 동물-되기의 변용을 표현한다. 시간-이미지는 시간에 따라 주체성을 생산한다. 영화가 관객에게 말 그대로 몸의 현존을 부여하지는 않지만, 그럼에도 불구하고 "영화는 사유 속에 깃들인 비사유처럼 우리가 우리 머리 뒤쪽에 갖고 있는 '알 수 없는 몸'의 발생, 여전히 시선에서 빗겨난 시각적인 것의 탄생"[62]을 생산한다. 네 편의 영화는 도살장에서 서로 만나게 되는 이질적인 선들, 사유들, 정서들의 리좀적 네트워크를 한데 구성한다. 따라서 나는 주체의 기초가 행동과 열정의 스피노자적 몸에 바탕을 두고, 몸이 만들어내는 이미지 선택과 배치에 따라 구성된다는 점을 증명하길 바랐다. 몸이 무엇을 할 수 있는지(몸

것이다(정신적 생명이 몸의 극단적인 허약함에 의존하는 곳인 세상에서 가장 공포스러운 상황으로부터 어떻게 살아남을 수 있을까?) *Men, Women and Chainsaws* 에서 캐롤 클로버는 슬래셔 영화에서 (트랜스젠더화한) 살아남는 인물을 "최후의 소녀"라고 부른다(cf. 「할로윈」의 제이미 리 커티스). 웨스 크레이븐은 그의 영화 「스크림(Scream)」과 「스크림 II」에 대해, 이 작품들은 장르 해체 관점에서 셀룰로이드에 옮겨진 *Men, Women and Chainsaws* 로 간주될 수 있다고 말하고 있다. 「스크림」이 장르의 규칙과 메커니즘을 설명할지라도, 이는 여전히 너무나도 무섭고 재미있는 영화다. (크레이븐 인터뷰는 VPRO 텔레비전과 *Stardust* [영화잡지]를 통해 1997년 12월에 소개되었다.)

62) *Time-Image*, p.201 / 397.

이 우리가 무엇을 하도록, 무엇을 사유하도록, 무엇을 느끼도록, 무엇이 되도록 할 수 있는지, 얼마나 유연하고 변화무쌍한지) 알지 못할지라도, 몸은 살이 고깃덩어리로 바뀌는 위험이 도사리는 지대에서 한계를 지님이 명확해진다.

제 3 장
영화의 폭력 정치학

　제2장에서 나는 주체성의 질료적, 시간적 측면들이 다양한 이미지의 유형 속에서 구성되고 드러난다고 설명했다. 또한 주체성을 구성하는 다양한 배치들을 살펴보기 위해 특정한 "살의 이미지"를 둘러싸고 있는 정치선들에 대해 탐구했다. 이제는 정치 영화 및 민중의 창안이라는 좀더 집단적인 층위로 관심을 이동하고자 한다. 물론 이 층위 또한 개별적 차원의 행동, 감각, 사유와도 관련이 있다. 『시간-이미지』에서 들뢰즈는 운동-이미지로 이루어진 고전 정치 영화의 형식과 시간-이미지로 이루어진 현대 정치 영화의 형식을 구별한다. 고전 정치 영화에서 우리는 민중과 정치적 이상의 재현을 발견한다. 이 영화들은 직접적인 방식으로 삶과 관련된 초월론적 이상들로서 표현된다. 데이비드 로도윅이 지적하듯이, "영화가 감각-운동적 상황과 유기적 서사에 구속된다면, 영화는 자족적 가능 세계들을 탁월하게 투영할 것이다. … 이 세계는 삶과의 대립으로 판단할 것을 요청하는 초월론적 세계다."1)

　하지만 시간-이미지에서 민중을 재현하는 것은 나중에 설명할 다양한 이유들로 인해 불가능하게 된다. 어쨌든 이미지와 삶의 관계에 변화가 있고, 한 가지 결론은 시간-이미지가 더 이상 삶과 대립하여 판단될 수 없다는 것이다. 그러기는커녕 시간-이미지는 세계에서의 우리의 믿음, 삶에서의 우리의 믿음을 복원한다. "또 다른 세계가 아니라 인간과 세계의 관계를 믿을 것, 사랑 혹은 삶을 믿을 것, 그리고 불가능한 것·사유할 수 없는 것으로서, 그럼에도 불구하고 사유될 수밖에 없는 것으로서 이것을 믿을 것. '그것은 가능한 어떤 것, 그렇지 않으면 난 질식해버릴 것이다.' 바로 이러한 믿음이 부조리의 이름으로, 부조리에 의하여, 비사유를 사유의 고유한 역량으로 전화시킨다."2) 이러한 "세계의 믿음"은 본래 수많은 시간-이미지를 정치적인 것으로 만든다.3) 들뢰즈는 "몸의 영화", "뇌의 영화", "결여된 민중의 이야기 꾸미기"와 관련하여 현대 정치 영화를 논한다. 나는 제3장에서는 주로 『시간-이미지』에서 들뢰즈 이념을 가지고 작업하려고 한다.4)

이제 영화의 폭력에 대한 탐구를 시작할 것인데, 들뢰즈에 의하면 영화의 폭력은 근본적인 충동이며 또한 정치적인 선택이다. 나는 클레르 드니(Clair Denis)의 「잠이 오질 않아(I Can't Sleep)」(1994)에 초점을 맞추면서 폭력이 어떻게 몸의 영화의 시간-이미지와 연결되는지를 살펴보고자 한다. 몸의 영화에 대해 논의할 때, 뇌의 영화와 몸의 영화의 구별이 스타일에 대한 질문 이상은 아니라는 점을 염두에 두기 바란다.

---

1) *Gilles Deleuze's Time Machine*, p.139 / 276.

2) *Time-Image*, p.170.

3) 나는 이 장에서 리좀적 방식으로 정치적이라는 용어를 다시 사용하겠다(제2장에서 논의된 세 가지 가로지르는 정치선). 그것은 그리 엄정한 의미는 아니고 단지 이데올로기와 통치, 정책 계획에 관련해서만 사용할 것이다. 정치학, 철학, 영화에 관한 추가적인 논의는 *Micropolitics of Media Culture*를 보라.

4) *Time-Image*, pp.189-224.

그러므로 서로 다른 두 스타일의 영화가 있다 할 것이고, 이것은 고다르적인 몸의 영화와 레네적인 뇌의 영화 혹은 카사베츠적인 몸의 영화와 큐브릭적인 뇌의 영화처럼 끊임없이 다양한 차이를 보일 수 있다. 몸 안의 사유만큼, 뇌에는 쇼크와 폭력이 있다. 그리고 서로에게 또한 감정이 존재한다. 뇌는 자신의 이상 증식이라 할 몸을 통솔하려 하고, 몸은 자신의 일부분이라 할 뇌를 통솔하려 한다. 이 두 경우에 동일한 몸체적 태도, 동일한 두뇌적 게스투스가 존재하지 않을 것이다. 바로 여기에서 몸의 영화에 대한 뇌의 영화의 특이성이 나온다.[5]

나는 첫 부분에서 몸의 영화에 중점을 두지만, 뇌의 영화에 대한 유사한 분석을 배제하겠다는 것은 아니다. 때때로 뇌의 영화 역시 참조할 것이다. 또한 이 부분에서는 폭력과 관련된 윤리학에 대한 질문을 살펴볼 것이다. 마지막으로 나는 이 모든 폭력 문제를 마르그리트 뒤라스의 "폭력의 계급" 개념 및 도주선의 정치학인, 폭력의 "계급"이 선택하는 정치적 선택의 유형과 관련 지어보려고 한다.

다음 부분에서는 현대 정치 영화의 힘을 구성하는 이야기 꾸미기에 초점을 둘 것이다. 이는 영화적 이야기하기를 통해 민중을 창안해내는 것이다. 특히 현대 정치 영화의 한 예로 간주되는 프랑스 방리유(banlieu) 영화인 「형제들(Brothers)」(1994)을 살펴볼 것이다.

마지막 부분에서는 종종 순수 행동-이미지로 정의되는 동시대 할리우드 영화가 현대 정치 영화로 여겨지는 방식을 탐구할 것이다. 제1장에서 논의한 「스트레인지 데이즈」의 경우와 마찬가지로, 「파이트 클럽」, 「펄프 픽션」과 같은 많은 동시대 할리우드 영화들은 행동-이미지로 "위장한" 시간-이미지이거나 시간-이미지의 특성을 취하는 행동-이미지다. 이 점은 종종 이러한

---

5) *Time-Image*, p.205 / 403.

영화들의 폭력을 모호하게 하고, 심지어 들뢰즈적 의미로 "정신 분열적"이다.

정치, 폭력, 이야기 꾸미기에 대한 질문을 둘러싸고 나는 들뢰즈적 사유로 연구하는 동시에, 니체와 스피노자에게도 관점을 이동할 것이다. 이 두 철학자들은 시간-이미지 및 이야기 꾸미기에 대한 질문(니체)과 관련하여 매우 중요한 "거짓의 역량"을 발전시키도록 들뢰즈에게 영감을 주었다. 이는 "도덕성 없는 윤리학"(스피노자)의 발전에도 역시 중요하다. 많은 동시대 영화의 폭력과 그 정치적 함의를 판단하는 데 필수적이기 때문이다.

폭력과 몸의 영화

지난 10여 년간, 영화의 폭력이라는 주제는 큰 논쟁을 불러일으켰다. 새로운 폭력(nouvelle violence)과 같은 용어가 생겨났고, 폭력 이미지의 도덕적 한계에 대한 원탁 토론이 이루어졌으며, 논문과 책이 발간되고, 폭력을 주제로 컨퍼런스가 열렸다.6) 영화의 폭력에 대한 토론에서는 두 가지 진영이 있다. 하나는 폭력 이미지가 나쁘고 비도덕적인 것으로 간주되기 때문에 영화는 도덕적 동기로 거부되어야 한다는 입장이다. 그리고 또 다른 하나는 폭력이란 뮤지컬에서의 춤과 비교할 수 있을 정도로 해를 일으키지 않는, 단지 영화의 형식 장르로 보아야 한다는 입장이다.

---

6) 폭력의 문제에 대해서 비교적 최근에 출간된 책들을 보면, Karl French, ed., *Screen Violence* (London : Bloomsbury Publishing, 1996) ; Stephen Hunter, *Violent Screen* (New York : Dell Publishing, 1995) John Archer, ed., *Male Violence* (London and New York : Routledge, 1994) ; Ren Boomkens, *De angstmachine : over geweld in films, literatuur en popmuziek* ("The Fear Machine : On Violence in Films, Literature and Pop Music") (Amsterdam : De Balie, 1996) 등이 있다.

첫 번째 입장의 예로 마이클 메드베드(Michael Medved)의 「할리우드의 네 가지 중대한 거짓말(Hollywood's Four Big Lies)」이라는 논문과, 올리버 스톤(Oliver Stone)과의 유명한 논쟁을 이끈 존 그리샴(John Grisham)의 「킬러로 길러진(Natural Bred Killers)」이 있다. 그리샴은 「올리버 스톤의 킬러(Natural Born Killers)」에서 실제 인물인 미키와 멜로리의 행동을 따라 하는 두 명의 10대들을 언급하면서 스톤을 비난한다. 스톤은 「전달자를 고소하지 말라(Don't Sue the Messenger)」에서 그의 영화들은 사회의 사악한 편견을 반영(그리고 비판)하는 것이라고 주장한다(메드베드에 의하면, 이것이 정확히 할리우드의 중대한 거짓말 중 하나다). 그 위에 스톤은 예술가의 자유를 다음과 같이 주장한다. "이것은 예술을 침묵시키는 데서 예술가를 침묵시키는, 그리고 이어서 그들을 지지하는 자들을 침묵시키는, 그래서 변호사의 낙원에서 단 하루를 살지라도 인간 지옥 속에 우리가 있다는 것을 우리 스스로가 알게 될 때까지의 작은 단계일 뿐이다."[7] 이러한 예술가의 자유에 대한 주장은 폭력 논쟁의 두 번째 진영과 연합한다. 폭력은 색채와 소리에 지나지 않으며, 예술가적 활동의 일부분이며, 확실히 새로운 현상으로서 논의할 가치는 없다. 폭력의 시는 항상 예술적 표현의 일부분이었다.

어떠한 선택도 만족스럽지 않았다. 1970년대 이래로 영화의 폭력이 좀더 노골화되었지만(살의 이미지가 좀더 노골적이게 된 것처럼), 사실 폭력에 대해서 그 어떤 새로운 것은 없다. 폭력은 그것이 세계의 일부였던 것처럼 항상 영화 이미지의 일부분이었다. 하지만 이는 폭력이 단지 관습적 장르의 측면이라거나, 사전에 그리고 반드시 도덕적으로 거부될 어떤 것이라는 의미는 아니다. 폭력은 순수 형식주의적 혹은 도덕주의적 모델로 다루어

---

7) *Screen Violence*, p.239. 세 편의 논문 모두 이 책에서 찾아볼 수 있다.

질 수 없는 수많은 질문들을 제기한다.

　제3장에서는 들뢰즈(그리고 구아타리)가 제시한 도구를 활용하여 폭력을 사유하는 몇몇 가능한 방법들을 탐구한다. 이것은 배치를 살펴보는 형식으로 이루어지거나 혹은 개념을 둘러싼 리좀적 네트워크의 형식으로 살펴보아야 한다. 모든 것의 복잡성이 우리에게 선택을 강요하기 때문에 이 리좀적 네트워크도 물론 완벽하지는 않다. 리좀적 네트워크가 항상 불완전한 또 다른 이유는 모든 특이성(모든 개별 영화에서)이 다양하고 이질적인 선들로 구성되기 때문이다. 이 선들은 또 다른 선들과 끊임없이 역동적으로 상호 작용한다. 그럼에도 불구하고, 해명을 제공할 수 있는 몇 가지 일반적 언급들을 제기하고 관련맺는 것이 가능하리라 생각한다.[8]

□폭력 : 충동과 정치적 선택

　들뢰즈는 자신의 두 권의 영화 책에서 폭력을 자세하게 다루지는 않는다. 그가 행동-이미지의 능동적 폭력(한 사람의 정체성을 방어하기 위해 타자들과 대항하며, 구체적인 상황에 대한 반작용으로서의 폭력)을 인지할지라도, 단지 충동-이미지만이 본래의 폭력을 내포하고 표현하기 위해 모습을 드러낼 뿐이다. 충동-이미지는 감정-이미지(더 이상은 없는)와 행동-이미지(아

---

8) 들뢰즈는 하나의 개념 주위에 연결된 선들로 거미줄을 만드는 '거미 철학자'처럼 보일 수 있다. Jean-Louis Leurtat, "L'Araignée", *Kaleidoscope : Analyses de Films* (Lyon : Presses Universitaires de Lyon, 1988)을 보라. 로르타는 들뢰즈를 '거미-철학자의 예'라고 부르고 있다. 이런 관점에서, 들뢰즈는 다시 스피노자에 가깝다. 스피노자 또한 거미 철학자였다. 니체는 '거미(Spinne)'와 '스피노자(Spinoza)' 사이의 음운적 유사성을 가지고 말장난을 했다고 로르타는 지적한다. 니체와 스피노자 모두 이 폭력의 특수한 거미줄 속에서 중요한 철학자들이다.

직은 없는) 사이에 위치한다. 하지만 충동-이미지가 두 개의 이미지 범주 사이에서의 전환으로 이해될 수는 없다. 충동-이미지는 자체의 지속성을 지닌다. 충동-이미지는 실제 환경의 밑바닥에서 존재하고 작동하는 본래적 세계들을 표현하며, 실제 환경의 폭력과 잔악함을 드러낸다. 그것은 소진하여 본래적 충동의 세계로 되돌리는 실제 환경을 묘사하는 자연주의의 세계다. 들뢰즈는 충동-이미지를 표현한 세 명의 위대한 감독들을 구별한다. 에릭 폰 스트로하임(Eric Von Stroheim), 루이스 브뉘엘(Luis Buñuel), 조셉 로지(Joseph Losey)가 그들이다.[9] 들뢰즈에 의하면, 이 감독들은 모두 니체가 이름 붙인 "문명의 의사"라는 칭호를 받을 가치가 있다. 그들은 폭력과 잔악함으로 문명을 진단한다.

또한 충동-이미지에서 들뢰즈는 정신분석학의 근본 개념인 기호들을 인지한다. 충동-이미지는 징후와 페티시들로 가득하다. 징후는 파생된 세계에서의 충동의 현존이며, 페티시들은 파편들의 재현이며 충동의 "부분 대상"이다(브뉘엘의 악명 높은 신발 페티시즘처럼). 충동-이미지에서 들뢰즈는 사도마조히즘, 카니발리즘, 시체애호증과 같은 도착적 행동 양식을 본다. 인물들은 계속해서 약탈자-먹이 관계가 된다. 그들은 인간 동물이다(하이에나와 독수리). 충동은 폭력적으로 소진된다. 충동은 종국적인 죽음-충동으로 유도되며, 충동이 생겨난 환경을 고갈시킨다. 등장인물들은 폰 스트로하임의 「탐욕(Greed)」의 사막에서의 결론으로 퇴보한다. 브뉘엘의 「부르주아의 은밀한 매력(The Discreet

---

9) 이 감독들과는 별개로, 또한 들뢰즈는 자연주의적인 충동-이미지를 만들어 냈던 몇몇 다른 감독들을 언급한다(지속적으로 혹은 성공적으로 해내지는 못했지만). 예를 들면, 킹 비더(King Vidor)의 「백주의 결투(Duel in the Sun)」는 자연주의 여성으로 제니퍼 존스가 출연하는 자연주의 서부극이다. 샘 풀러(Sam Fuller)는 자연주의적인 폭력 충동에 사로잡힌 감독이지만, 충동-이미지를 표현하기 위해 행동-이미지의 리얼리즘에 너무 많이 매달렸다. *The Movement-Image*, pp.123-140을 보라.

Charm of the Bourgeoisie)」이나 「자유의 환영(The Fantome of Liberty)」에서 부르주아와 가톨릭적 환경은 고갈된다. 조셉 로지는 「하인(The Servant)」에서처럼 빅토리아적 환경이 잠식당하는 것을 주로 보여주는데, 그곳에서 빅토리아 가옥은 하인에게 넘어간다. 확실히 들뢰즈는 정신분석학 이론의 기초인 이러한 충동 행동을 인식한다. 하지만 그는 충동 행동을 모든 이미지들이 생겨나는 일반 모델로 받아들이지는 않는다. 오히려 특정한 이미지들이 징후와 페티시즘적 기호에서 충동을 표현한다.

이 책에서는 들뢰즈가 지적한 자연주의 감독들 간의 차이에 대해 자세히 살펴보지 않을 것이지만, 충동-이미지의 또 다른 특성을 고려하는 것이 중요하다. 들뢰즈는 자연주의와 함께 시간이 영화 이미지에서 현저하게 나타난다고 주장한다. 브뉘엘이 시간의 시대 구분의 순서를 혼란시키는 것처럼, 충동-이미지는 크로노스(Chronos)[10]를 파괴한다. 결과적으로 충동-이미지는 마멸, 하강, 소모, 파괴, 손실 혹은 내파에 의한 단순한 망각(폰 스트로하임) 또는 주기적인 반복(브뉘엘) 등과 같은 시간의 부정적 효과를 움켜쥘 뿐이다. 그럼에도 불구하고, 들뢰즈는 특히 브뉘엘의 작업과 관련하여 좀더 긍정적인 반복과 좀더 긍정적인 시간의 효과로의 열림을 본다.

선과 악을 넘어 구원의 또는 삶을 변화시키는 반복에 이르기 위해서는 충동의 법칙과 단절하고 시간의 순환을 해체하며 진정한 "욕망" 또는 끊임없이 다시 시작할 수 있는 선택과 같은 어떤 요소에 다다라야 하지 않는가 …? 브뉘엘은 세계의 법칙인 엔트로피보다는 반복을 구사함으로써 그래도 뭔가를 얻었다. 그는 반복의 힘을 영화적 이미

---

10) [옮긴이] 스토아학파에게서 따온 시간 개념으로, 지금 우리가 경험하고 있는 현실적인 시간을 '크로노스'라고 한다. 우리는 시간을 항상 현재로만 경험한다. 미래와 과거는 그 자체로 존재하는 것이 아니라 현재의 필터를 통해서만 성립한다. 따라서 크로노스의 시간은 영원한 현재의 시간이다.

지에 실었다. 이를 통해 그는 충동들의 세계를 넘어 시간의 문을 건드리고 있으며, 시간을 아직도 어떤 내용을 위해 이용하는 경사 또는 순환들로부터 해방시키고 있다. 브뉘엘은 징후들과 페티시들을 고집하지 않는다. 그것은 아마도 우리에게 직접적인 시간-이미지를 제공할 것이다. … 그러나 브뉘엘이 자연주의를 넘어서는 것은 안으로부터다. 그리고 그는 결코 그것을 포기하지 않는다.11)

충동-이미지, 그리고 충동-이미지가 내포하는 폭력은 시간-이미지에 대해 특정한 관계를 가진다(대부분이 부정적인 것이지만). 나는 제2차 세계대전 이후 변화된 이미지의 상태를 알았던 동시대 영화에 대한 실증 연구에 초점을 맞춤으로써(모든 동시대 영화가 시간-이미지는 아니지만), 폭력이라는 개념과 관련지을 수 있는 시간-이미지의 몇 가지 측면에 대해 상세하게 설명하고자 한다. 그렇게 함으로써 본래적인 폭력 충동이 때로는 시간-이미지로 보일 수 있다는 점을 가정한다. 그리고 들뢰즈·구아타리가 『천 개의 고원』에서 진전시킨 충동의 또 다른 차원을 소개하고자 한다. "욕동들과 부분 대상들은 발생 축 위의 단계들도 아니고 심층 구조 속의 위치들도 아니다. 욕동들과 부분 대상들은 입구들과 출구들, 막다른 골목들 등 문제들에 대한 정치적 선택지다. 아이는 정치적으로, 즉 자기 욕망의 온 힘을 다해 이것들을 살아가는 것이다."12)

들뢰즈·구아타리에게 욕동과 충동은 정치적 선택일 뿐이다. 그들은 정신분석학 용어들을 사용하지만, 정치적 관점에서 그것을 선택하는 것이다. 이러한 행동은 들뢰즈가 『시간-이미지』의 두 번째 부분에서 설명하듯이, 몸과 윤리학에 대한 니체적이며 스피노자적인 개념화를 고려함으로써만 이해될 수 있다. 클레르

---

11) *Movement-Image*, p.133 / 247-248.
12) *Thousand Plateaus*, p.13 / 31.

드니의 「잠이 오질 않아」는 들뢰즈가 이러한 니체적이고 스피노자적인 시간-이미지의 측면에 대해 발언할 때 의미하는 바를 표현해준다. 따라서 폭력에 대한 질문으로 돌아가기 전에 나는 이러한 측면이 함의하는 바를 명확히 하고자 「잠이 오질 않아」를 먼저 살펴보려고 한다.

□니체적이며 스피노자적인 시간 — 이미지의 측면들

거짓의 역량과 몸의 역량. 「잠이 오질 않아」는 실제 사건에 바탕을 둔다. 1990년대 초, 한 파리지앤 이웃이 노부인을 죽이는 연쇄 살인범에게 괴롭힘을 당한다. 영화는 「양들의 침묵(The Silence of the Lambs)」처럼 조사자와 살인자 간의 결투에 중심을 두는 흥미로운 행동-이미지 스릴러로 표현될 수도 있었다. 이야기 또한 등장인물들을 충동과 욕동에 의해 지배당하는 약탈자와 먹이로 제시하면서 본래 충동에 의해 괴롭힘을 당하는 것으로 영화화할 수도 있었다. 잔인한 살인과 같은 「잠이 오질 않아」의 몇몇 측면들이 부정적 충동 연쇄와 관련될 수 있을지라도, 이 영화는 시간의 연쇄와 연관되며, 시간의 연쇄는 특히 몸 안에서 그리고 몸을 통해 명시된다.

드니는 모든 이들이 "노파 킬러"를 두려워했던 이 시기 동안 파리지앤 이웃을 통해 교차-절단(cross-section)을 제시한다. 우리는 살인자인 카미유와 그의 남자 친구를 포함하여 이웃에 살고 있는 수많은 사람들을 만난다. 우리는 심리적 통찰력 없이 표면의 층위에서, 주로 바깥에서 이 모든 등장인물들의 삶의 단편들을 관망한다. 「잠이 오질 않아」는 순수 시지각적-음향적 상황으로 구성되며, 이것이 바로 시간-이미지의 특성이다. 제목은 등장인물들이 스스로를 찾아나가는 상태를 암시한다. 다양한 걱정 때문에 인물들은 불면증에 시달리고, 따라서 그들의 일상적 감각-운동은 다소 왜곡되어 기능한다. 눈 뜨고 자는 인물들은 보는 자, 청중, 방랑자가 되며, 따라서 상상과 실재, 잠재적인 것과 현실적인 것이 희미해지기 시작하는 곳에서 시간이라는 개념에 문을 열게 된다.

이 영화가 세계를 묘사하는 방식은 운동-이미지의 감각-운동에서의 묘사와는 꽤 다르다. 감각-운동의 상태(행동-이미지)에서는 주로 객관적 묘사와 주관적 묘사 사이에 명백한 거리와 차이가 있다. 시간-이미지에서 이러한 거리는 배제된다. 들뢰즈가 주장하듯이 시간-이미지의 묘사는 대상과 섞이며, 심지어 대상을 지워버리고 장소를 점유한다. 묘사하기의 행위와 묘사 대상의 구분이 불가능하다는 자유 간접 화법은 객관적 묘사와 주관적 묘사를 대체한다.[13)

「잠이 오질 않아」에서 우리가 주체적으로 동일시하거나 객관적 거리를 취할 수 있는 주인공은 단 한 명도 없다. 영화는 파리에 사는 이모를 만나러 온 리투아니아 소녀인 다이가로 시작해서, 그녀가 도시를 떠나는 것으로 끝맺는다. 하지만 우리는 다이가의 주관적 시점으로 모든 것을 보지는 않는다. 영화는 때때로 카메라가 인물의 시점을 따라가게 하고, 어떤 때는 카메라가 유영하게 함으로써 자유 간접 화법을 표현한다. 수많은 가능한 세계가 이런 식으로 나타난다. 영화 도입부의 거리 청소부들에게 나중에 좀더 밀착하여 관찰할 인물들만큼 많은 강조가 주어진다. 주의와 직관은 이러한 이미지들을 만들고 이해하기 위해, 표현된 가능한 세계들을 보기 위해, 그리고 현실 이미지가 (과거의) 잠재태와 (미

---

13) *Time-Image*, p.7. 들뢰즈는 누보로망의 네오리얼리즘적 묘사를 예로 든다. "네오리얼리즘적 묘사는 자신의 대상을 대체하기 때문에, 묘사는 한편으로 상상적인 것으로 이행해가는 그 자신의 현실성을 지우거나 해체하고, 다른 한편으로 묘사는 상상적인 것 혹은 정신적인 것이 말과 시각을 통해 창조하는 모든 현실성을 강하게 이끌어낸다. 상상적인 것과 실재적인 것은 식별 불가능하게 된다."

래의) 가능태로 열리기 위해 필요하게 될 것이다.

시간-이미지와 관련된 또 다른 측면은 내러티브의 진실성과 관련된다.[14] 시간의 잠재성과 가능성이 현실 이미지의 일부분이 될 때, 현재가 동시에 과거 및 미래가 될 때, 무엇이 상상으로부터 실재를 구분하는 것인지 말하는 것은 점점 더 어려워지고, 진실과 거짓 사이의 차이를 말하는 것 역시 어려워진다. 고전적 운동-이미지는 관객을 바보로 만드는 것을 피하기 위하여 가능한 모든 것을 하지만, 시간-이미지와 함께 하지는 않는다. 잘못된 커트, 벗어난 운동, 내러티브에서 설명되지 않는 간격, 이것들은 모두 현실태를 잠재태(그리고 가능태)로 열리게 하며, 동시에 진실을 움켜잡는 것을 불가능하게 만든다. 단지 사이, 이전, 후에 무슨 일이 있었는지 추측할 수 있을 뿐이다. 운동-이미지에서 진실의 내러티브는 유기체적으로 공간의 확실한 접속 및 시간의 순차적 접속에 따라 진행된다. 이는 항상 판단 체계에 적용된다. 시간-이미지에서 변화와 되기를 함의하는 시간의 지속은 규정지을 수 없는 대안 및 진실과 거짓 사이의 불가해한 차이를 유발한다. 실재와 상상은 해결할 수 없는 대안이 되고, 진실과 거짓의 차이는 설명이 불가능하다. 거짓된 내러티브는 판단 체계로부터 스스로 자유롭다. "이는 거짓(오류나 의혹이 아닌)의 힘이 죄인으로 추정된 사람뿐 아니라 조사자와 증인에게까지 영향을 미치기 때문이다."[15] 들뢰즈에 의하면 오슨 웰스(「거짓과 진실(F for Fake)」)는 최초로 거짓된 내러티브와 위장한 사람들을 소개했다. 그런데 이 양자가 이제는 이미지를 결정하고 있다.

「잠이 오질 않아」에서 카미유와 그의 친구들은 위장한 사람들로 간주될 수 있다. 그들이 살고 있는 호텔의 주인은 그들을 "매우 친절한 친구들"로 부른다. 우리는 가족 파티에서 그들을 보

---

14) *Time-Image*, pp.126-155.
15) *Time-Image*, p.133 / 268.

며, 나이트클럽에서 춤추는 모습, 친구들에게 돈을 잘 쓰는 모습을 본다. 그리고 카미유가 에이즈에 걸리고 병원에서 의사를 기다리는 모습을 본다. 결국에 카미유와 그의 친구들이 전 시간에 걸쳐 이웃을 깜짝 놀라게 했던(그리고 이미지를 뒤쫓고 있는) 범죄자였음이 폭로된다. 전 시간 동안 우리는 그들의 "진정한 본성"을 판단할 수가 없었으며, 카미유가 체포될 때조차도 그가 무자비한 킬러로 명백하게 드러났던 것은 아니다. 들뢰즈는 시간과 함께 진실은 혼란에 빠지고 영화는 니체적이 된다고 주장한다. 니체에 의하면, 정직하며 올바른 인간조차도 결국에는 그가 결코 거짓말하기를 멈출 수 없다는 것을 알아야 한다. 모든 것은 영속적인 되기와 변신의 운동이며, 거짓말쟁이는 이러한 운동의 본보기다. 진실은 붙잡을 수 없으며, 거짓은 해결될 수 없다. 거짓은 진실이 될 수 있고, 진실은 거짓이 될 수 있기 때문이다. 들뢰즈는 만일 진실한 세계가 더 이상 존재하지 않는다면, 그리고 세계가 (현재) 보이는 모습 그대로가 아니라면, 믿을 수 있는 것은 무엇인지에 대해 질문한다. 들뢰즈가 주는 니체적인 대답은 바로 "몸들"이다. 몸은 힘, 단지 힘일 뿐이다.[16] 몸들은 "권력으로 향하는 의지"를 표현하는 힘들이다. 진실은 이러한 의미에서 (명백한) 진실이 무엇인지에 대해 더 이상 질문하지 않는다. 누가 진실을 원하는가? 작용하고 있는 힘들이란 무엇인가? 게다가 동일한 현상은 그것을 전유하는 힘에 따라 의미가 바뀐다. 호텔 주인에게 카미유는 좋은 사람이며, 어머니에게는 사랑스러운 아들이고, 연인에게는 매우 매력적인 남성이며, 노인에게는 잔인한 킬러다. 이것은 카미유가 범죄로 인해 처벌되지 말아야 한다는 의미는 아니다. 오히려 그는 단순한 선이나 악이 아님을 의미할 뿐이다. 그러나 이것은 윤리학의 문제이고, 나는 다음 부분에서 방향을

---

16) *Time-Image*, p.139.

전환하고자 한다.

우선 몸과, 아직은 믿을 수 있는 마지막 것들 중 하나인 몸의 역량에 대해 논의해보자. 『시간-이미지』에서 들뢰즈는 다음과 같이 설명한다.

"그러므로 내게 몸체를 달라." 이것이야말로 철학적 전복을 알리는 공식이다. 몸체는 더 이상 사유를 그 자신으로부터 떼어놓는 장애물이거나 사유할 수 있기 위해 극복해야만 할 것이 아니다. 그와는 반대로 사유가 비사유에 도달하기 위해, 즉 삶에 도달하기 위해 잠겨 들어가는 혹은 잠겨 들어가야만 하는 것이다. 몸체가 사유한다는 것이 아니라, 이 완강하고 고집스러운 몸체가 사유하기를 강요한다는 것, 그리고 사유로부터 비켜난 것, 즉 삶을 사유하기를 강요한다는 것이다. … "그러므로 내게 몸체를 달라." 이것은 먼저 일상적 몸체 위에 카메라를 걸쳐놓는 것이다. … 일상적 태도란 몸체 이전과 이후를 놓는 것, 몸체 속의 시간, 종말의 계시자로서의 몸체를 의미한다.17)

클레르 드니는 "몸의 영화"를 만드는 감독으로 간주될 수 있다. 그녀는 종종 몸에 가까이 다가가서 등장인물들을 찍거나 말없이 거리를 두고 몸짓이나 자태를 관찰한다. 「잠이 오질 않아」에서 카미유는 특히 몸의 역량으로서 강조된다. 그는 강하고 아름다운 몸을 가졌으며, 여러 차례 이 몸을 활용하고 남용한다(걷기, 성관계 하기, 춤추기, 늙고 병약한 할머니들을 살해하기까지). 그의 몸은 또한 문자 그대로 죽음의 선을 드러낸다. 그는 에이즈에 걸렸고, 그의 상황을 알려주는 유일한 기호가 피부 위의 작은 반점뿐일지라도 시간은 그의 몸을 악화시킬 것이다. 시

---

17) *Time-Image*, p.189 / 377-378. 예를 들어, 들뢰즈는 안토니오니의 일상적 몸과 워홀의 6시간 30분 동안 잠자는 몸의 지루함에 대해 논의한다. 정반대의 극점에서 그는 의식의 몸들을 구별한다. 존 카사베츠, 장 뤽 고다르, 샹탈 아케르만, 필립 가렐은 매우 탁월한 몸의 감독들이다. 다양한 방식으로 그들은 몸짓과 동작을 통해 어떻게 변화가 일어나고 어떻게 사유가 생겨날 수 있는지 보여준다.

간의 압박 아래 있는 이 몸은 사랑과 죽음이라는 가장 극단적이고도 역설적인 태도와 몸짓으로 폭발하듯이 보인다. 이러한 태도와 몸짓은 삶에 대해, 삶의 유한성에 대해, 삶이 지닌 윤리적 경계에 대해 사유하게끔 한다. 따라서 「잠이 오질 않아」의 폭력은 본래적 충동일 뿐 아니라 뇌에 충격을 일으키는 힘과 몸이 지닌 태도이기도 하다.18)

도덕성 없는 윤리학. 몸의 역량이 단지 실제적 힘인 것은 아니다. 들뢰즈가 힘에 대해 설명할 때, 스피노자는 역량과 몸에 대한 좀더 심오한 관점을 부여하기 위해 리좀적 네트워크로 진입한다.19) 스피노자에 의하면, 역량은 변용하거나 변용되는 능력이며, 하나의 힘과 다른 힘 간의 관계다.20) 우리가 경험하는 모든 것은 다양한 마주침들의 무한한 효과들이거나 몸들 간의 관계들

---

18) 들뢰즈는 스탠리 큐브릭의 영화를 뇌의 영화의 예로 들었다. 스탠리 큐브릭의 영화들은 "큐브릭이 통과 의례적 여행이라는 주제를 새롭게 경신했다면, 그것은 그의 영화에서 세계 안의 모든 여행이 뇌의 탐색이기 때문이다. 세계와 뇌의 동일성, 즉 자동 기계는 하나의 전체를 형성하는 것이 아니라 안과 바깥을 접촉하게 하고 이 둘이 현존하게 하며, 서로 대면하거나 대치하게 하는 한계 혹은 막을 형성한다"(*Time-Image*, p.206). 이런 점에서 큐브릭의 마지막 영화 「아이즈 와이드 셧(Eyes Wide Shut)」은 큐브릭의 뇌의 영화에 완벽하게 들어맞는 작품이었다. 아내에게서 다른 남자와의 성적 환상에 대한 이야기를 듣고, 윌리엄 하포드 박사의 뇌 속 충격은 안(아내의 환상, 이 환상에 대한 박사의 환영)과 바깥(그 충격 이후 그가 뛰어든 모험)의 대조로 이어진다. 영화의 끝부분에서 하포드와 아내는 "현실은 사실적이지 않다", "꿈은 단지 꿈이 아니다"는 결론을 내린다. 현실태와 잠재태가 뇌의 영화에서 만났다.

19) 스피노자와 니체의 관계에 대한 더 자세한 분석은 Pierre Zaoui "La grande identité: Nietzche et Spinoza—quelle identité?" *Philosophie 47* (Paris: Editions de Minuit, 1995)을 보라.

20) 스피노자에 의하면, 몸은 운동과 정지로 구성된, 경도(남-북)의 운동 축과 감정과 힘의 강렬함을 포함하는 위도(동-서)의 역학 축을 가진다. 이 두 축은 서로 평행하다(인과 관계에서 존재하지 않음에도).

이다. 현존하는 몸들은 서로 만나고, 모든 관계들은 끊임없이 엮일 수 있지만, 모든 조합이 작용하는 것은 아니다. 몸은 동의하거나 동의하지 않거나 한다. 몸은 슬프고 위험한 변용 혹은 즐겁고 유용한 변용 모두의 원인이 될 수 있다. 따라서 우리가 소유할 수 있는 모든 것은 선하거나 나쁜 마주침들이다. 또한 우리의 본성에 합치하지 않는 몸과의 마주침인 나쁜 마주침은 독약과 같다. 나쁜 마주침은 우리를 병들게 하고, 슬프게 하고, 행동하지 못하게 만든다.[21]

몸에 대한 개념화의 결론은 악은 그 자체로 존재하지 않는다는 것이다. 들뢰즈가 스피노자의 시각을 설명하듯이, "자연 일반에는 신도 없고 악도 없지만, 각각의 존재 양태에 따라 선한 것과 악한 것, 유용한 것과 해로운 것은 있다."[22] 이와 같은 시각이 모든 것은 대수롭지 않으며 더 이상의 가치도 없다는 것을 의미하는 것은 아니다. 악은 존재하지만, 절대적인(신이 부과한) 존재는 아니다. 악은 나쁜 마주침이며 중독이다. 들뢰즈는『시간-이미지』에서 다음과 같이 설명한다. "문제는 선이든 진실이든, 더 상위 심급의 명목으로 삶을 심판하는 것이 아니다. 그와는 반대로 모든 존재, 모든 행위와 정열, 모든 가치 그 자체들을 이것들이 연루되는 삶을 통해 평가하는 것이 문제다. 초월론적인 가치로서의 판단이 아닌 내재적인 평가로서의 정서가 문제인 것이다. 즉, '나는 판단한다' 대신 '나는 사랑한다 혹은 증오한다.'"[23]

선악을 넘어선 니체의 이념 속에 존재하는 것과 같은, 유사한 도

---

21) Constantin Boundas, ed., "Ethics Without Morality", *The Deleuze Reader* (New York : Columbia University Press, 1993) pp.69-77. 이 글은 들뢰즈의 *Spinoza : philosophie pratique* (Paris : Editions de Minuit, 1981)에서 번역하였다.
22) *Deleuze Expressionism in Philosophy*, trans. Hugh Tomlinson (London : Athlone and New York : Columbia University Press, 1992) p.247.
23) *Time-Image*, p.141 / 281.

덕성 비판을 여기서 발견할 수 있다. 니체 역시 가치는 여전히 존재한다는 사실을 주장한다. 그는 고상함과 천함은 판단되는 것이 아닌, 가치 평가되는 것이라고 강조한다. 이와 관련하여 스피노자와 니체는 모두 도덕성 없는 윤리학(ethics without morality)을 제안한다. 이 때문에 두 사람은 종종 부도덕주의로 온당치 않게 비난받곤 했다. 스피노자와 니체는 실제로 절대적인 선이나 악을 믿지 않았지만, 윤리학을 제안한다. 이 윤리학은 가능한 많은 즐거운 마주침을 창출하려는 시도로 구성되며, 즐거운 마주침은 타자들을 해치지 않고 강력하게 행위하고 살아가는 역량을 증대시킬 것이다.24) 타자들이 당신을 살게 내버려둔다면, 타자들도 살게 내버려두라. 이것은 단순해보이지만, 스피노자의 강력한 메시지다. 이러한 판단의 거부(그리고 무능력)는 「잠이 오질 않아」에서도 표현된 시간-이미지의 측면이 되었다. 등장인물의 행동에 주어진 판단은 어디에도 없다. 등장인물들은 여러 번의 마주침에서 바깥으로부터 관찰된다. 살인범들은 (나쁜 것으로 판단되는) 단순한 악이 아니며, 좋은 소녀는 (선으로 판단되는) 단순한 좋은 소녀가 아니다. 마지막에서 그녀는 살인범이 훔친 돈을 가지고 달아난다.

제3장의 중심 주제인 폭력으로 다시 돌아가보자. 스피노자의 (그리고 니체와 들뢰즈의) 지혜의 관점으로 보면, 폭력은 그 자체로 판단될 수 없다. 폭력은 판단 너머에 있다. 폭력은 슬픔의 변용을 지닌 나쁜 마주침 너머에서 생겨난다. 또한 들뢰즈가 『스

---

24) *Nietzsche and Philosophy*, trans. Hugh Tomlinson (London : Athlone and New York : Columbia University Press, 1983)에서 들뢰즈는 권력 의지는 (타인에 대한) 권력 욕망이 아니라 가능한 한 강렬하게 'n번째 권력'을 향해 모든 것을 하려는 의지를 뜻한다고 설명한다. "권력 의지는 본질적으로 창조적이고 유연한 것이다. 즉, 열망하지 않고 추구하지 않고 욕망하지 않는다. 무엇보다 권력 의지는 권력을 욕망하지 않는다"(p.85). Ronald Bogue, *Deleuze and Guattari* (London and New York : Routledge, 1993)도 보라.

피노자와 표현의 문제(*Expressionism in Philosophy*)』에서 설명
하듯이, "슬픔 너머에서 탄생하는 욕망은 미움이다. 이러한 욕망
은 다른 욕망들, 다른 정념들, 즉 반감, 조롱, 경멸, 질투, 분노
등과 연결된다."[25] 따라서 폭력은 슬픈 정념의 원인이 되는 대상
을 없애버리는 방식이다. 다시 들뢰즈를 인용하자면, "우리는 항
상 우리를 슬프게 만드는 대상을 파괴하려고 결심하게 된다. 그
러므로 우리는 우리의 행동 역량을 다시 증대시키는 즐거움을
경험한다. (하지만 이것은 물론 부분적 즐거움이며, 슬픔과 증오
의 연쇄를 충실하게 부수는 것은 아니다.)"[26]

□전쟁 기계의 폭력 : 폭력의 계급

이 점에서 폭력은 어떤 나쁜 마주침들로부터 기인하는 슬픈
정서를 받아들이는 것에 대한 방어 기제나 거부로 보일 수 있다.
들뢰즈가 폭력을 충동–이미지와 관련하여 설명하듯이, 폭력은
흔히 충동 및 욕동과 결합한다. 충동이나 욕동은 또한 특정한 죽
음의 결말, 즉 즐거운 정념으로 가는 길 위에 특정한 봉쇄를 없애
는 정치적 선택으로 보일 수 있다.『천 개의 고원』에서 들뢰즈·
구아타리는 네 가지 폭력 체제를 다음과 같이 구분한다. (원시
적) 싸움의 제의적 폭력인 **투쟁**, 경찰의 합법화된 폭력인 **치안
유지 상태**, "권리"가 없는 자가 어떤 것을 소유하고 있는 불법
폭력인 **범죄**, 마지막으로 국가 기구에 대항하는 전쟁 기계의 유
목민적 폭력인 **전쟁**이다. 내가 강조하고자 하는 폭력은 마지막
형태인 전쟁이다.[27]

---

25) *Expressionism in Philosophy*, p.243.

26) *Expressionism in Philosophy*, p.244.

27) "7000 BC : Apparatus of Capture" (*A Thousand Plateaus*, pp.447 ff). 같은
책 12장 "1227 : Treatise on Nomadology : The War Machine", pp.351~423도

들뢰즈·구아타리는 전쟁 기계에 모든 고원을 헌납했다. 여기서 매우 자세하고 결론적으로 전쟁 기계를 논의할 수는 없다. 우리가 알아야 할 중요한 점은 전쟁 기계가 국가 기구(견고한 절편선의 형식)와 대항하는 힘이며 국가 기구의 바깥에 있는 힘이라는 것이다. 폴 패튼(Paul Patton)이 『들뢰즈와 정치(Deleuze and the Political)』에서 주장하듯이, 전쟁 기계는 목표로서 전쟁이나 폭력을 행하는 것이 아니다.[28] 전쟁 기계는 오히려 변화와 되기를 목표로 하는 도주선의 탈영토화의 힘과 관련이 있다. 패튼은 전쟁 기계 대신 "변신 기계"에 대해 평하는 것을 선호한다. 그럼에도 불구하고 전쟁 기계는 일종의 폭력, 즉 거부의 폭력과 맞물릴 수 있다.

다시 한 번 「잠이 오질 않아」로 돌아간다면, 영화에 늘 따라다니는 폭력이 전쟁 기계의 폭력 혹은 도주선의 폭력이라는 점이 명확해질 것이다(이 영화의 폭력이 범죄와 관련이 있을지라도). 이러한 점을 확실히 하기 위해, 「잠이 오질 않아」를 마르그리트 뒤라스의 1972년 작품인 「나탈리 그랑제(Nathalie Granger)」와 비교하고자 한다. 「나탈리 그랑제」는 두 여인의 초상으로, 이사벨 그랑제와 그녀의 친구 그리고 두 딸인 나탈리와 로랑스가 이사벨의 집(뒤라스 자신의 저택)에서 일상적인 평일을 보내는 이야기다.[29] 물론 내용의 형식 층위에서 이 영화는 「잠이 오질 않아」와 매우 다르지만, 표현의 형식 층위에서 뒤라스와 드니의 영화들은 거의 비시각적이며 비실체적이라는 점에서 정말로 유사하다. 두 영화들은 이미지 아래에서 조용하게 달려가며, 청각적

보라.

28) Paul Patton, *Deleuze and the Political* (London and New York : Routledge, 2000) pp.109-115.

29) 1983년에 이 영화는 도미니크 노제(Dominique Nogez)의 인터뷰 「폭력의 계급(La classe de la violence)」과 함께 비디오로 출시되었다.

지표 혹은 여타 이미지의 기호들을 통해 때때로 표면으로 등장하는 일종의 폭력으로 시달린다. 「잠이 오질 않아」의 도입부에서 폭력적인 살인이 라디오 뉴스를 통해 표현되며, 이후 새로운 살인에 대한 기사를 신문에서 보게 된다. 또한 노파들의 자기 방어 교육이 위협적인 폭력에 대한 또 다른 지시가 된다. 「나탈리 그랑제」에서도 똑같은 일이 일어난다. 표면의 층위에서 여성은 보통의 집안일을 할 뿐이다. 식탁 정리, 설거지, 다리미질, 마당에서 쓰레기 태우기 등. 「잠이 오질 않아」와 같은 방식으로 「나탈리 그랑제」의 이미지는 폭력으로 점철되어 있다. 이 영화에서도 역시 라디오를 통해 흘러나오는 목소리가 살인범에 대해 말해주며(이블린의 작은 살인자들), 신문은 같은 사건을 싣는다. 「잠이 오질 않아」와 달리 「나탈리 그랑제」에서 우리는 젊은 킬러들을 결코 보거나 알지 못한다. 하지만 기본적인 폭력의 표현은 유사하다.

여기에는 또 다른 놀라운 유사성이 있는데, 바로 킬러들의 폭력에 조용히 동조하는 소녀들(나탈리 그랑제와 다이가)의 존재다. 두 소녀는 말이 없지만, 폭력적 순간의 갑작스러운 파열은 그들의 본래적인 폭력(그들의 거부 행위)을 보여준다. 「나탈리 그랑제」에서 유일한 실제적 폭력의 순간은 어린 소녀가 갑자기 땅 위에 자신의 인형 유모차를 내던질 때다. 「잠이 오질 않아」에서 성숙한 소녀인 다이가 역시 대부분의 시간을 조용히 관망하며 보낸다. 다이가의 분노가 드러나는 한 장면은 그녀가 차를 팔려고 할 때, 영화 초반부에서 그녀를 나쁘게 다루었던 남자(나쁜 마주침을 경험한)와 갑자기 만나게 되고, 그녀가 그의 차로 뛰어드는 장면이다. 그는 차를 폐기해야 하는 것이 자신의 잘못임을 경찰에게 "인정"하기 때문에 메시지를 받았어야만 했다.

「나탈리 그랑제」와 함께 담긴 비디오 인터뷰에서 뒤라스는 나탈리 그랑제와 젊은 킬러가 폭력의 계급을 구성하고 있음을 보여주기 위해 그들 사이의 선을 확립하고자 했다고 설명한다. 이러한 "폭력의 계급"은 (사회적) 계급의 폭력이 아니다. 반대로 이는 그들 자신의 계급을 구성하는, 매우 다른 배경을 가진 사람들에 의해 경험되는 폭력이다. 이것은 마르그르트 뒤라스가 설명하듯이, "현대 사회와 마주한 젊은이들이 느끼는 거부"에 근거한 폭력이다. 이것은 모든 이가 인식할 수 있는 어떤 것이다(들뢰즈는 이런 종류의 폭력은 학습되는 것이 아니라 본래적인 거부 혹은 본래적인 충동이라고 설명할 것이다). 폭력의 계급은 모든 견고한 절편(뒤라스가 설명하듯이, 모든 사회적 계급)을 약화시키는 도주선의 정치적 선택에 의해 유도된다. 폭력의 계급에서 모든 견고한 절편적 사회는 나쁜 마주침으로 보인다.

「잠이 오질 않아」에서 다이가와 카미유 사이에 친밀성이 있는 것과 같은 방식으로 나탈리 그랑제와 이블린을 죽인 범인은 폭력의 계급을 구성한다. 이것은 거의 마지막에 가서야 모호하고 아름다운 방식으로 명백하게 드러난다. 다이가는 카페로 카미유를 따라가고(그녀는 그의 움직임을 관찰해왔기 때문에 그가 무엇을 하려는지 안다), 그 옆에 서서 커피 한 잔을 주문한다. 그들은 말하지 않고 서로 바라보지도 않지만, 설탕을 건네면서 가볍게 손을 부딪힌다. 그리고 카미유는 두 사람의 커피 값을 지불하고 계속해서 갈 길을 가며, 다이가도 자신의 길을 간다. 폭력 계급의 "구성원들" 사이에 조용한 재인의 순간과 소녀와 살인범 사이에 상호 되기의 순간이 있다. 살인범은 경찰에 끌려가서 모든 범죄 사실을 자백할 것이다. 다이가는 카미유의 호텔 방에서 훔친 돈을 모두 가지고 파리에서 떠날 것이다. 뒤라스와 드니는 어떠한 판단 없이 우리 모두의 일부분인 일종의 폭력을 보여주었다. 물론 이러한 폭력은 좋은 것을 의미하지 않으며, 모든 이가 그와 같아야 한다는 것을 의미하지도 않는다(「잠이 오질 않아」의 노파들이 자기 방어 교육을 받는 것이 헛된 것은 아니다).

뒤라스는 계급의 폭력이 아니라 오히려 폭력의 계급이 있으며, 이러한 점에서 욕동은 도주선인 정치적 선택으로 간주된다고 확신을 가지고 주장한다. 이러한 사실들은 또한 정치학과 정치 영화의 다양한 개념화를 지적한다. 들뢰즈에 의하면, 현대 영화는 완벽하게 정치적이 되었다(특정한 목표로서의 정치학을 늘 가지는 것은 아닐지라도). 따라서 「잠이 오질 않아」와 「나탈리 그랑제」는 현대 정치 영화로 볼 수 있다. 들뢰즈는 『시간-이미지』에서 현대 정치 영화에 대해 설명한다. "결여된 민중"의 개념은 이와 관련하여 중심을 이룬다.

결여된 민중과 이야기 꾸미기

들뢰즈는 고전 정치 영화와 현대 정치 영화를 몇 가지 방식으로 구분한다. 우선 「국가의 탄생(The Birth of a Nation)」이나 에이젠슈테인(Eisenstein)과 푸도프킨(Pudovkin)의 러시아 혁명 영화 같은 고전 정치 영화에는 늘 국가, 민중, 공통선(common good)이 존재한다. 현대 정치 영화에서 민중은 더 이상 존재하지 않거나 아직 존재하지 않는다. "민중은 결여된다"고 들뢰즈는 말한다.[30] "민중"은 민중의 다중체가 되었고 단일체는 없다. 기껏해야 "민중"은 주변이나 게토에서 스스로를 고안해낼 때의 "되기"다. 정치 영화가 할 수 있는 모든 것은 이러한 민중의 되기에의 기여다. 어쨌든 자명한 단일체가 없다는 점은 명백하다. 들뢰즈·구아타리는 『천 개의 고원』에서 "우리 시대는 소수자들의 시대가 되고 있다"[31]고 주장한다. 이러한 소수자들은 급격히 증

---

30) *Time-Image*, p.215.
31) *Thousand Plateaus*, p.469 / 897.

식하고 있으며 다중화되고 있다. 따라서 모든 단일체의 파열인 파편화와 분열은 현대 정치 영화(그리고 동시대 정치 현실)의 또 다른 특징이다.[32]

이러한 비단일체(nonunity)는 「잠이 오질 않아」에서 명백해진다. 드니가 묘사하는 세계는 수많은 민중으로 구성되며, 종종 수많은 소수자들로 구성되는 다문화 사회다. 이러한 결여된 민중이라는 사고는 프랑스 방리유 영화인 올리비에 다한의 「형제들」에서도 중심이 된다. 「형제들」은 9명의 감독이 지난 세기 각기 다른 시대에 위치한 자신의 청소년기를 다룬 9편의 영화로 구성된 프랑스 영화 & 텔레비전 시리즈의 마지막 편이다.[33] 「형제들」은 1990년대가 시작하는 마지막 시대를 다루지만, 행복한 동시대 세계의 그림을 표현하지는 않는다. 한 파리 근교에서 15세 소년인 자카리가 우연히 차 뒤에서 어떤 소년을 죽이게 된다. 살해된 소년의 형이 복수를 위해 자카리를 찾아다니는 동안, 자카리의 형, 누나, 여자 친구도 자카리를 찾아 헤맨다. 이 영화에는 단일한 "민중"이 없다는 점이 첫 번째 단계에서부터 분명하다. 하지만 그들 사이에 많은 긴장과 함께 많은 다양한 집단이 존재한다. 그 민중은 이 영화에서 결여되어 있다는 점이 확실하다. 외로움

---

32) 2001년 9월 11일, 테러리스트들이 월드트레이드센터와 펜타곤을 공격한 후 세계는 다시 두 진영으로 나뉘었고(당신은 우리 편이거나 그들 편이다), 두 진영은 고전 정치 영화의 아이디어를 다시 불러올 것이었다. 그러나 동시에 좋은 편과 나쁜 편으로 갈리는 그런 손쉬운 분리는 가능하지 않다는 것도 자명해졌다. '서양'과 '테러리즘'의 단순한 대립 속에서 인식되지 않은 각 소수자들 사이에는 많은 차이가 있었다. 반면, 근본주의(그리고 테러리즘)는 이항 대립 구조에 대한 대응인 "민중의 발명품"으로 보였다. 그러나 최근 정치 발전의 이런 측면들은 이 책의 범위를 넘어선다.

33) 이 시리즈는 「모든 소년들과 그 또래의 소녀들(Tous les garçons et les filles de leur age)」로, 1994년 완결되었다. 이 시리즈의 다른 감독들 중에는 올리비에 아사야스(Olivier Assayas), 파트리샤 들뢰즈(Patricia Deleuze), 앙드레 테시네(André Téchiné) 등이 있다.

과, 자신의 "집단" 안에서 나쁜 마주침을 가진 것으로 보이는 개인들의 느낌이 전체에 걸쳐 지배적이다. 이러한 비단일체의 느낌은 "허구적" 이야기 전체를 뚫고 나아가는 근교 젊은이들과의 인터뷰에서 명백하게 표현된다. 그들 중 한 명인 알보는 다음과 같이 말한다. "스스로를 파괴할 자들은 바로 우리들, 아랍인과 흑인들이야(C'est entre nous, les Arabes, les Noirs, qu'on va s'éclater)." 따라서 일종의 사회(어떤 종류의 소수자들과도 우호적이지 않은 사회)의 거부로부터 공세적으로 행동하는 폭력의 계급이 내부로부터 파괴되고, 내부를 향한다(소수자 집단 안에서).

불관용과 불가능성(이와 같은 조건 아래에서 살아가는 것은 불가능하다)의 느낌은 매우 강렬하다. 그리고 이러한 느낌은 들뢰즈가 구분한 고전 정치 영화와 현대 정치 영화의 두 번째 차이에 집중하게 한다. 그것은 사적인 삶과 정치적인 삶 사이의 구별과 관련이 있다. 이와 관련된 것은 혁명(하나의 정치적 믿음에서 다른 정치적 믿음으로의 변화며, 사적 의식으로 중재된다)이 더이상 가능하지 않은 것으로 보인다는 사실이다. 즉, 현대 정치 영화는 불가능과 불관용이라는 느낌에 근거한다. 직접 정치적으로 뒤얽히게 되는 조건 아래에서 살기란 불가능하다. 「형제들」의 모든 인물들은 지치고 화가 나 있고 아프고 완전히 고갈되었다. 그들은 자신의 상황에서 벗어나려고 헛되이 모든 것을 시도한다. 자카리의 누나는 마약에 중독되었고(이는 위험한 도주선이다), 형은 마을을 떠날 돈을 마련하기 위해 "붉은 룰렛"이라는 위험한 게임에 빠져든다(이는 그를 죽음으로 이끌 것이다). 그리고 자카리는 완전히 지치고 충격 상태에 빠져 거리를 방랑하지만, 어디로 가야 할지 무엇을 해야 할지 알 수 없다.

들뢰즈는 『지친 자(The Exhausted)』에서 다음과 같이 지친 자를 정의한다. "더 이상 '가능한' 것은 아무것도 없다. 이것은 모진 스피노자주의다."[34] 들뢰즈가 베케트의 텔레비전 연극을 언급하고 있고, 나는 「형제들」을 베케트의 작품과 비교하고 싶지는 않지만, 「형제들」은 확실히 베케트와 같은 종류의 피로함과 가능성의 종말을 표현하고 있다. 이는 인물들이 지쳐보이고 죽도록 피로해보이기 때문만은 아니다. 사물이 시각적으로 표현된 방식이 이러한 모든 가능성의 피로함에 더해진다. 들뢰즈에 의하면 표현의 형식의 층위에서 이미지로 피로함을 표현하는 한 가지 방식은 이미지의 힘을 분산시키는 것이다.

마치 모든 힘과 활력이 이미지로부터, 이미지로 나타나는 몸으로부터 서서히 사라져가듯이, 「형제들」에서는 이미지의 운동이 천천히 분산되는 곳이 몇 군데 보인다. 이러한 분산되는 장면이 진행되는 동안 몸은 세 차례에 걸쳐 굴러 떨어진다(자카리의 누나, 죽은 소년의 어머니, 자카리 자신). 어쨌든 영화 전체는 이러한 불가능성의 느낌, 즉 내용의 형식 및 표현의 형식에서 정치적 혁명의 불가능성을 반영한다.

현대 정치 영화의 마지막 특징은 「잠이 오질 않아」에서도 살펴보았던 자유 간접 화법과 관련된다. 들뢰즈는 현대 정치 영화에 대해 자유 간접 화법을 다음과 같이 설명한다. "작가는 자신의 인물들을 향해 한 걸음 나아가야 하고, 인물들 역시 작가를 향해 한 걸음 나아가야 한다. 이것은 이중적인 생성이다. 이야기 꾸며대기는 익명적인 신화도 아니고, 개인적 허구는 더더욱 아니다. 이는 사적인 문제와 정치적인 것을 분리하는 경계를 끊임없이 뛰어넘는, 그리고 그 자신, 집단적 언표들을 생산해내는 인물의 행동하는 발화, 발화의 행위다."[35]

현대 정치 영화는 민중이 그들의 이야기 꾸미기, 즉 자신 역시 민중인 감독들에 의해 말해지는 이야기와 신화에서 생겨나는 그

---

34) Deleuze, "L'Epuisé", *Samuel Beckett. Quad et autres pièces pour la télévision* (Paris : Editions de Minuit, 1992) p.57.

35) *Time-Image*, p.222 / 428-429.

들의 생성에 주어지는 장소라는 점에서 자유 간접 화법이다. 데이비드 로도윅은 내러티브 또는 이야기 꾸미기를 다음과 같이 설명한다.

내러티브 또는 이야기 꾸미기로서, 억압된 역사를 회상하는 개인의 심리적 기억도 아니고 배제된 민중의 이야기를 재현하는 단순한 역사적 기억도 아니다. 오히려 이야기 꾸미기는 개인을 개인인 동시에 집단으로 변모시키는 계열성을 수반한다. 이 이중 생성은 자유 간접적 관계로 두 개의 담론적 계열을 한데 엮는다. 파편화된 세계의 내부에서 나와 세계가 상호 소통하고, 파편화된 나의 내부에서 나와 세계가 상호 소통한다. 이 모든 소통은 공통의 분절점을 발견해야 한다.36)

로도윅은 이러한 이야기 꾸미기가 거짓의 역량으로서 어떻게 작동하는지 설명한다. 또한 이미지와 소리는 "언표 가능한 것은 우리가 볼 수 없는 것을 불러내고, 가시적인 것은 우리가 말할 수 없는 것을 환기시키는"37) 곳에서 분리된 힘이 된다. 들뢰즈에게 이러한 방식의 영화는 표현적인 정치적 차원을 지닌 화행적(performative) 행위가 된다고 로도윅은 덧붙인다. "순수 발화 행위는 '이야기 꾸미기'의 기초다. 여기서 계열적 형식의 내러티브가 정치 영화로 변모하며, 시간-이미지가 창조하는 거짓을 만들

---

36) *Gilles Deleuze's Time Machine*, pp.159-160 / 312. 로도윅은 들뢰즈가 légender라는 용어를 사용하는데, 이것은 "이야기 구성하기, 신화 만들기뿐 아니라 이미지에 대해 해설하기 혹은 이미지에 자막 넣기"(p.149)를 의미한다고 설명한다. 이런 의미에서 이 용어는 현대 정치 영화의 잠재적 스토리텔링과, 이미지가 사운드트랙에 의해 다른 차원으로 주입되는 방식도 가리키며, "기억되는 것, 상상되는 것, 알려진 것, 지각되는 것의 전체적인 '융합'이 생산되는 곳에서 모호한 풍경"을 생산해낸다. "전이, 상상, 기억, 앎을 포획함도 없이 지각을 포획하지 않는 지각"(로도윅은 *Time-Image*, pp.245, 319에서 들뢰즈를 인용한다). 이런 식으로 이야기 꾸미기는 "새로운 이미지의 분석"의 한 용어다.
37) *Gilles Deleuze's Time Machine*. p.151 / 296.

수 있는 역량이 진리의 모델을 극복한다. 이 역량은 사건을 창조하는 '꾸미기의 실현'으로 주체를 새롭게 개념화한다. 이는 곧 민중의 구성이다."[38]

로도윅은 최초의 아프리카 영화 가운데 하나인 우스만 셈벤(Ousmane Sembene)의 「보롱 사레(Borom Sarret)」(1963)를 상세히 살펴봄으로써 이러한 이야기 꾸미기가 제3세계 영화에서 어떻게 나타나는지를 분석한다. 앞 장에서 시간-이미지로 분석한 「투키 부키」를 만든 지브릴 디옵 맘베티와 함께 셈벤은 세네갈뿐 아니라 전 아프리카에서 가장 중요한 영화감독에 속한다. 「보롱 사레」는 세네갈의 노동하는 빈민들 사이를 달리는 다카르 짐수레꾼의 삶을 그린다. 로도윅은 네오리얼리즘적 후시 녹음 음향의 사용을 통해 이미지와 관련하여 어떻게 이 영화가 자유롭게 작동하는지를 분석한다. 셈벤은 주요 인물들에 감독의 목소리를 입히고, 등장인물들이 그들의 목소리를 영화감독에게 빌려주는 방식으로 이야기하기 행위를 창조한다. 그들은 다음과 같이 거짓의 역량을 제시한다.

> 이 역량은 현재 속에서 과거의 반복을 중단시키고, 과거에 대한 향수에 젖어 — 세네갈 민중의 발생 중인 집단적 목소리를 인지하지 않으려 하면서 — 변화를 거부하는 정체성의 한계를 노출한다. 각각의 등장인물은 자신의 관심사에 따라 행동하며, 이에 따라 영화의 에피소드 구조는 실재적인 것이 되기 이전에 현행적인 세네갈인이 민중으로서 계열화되는 과정을 그려나간다. 민중은 여전히 행방불명된 상태이지만, 목소리에서 목소리로 이행하는 자유 간접적 스타일과 에피소드에서 에피소드로 이행하는 자유 간접적 이미지는 그 모두가 어떻게 동등하게 계열적인 풍조로 집단적 상황에 연결되는지를 그려보인다.[39]

---

38) *Gilles Deleuze's Time Machine*, p.151 / 297.
39) *Gilles Deleuze's Time Machine*, p.165 / 321.

사실, 제3세계 영화는 이야기 꾸미기의 이러한 행위와 여전히 결여된 민중의 창조에 중요한 것으로 보인다. 「투키 부키」와 유사한 거짓의 역량을 꾸며내는 것을 인식하는 것은 어렵지 않다. 이 영화에도 이미지와 소리의 관계는 자유 간접적 관계다. 주요 인물들인 모리, 안타, 영화감독 맘베티 간에는 그들의 목소리와 몸의 이중 생성이 있다. 어떠한 방법도 제시되지 않고, 어떠한 새로운 민중도 출현하지 않지만, 「투키 부키」는 전 식민주의와 신식민주의가 중요한 힘이 되는 다카르 민중의 집단 상황에 대한 일련의 해설과 환상을 보여준다. 나는 이러한 집단적 이야기 꾸미기가 단지 제3세계 영화에서 뿐 아니라 수많은 유럽과 미국 영화에도 나타난다고 주장한다. 예를 들어, 「형제들」에서 우리는 자유 간접 화법으로 그려진 영화감독과 영화에 찍히는 사람들의 이중 생성과 결여된 민중의 이야기 꾸미기에 대해 명확히 말할 수 있다. 이 영화에서는 내용과 표현(형식)의 두 가지 다른 층위가 있다. 색채로 표현된 "허구적" 이야기는 일반적으로 흑백으로 표현된 젊은이들의 "다큐멘터리" 발화 행위로 중단된다. 그럼에도 불구하고 허구적 요소들은 실재를 보며, 다큐멘터리 부분은 무대화될 수 있었다. 무엇이 "실재"이고 무엇이 "창조된 것"인지 구별하는 것은 어렵다. 모든 현대 시간-이미지에서처럼 허구와 실재 사이의 경계는 희미하다. 두 영화의 경우 감독은 자신의 목소리를 등장인물에게 주고, 등장인물은 그들의 목소리를 감독에게 준다. 거짓의 역량이 작용하고 메시지, 즉 민중의 이야기 꾸미기를 가져온다.40) 정확히 무엇이 진실이고 거짓인지는 문제되지 않는다. 중요한 것은 민중을 창조할 수 있는 영화의 효

---

40) 로테르담영화제에서 이 영화가 상영되었을 때, 감독은 인터뷰한 소년들이 하는 독백을 썼는지 질문을 받았고, 대답은 아니었다. 이것은 현실과 허구 사이의 경계가 사라짐과 함께 감독과 민중 사이의 이중 이야기 꾸미기 운동임을 분명하게 보여준다.

과와 기능, 다시 말해서 결여된 민중의 예견으로서 집단적 발화를 부여하는 것이다.

결론을 내리기 위해 폭력에 대한 질문으로 간단히 되돌아가보자. 「형제들」은 「잠이 오질 않아」와 마찬가지로 도주선인 폭력의 계급의 폭력을 표현한다. 「잠이 오질 않아」에서의 폭력이 여전히 감추어져 있으며 단지 본래적인(하지만 정치적인) 충동처럼 때때로 출현할 뿐인 반면, 「형제들」에서 증오는 내부로 향해 있고 결여된 민중의 내면을 향한다. 불가능성의 느낌이 이 이미지들에서 우세하다. 모든 것은 소진된다. 폭력은 너덜너덜해진 몸의 마지막 경련 같다. 「잠이 오질 않아」에서처럼 확실한 선이나 악도 없고 확실한 판단도 없다. 보이는 것은 특정한 상황, 즉 (비록 그들이 모두 젊을지라도) 힘의 마지막에서 나타나는 몸들 사이의 특정한 마주침에서의 공격과 폭력이다. 「형제들」에는 도덕주의가 아닌, 나쁜 마주침과 슬픈 정념의 표현만이 있다. 현대 정치 영화의 목적은 나쁜 녀석들을 판단하거나 비난하는 것이 아니다. 폭력은 다른 집단이나 계급보다 더 폭력적인 특정 집단이나 계급과 관계하는 것이 아니라 거부, 불관용, 불가능성(폭력의 계급)의 공유된 느낌과 관련된다. 현대 정치 영화의 목적은 민중에게 이야기 꾸미기 장소를 부여하는 것이다. 이때 민중은 결여되고 있지만, 집단적 상황과 관계가 있으며 그들의 생성에서 이런 식으로 도와주는 것과 관련이 있다.

다른 영화들도 결여된 민중에 대한 질문과 관련된 이와 같은 종류의 폭력을 비슷하게 제시한다. 마티유 카소비츠(Mathieu Kassovitz)의 영화 「증오(La Haine)」(1994)는 포스트콜로니얼적 다문화 사회의 문제를 드러내는 또 다른 프랑스 영화의 실례다. 이 영화에는 결여되고 파편화된 민중이 공통의 적을 갖는다는 점이 언급되어야 한다. 그것은 바로 경찰이다. 이 영화에는 또한 (경찰관이 저지르는) "우발적인" 발사가 있는데, 이는 영화의 마지막에서 폭발하는 모든 긴장감의 원인이 된다. 미국에서, 심지어 할리우드에서도 내가 심각하거나 슬픈 폭력이라고 지칭하게 될 종류의 것을 표현하는 영화들이 만들어지고 있다. 제1장에서 나는 새로운 종류의 카메라 의식을 전시하는 메타 영화로서 「스트레인지 데이즈」에 대해 살펴보았다. 폭력에 대한 의문과 관련하여 「스트레인지 데이즈」 역시 확실히 현대 정치 영화다. 이 영화에는 한 가지 종류의 폭력만 있는 게 아니다. 우리가 모든 종류의 소수자들이 싸우고 있는 로스앤젤레스 거리에서 마주치는 폭력은 수많은 다양한 소수 민족 집단을 구성하는 폭력의 계급의 폭력이다. 래퍼 제리코 원에 대한 경찰의 폭력은 국가 폭력의 한 형태다. 비록 경찰관이 합법적으로 경계를 넘나들고 있지만 말이다. 창녀에 대한 살인자의 폭력은 정신분석적으로 설명될 수 있는 충동이다. 결국 메이스와 경찰관의 싸움은 행동-이미지의 폭력의 고전적인 예로 보인다. 두 사람의 결투에서 그 둘의 대립적인 힘은 구체적인 상황에 대한 반응으로서의 충돌, 그리고 자신의 영역을 보호하기 위한 충돌이다. 제1장에서 설명했듯이, 행동-이미지 되기의 출현에도 불구하고, 「스트레인지 데이즈」는 시간, 잠재태, 현실태가 혼돈스러운 역할을 수행하고 있는 수많은 시간-이미지의 특징들을 가진다. 이제 이야기 꾸미기와 민중의 창안이라는 것과 관련하여 「스트레인지 데이즈」가 시간-이미지 및 현대 정치 영화의 전략을 따라가고 있다는 설명을 덧붙이려고 한다.41) 다른 수많은 동시대 할리우드 영화들도 이러한 현대 정치 영화의 유형에 포함된다. 「보이즈 앤 후드(Boy'z'n the Hood)」(존 싱글톤, 1992), 「사회에의 위협

---

41) 「스트레인지 데인즈」의 화려한 효과와 로드니 킹 구타 사건과의 자유롭고 간접적인 관련성에 대한 좀더 세밀한 설명은 Patricia Pisters, "The War of Images : Appropriation and Fabulation of Missing People." *ASCA Brief Privacies*. Ed. Beate Roessler (Amsterdam : ASCA Press, 2000) pp.69-81을 보라.

(Menace II Society)」(앨런 & 앨버트 휴즈, 1993), 「프레시(Fresh)」
(보아즈 야킨, 1995), 「똑바로 살아라(Do the Right Thing)」(스
파이크 리, 1989)와 심지어 (생전) 처음으로 소수자가 되는 느낌
에 직면하게 되는 중산층 백인 남성의 "불가능성"을 보여주는
「폴링 다운(Falling Down)」(조엘 슈마허, 1993)을 생각해보라.
물론 이 영화들은 결코 똑같지 않다. 각 영화들이 폭력의 계급과
결여된 민중이라는 느낌을 공유하기는 하지만, 이들 각 영화들
은 상이한 배치를 구성하는 다중선들로 구성된다. 어쨌든 이 영
화들에 나타난 폭력은 관객에게 슬픔의 효과, 즉 활기찰 정도로
즐거운 정서 및 행동하는 역량을 지니는 것의 불가능성에 대한
슬픔의 효과를 가진다.

동시대 할리우드의 정신분열증

또 다른 종류의 동시대 영화 만들기에서 폭력은 할리우드와
유럽에서 많은 전형들을 만들어낸다. "새로운 폭력"에서 폭력은
종종 (늘 그런 것은 아니지만) 재미있고 우리를 웃게 한다. 때때
로 폭력은 위안과 해방의 느낌을 전해주는 듯하다. 「펄프 픽션」
과 「파이트 클럽」은 이러한 주제를 둘러싸고 특별히 "폭력" 논
쟁을 불러일으키는 영화다. 두 작품은 파시스트적이거나 사회적
으로 무책임한 영화라고 비난받았다.42) 어쨌든 이 영화들은 특

---

42) 한 예로, 벨 혹스는 「펄프 픽션」을 시니컬하고 파시스트적인 영화라고 하였
다. bell hooks, "Cool Cynicism-Pulp Fiction", *Reel to Real : Race, Sex and
Class at the Movies* (London and New York : Routledge, 1996). 수전 그랜저
(Susan Granger)는 「파이트 클럽」에 대해 이렇게 묘사한다. "이 영화의 극단적
폭력과 잔인성에 대한 시각적 묘사는 사회적으로 무책임하고 불쾌하다" http:
//www.all-reviews.com/video/fight-club.htm.

히 폭력 장면에 대하여 모호한 감정을 불러일으킨다. 이제 나는 할리우드라는 맥락 안에서 그 자체를 표현하는 현대 정치 영화의 모호함에 대해 살펴보려고 한다. 이를 위해, 들뢰즈·구아타리가 『앙티 오이디푸스』와 『천 개의 고원』에서 설명한 자본주의 및 정신분열증에 대한 이념 및 그들의 이념과 영화와의 관계를 둘러보는 작업이 필요하다.

들뢰즈·구아타리는 마르크스를 받아들여서 자본주의의 내재적 분석을 제안한다.[43] 내재적 체계로서 자본주의를 사고하는 것은 그 자체로 모든 위험과 가능성을 수반하는 체계임을 함의한다. 예를 들어, 잉여에 대한 설명은 자본주의의 내재적 분석에서 작동하는 개념이다. 『앙티 오이디푸스』에서 들뢰즈·구아타리는 잉여 가치를 다음과 같이 설명한다. "이 가치는 그 자신 움직이는 실체로서 갑자기 나타나며, 이 실체에 대하여 상품과 돈은 한갓 순수한 형식에 지나지 않는다. 이 가치는 자기 속에서 그 원가치와 그 잉여 가치를 구별한다."[44] 게다가 들뢰즈·구아타리는 잉여 가치가 항상 체계 속으로 다시 흡수되지만, 또한 지속적으로 반생산(antiproduction)을 끼워넣는다는 점을 언급한다. 그들은 이를 정신분열증화(schizophrenization)라고 부른다. 나는 생산하고 "반생산하는" 정신분열증화는 동시대 이미지 문화를 살펴보는 데도 중요한 개념이라고 생각한다. 특히 자본주의가 점점 영화로서(시청각 문화라는 넓은 의미에서) 스스로를 인식하게 되는 듯이 보이기 때문이다. 조나단 벨러(Jonathan Beller)는 「자본 / 영화 Capital / Cinema」에서 20세기(아마도 21세기에도)

---

43) 마르크스와 들뢰즈·구아타리의 차이에 대한 정교한 분석은 다음을 보라. Malene Busk, "Micropolitics : A Political Philosophy from Marx and Beyond", *Micropolitics of Media Culture*, pp.105-125.

44) *Anti-Oedipus*, p.227 / 질 들뢰즈·펠릭스 구아타리 지음, 최명관 옮김, 『앙티 오이디푸스』, 민음사, 1994, p.340.

에 들뢰즈의 영화 책이 19세기에 마르크스의 『자본론』과 똑같이 중요하다고 생각한다. 벨러는 다음과 같이 설명한다.

자본의 입장에서 볼 때, 영화에서 사건을 경험하는 것은 기계와 자본의 순환에 의해 몸으로 이루어질 수 있는 것에 대해 실험하는 것이다. 자본이 스스로를 영화로 인식한다면, 즉 산업 자본이 스펙터클의 사회에 힘을 내준다면, 몸, 위치, 노동, 원료, 시간과 함께 가장 급진적인 자본 자체의 탈영토화의 힘이 된 영화를 쉽게 상상할 수 있을 것이다. 생산 자체가 시각적인 것, 본능적인 것, 관능적인 것, 문화적인 것으로 이동하는 것처럼, 영화는 더 비싼 자본 형태로서 모습을 드러낸다.45)

들뢰즈는 영화 책에서 이미지의 내재적 분석을 제안했다. 이제 우리가 영화를 자본주의와 관련시킨다면, 정신분열증적 차원 또한 발견하게 될 것이다. 정신분열증에 대해서 들뢰즈·구아타리는 정신 질환으로서의 임상적 정신분열증을 협소한 심리학적 범위에서보다는 넓은 사회 역사적 장에서 작동하는 과정으로서의 정신분열증과 구별한다.46)

□ 「파이트 클럽」의 정신분열증적 파장

이제 「파이트 클럽」을 살펴보면 우리는 이 영화가 "정신분열증적 파장"47)으로 넘쳐흐른다는 점을 확실히 알게 된다. 이 영화

45) Jonathan Beller, "Capital / Cinema", in Eleanor Kaufman and Kevin Jon Heller (eds.), *Deleuze and Guattari : New Mappings in Politics, Philosophy, and Culture.* (Minneapolis and London : University of Minnesota Press, 1988) pp.82-83.
46) Eugene Holland, *Deleuze and Guattari's Anti-Oedipus : Introductions to Schizoanalysis* (London and New York : Routledge, 1999).
47) 「파이트 클럽」의 정신분열증과 브렛 이스턴 엘리스(Bret Easton Ellis)의

를 구성하는 배치의 수직 축의 선을 따라 분석해보면(제2장을 보라), 영화의 시작에서 주인공이며 내레이터인 잭이 자본주의적 소비로 인해 완전히 영토화되어 있으며, "이케아(Ikea)[48]가 둥우리를 튼 벌레"로 불리고 있다는 것을 알 수 있다. 잭의 탈영토화는 그가 타일러 더든을 만나면서 시작된다. 타일러는 잭을 싸움으로 초대한다. 곧 많은 사람들이 잭과 타일러를 따라 숨겨진 지하 비밀 모임에 가담한다. 물론 싸움의 폭력은 문자 그대로 소비 문화의 아름다움과 우아함에 공격을 가한다. 타일러와 잭은 캘빈클라인 속옷 광고를 경멸어린 시선으로 바라보고, 자본주의와 그 (잉여) 가치에 대항하는 저항 행위로서 자기 절단 행위를 신봉한다. 영화에는 영화/자본주의의 정신분열증-운동이 매우 명확해지는 한 장면이 있다. 타일러가 잭에게 어떻게 비누와 폭탄을 만드는지 가르쳐주는 순간이다. 이를 위해 그들은 자신들의 생산품의 기본 원료인 우아한 문화의 최종 찌꺼기 요소를 손에 넣는다. 그들은 지방 흡입 병원으로 가서 지방 흡입으로 나온 지방 덩어리를 훔친다. 사람의 몸에서 나온 지방 덩어리에서 그들은 글리세린 비누와 니트로글리세린 폭탄을 만드는 글리세린을 걷어낸다. 그들이 판매하는 비누는 백화점 매장에 진열된다. ("얼마나 아름다운지. 자기네 뚱뚱한 엉덩이에서 걷어낸 지방 덩어리를 그 부유한 마나님들한테 팔다니.") 폭약은 신용카드 회사 건물과 자본주의 상징물들을 폭파시키기 위해 사용된다. 우리는 여기에서 강력하고 확고한 방식으로 자본주의의 내

소설 『글래모라마(Glamorama)』의 편집증을 관련지은 더욱 정교한 분석은 Patricia Pisters, "Glamour and Glycerin: Surplus and Residual of the Network Society from Glamorama to Fight Club", Micropolitics of Media Culture, pp.127-143을 보라.

48) [옮긴이] 스웨덴 가구 회사. 전 세계 30여 개국에 190여 개의 점포가 있으며, 9000여 종의 고유 브랜드 제품을 가지고 있다. 서민을 타깃으로 한 실용적이고 저렴한 가격의 조립형 가구를 판매한다.

재적 체계가 작동하는 것을 본다. 찌꺼기(지방)는 소비 상품(그 자체의 잉여 가치로서 미와 우아함을 생산하는 비누)으로 전화하며, 결국에는 전체 체계에 대항하는 니트로글리세린 폭탄이라는 파괴적인 무기로 전화한다.

우리는 「파이트 클럽」에서 영토화(소비 문화)와 탈영토화(타일러의 저항적 행위인 파이트 클럽)를 살펴보고, 재영토화의 힘역시 작용하고 있다는 것을 덧붙여야 할 것이다. 영화 마지막에 파이트 클럽은 일종의 테러리스트 조직인 신체 상해(Mayhem) 프로젝트로 전화했다. 모든 조직원들은 똑같은 검정 셔츠를 입고, 죽을 때를 제외하고는 이름을 버리며, 제의적으로 「그의 이름은 로버트 폴루센(His name is Robert Paulusen)」이라는 노래를 부르기 시작하며, 맹목적으로 타일러의 명령에 따른다. 탈영토화의 자유의 순간이, "대중은 어떻게 자신의 억압을 욕망하도록 만들어질 수 있었나"[49]라고 『앙티 오이디푸스』에서도 설명된 비자유라는 문제로 다시 전화하는 경우들이 있다. 그리고 들뢰즈·구아타리는 자주 이 문제로 회귀하곤 한다. 이 비자유 문제는 분출하는 자유의 부정적 효과 및 자유를 확인하고 지속하는 것의 어려움이다.[50]

「파이트 클럽」의 배치의 수평축 위에서 영화는 행동-이미지로 결정된다. 영화는 일련의 결투, 즉 원시 제의적인 싸움으로 보이는 싸움으로 구성된다. 감각-운동적 기능은 내레이터와 타일러의 작용, 반작용을 통제한다. 이러한 점에서 영화는 고전적인 "몸의 영화"로 보인다. 하지만 영화 도입부에서 우리는 내레이터의 뇌로 문자 그대로 이동하고, 영화는 명백하게 "뇌의 영

---

49) *Anti-Oedipus*, p.xvi.

50) 자유와 비자유 문제에 대해서는 Aden Evens, et al., "Another Always Thinks in Me", *New Mappings in Politics, Philosophy, and Culture*, pp.270-280을 보라

화"가 된다. 영화 마지막에서 내레이터는 타일러이거나 혹은 타일러는 내레이터가 된다. 영화의 엔딩을 억지스러운 내러티브 비틀기나 좌절된 속임수로서, 또는 많은 사람이 실망스러운 반응을 보이게 한 요인으로 생각하는 대신,[51] 사유의 현실 이미지와 잠재 이미지가 서로 겹쳐 있는 곳에서 생겨나는 정신분열증적 전략의 논리적 결과로 보는 것이 가능하다. 제니퍼 휘손(Jennifer Heuson)이 지적하듯이, 영화는 다음과 같은 것을 보여준다.

내레이터와 타일러 더든이 서로 "포개지는" 곳은 자아 이미지의 생성 과정이다. 그리고 영화의 행동은 둘을 펼쳐서 그들을 단 하나의 이미지로 다시 포개는 것이다. 싸움 장면은 이 과정을 가장 잘 보여준다. 내레이터와 타일러는 두 개의 이미지로 싸우기 시작하고, 하나의 이미지는 다른 이미지에 "대항하여" 포개진다. 하지만 영화가 진행되면서 이러한 포개짐이 풀리며, 관객은 내레이터와 타일러 사이가 아니라 다른 사람들과의 싸움 장면을 본다. 그러나 이 펼쳐짐의 과정에서 결정적인 장면은 내레이터가 상관의 사무실에서 자신과 하는 싸움이다. 이 장면은 마지막 장면에서 현실화될 것인 내레이터와 타일러의 잠재적 재포개짐을 지적한다. 따라서 뇌의 살 속에 있는 주름(fold)은 영화 스크린에서의 주름이 된다. 이것들은 완전히 공간적이며 능동적이다.[52]

---

51) 그 예로, David Putman's review : "The Twist is admittedly surprising, but also preposterous and a frustrating gimmick" http://www.all-review.com /videos/fight-club.htm.

52) Jennifer Heussen, "The Duration of Oblivion : Deleuze and Forgetting on *Fight Club* and *Lost Highway*." MA thesis, Dept. of Film and Television Studies, Amsterdam University, 2000 : p.8. 「로스트 하이웨이」는 사유의 운동-이미지가 아니라 시간-이미지다. 피트/프레드 캐릭터는 절대 같은 시-공간의 층에 있지 않다. 이 영화에서 가상과 현실을 구분하는 것은 불가능하다. 피트 / 프레드는 결정체 이미지다.

현실태와 잠재태 사이, 내레이터와 타일러 사이의 지속적인 미끄러짐 때문에, 그리고 그들이 결국에는 하나로 포개진다는 사실(영화 도입부에서 내레이터가 불면증으로 고통을 받고, 따라서 그의 감각-운동적 행동이 비틀어지고, 그는 시간과 거짓의 역량에 쉽게 영향을 받게 되었다는 사실) 때문에, 이러한 동시대 운동-이미지는 시간-이미지의 특징을 가진다(제1장에서 설명했듯이 「스트레인지 데이즈」가 다른 방식으로 그와 같은 특징을 가지는 것처럼). 폭력에 대해서와 마찬가지로, 신체적 폭력이 뇌의 충격과 같고 탈영토화의 전략과 연결된다는 결론이 이제 가능해진다. 다시금 우리는 여기서 그들의 싸움과 싸우는 폭력의 계급의 구성원들을 보게 된다. 「파이트 클럽」의 정신분열증적 차원은 폭력이 자체의 반생산을 생산한다는 자본주의의 상징을 향해 간다는 사실뿐 아니라 잭이 싸우는 대상, 폭력의 계급을 형성하는 대상과 함께 그 자신의 "대항 이미지(counterimage)"를 생산한다는 사실로 인해 결정된다.53)

□웃고 있는 사자 : 타란티노 효과

쿠엔틴 타란티노(Quentin Tarantino)의 영화들 역시 그 폭력성으로 악명이 높다. 그의 영화들에 대한 많은 논쟁 또한 비록 타란티노 자신의 특징적인 방식이기는 하지만, 운동-이미지와 시간-이미지 사이의 운동을 가지고 유희하고 있다는 사실과 관련이 있다. 타란티노 영화의 폭력은 우선 초반부에 지적했던 기준에 따라 판단된다. 그것은 부도덕한 것 혹은 전혀 논쟁의 가치

---

53) 어쩌면 그들 자신의 대항 이미지의 창조는 「파이트 클럽」에서 아버지 역할의 부재와 관련이 있다. 영화의 한 지점에서, 타일러와 잭은 그들이 아버지를 전혀 모르며 여자들의 손에서만 키워졌다는 사실에 대해 논한다. 그러나 여기서는 이에 대해 더 부연하지 않았다.

가 없는 것으로 보인다.54) 데이너 폴란(Dana Polan)은 다음과 같이 지적한다. "영화를 좋아하는 사람들은 영화가 무언가를 말하려는 것인지가 아니라 순수한 놀이로서 영화적 경험을 전달하기 때문에 좋아한다. 영화를 싫어하는 사람들은 똑같은 이유로 싫어하는데, 그들은 「펄프 픽션」의 고의적일 정도로 쿨한 천박함을 우리 시대의 공허한 포스트모더니티의 징후로 본다."55) 「펄프 픽션」에 대한 두 가지 반응은 모두 실제로 영화 그 자체 안에서 교묘하게 성립된다. 도덕적 전략은 갱스터 줄스에 의해 표상되는 것으로, 그는 마지막에 신의 이름으로 폭력을 거부한다(에스겔서 25 : 17). 한편, 타란티노는 관객에게 완벽한 컬트 장르 전유의 가능성을 보여준다. 그것은 영화의 폭력을 향유하기 위해 채택할 수 있는 전략이다. 컬트 관객은 공포, 폭력, 소름끼치는 순간을 바흐친 식 카니발 이상으로 간주한다. 즉, 피는 순전히 분장과 마스크로 여겨진다. 컬트 관객에게 도덕적 충격을 넘어서는 것은 폭력의 과장됨이다. 「펄프 픽션」에서 보여주는 컬트적 요소의 명백한 예는 "절름발이"다. 그는 검은 가죽의 사도마조히즘적 인물이며 마르셀러스 월레이스를 강간하는 두 명의 명청이로 인해 트렁크에서 깨어난다.56)

타란티노가 자신의 영화에서 도덕주의적 반응과 컬트적 전유 양쪽을 모두 달성했음이 명백하지만, 「펄프 픽션」은 실제로 꽤나 모호해서 두 가지 지위를 적용하기가 쉽지 않다. 우선 신의 이름으

---

54) 이 두 입장의 좋은 예는 영화 잡지 *Skrien* 199 (1994년 12월 / 1995년 1월)와 201(1995년 4월 / 5월)에서 읽을 수 있다. 편집자의 세 가지 형식주의적 글은 폭력적 도덕 비평인데, 이 글들은 영화감독들, 작가들, 평론가들, 철학자들의 원탁 토론에서 논쟁거리가 되었다.

55) Dana Polan, *Pulp Fiction* (London : British Film Insitute, 2000) p.7.

56) BBC 컬트 프로그램 「몬도 로소(Mondo Rosso)」는 "타란티노 절름발이"(영화 음악과 함께)를 사회자 조나단 로스(Jonathan Ross)의 조력자로서 각 에피소드에 넣었다.

로 에스겔서 구절이 살인에 이용되며, 줄스가 결국 똑같은 신의 이름으로 폭력을 거부하고 선과 악이라는 단어가 아니라 약한 자와 강한 자에 대해(목자는 약한 자를 인도해야 한다) 말하기 때문에 도덕주의적 시각이 이해된다. 리얼리티가 계속해서 문을 두드리기 때문에 컬트적 선택도 쉽게 채택되지 않는다. 이를테면, 베트남 참전 군인으로서 크리스토퍼 워큰(Christopher Walken)의 선택은 매개적 방식으로(「디어 헌터(The Deer Hunter)」) 베트남전의 처참한 현실을 상기시킨다. 미아가 헤로인을 과다 복용할 때, 이 또한 현실에서 일어나는 일임을 잊기란 어렵다. 「펄프 픽션」의 모호함은 전 층위에서 나타난다. 심지어 어떤 이는 "타란티노 효과"(특히 「펄프 픽션」 같은 그의 영화들이 일으키는 불편한 쾌락을 의미한다)라고 주장한다.[57] 나의 가설은 타란티노가 행동-이미지의 특성을 유지하면서 동시에 시간-이미지의 위치에서 영리하게 유희하기 때문에 그의 영화는 파악하기가 힘들다는 것이다. 따라서 이 장의 결론을 내리기 위해, 「펄프 픽션」이 왜 그렇게 재미있고 우리가 이 영화의 폭력의 재현에서 왜 그렇게 웃는지를 단언하기 이전에 이 영화의 이미지(그리고 폭력)의 위치에 대해 간단히 논의하려고 한다.

□경계 위에서 : 행동, 충동, 시간

「펄프 픽션」은 많은 점에서 일반적인 할리우드 운동-이미지다. 들뢰즈가 정의한 것처럼 특히 행동-이미지에서 더욱 그렇다.

---

57) 샤론 윌리스(Sharon Willis)는 흥미로운 논문 "The Fathers Watch the Boys' Room"(in *Cinema Obscura* 32, May 1995 : 41-73)에서 타란티노의 인물들은 자주 (말 그대로) 바지를 내린다는 사실을 지적했다. 그것은 영화를 읽기 위한 중심 은유였다. 관객들도 역시 "바지를 내린다"는 기분을 경험한다. 이런 수치심은 사람들이 종종 타란티노 영화에 보여온 모호한 반응을 해석해준다.

이 영화에는 최소한 세 가지 다른 이야기들이 전개되지만, 이 모든 이야기들에는 목표에 경도된 하나 혹은 두 명의 중심 인물이 있다(빈센트와 줄스는 조그만 마약상을 속이고 시체를 처리하며, 빈센트는 충성을 유지하면서도 보스의 여자 친구와 데이트를 하고, 부치는 아버지의 시계를 다시 가져간다). 그들은 어떤 상황에 처한 자신들을 발견하고 그에 대해 반응한다.[58] 등장인물들은 보는 사람, 듣는 사람, 서성이는 사람들과는 거리가 멀다. 그들은 능동적이고 날카로우며 "쿨하다." 그러나 빈센트와 줄스의 발 마사지 대화는 말(verbal) 페티시즘이다. "발 마사지에 대해 말하지 마. 나는 발로 씹하는데 대가란 말이지!" 비록 우리가 이 장면에서 미아의 유명한 큰 발을 보지는 못하지만, 미아의 발은 틀림없이 여기에서 부분적인 대상이다. 또한 시퀀스의 시간 순서가 뒤섞인다는 사실은 시간의 선취가 충동-이미지의 특성이라는 점을 지적한다. 등장인물들이 바쁘고 적극적으로 자신의 환경에 적응해갈지라도 행동-이미지는 연속적인 충동-이미지가 되는 경향이 있다.

질료들을 복잡하게 하기 위해 타란티노는 또한 거짓의 역량과 함께 시간-이미지라는 이미지의 새로운 위치와 유희한다. 영화에 대한 반응에서 어려움 점은 종종 실재와 허구 사이를 구분하는 문제와 관련이 있다. 게다가 등장인물들은 순수 몸의 역량으로 간주되며 그들이 갖는 마주침에 대해서만 행동하고 반응하는 것으로 보인다. 인물들은 사랑과 미움에 대한 스피노자적 변용에 의해 유도된다. 부치라는 인물은 이러한 행동의 모범이다. 그는 무감각한 사나이로 그가 만나는 남성들 모두와 문자 그대로 거친 경기를 하는 권투 선수다(그는 권투 경기에서 상대를 죽이고, 빈센트에게 총을 쏘며, 마르셀러스를 친다). 그리고 여자 친

---

58) 내러티브 구조에 대한 형식적 분석은 Stan Lapinski의 논문 "Een Hecht Doortimmerde Structuur", *Skrien* 199(1994)를 보라.

구인 파비안과 함께 있으면 곧 부드럽고 상냥해지지만, 그가 마주치는 다양한 몸의 역량들에 의존하면서 미움(혹은 경멸) 혹은 사랑으로 인해 변용된다. 부치는 마르셀러스를 구하는데, 그가 갑자기 마르셀러스를 선한 자라고 판단하기 때문이 아니라 그들이 더 큰 인간쓰레기 커플과 마주쳤다는 이유만으로 그를 구하는 것이다.

타란티노는 확실히 고다르에게서 영향을 받는다(고다르는 들뢰즈가 선호하는 시간-이미지와 몸의 역량을 표현한 감독이다). 미아와 빈스의 유명한 댄스 장면은 고다르의 「국외자들(Bande Part)」에 대한 오마주다. 「주말(Weekend)」에서 "이건 피가 아니라 그냥 빨간색이야"라고 하는 고다르의 주장을 타란티노는 노골적으로 채택한다. 또한 타란티노는 고다르의 만화 사용에 영향을 받는다. 다른 이미지에 대한 일종의 주석으로서 만화를 사용하는 대신, 타란티노는 자신의 인물들을 종이 인형으로 만든다. 타란티노의 인물들이 쿨한 것처럼 만화 캐릭터들도 쿨하다. 그들은 모두 들뢰즈가 "순수 발화 행위"라고 지칭한 것으로 새로운 이미지의 특징을 보여준다.[59] 하지만 고다르의 영화들은 늘 영화를 참조하는 메타 담론을 이해하고 있다. 즉, 거짓의 역량이 늘 지적된다(그리고 심지어 이미지와 음향에서 이론화되고 분석된다). 고다르의 몸의 영화에서 몸은 순수한 힘이며, 모든 것은 (거짓) 영화적 장치로 인해 창출되는 (몸과 뇌에서의) 정서와 효과일 뿐이다. 타란티노도 몸의 역량으로 가득한 몸의 영화를 창조한다. 하지만 그는 현실적인 관습으로 "빨간색"과 "만화 캐릭터"를 결합한다. 연대기적 시간 구조가 복잡하게 얽혀 있음에도 불구하고, 영화는 행동-이미지의 진실성(credibility)을 유지하기 위해 신중하게 구성된다. 대부분의 세팅 또한 현실적이

---

59) *Time-Image*, p.266.

다. 몸은 종이 인형 같지만, 동시에 그 몸들은 극히 신체적이다 (먹고, 화장실에 가고 등). 종이 인형에 숨결을 불어넣는 또 다른 측면은 그들이 쓰는 말이다. 도시 서민의 대화가 인물에 자연스러움과 익살맞은 유머를 부여하지만, 또한 발화 행위로서의 지위를 강화한다. 이러한 점에서 타란티노는 대가다운 방식으로 거짓의 역량을 가지고 유희한다. 그는 (시간-이미지에는 일반적인) 현실과 허구 사이뿐 아니라 픽션과 메타 픽션 사이의 고전적 거리를 완전히 거부한다. 그는 또한 리얼리즘적인 관습에서 그림을 그리기 때문에 사람들이 현실을 완전히 잊을 수는 없다. 이로 인해 그의 영화를 컬트로 받아들이든지 비도덕적인 쓰레기로 거부하든지 간에 거기에는 어려움이 있다.

타란티노가 현대의 시간-이미지에 대한 자신의 인식을 보여주는 또 다른 점은 정치적 함의 안에서다. 「펄프 픽션」으로 다시 돌아가면, 그 속에는 결여된 민중이 그려진다. 하지만 민중은 그 자신만의 방식으로 다문화적 세계 안에 재현된다. 타란티노는 「펄프 픽션」에서 흑인 문화(거부-전략으로서 폭력을 포함하는)의 "쿨한" 측면을 전유함으로 인해 비난받는다. 그는 또한 "깜둥이"와 "쌍년" 같은 단어를 악용하거나 소수자의 언어를 적용함으로써 비난받는다.[60] 정치적인 올바름이라는 용어로 볼 때, 이러한 것은 거부할 수 없는 부분이지만, 한편으로는 타란티노가 흑인과 백인이 "폭력의 계급"을 형성할 때 그들 사이에는 아무런 차이가 실제로는 없다는 점을 보여주고 있다. 물론 이러한 폭력의 계급이 범죄적이라고 주장하는 사람도 있겠지만, 「잠이 오질 않아」와 「나탈리 그랑제」에서 명백하듯이 범죄적 폭력은 도주선에서 멀지 않다(이는 필수적으로 선하다는 것을 재차 의미하는 것은 아니다). 시간-이미지는 판단을 불가능하게 한다. 여기에는

---

60) Dana Polan, *Pulp Fiction*, pp.58-63.

타란티노가 시간-이미지의 함의점을 알고 있는 현대 영화감독이며, 그는 자신의 인물들을 판단하지 않는다는 또 다른 측면이 있다. 이것은 힘들의 유희 그뿐이다.61) 어쨌든 시간-이미지와 행동-이미지 사이의 이미지의 위치에서, 우리는 때때로 타란티노가 이미지에서 표현하는 폭력에 의해 혼란스러움을 느낀다. 이것을 비도덕적이라고 판단해야 하나? 혹은 또 다른 전략을 발전시키기가 가능한 것일까? 이러한 점은 왜 우리가(최소한 수많은 우리가) 타란티노의 폭력 이미지를 보고 웃는지 밝히고 싶게 만든다.

□차라투스트라의 웃음

들뢰즈는 다양한 예를 들어 유머의 중요성을 강조한다. 예를 들어, 『디알로그』에서 그는 유머(좀더 도덕적인 아이러니와는 반대되는 것으로서)가 언어의 소수자-되기와 관련을 맺어야 한다고 주장한다. 타란티노가 영화를 몹시도 재미있게 만드는 한 측면은 확실히 언어며, 이는 실은 소수자 언어, 즉 거리 언어며 미국 흑인들의 랩이다. 이렇게 언어는 유머가 밀어닥치는 하나의 사건이 된다. 『디알로그』에서 들뢰즈가 유머를 정의하는 또

---

61) "The Fathers Watch the Boys' Room"에서 샤론 윌리스는 "보니 이야기"에서 가장 강한 인물은 사실 짐(타란티노)의 흑인 아내임에 주목했다. 그녀의 부재로 인해 그녀는 더욱 강력해졌다. 그녀가 집으로 돌아오는 것과, 집안에 피범벅인 갱스터들과 차고에서 머리 없는 시체가 실린 차를 찾지 못하도록 모든 것이 그녀를 막을 때, 그녀는 보스 마르셀러스보다도 강력하다. 윌리스는 이것을 온갖 인종 차별적인 말들의 오용에 대한 보상으로 본다(cf. "바깥에 '깜둥이 시체 보관소'라는 표지를 보았나?"). 타란티노가 흑인남자들과 그들의 (영화) 역사의 모든 '쿨한' 측면들을 영화에 전유하는 한, 그건 사실인 것 같다(cf. 「재키 브라운(Jackie Brown)」의 "블랙스플로이테이션"). 그러나 그는 자각하며 긍정적인 방식으로 이를 행한다.

다른 방식은 "결과와 효과의 예술"로 유머를 보고 있는 것이다. 예를 들어, 부치의 시계가 주는 중요성의 결과, 더러운 차의 결과, 약물 과다 복용의 결과를 생각해보라. 벨 훅스(bell hooks)에 의하면, 「펄프 픽션」이 유발하는 웃음은 확실히 위험하다. "타란티노 영화에서 웃긴 것은 그가 거지같이 보이는 것을 너무나 우습게 만들어서 여러분은 누구나 다 그것을 받아들인다고 생각하며, 그 모든 것이 얼마나 부조리한지 알게 된다는 것이다. 글쎄, 그것은 우리가 위험 지대로 진입할 때다. 그럼에도 불구하고 사람들은 부조리를 보고 웃고 있고, 그 부조리에 밀착하고 있다."[62] 훅스의 반대는 심각하게 받아들여지지만, 나는 영화의 유머에 대해 좀더 긍정적인 시각을 찾고자 한다. 아마도 부조리에 대해 웃지만, 잊지는 않는 것, 다시 말해 영화를 향해 정신분열증적 태도를 가지는 것이 가능하다. 웃음에 연루되면서 관객 또한 "불시에 습격당한다." 즉 아이의 웃음과 어른 세계의 심각함이라는 이중 의식에 사로잡힌다는 것이다.

우리는 이러한 질료에 대한 스피노자와 니체의 성찰을 확장할 수 있다.[63] 스피노자에 의하면, 생의 윤리학은 가능한 한 수많은 기쁨의 정서를 창조하도록 구성된다. 기쁨만이 행동으로, 그리고 적합한 이념으로, 즉 더 나은 생활 방식으로 이끌 수 있다. 「형제들」에서 우리는 나쁜 마주침이 어떻게 우리를 슬프게 만들수 있는지를 알게 된다. 따라서 이 영화(이러한 종류의 영화)의 폭력은 또한 우리에게 슬픔의 효과를 준다. 「잠이 오질 않아」에서 슬픔이란 감정이 좀더 기쁜 경험으로 전화하는 것은 바로 폭

---

62) "Cool Cynicism", p.48.

63) *Dialogues* 에서 들뢰즈는 '표면의 예술'과 '결과와 효과의 예술'로서의 유머에 대해 말한다. ("영국계 미국인 문학의 우월함에 대하여") *Difference and Repetition* 에서 들뢰즈는 유머가 필수 기능으로 꼭 필요하다고 말하는, 연극에 대한 니체의 생각과 관련하여 언급한다.

력의 계급, 즉 폭력의 계급이 공격에서 발견하는 사회적 조건과 보상에 대한 예상치 않은 거부다. 「잠이 오질 않아」의 도입부에는 헬리콥터 안에서 정말로 "포복절도하고 있는" 두 사람의 거의 수수께끼 같은 이미지가 있다. 영화의 나머지 부분에서도 이 이미지가 무엇인지에 대한 설명은 없다. 하지만 이는 니체의 차라투스트라의 "폭소"가 문자 그대로 표현된 것이다.64) 니체와 웃음을 주제로 한 논문에서 존 리피트(John Lippitt)는 차라투스트라는 "삶의 최고의 가능한 확신은 그 부정적 측면에도 불구하고, 그 공포와 고통에도 불구하고, 삶의 부조리에도 불구하고, 삶에 대해 기쁨에 넘쳐 '네'라고 말하는 것임"65)을 알게 된다고 설명한다. 사실 명백한 첫 번째 쇼트를 제외하고, 「잠이 오질 않아」는 모호한 방식으로 "행복한 절망"을 표현한다. 행복한 절망이라는 말은 마르그리트 뒤라스를 다시금 떠올리게 한다. 행복한 절망(Le gai desespoir)은 또한 삶을 향한 뒤라스의 기본적인 태도다.66)

---

64) 차라투스트라는 초인에 대한 니체의 생각을 표현한다. *Time-Image*에서 들뢰즈는 니체의 진실한(정의로운) 인간, 우월한 사람 그리고 오슨 웰스, 바르가스, 퀸란, 팔스타프의 영화들과 관련된 초인 개념에 대해 말한다(제3장을 보라).

65) John Lippitt, "Nietzche, Zarathustras and the status of Laughter", *British Journal of Aesthetics* 32(1), 1992. 리피트는 부조리함을 설명하기 위해 토머스 네이젤(Thomas Nagel)을 인용한다. "우리의 삶을 부조리하게 만드는 것은 우리가 삶을 대하는 진지함과, 우리가 모든 것을 의심에 임의적이거나 개방적인 것으로서 진지하게 여기는 영구적 가능성 간의 충돌이다. 우리는 활력과 주의가 없이는, 또는 어떤 것을 다른 것들보다 진지하게 받아들인다는 것을 선택하지 않고서는 인간의 삶을 살 수 없다. 그러나 우리는 삶의 특수한 형식 외부의 시점을 가질 수 있으며, 이때는 진지함이 불필요해질 때다. 이 두 가지 피할 수 없는 시점은 우리 안에서 충돌하고 그것이 삶을 부조리하게 만든다. 진지함은 약해지지 않은 채로 살아가면서 우리가 알고 있는 의심거리들을 해결하지 못하기 때문에 부조리한 것이다"(p.46).

66) 마르그리트 뒤라스는 이 생각을 미셸 포르트와의 인터뷰에서 밝힌다. 이 인터뷰는 *Le Camion* (Editions de Minuit 1977 : 107)과 함께 출간되었다.

「펄프 픽션」에 대해서 말하고 싶은 것은 이 작품이 뒤라스의 통찰력보다는 덜 모호하지만, 유사한 행복한 절망의 과정이 진행된다는 것이다. 리피트는 차라투스트라가 영원 회귀(external recurrence)를 채택함으로써 유머에서는 매우 흔한 요소인 어린 아이 같은 놀이의 정신을 삶 그 자체에 가져오고 있다고 주장한다.[67] 데이너 폴란이 주장하듯이, "「펄프 픽션」의 수많은 매혹은 어린아이 같은 것이다. 이 용어는 판단보다는, 영화가 그리는 세계의 묘사와 영화가 불러일으키는 관객이 가지는 매혹을 의도한다."[68] 한편, 폴란은 영화가 섹스, 범죄, 도덕적 판단이라는 성인 세계를 다룰 때 깜짝 놀랄 순수함("커다란 아기"인 부치와 파비안), 음란한 항문애(anality)에의 강박(아버지의 시계를 "숨기는 장소"인 변기 위의 인물들), 퇴행적인 구순애(orality)(마요네즈를 뿌린 프렌치 프라이, 밀크셰이크, 팬케이크 같은 음식)의 톤을 유지한다. 반면, 이러한 깜짝 놀랄 순수함의 이면은 사디즘적 잔혹함인데, 이는 또한 아이들이 자신의 무능을 누르고 싶을 때 나타나는 행동의 양상이다. 나쁜 취향과 함께 더러움("피와 구토물")에 대한 천진한 강박은 모두 타란티노가 묘사한 어린아이 같은 세계다.

감독으로서 타란티노 또한 이미지를 가지고 노는 아이로, 그는 영화 역사라는 쿠키 상자에서 다질적(heterogenous) 이미지를 선택하고, 기쁜 영원 회귀를 지지한다. 타란티노의 웃음, 그리고 세상에 대한 그의 견해가 제기하는 웃음은 장난스러운 웃음이다. 이는 심각한 현실이 배제되었기 때문에 아니라 현실이 너무도 참을 수 없고 부조리하기 때문이다. 이는 차라투스트라의 웃음인데, 차라투스트라는 "웃고 있는 사자가 반드시 온다!"고

---

67) 들뢰즈가 브뉘엘에 관해 보여준 것처럼, 니체의 영원 회귀는 충동-이미지의 영원 회귀를 뛰어넘는다는 것에 주목해야 한다.

68) Dana Polan, *Pulp Fiction*, p.47.

주장한다. 타란티노는 "웃고 있는 사자며, 그의 웃음은 '개인'(그리고 아마도 집단적인) 해방과 창조의 표현으로서의 '절정의 웃음'이다." 이는(리피트를 다시 인용하자면) "그가 떨어지는 것을 지켜보면서 심술궂은 쾌락을 얻는 겁쟁이의 조롱하는 웃음을 넘어 위험한 파괴자를 성공적으로 태워주는 윈드서퍼의 찬미하는 웃음이다." 웃음에 대한 베르그손적 견해로 볼 때, 윈드서퍼의 찬미하는 웃음이란 절정의 웃음에 대립하는 무리의 웃음이다. 이는 "어울리지 못하는 한 아이를 보고 한 무리의 아이들이 웃는 웃음이 아닌, 새로운 장난감을 가지고 노는 아이의 웃음이다."[69]

차라투스트라처럼 타란티노는 사회적 올바름이 아니라 자유로운 개인의 웃음으로 "중력의 정신"에 대면하고 파괴한다. 그럼에도 불구하고, 이러한 보충적인 웃음은 고통의 의식을 포함하며 다음과 같은 지극히 중요한 점을 강조한다. "비극과 희극은 정반대이거나 상호 배척하는 것이 아니며, 모호하면서도 때때로 거의 역설적이게도 경험의 양태가 서로 관련이 있다."[70] 이러한 역설적인 관계는 정신분열증적 경험이다.

「펄프 픽션」에는 폭력이라는 측면에서 「형제들」의 장면과 매우 유사한 한 장면이 있다. 두 영화들에는 차 안에서 발생하는 치명적인 총기 사고가 있다. 「형제들」에서의 우발적인 발사는

---

69) "Nietzche, Zarathustra …", p.44. 베르그손에 의하면, 우리는 "살아 있는 것에 깃든 기계적인 어떤 것"에 웃게 된다. Bergson, *Le rire : essai sur la signification du comique* (Paris : Quadrige / Presses Universitaires de France, 1990, orig. publ. 1899)를 보라. 베르그손은 웃음을 자동적인 행동의 사회적 교정으로 간주했다. 베르그손은 우스꽝스러운 것의 메커니즘에 대해 아름다운 분석을 내놓는다. 하지만 그는 결론에서 희극적인 것의 거품 같은 활기에 대해 씁쓸한 무언가가 있다고 말한다. 실은 베르그손에 따르면, 웃는다는 것은 니체가 "무리들의 웃음"이라고 부른 것, 즉 집단의 웃음(종종 타인들의 손해에 대해서도 웃는다)이다. 이것은 초인의 "절정의 웃음"과는 반대된다.

70) "Nietzche, Zarathustra, …", p.48.

슬프고도 충격적이다. 하지만 「펄프 픽션」에서 이 장면은 대개 웃음을 유발한다. 실제로 웃긴 대사에 끼워 넣어지고("빅맥"과 "이봐, 내가 마빈 얼굴을 쏘아버렸어" 하는 대사 사이), 중대한 예술적 장면(피가 스며든 차를 어떻게 청소하는지)이 따라오는 이 장면이 재현하는 방식은 완전히 다른 반응을 불러일으킨다. 행동-이미지의 리얼리즘은 "거짓의 역량과 매우 모호하게 관련을 맺고, 이는 또한 사람들이 웃은 것에 대해 죄책감을 느끼게 하는 바로 그 장면이기도 하다." 타란티노는 확실히 사람을 어떻게 혼란스럽게 하는지 알고 있다.[71]

핀처와 타란티노는 모두 시간-이미지의 특성으로 오염되어버린 운동-이미지의 위치를 가지고 유희하는 이미지를 표현한다. 그들의 스타일은 다른데, 한 사람은 뇌의 영화를 표현한다면 또 다른 사람은 몸의 영화를 표현한다. 각자 다른 방식으로 그들 영화에서 폭력은 억압의 탈영토화 혹은 삶의 부조리라는 정신분열증적 운동을 형성한다. 타란티노의 유머가 삶의 부조리에 의해 영감을 받은 행복한 절망의 행동이기 때문에, 우리는 그가 표현하는 폭력을 보면서 아마도 우리 스스로가 "웃고 있는 사자"가 된다. 이는 「잠이 오질 않아」에서 다소 덜 명백하게 표현된 것처럼, 삶의 심각함이라는 막다른 골목에서 벗어나는 태도다. 「형제들」은 이러한 삶의 심각함에서 벗어나는 것이 늘 가능하지는 않다는 것을 입증한다. 한 사람이 다른 사람보다 정치적으로 올바르거나 도덕적으로 받아들여진다거나, 혹은 한 사람이 다른 사람보다 더 사실적이라고 말할 문제가 아니다. 폭력에서 표현된

---

71) 「저수지의 개들(Reservoir Dogs)」은 그리 혼란스러운 반응을 일으키지는 않았다. "서로 치고 받는 백인 소년들"(벨 훅스의 말을 빌리면)의 상징으로 가득한 이 영화는 비교적 분명히 비현실적인 영화이기 때문이다. 사람들의 반응은 이 영화를 좋아하든 싫어하든 둘 중 하나일 것이다.

슬프고도 아름다운 절망은 나쁜 마주침들로 가득한 삶의 복잡성과 부조리의 표현이다. 들뢰즈의 리좀적 개념의 도구상자는 왜 몇몇 폭력 이미지는 우리를 슬프게 만들고 또 다른 폭력 이미지는 홍겹게 만드는지 설명하는 데 도움이 될 것이다. 두 가지 모두 동시대적 조건이 갖고 있는 동전의 양면인데, 거기에서 결여된 민중과 폭력의 계급은 삶의 부조리나 불가능성을 표현한다. 한 사람은 무력하며 슬프고 다른 사람은 강하고 즐겁지만, 두 사람 다 선과 악을 재정의하고, 두 사람 다 선과 악을 넘어선다. 이는 또한 주체를 도덕적 존재로부터 재정의하는데, 그 도덕적 존재는 사랑하거나 증오하는 윤리적 개인으로 판단한다. 어쨌든 혁명을 기대할 수 없다면, 정치는 모든 이들을 관여시키는 어떤 것이 되었다. 그리고 영화는 몸의 이미지, 뇌의 이미지 그리고 이야기 꾸미기를 통해 이러한 질료들에 대해 생각하게 해준다.

제 4 장
여성-되기의 개념적 페르소나와 미학적 형상

> 남성의 되기들은 그토록 많은데 왜 남성-되기는 없는 것일까? 그것은
> 우선 남성이 유달리 다수적인 반면 되기들은 소수적이며, 모든 되기는
> 소수자-되기이기 때문이다. 바로 이런 의미에서 여성, 아이 그리고 동
> 물, 식물, 분자는 소수파다. 아마도 남성-기준과 관련한 여성의 특별한
> 위치가 소수파 그 자체인 모든 되기들이 여성-되기를 통과하도록 만드
> 는 것 같다.[1]

들뢰즈 · 구아타리에게 "존재"와 대립하는 "되기"가 그들의
철학에서 중요하다는 점은 잘 알려져 있다. 『천 개의 고원』에서
그들은 다음과 같은 수많은 되기의 유형에 대해 논의한다. "강렬
하게-되기, 동물-되기, 지각 불가능하게-되기, …."[2] 되기는 늘
소수자 되기를 포함하는 분자적 과정이다. 모든 되기는 여성-되
기로 시작하는 것으로 보인다. 하지만 최근 페미니스트들이 논
의해오듯이, 이러한 여성-되기는 여성이 되는 그램분자 혹은 그
자체의 종말로서 보여서는 안 된다.[3] 모든 되기는 누군가 혹은

---

1) *Thousand Plateaus*, p.291 / 550-551.

2) *Thousand Plateaus*, pp.232-309 / 443-585.

3) 예를 들어, Jerry Aline Flieger, Catherine Driscoll and Dorothea Olkowski
in Ian Buchanan and Clair Colebrook, eds., *Deleuze and Feminist Theory*
(Edinburgh : Edinburgh University Press, 2000)과 Lorrain Code, *Irigaray and
Deleuze : Experiments in Visceral Philosophy* (New York : Cornell University
Press, 1999).

무언가와의 근접성의 지대로 진입함으로써, 경험에서 다르게 사유하고, 새로운 것을 보거나 느끼기 위한 과정이자 시도다. 즉, "되기는 근접 영역과 식별 불가능성의 지대, 그리고 황무지를 구성하며, 떨어져 있거나 인접한 두 점을 탈취하여 한 점을 다른 점 근방으로 데려가는, 위치를 정할 수 없는 관계를 구성한다."[4] 『들뢰즈주의』에서 이안 뷰캐넌은 세계사와 관련하여 여성-되기를 논한다. 뷰캐넌은 들뢰즈·구아타리의 여성-되기 개념을 그들의 개념들에 대한 유토피아적 사명의 일부로 본다.

어떤 시각에서 보자면, 가장 심오한 유토피아적 텍스트는 더 나은 사회를 제안하거나 묘사하는 것이 아니라 현 사회의 가장 철저한 해체를 전달하는 것이다. 하지만 들뢰즈가 볼 때, 한계를 단순하게 보는 것 / 넘어서는 것은 한계의 관념을 유지시켜주기 때문에 우리를 지각 가능성으로부터 풀어주기에는 충분하지 않다. 누군가는 더 이상의 것을 해야 한다. 하지만 무엇을 할 것인가? 해답은 전체 비평의 기초가 되는 여성-되기다.[5]

이어 뷰캐넌은 들뢰즈의 『비평과 진단(Essays Critical and Clinical)』에 주목하는데, 여성-되기란 우선 사람이 자유롭게 살도록 해주는 과정이라고 본다. 만일 그렇지 않으면 무력해진다. "이렇게 살아가는 자유는 다행히도 정신 이상이 없는 사람들이 즐기는 것과 같은 자유는 물론 아니다. 이는 오히려 사물이 다르게 측정되고, 다르게 가치가 내려지며, 전적으로 신선한 일군의 규율에 의해 일반적으로 한데 묶이는 대안적인 우주로 이동해온 자들의 자유다."[6] 여성-되기는 정신분열증처럼 그 임상적인 정

---

4) *Thousand Plateaus*, p.293 / 555.

5) Ian Buchanan, *Deleuzism : A Metacommentary* (Edinburgh : Edinburgh UniversityPress, 2000), p.94.

6) *Deleuzism*, pp.94-95.

신 이상적 형식을 지닐 수 있다(정신분열증처럼 여성-되기는 정신분석학에서 채택된다. 프로이트는 그의 환자 슈레버가 여성-되기로 인해 고통을 받고 있다고 진단한다). 그러나 이는 또한 여성-되기가 효과(독자나 관객에게)를 유발하는 어떤 것이 된다는 점에서 비평적/예술적 형식도 지닌다. 뷰캐넌이 주장하듯이, 여성-되기가 더 이상 진단이 아니라 고발하기라는 것은 비평적/예술적 형식 안에서 그러하다.

효과를 가지는 예술적 여성-되기의 몇몇 형식을 살펴보기 위해, 나는 점차 철학의 내재성의 평면에서 예술의 조성의 평면(실로 내재적인)으로 이동하여 결국은 미학적 형상이 될 "개념적 페르소나"라는 용어를 사용한다. 들뢰즈·구아타리가 『철학이란 무엇인가?』에서 주장하듯이, 철학과 예술은 중재자를 필요로 한다.

> 개념적 인물은 철학자의 대변인이 아니라 차라리 그 역이라 할 수 있다. 철학자는 단지 자신의 철학의 중재자들이며 진정한 주체들인 개념적 주요 인물과 모든 다른 인물들의 외피일 뿐이다. … 개념적 인물들과 미학적 형상들과의 차이는 우선 다음과 같은 점에 있다. 전자들은 개념들의 힘이며, 후자들은 정서와 지각들의 힘이다. 전자는 사유-존재(Thought-Being)의 이미지(본체)인 내재성의 평면에서 작용하며, 후자는 우주의 이미지(현상)로서 조성의 평면에서 작용한다. … 예술도 철학 못지않게 사유하긴 하지만, 그것은 정서와 지각들을 통한 사유다.[7]

이제 이상한 나라의 앨리스 외에 어떠한 개념적 페르소나/미학적 형상이 "사물이 다르게 측정되는 대안적인 우주로 이동해온 누군가"가 될 수 있을까? 그리하여 이 장에서는 여성-되기의

---

7) *What is Philosophy?*, pp.64-66(질 들뢰즈·펠릭스 구아타리 지음, 이정임·윤정임 옮김, 『철학이란 무엇인가?』, 현대미학사, 1995, pp.95-98).

세계로 가는 가이드로서 루이스 캐롤(Lewis Carroll)의 형상을 채택한다. 우선, 이상한 나라의 앨리스가 일반적 되기 및 특정 여성-되기의 개념적 페르소나로 여겨지는 방식이 무엇인지 탐구하고자 한다. 앨리스가 작아지거나 커질 때 무슨 일이 생기는가? 그녀의 몸이 말하는 것은 무엇인가? 그녀는 기관 없는 몸(BwO)을 가지는가? 그녀는 여성-되기인가? 그러면 페미니즘에서 개념적 페르소나인 이 작은 소녀가 가진 가능한 의미화 작용을 살펴보기로 하자. "베레나 콘리(Verena Conley)는 「이제 여성-되기(Becoming-Woman Now)」라는 논문에서 "페미니스트들이 질 들뢰즈의 방향으로 긍정적 선회를 하게 된 것은 겨우 최근의 일이며 마지못해 한 것이다"라고 지적한다.8) 사실, 여성-되기의 개념은 여성 이론가들로부터 심각한 비판을 받았다. 앨리스는 실은 여성에게는 순진하며 초라한 예가 아닌가? 혹은 그녀가 달리 보일 수도 있지 않은가? 그녀는 완전한 발전 이전의 사이보그인가? 이 질문들에 대한 몇 가지 해답을 찾기 위해 나는 결국 현대 영화의 미학적 형상으로서 앨리스를 탐색하고자 한다. 마르그리트 뒤라스의 「오렐리아 스타이너(Aurélia Steiner)」(1979), 샐리 포터(Sally Potter)의 「올랜도(Orlando)」(1992), 장 피에르 주네와 마르크 카로(Jean Pierre Jeunet & Marc Caro)의 「잃어버린 아이들의 도시(The City of Lost Children)」(1995)와 같은 영화들에서 앨리스는 강력한 영화적 형상으로서 많은 동시대 아바타를 지니면서 등장한다. 그리고 라스 폰 트리에의 「브레이킹 더 웨이브(Breaking the Waves)」(1996), 「백치들(The Idiots)」(1998),

---

8) Verena Andermatt Conley, "Becoming-Woman Now", *Deleuze and Feminist Theory*, p.18. 콘리는 여성-되기 및 기관 없는 몸(BwO)에 대한 들뢰즈의 이념들과 엘렌 식수(Hélène Cixous)의 새롭게 태어난 여성(NBW) 사이에 평행선을 그린다. 콘리는 논문의 두 번째 부분에서 들뢰즈가 『시간-이미지』에서 몸의 태도와 포즈에 대해 되기를 어떻게 연관시키고 있는지 논의한다. 콘리는 되기의 영화의 예로 들뢰즈가 언급한 샹탈 아케르만의 작품을 꼼꼼히 분석한다.

「어둠 속의 댄서」(2000) 등 "골든 하트 삼부작"을 살펴봄으로써 끝맺고자 한다. 나는 「어둠 속의 댄서」를 집중적으로 살펴보면서 라스 폰 트리에의 여인들 역시 여성-되기의 미학적 형상으로 보일 수 있다는 점을 주장할 것이다.[9]

철학자가 이상한 나라의 앨리스와 만나다

□앨리스의 커짐과 작아짐 : 어떤 방식인가?

질 들뢰즈는 『의미의 논리(*The Logic of Sense*)』에서 루이스 캐롤의 『이상한 나라의 앨리스(*Alice's Adventures in Wonderland*)』, 『거울 나라의 앨리스(*Through the Looking-Glass*)』와 여러 번의 만남을 갖는다.[10] 들뢰즈에 의하면, 앨리스의 작아짐과 커짐은 순수 되기의 사건들이다. 되기의 개념은 들뢰즈 철학에서 중심이다. 이는 고정된 정체성, 기관 없는 몸, 과거와 미래로 인해 늘 침해당하는 시간과 지속의 개념(들뢰즈의 영화 책들, 특히 『시간-이미지』에서 매우 중요한 개념)에 대한 불확실성과 같은 많은 이념들과 관계한다. 되기의 역설은 동시에 항상 두 가지가 존재한다는 것이다. 앨리스가 점점 커지면 그녀는 동시에 과거보다는 크고 미래보다는 작다(앨리스가 작아지면, 그녀는 동시에 과거보다는 작고 미래보다는 크다). 들뢰즈가 결론 맺듯이,

---

9) 이 장의 이전 짧은 버전이 David Rodowick, "Gille Deleuze, Philosopher of Cinema", *IRIS* 23. Spring 1997 : 147-164에 실렸다.

10) Gilles Deleuze, *The Logic of Sense*, Trans. Mark Lester and Charles Stivale, Ed., Constantin V. Boundas (New York : Columbia University Press, 1990 ; orig. publ. Paris : Editions de Minuit, 1969) ; Lewis Carroll, *Alice's Adventures in Wonderland* and *Through the Looking Glass* (London : Penguin, 1994 ; orig. publ. 1865 and 1872).

모든 되기의 운동은 양방향으로 동시에 진행하고 후퇴한다. 즉, 앨리스는 줄어들거나 늘어남 없이는 성장하지 않는다. 동시에 두 개의 의미와 방향의 긍정은 역설이다. 항상 결정할 수 있는 의미나 방향을 지닌 양식(good sense)과 만나는 것이 의미의 논리다. 앨리스는 이러한 모험적인 되기가 주는 혼돈과 매혹을 입증한다. 이와 관련하여 들뢰즈는 다음과 같이 언급한다.

> 현재를 비켜갈 수 있는 이 순수 되기의 역설은 다름 아닌 무한한 동일성이다. 과거와 미래, 어제와 내일, 더와 덜, 너무와 아직, 능동과 수동, 원인과 결과 등. … "어느 방향, 어느 방향이에요?" 하고 앨리스는 묻는다. 한 번의 예외는 있었지만 움직임은 늘 두 방향으로 발생한 것이다. 어제와 내일의 뒤바뀜으로 인해 현재는 늘 지워진다. "어제와 내일의 복잡한 배합은 있지만, 오늘은 결코 없다." 더와 덜의 뒤바뀜. 다섯 밤은 한 밤보다 다섯 배 덥지만, "똑같은 이유로 그들[다섯 밤]은 또한 다섯 배 추워야 한다." 능동과 수동의 뒤바뀜. "고양이가 박쥐를 먹는가?"는 "박쥐가 고양이를 먹는가?"와 동등하다. 원인과 결과의 뒤바뀜. 죄를 범하기 전에 벌을 받고 상처를 입기 전에 소리를 지르고 참여하기 전에 역할을 행하는 것.[11]

이러한 모든 되기의 역설적 운동은 또한 고정된 개인의 정체성을 뒤흔든다. 따라서 앨리스는 자신의 이름에 대해 의심을 품는다. 역설은 단지 방향으로서의 양식을 파괴할 뿐 아니라 고정된 정체성의 할당으로서의 상식(common sense) 또한 파괴한다. 되기의 역설적 상황에서 주체는 그의 정체성에 의문을 품는 주체다. 이는 스피노자의 몸과 만나는 주체다. 『스피노자와 표현의 문제』에서 들뢰즈는 다음과 같이 몸의 탄력성을 표현한다. "양태가 몸이나, 유년기 뒤에 남겨져 있는 관계 혹은 노년에 진입하

---

11) *Logic of Sense*, pp.2-3(질 들뢰즈 지음, 이정우 옮김, 『의미의 논리』, 한길사, 1999, p.46).

는 관계를 변화시킨다고 말할 수 있다. 성장, 노화, 질병. 이로
인해 우리는 동일한 개인을 거의 알아볼 수 없다. 그렇다면 그것
이 정말 참으로 동일한 개인일까?"[12] 앞 장에서, 스피노자가 몸
이란 무엇인지 정의내리는 대신에 몸이 어떤 능력이 있는지로
몸을 정의하는 방식을 논의했다. 주체가 지속적으로 자신을 찾
아나가는 되기의 과정과 관련하여 "몸이 무엇을 할 수 있는지
우리는 모른다"는 그의 주장이 이제 이해된다. 이는 또한 몸의
의미와 능력은 맥락에 따라 다양하다는 것도 함의한다. 이러한
몸에 대한 탄력적인 개념은 다음 장에서 논의될 페미니즘 논쟁
에 유용한 새로운 관점을 제공한다. "들뢰즈적 페미니즘"은 명백
한 고전적 몸의 개념(마음-몸의 분리를 포함하여)에 기인하는
여성-되기의 개념에 대해 자주 가해지는 페미니즘 비판을 넘어
서 영역을 확보하고 있는 것이다.

□주체의 그램분자적, 분자적 층위

스피노자적 몸처럼, 들뢰즈·구아타리의 기관 없는 몸 개념은
하나의 고정된 동일성에 도전하거나 저항하는 몸이다. 제2장에
서 파스빈더의 기관 없는 몸과 관련하여 설명하고, 『천 개의 고
원』에서 들뢰즈·구아타리가 강렬함(삶)과 다중성이 함께 거주
하는 몸으로서 완전한 기관 없는 몸을 정의하는 방식에 대해 논
의했다. 기관 없는 몸은 기관에 대립되지 않는다. 이는 유기체의
한계에 대립되고, 전통적으로 정의되던 바와 같은 유기체의 조
직화를 넘어서 다중적인 접속을 만들어낸다. 유기체는 들뢰즈·
구아타리가 지층이라고 칭한, 세계의 그램분자적 혹은 절편적
층위에 놓인 매우 조직적인 원리 중 하나다. 들뢰즈·구아타리

---

12) *Expressionism in Philosophy*, p.159

는 세 가지 중요한 지층, 즉 유기체, 의미화, 주체화에 대해 사고한다. "너는 조직화되고 유기체가 되어 네 몸을 분절해야 한다. 그렇지 않으면 너는 변태에 불과하게 된다. 너는 기표와 기의, 해석자와 해석 대상이 되어야만 한다. 그렇지 않으면 너는 일탈자에 불과하게 된다. 너는 주체가 되고, 즉 주체로 고착되고 언표의 주체로 전락한 언표 행위의 주체가 되어야 한다. 그렇지 않으면 너는 떠돌이에 불과하게 된다."[13]

기관 없는 몸은 지층에 대립하고, 들뢰즈·구아타리가 구분했던 것으로 제2장과 제3장에서도 논의했던 정치선들의 일부분이다. 모든 되기와 기관 없는 몸은 분자적 층위에 위치한 도주선이다. 기관 없는 몸은 모든 몸 부위가 잠재성을 가지는 몸의 영도(zero degree)다. 그것은 분자적 층위에서 무수한 접속과 결합을 만들어낼 수 있는 "천 개의 작은 성들(sexes)"이다. 이러한 결합들은 다른 인간의 몸 사이에서 뿐 아니라 식물들, 동물들 그리고 다른 "몸"들과 관련하여 식물-되기, 동물-되기, 바람-되기, 음악-되기와 같이 만들어질 수 있다. 기관 없는 몸은 도달하기 쉽지 않으며, 들뢰즈·구아타리는 이러한 창조적 행위의 위험성을 보았다. 예를 들어, 파스빈더의 「13월인 어느 해에」에서 기관 없는 몸은 사라진다. 수많은 강렬함들이 지나갈 수 있기에 충분하고 풍부한 기관 없는 몸 대신, 텅 빈 기관 없는 몸 역시 가능하다. 마약에 중독된 몸, 마조히스트의 몸, 우울증의 몸은 어떠한 강렬함이나 흐름을 생산해내지 못하며 블랙홀에서 사라지는 그런 몸들이다. 이는 또한 유기체의 몇 가지 요소, 지층의 몇 가지 형식을 유지하는 것이 필요한 이유다. 들뢰즈·구아타리는 "격렬하게 탈지층화함으로써 여러분은 기관 없는 몸과 일관성의 평면에 도달하지 않는다"고 말한다. 사람은 지배적인 현실에 반응하기

---

13) *Thousand Plateaus*, p.159 / 306.

위해 주체성의 (적은) 비율을 충분히 유지해야 한다. 현실에서 지배적인 범주들이란 아마도 영원히 사라지지 않을 것이기 때문에 그러한 범주에 직면하고 그 범주들을 다루는 것이 중요해진다. 하지만 되기의 과정은 같은 현실에서 발생한다. 되기의 과정은 범주를 통해, 그리고 범주 사이 공간에서 미끄러진다. 따라서 지층의 그램분자적 층위(동일성, 절편, 범주)와 되기의 분자적 층위(주체의 "파괴" 혹은 "개방") 양자에서 주체의 구성을 고려하는 것이 중요하다.

□앨리스의 여성-되기

들뢰즈·구아타리는 모든 되기가 분자적 층위에서 일어난다고 설명한 후, 모든 되기는 여성-되기를 시작한다고 주장한다. 이것은 흥미를 자아내는 언급으로 많은 질문을 제기해왔다. 나는 페미니스트들이 앨리스라는 형상을 통해 질문했던 이러한 몇 가지 문제들을 다시 살펴볼 것이다. 순수 되기에 대한 의견은 별 문제로 하고, 앨리스는 여성-되기가 무엇을 의미할 수 있는지를 좀더 구체적으로 보여준다. 들뢰즈·구아타리는 여성-되기를 (다른 모든 종류의 몸에서 뿐 아니라) 여성과 남성의 몸 양자에서 생겨날 수 있는 미시여성성(microfemininity)의 과정으로 본다. 여성-되기는 기본적으로 몸에 대한 질문이다. 즉, 기관의 고정된 조직화에 몸을 주기 위해 도둑맞은 몸이다. 무엇보다도 이는 도둑맞은 **소녀**(앨리스는 일곱 살 반이다)의 몸이기 때문에 그녀의 몸을 통해 회복되어야 하는 것이다.

문제는 거대한 이원적 기계 안에서 남성과 여성을 대립시키는 유기체, 역사 그리고 언표 행위의 주체가 아니다. 또는 그것들만이 문제인 것은 아니다. 우선 문제가 되는 것은 몸, 즉 대립할 수 있는 유기체들을 제작하기 위해 우리에게서 훔친 몸인 것이다. 그런데 최초로 몸을 도둑맞는 것은 소녀다. 그런 식으로 처신하면 안 돼, 넌 이제는 어린 소녀가 아니야, 너는 말괄량이 소녀가 아니야 등. 소녀는 우선되기를 도둑맞고, 하나의 역사 또는 선사를 강요받는다. 다음은 소년의 차례다. 하지만 사람들은 소년에게 [소녀의] 예를 보이면서, 소년에게 소녀를 욕망의 대상으로 지칭하면서, 이번에는 소년에게 [소녀와는] 반대되는 유기체, 지배하는 역사를 만들어낸다. 소녀는 최초의 희생자지만 또한 예와 덫의 역할도 해야만 한다. 그렇기 때문에 반대로 몸을 '기관 없는 몸'으로 재구성하는 일, 몸의 비유기체성(anorganism)을 재구성하는 일은 여성-되기 또는 분자적 여성의 생산과 뗄 수 없다.14)

들뢰즈·구아타리는 여성-되기를 소녀가 여성으로 성장하는 것, 부과된 절편적 범주에 따라 "여성"이 되는 것에 대한 소녀의 이해라고 보지 않는다. 반대로 여성이 되는 자는 소녀가 아니며, "보편적 소녀를 만들어내는 것은 여성-되기"다. 그 밖에 앨리스의 사이 위치(더 이상 작은 소녀가 아니며, 아직 여성도 아닌, 아이와 여성의 사이)는 되기의 가능성을 드러내는 완벽한 형상으로 만든다.15) 여성-되기는 근본적으로 다중적 방식으로 몸과 욕망을 변형하고 자유롭게 하기에 관한 질문이며, 또한 기관 없는 몸들의 창조가 시작되는 것이다.

펠릭스 구아타리는 인터뷰에서 여성-되기의 개념을 여성들이 남성 동성애자와 여장 남자들과 공유하는 그들의 몸에 관련된 투쟁으로 설명한다. 그는 여성이 몸의 외형을 보호해왔던 몸에 대한 관계, 남근적 리비도에 집중하는 남성의 쾌락보다 훨씬 더한 몸의 쾌락에 대해 말한다.

---

14) *Thousand Plateaus*, p.276 / 524.

15) Marianna Fraaij, "Figures of Childhood : Alice, a Writer's 'Dream-Child'", *Encounter / Infraction / Contagion*. Conference papers collected by Joost de Bloois (Utrecht : University of Utrecht, 2000)도 보라.

[남성은] 지배적인 위치에서, 사정의 순간에 리비도를 집중해왔다 — 페니스라고 차마 말할 수는 없다. "나는 너를 소유했다", "나는 너를 가졌다." 남성들이 사용하는 "나는 네게 박았다", "내가 그녀를 만들었다" 같은 표현들을 한번 살펴보라. "나는 너를 지배했다", "나는 너를 찍었다" 같은 것에서 몸의 외형의 전체성은 더 이상 가치를 지니지 못하고 권력의 기호가 될 뿐이다. 이러한 권력에 대한 강박은 남성이 결국에는 스스로 모든 섹슈얼리티를 거부한다는 것이다. 반면, 몸으로서 존재하기 위해서 그는 여성이나 동성애자로 잠시 그를 변신시키겠다고 자신의 섹스 파트너에게 어쩔 수 없이 빌게 된다.16)

구아타리는 동성애자가 여성이라고 말하고 싶어하지는 않는다. 그는 몸에 관한 일반적 상황을 지적하고 싶어하며, 그것은 그(그리고 들뢰즈)가 **여성-되기**라는 용어로 지적하는 것이다. 이렇게 보면, 여성-되기는 여성으로 태어난 것이 아니라 여성으로 만들어진다는 시몬느 드 보부아르(Simone de Beauvoir)의 유명한 주장과는 매우 다른 것을 의미한다.

---

16) Félix Guattari, "A Liberation of Desire", in Gary Genosko, ed. *The Guattari Reader* (Oxford : Blackwell Publishers, 1996) p.206. 같은 인터뷰에서 구아타리는 또한 정신분석학과 욕망을 향한 그(그리고 들뢰즈)의 위치에 대해 한 번 더 설명한다. "나는 라캉의 학생이었고, 라캉이 나를 분석했으며, 12년 동안 정신분석학을 실습했다. 그리고 이제 그 실습을 버렸다. 정신분석학은 명판과 표상의 체계의 격자를 통과하기 위해 정신분석학을 강화함으로써 무의식을 변형하고 추하게 만든다. 정신분석학에서 무의식은 항상 이미 거기에 있으며, 사회적 규범에의 순응이라는 목표 위에서 발생론적으로 프로그램화되고 구조화되고 완성된다. 분열 분석에서 무의식은 경구뿐 아니라 모든 가능한 기호학적 수단으로, 개인이나 개인 간의 관계뿐 아니라 집단으로, 생리학과 지각 체계로, 기계, 투쟁, 모든 특징의 배열로 무의식을 구조화하는 것에 대한 질문이다. 여기에는 이전(transference), 해석, 전문가로 권력을 위임하기에 관한 질문은 없다."

페미니즘의 여성-되기 : 앨리스는 하지 않는다?

□그램분자적 근심

보부아르적 의미에서 여성이 된다는 것은 사회적, 가부장적 기준에 따라 여성이 구성됨을 뜻한다. 이 점에서 드 보부아르는 페미니즘 안에서 구성주의적 축을 대표하는데, 그녀는 남성과 여성이 태어날 때는 기본적으로 평등하고 중립적임에도 불구하고 이들 사이의 모든 차이가 사회적으로 부과된 것이라고 주장한다. 페미니즘에서 드 보부아르에 대립되는 위치는 여성은 여성으로 태어난다고 주장하는 것으로, 반드시 그런 것은 아니지만 종종 근본주의적 시각으로 유도된다. 근본적인 여성성과 구성된 여성성 간의 이러한 이원론적 구별 역시 오랫동안 페미니즘 내부에서 논의되어 왔다. 최근의 논쟁이 복잡하고 많은 미묘한 차이를 포함하고 있음에도, 이 두 극단은 페미니즘이 피하기 어려운 덫을 여전히 표현한다. 절편적, 이원론적 사고는 포기하지 힘들지만, 대부분의 페미니즘 투쟁이 지층의 절편선에서 생겨나기 때문에, 이원론과 불평등에 직면한다는 것은 느낄 수 있으며 심지어 필수적이기까지 하다. 모이라 게이튼스(Moira Gatens)가 『상상의 몸(*Imaginary Bodies*)』에서 주장하듯이, 여성의 몸에 대한 페미니스트들의 그램분자적 정치 투쟁에도 불구하고 몸에 대한 이원론적 이념이 지속되는 또 다른 이유는 페미니스트들이 개념적 수준에서 많은 작업을 하지 않았기 때문이다. "이와 같은 이론의 부재 속에서 많은 페미니스트들이 무의식적으로 다루는 것은 문화적으로 지배적인 몸의 개념화다."[17] 게이튼스는 또한

---

17) Moira Gatens, *Imaginary Bodies : Ethics, Power and Corporeality* (London and New York : Routledge, 1996), p.206.

몸에 대한 개념적 작업을 시작하기 위해 스피노자로 회귀하자고 주장한다. 그녀의 몇 가지 제안을 살펴보기 이전에,『질 들뢰즈와 재현의 몰락』에서 도로시 올코프스키 역시 설명하고 있는, 여성-되기의 개념에 대해 되풀이되는 페미니즘적 의혹을 언급하는 것이 유용할 것이다.18)

들뢰즈에게 처음으로 관심을 표명한 페미니스트인 로지 브레이도티(Rosi Braidotti)와 엘리자베스 그로츠(Elisabeth Grosz)는 리좀학, 지도 제작 그리고 다양한 들뢰즈적 전략이 페미니스트들에게 유용할 것이라고 주장한다. 하지만 여성-되기의 개념은 종종 페미니즘 투쟁의 남성적 전유로 보일 수 있다. 브레이도티가 주장하듯이, "들뢰즈는 여성적 페미니즘 입장의 역사적, 인식론적 특수성을 고려하는 데 실패하는 일반 '여성-되기'를 가정하는 모순에 빠져 있다. 성차를 고려하는 데 실패하는 차이 이론은 페미니즘 비평가인 나를 회의적 당혹감으로 빠뜨린다."19) 여

---

18) *Gilles Deleuze and the Ruins of Representation*, pp.32-58. 또한 그녀의 논문 "Body, Knowledge and Becoming-Woman : Morpho-logic in Deleuze and Irigaray", *Deleuze and Feminist Theory*, pp.86-109도 보라.

19) Rosi Braidotti, "Towards a New Nomadizm : Feminist Deleuzian Tracks or, Metaphysics and Metabolism", *Gilles Deleuze and the Theater of Philosophy*, ed. Constantin Boundas and Dorothea Olkowski (New York and London : Routeldge, 1994) p.169. 브레이도티의 *Patterns of Dissonance : a Study of Women and Contemporary Philosophy* (Cambridge : Polity Press, 1991)와 "Discontinuous Becomings : Deleuze on the Becoming-Woman of Philosophy", in *JBSP : The Journal of the British Society for Phenomenology* 24(I), 1993도 보라. 엘리자베스 그로츠는 *Volatile Bodies : Toward a Corporeal Feminism* (Bloomington : Indiana University Press, 1994)과 "A Thousand Tiny Sexes : Feminism and Rhizomatics", *Gilles Deleuze and the Theater of Phiposophy*에서 들뢰즈에 대해 쓰고 있다. 브레이도티와 그로츠는 페미니스트들에게 유용할 수 있는 들뢰즈적 사유의 지도를 그리기 전에 뤼스 이리가라이(Luce Irigaray), 앨리스 자딘(Alice Jardine)과 같은 페미니스트들에 의해 진행된 들뢰즈 비판을 정리한다. 이를테면, 이리가라이는 여성은 항상 기관 없는 몸

성-되기의 주장을 고려하는 이들 페미니스트들에 의해 제기되는 최대 근심은 더 큰 범주인 "남성"에게 이익이 되는, "여성"의 사라짐이라는 공포다. 엘리자베스 그로츠는 여성-되기에 대한 논문 결론부에서 페미니즘적 주장의 남성적 전유에 대해 특히 경계한다. 이러한 의혹은 모이라 게이튼스가 언급한 문화적으로 지배적인 몸의 개념에 기인한 것이다. 로지 브레이도티가 "나는 기표를 포기할 의향은 없다"고 말할 때, 또한 엘리자베스 그로츠가 여성-되기를 여성의 투쟁을 지워버릴 "더 넓은 투쟁에서의 단지 한 단계 혹은 디딤돌"이라고 볼 때, 그들은 실제로는 여성이나 다른 소수자에게 박정한 것으로 입증되었던 문화적으로 지배적인 몸의 이론들 안에서 논하고 있는 것이다.[20] 하지만 들뢰즈가 그램분자적 정치학 차원에서 여성의 투쟁을 충분히 지지한다는 점이 이제야 인정된다. 즉, 그는 "여성"을 절편적 범주로 지워버리길 원치 않는다(결국 작은 절편 부분들은 꽤 필수적이다).[21] 절편선에서 차이는 이원론적 대립(또한 성차가 속하는 지

(최소한 필수 기관 없이)으로 보여 왔다는 점을 언급한다. 그녀에 의하면, 들뢰즈적 사유가 이와 같은 몸을 창조하도록 움직이는데 그들에게 아무 도움도 안 될 것이다. 이것은 기관 없는 몸의 개념에 대한 혼란을 입증한다. 따라서 이 장의 뒤 부분에서 논의될 모이라 케이튼스는 덜 오도된 용어인 '조직화된 기관 없는 몸(Body without Organized Organs)'을 제안한다. 그녀의 책 *Becoming-Woman* (Minneapolis and London : University of Minnesota Press, 1997)에서 카미유 그리게르(Camille Griggers)는 레즈비언적 시각에서 여성-되기의 개념으로 연구한다. *Deleuze and Feminism*은 여성-되기에 대한 몇 가지 논문을 포함한다(각주 2를 보라). 도로시 올코프스키("Body, Knowledge and Becoming-Woman : Morpho-logic in Deleuze and Irigaray")와 로레인 코드(Lorrain Code)는 *Irigaray and Irigaray*에서 들뢰즈와 이리가라이의 관계를 수정하며, 몸의 유동성에 대한 두 사람의 이념이 이리가라이의 들뢰즈 비판보다는 공통적인 것이 더 많다고 주장한다.

20) *Gilles Deleuze and the Theater of Philosophy*, pp.182, 208-209.

21) 이를테면, 로지 브레이도티는 들뢰즈적 철학에서 이 점에 대해 의문을 가지고 있다고 고백한다. "우리에게는 두 가지 선택이 있다. 하나는 우리의 문화가

점이다)에서만 이해될 수 있는데, 이것은 바로 들뢰즈가 가길 원하는 방향을 넘어서는 차이의 종류다. 욕망을 자유롭게 하고 전 몸을 자유롭게 하기 위해 성차는 극복되어야 하며, (정신분석학에서처럼) 욕망이 욕망의 결핍 및 대상과 관련해서가 아닌, 몸의 모든 부분에서 만들어질 수 있는 능동적 접속과 관련해서 이해되어야 한다.

들뢰즈는 능동적 욕망을 위한 기본적 조건 창출의 중요성을 강조한다. "실재를 결여한 자는 그들을 욕망케 하는 가능한 일관성의 평면을 가지지 않는다. 개체적으로 평면의 구성이 정치적일지라도 이는 필연적으로 '집단', 집단적 배치, 일련의 사회적 되기에 관계한다."[22] 절편적인 정치적 페미니즘 투쟁은 욕망의 창출, 되기의 현실화를 위한 조건을 창출해야만 한다. 그럼에도 불구하고 들뢰즈가 여성-되기에 대해 이야기할 때, 그는 기의와 기표에 관해 몸을 사유하지 않으며, 연속적으로 따라오는 단계에 대해 말하지도 않는다. 오히려 들뢰즈의 스피노자적 몸의 개념은 좀더 유동적인 적응과 마주침, 그리고 맥락에 따라 달라지는 힘의 마주침을 허용한다. 매순간 다양한 정치선이 작동한다. 여성-되기는 성적 구별, 인종적 구별, 그리고 여타의 구별을 넘어서 진행하는, 그리고 절편적 범주를 통과하여 미끄러지는 수많은 접속과 마주침을 허용하는 분자적 층위에 위치한다.

소녀들은 특정한 연령, 성, 질서, 권역에 속하지 않는다. 오히려 소

아직 들뢰즈적이지는 않고, 분자적 되기의 파격적인 형식을 탐구하는 데 더 많은 노력을 기울일 필요가 있다고 말하는 것으로 이루어진다. 두 번째 선택은 들뢰즈의 되기의 도식이 불완전하고 다중적이라는 점에서 수정될 필요가 있지만 미분화된 되기는 아니라는 점을 말하는 것으로 이루어진다. 두 가지에서 내 마음이 어물쩍거리고 있으며, 선택을 강요받지 말아야 한다"("Meta(l)morphoses" in *Theory, Culture & Society* 14(2) May 1997 : 77).

22) *Dialogues*에서. *The Deleuze Reader*, p.114에서 인용.

녀들은 질서들, 행위들, 연령들, 성들 사이에서 미끄러진다. 또 소녀들은 막 관통해서 가로질러온 이원적 기계들과 관련해서 도주선 위에 n개의 분자적인 성을 생산한다. 이원론을 빠져나가는 유일한 방법은 사이에 존재하기, 사이를 지나가기, 그리고 간주곡이다. … 소녀는 남성, 여성, 아이, 어른 등 대립하는 각 항과 동시에 존재하는 되기의 블록과도 같다. 따라서 그램분자적인 대치 속으로 미끄러져 들어가 그 밑으로 또는 그것을 가로질러 가는 분자적인 여성적 정치학을 착상해야만 한다.[23]

들뢰즈는 절편들이 "고정성"을 부과하고 유연한 강도와 흐름을 허용하지 않기 때문에 "페미니스트들이 "새로운"(비록 좀더 능동적이거나 강력하게 평가될지라도) 절편에 블록화하는 것을 막고자 한다. 구성주의와 본질주의는 확실히 이러한 (무의식적인) 블록화로 보인다.

테레사 드 로레티스(Teresa de Lauretis)는 구성주의적 패러다임을 옹호한 페미니스트 중 한 명이다.[24] 『앨리스는 하지 않는다(Alice Doesn't)』에서 그녀는 『거울나라의 앨리스』의 험프티 덤프티(Humpty Dumpty)라는 인물이 대표하는 것으로 보는, 온정주의적인 주인의 언어(master language)가 갖고 있는 권력에 대항할 것을 주장한다. 하지만 드 로레티스가 주장하듯이, 되기의 분자적 층위에서(앨리스의 모험이 공간을 취하는 층위) 앨리스가 심술궂은 험프티 덤프티를 만날 때, 그녀는 주인을 만나는 것이 아니다. 주인이 달걀처럼 보일까?("달걀이 점점 커질수록

---

23) *Thousand Plateaus*, pp.277, 276 / 524-525, 523.

24) Teresa de Lauretis, *Alice Doesn't : Feminism, Semiotics, Cinema* (Bloomington : Indiana University Press, 1984). 들뢰즈에 대한 또 다른 "구성주의적" 페미니즘 비판은 주디스 버틀러(Judith Butler)가 수행하는데, 그녀는 들뢰즈가 비역사적 존재론의 기초로서 욕망을 긍정적으로 개념화하는 것에 반대한다. 들뢰즈에 반대하는 버틀러의 입장에 대한 논의는 Dorothea Olkowski, *Gilles Deleuze and the Ruins of Representation*, pp.40-47을 보라.

점점 인간적이 된다. … 앨리스는 달걀이 바로 험프티 덤프티라는 것을 확실히 보았다.") 주인은 "재버워키(Jabberwocky)", "트워즈 브릴링('twas brilling)", "보로고브(borogove)" 같은 정말로 장난스러운 단어를 택할 것인가? 오히려 험프티 덤프티는 기관 없는 몸이다. 그가 만일 앨리스라면 일곱 살에 떠났을 것이라는 주장은 범주로서의 여성성을 지워버리는 것이 아니라, 들뢰즈가 이해한 것처럼 앨리스의 여성-되기로의 "초대"다.25) 그램분자적 정치적 층위에서 드 로레티스가 "주인의 언어"에 대항하여 투쟁하는 것은 옳으며, 그 점에서 앨리스가 지배 언어를 받아들이기를 거부하는 것은 필연적이다. 하지만 험프티 덤프티는 주인의 언어를 대표하지는 않는다. 드 로레티스는 주류 언어에 대한 거부를 채택하는 흥미로운 전략을 설명한다. 생생한 경험과 퍼스의 기호학을 살펴보면서, 이어서 아비투스(habitus)26) 같은 개념 및 몸을 통해 매개되는 아비투스에서의 동적인 변화에 여지를 제공하고 있는 드 로레티스의 제안은 유용하다. 우선 몸 그 자체를 재고

---

25) *The Logic of Sense*, pp.82-93을 보라. 들뢰즈는 앙토냉 아르토(Antonin Artaud, 기관 없는 몸이라는 용어를 만든 사람)와 루이스 캐롤, 험프티 덤프티를 비교한다. 아르토는 캐롤의 피상적인 글쓰기를 싫어했지만, 들뢰즈는 두 작가가 많은 유사성을 가진다고 본다. 더욱이 들뢰즈·구아타리는 기관 없는 몸을 영도 혹은 달걀로 묘사했다. "우리는 기관 없는 몸을 유기체의 확장과 기관의 조직화 이전, 지층의 형성 이전 완전한 달걀로 다룬다 …", *A Thousand Plateaus*, p.153.
26) [옮긴이] 프랑스 사회학자 피에르 부르디외(Pierre Bourdieu)가 만들어낸 독창적 개념으로 통상 '습속'으로 번역된다. 아비투스는 특정한 사회적 상황과 환경에 의해 인간에게 내면화된 성향이나 행위로서, 인간의 행위는 사회의 객관적 구조와 아비투스라는 내재화된 구조의 상호 변증법적 매개 과정에 의한 것이다. 아비투스를 가장 잘 드러내는 것이 취향인데, 요컨대 취향은 계급을 가늠케 해주는 지표가 된다. 계급 간에는 정치적 관심사, 옷차림, 말투 등 특정한 시공간의 영향으로 몸에 밴 서로 다른 습속이 존재한다. 이와 같은 몸에 익은 습관이나 행동 양식이 아비투스며, 아비투스는 사회적 행위 주체의 행동 원칙이나 표상 원칙들을 결정하는 일련의 획득된 기질과 성향이다. 아비투스는 행위자에게 인식되기도 하고 인식되지 않기도 한다.

찰해야 한다. 『젠더의 테크놀로지(*Technologies of Gender*)』에서 성과 젠더를 구분하는 드 로레티스의 전략은 이원론적 몸의 개념화에 기초한다. 역사적으로 상이한 모든 종류의 담론들로 설명될 수 있는 중립적인 외형으로 보이는 몸은 무역사적인 마음/몸 분리를 전제한다.

□상상의 몸 : 스피노자의 [상황에] 놓인 몸

『상상의 몸』에서 모이라 게이튼스는 페미니즘 담론의 성/젠더 구분을 비판한다. 하지만 그녀는 생물학적으로 결정된 인간 주체로 보는 본질주의로 떨어지지 않고 사회적, 정치적 환경의 영향을 지워버리지도 않는다. 대신 게이튼스는 최소한 두 가지 종류의 몸, 즉 남성과 여성에 대한 재인식을 주장한다.27) 게이튼스는 한편으로는 남성 주체로 행동하고 다른 한편으로는 여성 주체로 행동할 때, 상이한 몸들은 꽤 다른 개인적, 사회적 의미되기를 가진다고 말한다. 하지만 이 글에서 게이튼스는 고정성에의 전념이나 몸의 기능의 사회적 의미되기의 본질도 주장하지 않는다. 푸코로부터 영향을 받은 이러한 명백한 역설을 이해하기 위해 게이튼스는 몸에 관한 구체적이고 역사적인 담론들의 네트워크에 놓인 살아 있는 몸의 개념을 제안한다. 그것이 바로 "상상의 몸"이다. 그것은 생물학적, 상상적, 역사적 몸의 동시적 이해며 그 중 어느 한 가지에 대한 의문이 아니다. "나는 생물학

---

27) 게이튼스는 최소한 두 개의 성에서 유사한 재인식을 제안하는 엘렌 식수와 뤼스 이리가라이의 연구가 본질주의적인 것이 아닌, 상이한 몸의 경험(고정되지 않으며 모든 여성에게는 본질적인)을 이해하는 데 중요한 기여를 한 것으로 본다. 그 외에, 생물학적 몸의 결정은 그다지 똑바르게 명확하지는 않으며, 게이튼스는 "연속체로서의 성과 다중적인 몸"을 제안한다. 이를테면, "보통으로" 보이는 여성은 남성적 XY-코드를 전달할 수 있다. 몇몇 사람들은 남녀 양성적 XXXY 코드를 가진다.

적 층위에서의 '남성'과 '여성' 대신 상상의 몸의 층위에 상응하는 '남성성'과 '여성성'을 제안한다. 이는 '남성성'과 '여성성'에 대한 고정적 본질을 내포하지 않고, 오히려 역사적 특수성을 내포한다고 반복하여 주장한다."[28] 역사적 특수성은 결정적 요인(구성주의적 페미니즘에서 결정적 요인으로 보고 있으며, 푸코에서도 이 같은 이념이 발견된다)이 아닌 현실화된 몸의 특정 이념을 위한 일련의 조건으로 간주된다.

개념적 층위에서 게이튼스는 전통적인 근대 서양 철학을 지배했던 이원론에 의존하지 않는 몸 및 사회적 삶, 정치학, 윤리학과 몸의 관계에 대한 스피노자의 설명을 주장한다. 이러한 스피노자의 몸은 환경과 지속적으로 교환하며 주위 배경에 근본적으로 열려 있기 때문에 결코 완결된 생산물로 보일 수 없다. 스피노자 이론에 근거하여, 게이튼스는 절편적 층위에서 몸과 인간 주체를 다르게 바라보는 몸에 대한 개념적 구조물을 세운다. 게이튼스가 비이원론적인 방식으로 (여성의) 몸의 정치적, 윤리학적 상황을 이해하기 위해 스피노자를 "새롭게 발전"시켰다면, 들뢰즈는 다른 방식으로 동시대 스피노자의 관점을 제안한다. 그것은 바로 저항하는 몸, 어떠한 절편적 정치학으로부터도 탈주하는 기관 없는 몸이다.

따라서 거시적 / 그램분자적 몸(게이튼스의 성화(sexed)되고 [상황에] 놓인 몸)으로부터 좀더 미시적 / 분자적 몸(들뢰즈의 기관 없는 몸)으로 관심이 이동되고 있다. 그러므로 이 두 몸은 상이한 정치선 위에 위치한다. 거시 몸은 되어가는 미시 몸을 위한 조건을 창조한다. 들뢰즈가 미시 몸과 분자 정치학이 점차 중요해질 것이라고 주장하지만, 사람은 타인 없이는 행동할 수 없다.[29] 게이튼스는

---

28) *Imaginary Bodies*, p.16.
29) 들뢰즈는 클레르 파르네(Claire Parnet)와 함께 *Abécédaire*에서 이 점을 말한다(letter "G" for *Gauche*, ARTE television, 1995 ; 비디오로도 출시되었다.

이중 전략을 강조한다. 「스피노자주의의 렌즈를 통해 : 행동학, 차이, 역능(Through a Spinozist Lens : Ethology, Difference, Power)」에서 게이튼스는 다음과 같이 주장한다. "우리는 두 가지 전선, 즉 거시정치학과 미시정치학에서 우리 문화의 성적 규범에 관계할 필요가 있다. 우리는 그램분자적 정치 현실로의 가능성과 내재성의 평면에서 창출될 미시정치학적 가능성의 경험을 조직하는 두 가지 평면을 모두 언급할 필요가 있다. 우리는 이것 혹은 저것 사이에서 선택하지 말아야 한다. 우리는 페미니즘 정치학이 이것과 저것이라고 말할 것이다."30)

게이튼스는 되기의 범위에서 그 자체를 표명하면서 주체의 "중간물(in-between)"과 관련된 미시정치학인 분자 윤리학에 대해 **행동학**(ethology)이라는 용어를 사용한다. 스피노자에 의하면 행동학은 빠름과 느림에 관한 연구며, 각 사물을 특징지우는, 변용하고 변용되는 능력에 관한 연구다. 행동학적 관점에서 볼 때, (그램분자적) 정치학적 질문은 다른 빛으로 투과될 수 있다. 게이튼스는 강간의 폭력을 예로 든다. "행동학적 독해에서, **본질적으로** 간파되거나 **본질적으로** 불가해한 개인은 없다. 간파를 통해 다른 이를 지배하려는 어떤 이의 몸의 역량은 양자의 전체 맥락에 의존한다. 남성성과 여성성은 법적, 의학적, 언어학

Vido Editions Montparnasse 1996). 들뢰즈는 여기에서 분자적 운동과 관련된 소수자 정치학에 대해 이야기한다. 소수자는 숫자로 측정되는 것이 아니다.

30) Moira Gatens, "Through a Spinozist Lens : Ethology, Difference, Power", *Deleuze : a Critical Reader*. Ed. Paul Patton (Oxford : Blackwell Publishers, 1996) p.178. 돈 아이드(Don Ihde)는 미시 지각(몸의 감각적 지각의 차원과 관련되는)과 거시 지각(문화적인 해석학 차원과 관련되는)에 대해 유사한 방식으로 설명한다. "해석학적 혹은 거시 지각적 배경의 장에서를 제외하고 텅 비거나 고립된 미시 지각은 없다. 거시 지각은 미시 지각적(몸-감각적) 경험에서 완전함 없이 어떠한 초점도 가지지 않는다"(Don Ihde, *Postphenomenology — Essays in the Postmodern Context* [Evanston, Ill. : Northwestern University Press, 1993]).

적 등의 가지각색의 복잡한 배치를 통해 배타적인 이원적 형태(남성 / 여성)를 둘러싸고 조직되는 특정한 변용의 다발과 몸의 역량으로 독해될 수 있다."[31] 예를 들어, 제2장에서 게이튼스가 강간이 특수한 "기술"로 보일 수 있으며, 이에 의해 성차가 폭력을 통해, 그리고 "상처 입은" 것으로 정의되는 성화된 여성의 몸을 통해 창출되고 유지되는 지점에서 강간에 대한 행동학적 분석을 어떻게 이루어내는지 언급했다. 하지만 "강간 시나리오"는 영원한 처방이 필요 없다. 아마도 강간 시나리오를 심각하게 채택하는 것을 거부하고 하나의 소극(farce)으로 다룸으로써, 또한 강간 시나리오를 적용하게끔 이끄는 물리적 수동성을 거부함으로써 "시나리오를 다시 쓰는 것"이 가능해질 것이다.[32]

□기관 없는 사이보그 앨리스의 몸

20세기 후반의 점차 증가하는 기술적, 시청각적 환경은 인간 몸에 많은 영향을 미쳐왔다. 들뢰즈가 미시 몸과 정치학이 점점 중요하게 될 것이라고 생각하는 이유를 더욱 잘 이해하기 위해, 기술 과학적 특질이라는 문제로 "새로운 세계의 질서"를 다루고 있는 다나 해러웨이(Dona Haraway)의 작업[33]을 살펴보자.[34]

---

31) "Through a Spinozist Lens."

32) "Through a Spinozist Lens", p.181. 여기서 게이튼스는 샤론 마커스(Sharon Marcuse)를 인용한다.

33) [옮긴이] 다나 해러웨이는 1980년대 말에 '우리 모두가 사이보그'라고 주장했다. 그녀의 「사이보그를 위한 선언문(A Cyborg Menifesto)」은 오늘날 사이보그와 관련하여 가장 널리 읽히는 글인데, 여기에서 그녀는 사이보그를 가부장제의 지배와 과학 기술적 결정론을 넘어서기 위한 가장 강렬한 정치적 상징으로 제시한다. 이렇게 해서 그녀는 사이보그를 인간과 기계의 혼성 괴물에서 성차와 지배를 종식시키기 위한 해방 운동의 상징으로 변모시킨다.

34) Dona Haraway, "A Cyborg Manifesto", *Simians, Cyborgs, and Women : The Reinvention of Nature* (London : Free Association Books, 1991). 로지 브

그녀의 작업은 과학과 테크놀로지가 어떻게 살아 있는 몸, 상상의 몸 모두와 튼튼하게 관련을 맺는 문화적 담론으로 복무하는지에 대해 통찰력 있는 시각을 보여준다. 해러웨이는 몸을 그 자체로 철학적으로 설명하지는 않으며(욕망 또한 마찬가지로), 동시대 문화에서 인간 몸에 대해 과학적, 페미니즘적 관점에서 탐구하지만, 그녀의 이념은 스피노자의 이념으로 정의될 수 있으며, 그녀가 제안한 잡종 사이보그 이미지는 주체의 고전적 경계(남성 / 여성, 문화 / 자연, 인간 / 동물, 인간 / 기계, 가시 / 불가시 사이)를 거부하는 들뢰즈의 기관 없는 몸과 유사하다.35) 우리는 다중성 사이에서 교섭하고 역설과 함께 살아가려 노력하면서, 사이보그를 동시에 여러 방향에서 볼 수 있는 비판적 눈(혹은 리좀적 뇌라고 말해야 할 것인가?)으로 간주할 수 있다.

이러한 역설 중 한 가지가 해러웨이 자신의 성차와 관련된 사이보그 개념에서 제기된다. 해러웨이가 페미니즘 의제를 가진다는 사실은 사이보그에 대한 바로 그 사고와 모순되는 것으로 보인다. 사이보그는 성 간의 경계를 포함하여 모든 전통적 경계들을 무시하기 때문이다. 그녀는 선언문의 말미에서 "사이보그는 부분적이며 유동적이고 때때로 성과 성적 구현이라는 관점을 좀 더 심각하게 고려할 것이다. 젠더가 심오한 역사적 넓이와 깊이를 가질지라도, 이는 결국 세계적 동일성은 아닐 것이다"라고 주

레이도티도 논문 "Towards a New Nomadism"에서 해러웨이와 들뢰즈 간의 특수한 친밀성에 주목한다. 브레이도티는 페미니즘 정치학의 질문이 제기될 때 정확히 생겨나는 이러한 비교의 한계를 본다.

35) 모이라 게이튼스 또한 이 점에서 해러웨이를 참조한다. 게이튼스에 의하면, 해러웨이의 연구는 사이보그가 도전하는 경계가 행동학적 시점에서 괴물 같거나 무서운 것이 아님을 증명한다. "인공물과 자연, 인간과 비인간의 구별은 행동학적 관점에서의 관심이 아닐 것이다. 이 용어들은 하나의 사물과 다음 것 사이의 구별이 동적인 혹은 역학적인 차이에 도달하는 내재적인 평면에서만 분석될 수 있기 때문이다"(Through a Spinozist Lens", p.167).

장한다. 이에 반해 해러웨이는 사이보그가 확실히 여성적이라는 것을 몇 차례나 선포한다. "나의 사이보그는 소녀다."36) 이상한 나라의 앨리스의 모험적인 되기로부터 우리는 역설이란 항상 동시에 양방향에 있으며, 사이보그의 역설을 이해하는 것도 가능하다는 것을 배워왔다. 사이보그는 게이튼스의 상상의 성화된 몸과 들뢰즈 식의 기관 없는 몸이 만나서 동시에 모두가 진실인 지점에 정확하게 놓인다.

해러웨이의 사이보그는 소녀고 여성이 아니다. 물론 이것은 우리로 하여금 앨리스를 다시 생각하도록 한다. 해러웨이가 물리적인 것과 비물리적인 것 사이, 알아차리기 어려울 정도로 너무나 작아진 테크놀로지와 기계들에 관한 가시와 불가시 사이의 경계-위반에 대해 이야기할 때, 그녀 스스로 "사이보그 앨리스"의 형상을 제기한다.

새로운 기계는 이처럼 깨끗하고 가볍다. 사이보그 엔지니어들은 후기 산업 사회에서의 불온한 꿈과 연상된 새로운 과학적 혁명을 매개로 하는 태양 숭배자들이다. 이 깨끗한 기계들이 야기하는 질병들은 면역 체계에서의 항원(antigen)의 변화이자 스트레스 경험의 변화나 다를 바 없다. "동양" 여성의 민활한 손가락, 인형의 집을 가지고 있는 앵글로 색슨계 빅토리아조 꼬마 소녀의 오랜 환상, 작은 것에 매료되도록 강요된 여성의 관심사 등은 이 세계에서 완전히 새로운 차원을 획득하게 된다. 사이보그 앨리스가 이 새로운 차원들을 설명할 수도 있다.37)

해러웨이에게 미시적인 이미지, 나노 테크놀로지, 그램분자는

---

36) "A Cyborg Manifesto", p.180. 콘스탄스 펜리(Constance Penley)와 앤드류 로스(Andrew Ross)가 진행한 해러웨이와의 인터뷰를 보라. "Cyborg at Large" in *Social Text* 25/26. 1990.

37) "A Cyborg Manifesto", p.154.

점차 중요해진다. 세계의 미시적이고 비가시적인 차원에 대한 여성의 전통적 주목에 대해 새롭게 시작된 관심은 그녀의 시각에서 볼 때 절편화 작용과 지배화 작용의 새로운 기계와 기술의 가능한 위험성을 포착하기 위해 발전된 중요한 전략이다. 앨리스처럼 사이보그는 되기, 접속, 친밀성 집단(사이보그는 정체성과 기원에 기초하여 선택하는 것이 아니라 친밀성에 기초하여 선택한다. 어쨌든 이는 되기의 정치학을 뒤흔드는 것이다)을 창출하며 분자적 층위에 위치한다. 반면, 사이보그는 "전쟁 기계"나 "도주선"을 창출하며, 절편적 정치학적 층위에서 굳건한 정치적 상황의 도구로서 행동할 수 있다. 해러웨이는 산타리타 감옥의 나선형 춤을 예로 든다(1980년대 초반 캘리포니아 알라메다 카운티 감옥의 간수와 체포된 핵 반대 시위자들을 연결한다).

하지만 해러웨이와 들뢰즈는 모두 절편적인 정치학 층위에서 현대 테크노 사이언스 사회의 극단적인 경계를 보여준다. 한편으로는, 이 사회는 분자적이며 소수자 운동이 점차 가능하고 확고해지며 심지어 필요하게 되도록 만든다. 다른 한편으로는, 두 사상가들은 점점 많은 권력을 (다시) 획득하고 있는 오래된 그램 분자적 구조의 유령 같은 회기를 본다. 그러므로 해러웨이는 두 가지 유형으로 사이보그를 구분한다. 첫 번째는 우주적 방어와 평화라는 이름으로 행동하는 사이보그로 지구 위에 최후의 제어 그리드(control grid)를 부과하고("스타워즈 묵시록"), 여성의 몸을 마지막으로 채택한다. 또 다른 관점에서 사이보그는 "사람들이 동물과 기계와의 친척 관계를 두려워하지 않고, 부분적인 정체성과 모순적인 시점을 영구히 두려워하지 않는 곳"[38]에서 살

---

38) "A Cyborg Manifesto", p.154. (데카르트적 정신에서) 몸과 물질의 한계를 초월하려 하는 사이보그 문화에서 경향성의 개요에 대해 보라. Mark Dery의 책 *Escape Velocity : Cyber Culture at the End of the Century* (New York : Grove Press, 1996).

아 있는 사회적 신체적 현실의 세계를 창조할 수 있다. 해러웨이의 지배 정보학과 들뢰즈의 통치 사회는 이러한 분자적 환경 안에서 정보와 통치가 어떻게 우리 사회의 "새로운" 그램분자적 체계들, 경계들, 위계 질서들을 형성하는지 지적하는 개념들이다.[39] (그램분자적, 분자적 충위의) 사이보그와 (그램분자적 절편은 무시하고 도주선상의) 기관 없는 몸은 지나친 통치, 지나치게 단일하고 독단적인 비전을 거부하는 도구다. 사이보그와 기관 없는 몸은 후기 자본주의 테크노 사이언스 세계 질서와 관련하여 오래된 가능성과 새로운 가능성, 오래된 위험과 새로운 위험 사이의 교섭을 허용하는 개념들이다.

어쨌든 들뢰즈의 여성-되기의 개념과 해러웨이의 사이보그는 역설로 가득하다. 제리 앨린 플리거(Jerry Aline Flieger)가 논문 「여성-되기 : 들뢰즈, 슈레버, 분자적 동일화(Becoming-Woman : Deleuze, Schreber and Molecular Identification)」에서 주장하듯이, 역설에서 사유하기나 정신분열증은 페미니즘과 들뢰즈가 만나는 곳에서 확실한 전략이 될 것이다. "들뢰즈와 페미니즘은 이상하게도 실제 여성들의 관심이라는 관점에서 나온 것으로 보인다. 서양 난과 말벌처럼, 들뢰즈적 사상과 페미니즘 사상의 관계는 일종의 생산적 이접에서 '지도가 그려지거나' 한데 섞이는 것이다. 이는 겉치레하기, 가면 쓰기, 화장술의 문제나 충돌 및 양립할 수 없는 차이의 문제가 아니라 역설의 문제다."[40]

---

39) 들뢰즈는 통치 사회의 좀더 동시대적 개념으로 푸코의 훈육 사회를 재사유했다. Deleuze, *Negotiation*. Trans. Martin Joughin (New York : Columbia University Press, 1995) pp.177-182를 보라. 해러웨이는 "지배정보학"을 형성하는 새로운 공포의 네트워크에 대해 말한다. "A Cyborg Manifesto", pp.161-165를 보라.

40) Jerry Aline Fleige, "Becoming-Woman : Deleuze, Schreber and Molecular Identification", *Deleuze and Feminist Theory*, p.62. 서양 난과 말벌은 들뢰즈·구아타리가 리좀에 대해 논의할 때 제시한 예다. 이는 또한 되기의 예다. "서양

제2장에서 캐롤 클로버는 호러 영화에서 남성과 여성 모두가 마지막 근접성의 지대를 향해 변화하고 움직이며 각각을 지향하는 재지대화 과정에서 남성(의 몸)이 어떻게 "열리고" 변화하는지 관찰하는 것에 대해 논의했다. 클로버는 또한 남성이 자신의 몸을 재지대화할 수 있는 것은 여성의 몸의 극단적인 행동을 통해서임을 증명했다. 이것은 여성-되기의 개념과 연관될 수 있다. 클로버의 초자연적이고 난도질당한 여주인공은 아마도 영화적 공포의 땅의 "앨리스"로 간주될 수 있을 것이다. 이제 여성-되기의 개념적 페르소나인 앨리스에서 미학적 형상으로 이동하면서, 나의 다음 문제는 현대 영화에서 또 다른 역설적인 "사이보그 앨리스들"을 찾아내는 것이 가능할까에 있다.

영화적 이상한 나라의 앨리스

□오렐리아의 지각 불가능하게-되기

이 장의 앞부분에서 언급했듯이, 기관 없는 몸과 되기의 과정은 한 번에 과거와 미래에 의해 침범되는 시간 개념과 관계가 있다. 따라서 영화에서 사이보그 앨리스를 찾아내기 위해 시간 개념으로 되돌아가야 한다. 들뢰즈는 영화 책에서 시간을 표현하는 방식을 다음 두 가지로 구분한다. 운동-이미지를 통한 **간접적 재현**으로서, 그리고 시간-이미지를 통한 **직접적 표현**으로서. 시간에 대한 이 두 가지 개념을 정의하는 또 다른 방식은 『의미

난은 말벌의 이미지를 만들고 말벌을 본뜨면서 탈영토화하지만, 말벌은 이 이미지 위에서 재영토화한다. 한편, 말벌은 서양 난의 생식 장치의 한 부분이 됨으로써 서양 난을 재영토화한다. 말벌과 서양 난은 서로 이질적인 한에서 리좀을 형성한다. 서양 난의 말벌-되기, 말벌의 서양 난-되기"(*Thousand Plateaus*, p.10 / 25).

의 논리』에서 찾아볼 수 있는 것으로, 들뢰즈는 시간에 대한 두 가지 형식, 즉 크로노스와 아이온(Aion)[41]을 개념화한다. 운동-이미지는 자신의 경험적 형태 속에 시간 혹은 시간의 흐름 속의 시간을 구성한다. "즉, 과거란 이전의 현재이고 미래란 이제 올 현재라는, 이전과 이후의 외재적 관계에 따르는 연속적인 현재를 구성한다."[42] 이 시간은 과거, 현재, 미래가 연동하는 현재들의 시간인 크로노스에 대한 들뢰즈의 설명과 정확하게 일치한다. 시간은 또한 현대 영화의 시간-이미지와 아이온으로 설명되는 시간에서처럼 "탈구"될 수 있다. 아이온과 크로노스에서 시간-이미지는 병적이다. 즉, 현재는 과거 혹은 미래라는 다른 시간의 층위로 인해 지속적으로 침해받고 소멸된다. 이는 되기의 시간이며, 사유와 심오하게 접속하는 경험적 현실을 그리 따라가지는 않는다. 시간-이미지는 생각할 수 없고 불가능하며 비논리적이고 불합리한 것에 대해 사유하도록 강요한다. 들뢰즈는 이러한 시간-이미지가 어떻게 생겨나며, 이러한 이미지가 취할 수 있는 다양한 형태는 무엇인지 상세히 설명한다. 앨리스의 몸이 시간의 경험으로 인해 어지럽혀지는 되기의 몸이기 때문에, 그녀의 시청각적 자매들과의 마주침이 현대 시간-이미지에서 생겨난다.

운동-이미지의 위기를 지적하는 특징들 중 하나는 등장인물들이 더 이상 감각-운동적 구조에 따라 자신들의 상황에 반응하지 않는다는 것이다. 대신, 그들은 스스로 방랑하는 보는 이와 관찰자인 관객이 되며, 특정 장소에 고정될 수 없으며 원하지도

---

41) [옮긴이] 시간은 무한히 쪼개질 수 있으며, 그 분할을 중단시킬 수 없다. 이렇게 시간은 미래와 과거로 무한히 팽창한다. 크로노스의 시간은 영원한 현재의 시간이며, 현재는 항상 과거와 미래를 전제한다. 아이온의 시간은 현재 없는 과거와 미래의 시간이며, 양방향으로 생성하는 시간이다. 아이온의 시간이 갖는 성격이 바로 들뢰즈가 말하는 생성의 영역이다. 곧 그것은 비합리적인 에너지의 불규칙한 흐름이 아니라 무한히 쪼개진다는 의미에서의 생성이다.

42) *Time-Image*, p.271 / 529.

않는다. 이러한 점에서 빔 벤더스(Wim Wenders)의 「도시의 앨리스(Alice in the Cities)」(1975)는 우리에게 시간-이미지를 명확하게 제시한다. 이 영화에서 저널리스트인 필립 빈터는 네덜란드와 독일을 여행하면서 어린 소녀 앨리스의 할머니를 찾아다니고 그녀로 인해 그의 "여성-되기"에서 도움을 받는다. 영화 전체는 한 사람이 자신의 정체성을 잃는 것에 대한 공포(그리고 "이 공포에 대한 공포")로 침범 당한다. 아직 정체성을 찾지 못한 앨리스와 자신의 정체성을 잃어버린 저널리스트는 여행을 통해 새로운 경험의 길로 접어들며 "여성-되기"의 과정에 있다. 영화는 열린 결말(남자와 소녀는 빠르게 움직이는 기차의 열린 창에 행복하게 기대어 있다)을 보여주며, 그들의 정체성을 (다시) 찾아나갈(어머니나 고향을 다시 찾아갈) 희망이 있다. 이러한 (재)발견된 정체성이 "여성-되기"의 과정을 자유롭게 하는 데 위력을 발휘할지에 대한 점은 모호하게 남아 있다. 우리는 앨리스가 "영원한 소녀"로 남아 있을지 혹은 그럼에도 불구하고 여성으로 성장하게 될 것인지 확신할 수 없다. 사실, (그램분자적) 정체성의 중요성과 그것을 잃는 것에 대한 공포의 강조는 아마도 「도시의 앨리스」를 동시대 크로노스의 질병으로 보아야 한다는 점을 수반한다. 되기의 시간과 여성-되기에 대한 상이한 관점이 마르그리트 뒤라스의 「오렐리아 스타이너」와 버지니아 울프의 『올랜도(Orlando)』의 영화 버전인 샐리 포터의 「올랜도」에서 제시된다.

명백하고 순수한 되기와 관련된 시간-이미지의 가장 극단적 표현은 아마도 뒤라스의 「오렐리아 스타이너」일 것이다. 마르그리트 뒤라스의 모든 영화들은 어떠한 인물도 자신의 정체성을 확신할 수 없는 되기로 가득한 시간-이미지다. 그녀의 영화에서 이미지와 음향은 모든 것을 결정 불가능하게 만들고 동시에 수많은 방향으로 운동하면서 자율적으로 각자의 공간에 침입한다.

따라서 뒤라스는 소리와 이미지를 분리하고 각각에 자유 간접적 관계를 부여함으로써, 시간-이미지(현실태와 잠재태, 실재와 상상, 진실과 거짓 사이에서)에서 특징적인 결정 불가능성에 도달한다. 들뢰즈는 뒤라스 초기 영화들에서 그녀가 집이라는 주제의 위대한 시네아스트였으며, "단지 그 모든 의미에서 여인들이 집에 '거주'한다는 이유 때문만이 아니라 정열이 여인들에게 '거주'하고 있기 때문"[43]이라고 지적한다. 확실히 들뢰즈는 여기에서 여성의 몸에 대한 관계를 지시하고 있으며, 뒤라스는 공적이고 사회적인 삶보다 자신의 집에서 훨씬 더 자유롭게 경험한다.

폭력의 계급과 관련하여 제3장에서 논의한 「나탈리 그랑제」는 확실히 뒤라스의 "집-공원(house-ground) 영화들 중 가장 아름다운 하나의 예다. 하지만 뒤라스는 집이 주는 상대적 안정성을 떠나 다른 차원의 되기를 발견하기 위해 해변과 바다로 간다. 뒤라스의 "임의의 공간들(any-space-whatevers)"에서 개인은 점차 비인격적이며 보편적이게 된다. 「갠지스의 여인(La Femme du Gange)」(1973)과 「인디아 송(India Song)」(1974)으로 시작하면서, 그녀의 영화들에는 또한 가시적이고 인지 가능한 인물들이 차츰 거주하게 되었다.[44] 오렐리아 스타이너는 다만 센 강 다리 위의 그림자이거나 바닷가의 바위일 뿐이다. 그녀는 지각 불가능하게-되기의 지점에서 여성-되기를 표현하는 미학적 형상이다.

『오렐리아 스타이너』는 『오렐리아 스타이너(멜버른)』, 『오렐리아 스타이너(밴쿠버)』, 『오렐리아 스타이너(파리)』등 세 가지 버전으로 쓰였다.[45] 멜버른과 밴쿠버 버전은 영화로 제작되었

---

43) *Time-Image*, p.257 / 492.
44) 「인디아 송」의 유명한 무도회 장면은 현실 이미지와 잠재 이미지 사이에서 극한 혼란을 창출한다. 무도장의 거울 벽은 "현실의" 앤 마리 스트레테르와 그녀의 이미지(영화에서는 또한 그녀의 죽음 이후 모든 것이 실제로 일어난 사실과 관련 있다) 사이의 구별을 거의 불가능하게 만든다.

다. 오렐리아 스타이너는 디아스포라 몸(멜버른, 밴쿠버, 파리에서 살아가는)을 가진 허구(그러나 너무도 현실적인)의 유대인 소녀다. 파리의 오렐리아가 일곱 살(앨리스와 같은 나이)임에도, 다른 곳에서 그녀는 항상 똑같은 나이인 열여덟 살이다(여전히 소녀). 오렐리아 스타이너는 이상한 나라의 앨리스의 슬픈 자매 같아 보인다. 『이상한 나라의 앨리스』가 세상을 이해하는 새로운 방식(사랑과 삶)의 시작에 주목한다면, 오렐리아 스타이너는 순수 불가능성(사랑과 죽음)에 도달한다. 영화 「오렐리아 스타이너(밴쿠버)」는 되기를 표현하는 한계에 도달한다. 이 영화에서 여성-되기가 어떻게 지각 불가능하게-되기로 이행할 수 있는지가 명확해진다. 즉, 이미지는 더 이상 몸을 포함하지 않는다. 또한 이미지는 바위, 모래, 물로 이루어진 텅 빈 공간으로 모두 사라진다. 뒤라스가 보이스오버로 자신이 직접 쓴 문자 텍스트를 읽지만, 작가 / 영화감독은 오렐리아가 되고, 오렐리아는 지각 불가능하고 비인격적이 되며, 이것은 명백한 되기의 지점이다. 제리 앨린 플리거는 다음과 같이 설명한다.

> 들뢰즈에게, 여느 때처럼 "다수파" 사업을 지지하는 영속적인 사유의 아비투스보다 진정한 "되기"를 초래하는 것은 존재와 사유 방식에서의 변화다. 들뢰즈는 "인간은, 소수적인 것이나 분자적인 것이 반-기억(anti-memory)인 것에 반하여, 중심점의 위치를 통해 스스로를 거대한 기억으로 구성한다"고 단언한다. 거대한 기억이란 인간의 고유한 중심성의 금자탑이다. 따라서 어떤 의미에서 어떤 되기의 점은, 개인적 성장이라는 개념을 거스르기 위해, 얼굴을 잊어버리는 것이며 지각할 수 없게 되는 것이다.[46]

---

45) Marguerite Duras, *Le navire night et autres textes* (Paris : Mercure de France, 1979 ; 인용을 위해서는 1986년도 버전을 활용).

46) "Becoming-Woman : Deleuze, Schreber and Molecular Identification", p.47. 들뢰즈 · 구아타리 인용은 *A Thousand Pateaus*, p.293에서 했다.

오렐리아 스타이너의 형상과 함께 뒤라스는 분자적 대항-기억 (conter-memory)을 제시한다. 그녀는 바다를 묘사함으로써 오렐리아를 창조하는 동시에 "지워버린다." 이러한 움직임, 빛과 색채의 변화에 따른 놀이는 오렐리아의 이름과 "(절대적) 역사(H/history)"라는 이미지를 환기시킨다. 환영 같은 관찰과 묘사를 통해 그녀(뒤라스/오렐리아)는 불가해한 전쟁의 고통을 표현하고, 동시에 인생과 사랑(오렐리아가 태어나서, 그녀의 모든 몸에서 욕망하는 이름 모를 연인을 가지는 것)에 깊은 존중을 표한다. 오렐리아 스타이너가 스스로를 뛰어넘는 이러한 되기 능력을 지녔기 때문에, 그녀는 사이보그의 완전한 발전 이전의 질을 부여받을 수 있다. 오렐리아 스타이너의 "몸"은 명백한 기관 없는 몸이지만, 오렐리아 스타이너 역시 여성-되기가 "세계-역사적"이며, 개별 심리의 경우가 아님을 보여준다. 그러므로 「오렐리아 스타이너」는 현대 정치 영화에서 이야기 꾸미기의 한 예가 된다. 그녀의 이야기를 통해 오렐리아 스타이너/마르그리트 뒤라스는 역설적으로 지각 불가능하게-되기로 인해 민중을 만들어낸다(이 경우, 디아스포라 때문에 "결여된" 민중은 유대인이다).47)

---

47) *Les Yeux Verts* (Paris : Cahiers du Cinéma and Gallimard, 1980, p.75. 뒤라스는 그녀가 오렐리아 스타이너와 어떻게 살았는지, 『오렐리아 스타이너 (밴쿠버)』 13쪽을 쓰기 위해 고립되어 생활했던 16주간을 어떻게 보냈는지에 대해 말한다. 그녀는 오렐리아의 눈으로 보았고, 마음속에 오렐리아의 "역사"와 함께 오렐리아의 눈으로 바다를 보았고, 밴쿠버와 멜버른(수많은 유대인들이 강제 이송으로부터 탈출한 중립국 도시들)을 보았고, "울부짖거나 잠든 바다, 오렐리아의 울부짖음이나 잠을 보았다"(p.90). 뒤라스는 오렐리아가 되고, 오렐리아는 뒤라스가 된다. 이 작품에서 뒤라스(비유대인으로서)는 유대인이 된다. 어쨌든 『오렐리아 스타이너』는 들뢰즈가 설명하는 현대 정치 영화의 이중적 되기를 증명한다. 이것은 뒤라스가 오렐리아(혹은 유대인)라는 것을 의미하는 게 아니다. 뒤라스 스스로 역설적 용어로 설명하듯이 "그녀가 나로부터 분리되고, 내 영화에서 말하는 자가 그녀라는 건 사실이다. 내가 했던 모든 것은 그녀의 목소리, 단어들, 매순간을 듣고 번역하는 것이었다"(*Les Yeux Verts*, p.66). 소설 『오렐

「오렐리아 스타이너」는 분자적 여성-되기의 지점이 비인격적 대항-기억을 위해 열리는 것이며, "얼굴을 잊어버리는" 것임을 입증한다. 「오렐리아 스타이너」에서는 불가능성이라는 느낌이 압도적이다. 뒤라스 자신은 다음과 같이 주장한다. "영화 「오렐리아 스타이너 밴쿠버」는 불가능했다. 그렇지만 만들어졌다. 이 영화는 불가능성을 바로잡으려 하지조차 않음으로 인해 칭찬받을 만하다. 영화는 그러한 불가능성과 함께 하고 그 곁에서 걸어간다."[48] 다시, 우리는 여기에서 역설을 본다. 오렐리아 스타이너의 미학적 형상에 집중함으로써 영화는 불가능했고, 하지만 가능했다. 그렇게 영화는 만들어졌다.

뒤라스의 영화는 되기의 한계를 표현하며, 어쩌면 심지어 이미지, 단어, 소리에서의 표현의 한계조차 표현하는 한계-이미지다. 많은 동시대 영화들이 운동-이미지와 시간-이미지 사이, 크로노스와 아이온 사이, 여성이나 남성으로 존재하기와 되기(여성이나 타자) 사이에서 훨씬 더 많은 것과 교섭한다. 샐리 포터의 「올랜도」는 극단적으로 아름다운 교섭의 여행으로, 이 영화가 보여주는 방식은 「도시의 앨리스」에서 전시되는 것들과 반대되는 힘에 의해 유도된다. 그것은 고정된 정체성을 잃어버리는 것에 대한 공포와 가정(home / house)을 재발견하고자 하는 열망이 아니라 정체성을 잃어버리고 가정을 떠나고자 하는 욕망이다.

리아 스타이너』 표지에서, 뒤라스는 되기의 유사한 과정(삼중 되기)으로 진입하도록 독자를 초대한다. "여러분이 방에 혼자 있을 때, 심연 너머 불러보고 대답해보라. 부름의 거대한 바다의 현기증과 함께 섞여보라. 그 첫 번째 단어, 그 첫 번째 외침. 사람은 어떻게 울어야 할지 모른다. 사람은 신을 부를 수도 있다. 그것은 불가능하다. 그런데도 그런 일은 일어난다."

48) *Les Yeux Verts*, p.66. 『오렐리아 스타이너(파리)』에서 뒤라스가 이미지와 함께 이 오렐리아와 동행한다는 것은 정말로 불가능했다.

□ 「올랜도」의 여성-되기

캐서린 드리스콜(Catherine Driscoll)은 논문 「과정에 있는 여성(The Woman in Process)」에서 들뢰즈와 크리스테바가 버지니아 울프의 소설에 표현되는 "소녀"에 대해 논의하는 방식을 고려한다.

울프는 오이디푸스화한 영역에서의 탈피로서 소녀를 만들어내며, 『올랜도』(1928)가 예시화하듯이, 몸 혹은 정체성에 정박된 이원론적인 대립으로 구체화되는, 성차와 관련된 소녀라는 또 다른 고정화에서 탈피하는 소녀를 만든다. 『올랜도』에 소녀는 없다. 단지 여성이 되는 소년이 있을 뿐이다. 크리스테바가 이것을 부성의 상징과 싸우는 소녀의 트라우마적 투쟁의 징후로 본다면, 반대로 들뢰즈·구아타리가 『천 개의 고원』에서 추론하듯이, 소녀는 『올랜도』의 여성-되기의 과정이라는 이름을 딴 것으로 보일 수 있다. … 젠더는 욕망을 함정에 빠뜨리거나 차라리 욕망의 덫을 놓을 것을 요구한다. 이것은 의미화의 장과 의미화할 수 있는 장으로 욕망을 형성하는 영토화다. 여성-되기는 조직화의 의미화 작용에 대항하는 젠더를 활용하기 때문에 조직화된 몸의 탈영토화다.[49]

영화 「올랜도」가 흥미로운 이유는 여성-되기의 해방의 힘과, 젠더 정체성이 주체를 구성하는 약호로부터 달아나려는 방식, 즉 크로노스가 혼란스럽게 되며 아이온에게 길을 내주어야 한다는 점을 경험하게 하기 때문이다.[50] 영화 용어로 운동-이미지는

---

49) Catherine Driscoll, "The Woman in Process : Deleuze, Kristeva and Feminism", *Deleuze and Feminist Theory*, pp.78, 81. 크리스테바는 들뢰즈보다는 정신분석학을 훨씬 더 선호하지만, 드리스콜은 그들 두 사람이 "소녀"를 (그램분자적) 다수의 규범 / 상징적 질서를 탈출하려는 위치로 어떻게 이론화하는지 입증한다. 크리스테바와 들뢰즈는 모두 "여성적인 것"이나 "여성-되기"가 두 성들에서 탈출하거나 침식하거나 벗어남을 강조한다.

시간-이미지에 의해 점령당해야 한다. 올랜도는 매우 오랫동안 살기 때문에(4세기 동안), 실재와 상상의 몸의 전 범위는 그녀가 사이보그 몸인 기관 없는 몸에 도달하기 이전에 제시된다. 영화 도입부에서, 우리는 떡갈나무 아래를 걷고 있는 16세의 소년 올랜도를 보고, "그가 찾았던 것은 특권이 아니라 동료였다"는 해설자의 말을 듣게 된다. 그러자마자 우리는 올랜도가 능동적 욕망으로 가득하다는 것, 사랑을 원한다는 것 — 요컨대 되기를 원한다는 것 — 과 접속하고자 함을 안다. 하지만 우리는 상상적 몸이 (남성) 주체와 (여성) 대상 사이가 확고하게 분리되는 1610년에 있다. 따라서 그가 러시아 소녀 사샤와 사랑에 빠지자, 그는 그녀에게 "당신은 내 것이오"라고 말한다. 그녀가 이유를 묻자, 그는 "내가 당신을 숭배하기 때문이오"라고 대답하며, 이것이 접속하는, 사랑하는, 그리고 되기의 최선의 방식이 아니라는 것을 알지 못한다. 그녀가 그를 떠나자 그는 배신감을 느끼고 처음으로 실망을 겪게 된다. 다음 세기에 그는 시와 정치로 인해 더 큰 실망을 겪게 될 것이다. 남자로서의 그는 남근의 권력으로 몸을 격하시키고 욕망의 대상을 찾도록 강요하는 역사적 환경에 의해 깊이 영향을 받았으므로 올바른 접속을 찾을 수가 없다.

이어서 18세기 어느 때에 올랜도는 성(sex)을 바꾼다. 그/그녀에게 이것은 어떤 차이를 만드는 것이 아니다. "같은 사람으로

---

50) Patricia Mellencamp, "What Virginia Woolf did tell Sally Porter", *A Fine Romance : Five Ages of Film Feminism* (Philadelphia : Temple University Press, 1995). 멜렌캠프는 경제주의 페미니즘의 관점에서 「올랜도」를 삽입한다. 「영화 페미니즘의 다섯 세대(Five Ages of Film Feminism)」(in Laleen Jayamanne, ed., *Kiss Me Deadly : Feminism and Cinema for the Moment*. Sydney : Power Institute, 1995 : 18-76)에서 패트리샤 멜렌캠프는 페미니즘에 대해 들뢰즈가 가진 가능한 의미 생성을 계속하여 언급한다. 이를테면, 새로운 감각을 창출하는 트레이시 모팻(Tracey Moffat) 영화들의 감정적, 감성적 차원을 논의할 때 다음과 같이 덧붙인다. "감성적 연합은 '어떤 새로운 질'로 발전한다. 이 '질적 도약'은 페미니즘과 어쩌면 들뢰즈에 의해 가능하게 될 것이다"(p.58).

전혀 차이가 없고, 단지 성(sex)만 다를 뿐이다." 올랜도는 문자 그대로 여성이 되었고, 이 경우는 그녀의 "여성-되기"의 첫 번째 단계다. 하지만 그녀가 정말로 여성이 되기까지 시간이 필요하다. 우선 올랜도가 남성의 몸 혹은 여성의 몸을 갖는지에 따라 수많은 차이가 생겨난다는 것을 발견할 때, 다시 한 번 실망하게 될 것이다. 1750년 문학 살롱에서, 시인들(드라이든[Dryden], 스위프트[Swift], 포프[Pope])은 올랜도에게 "나는 여성이란 모피, 깃털, 진주, 다이아몬드로 꾸며져야 할 낭만적 동물이라고 생각하오", "여성은 최고로 모순적이며, 솔직히 대부분의 여성들은 인격이 전혀 없소"와 같이 "시적 경의"의 대사를 보낸다. 더 나아가, 여성으로서의 그녀가 재산을 가질 권리가 없기 때문에 그녀는 소송을 해야 한다. 해리 대공은 (그녀의 재산을 지키기 위해) 그녀에게 청혼하지만, 그녀가 친절하게 거절하자 그는 "하지만 나는 영국인이며 당신은 나의 것이오. 나는 당신을 숭배하오!"라고 외친다. 올랜도의 모든 역사적 에피소드에서, 모이라 게이튼스가 몸과 상상의 몸 사이의 관계에 대해 지적한 것이 매우 중요해진다. 크로노스는 항상 과거와 미래에 의해 결정되는, 현재에 구현된 주체에 무게를 부과한다. 크로노스의 시간에서 올랜도는 우선 당신의 몸이 당신으로부터 빼앗길 때("당신은 내 것이오") 가 무엇을 의미하는지 이해하기 위해 성을 바꿨다.

시간은 연대기 순으로 바뀔 뿐 아니라 사실상으로도 바뀐다. 크로노스는 분자적 되기의 시간인 아이온이 된다. 영화는 이러한 변화를 표현한다. 해리 대공이 "핑크, 진주, 성의 완벽함(Pink, Pearl, Perfection of her sex)"인 올랜도를 소유하려 하자 그녀는 달려나간다. 이 문자 그대로의 "도주선"은 정원의 미로로 곧장 달려가게 한다. 여기에서 시간은 또한 미로처럼 혼란스럽고("탈구") 더욱더 되기의 시간이 된다. 들뢰즈가 지적하듯이, "아이온은 시간의 영원한 진리, 시간의 공허한 순수 형식으로서, 현재의 물질적인 내용에서 벗어난다. … 아마도 바로 그런 이유로 그만큼 위험하게, 그만큼 미로와도 같이, 그만큼 구불구불하게."51) 아이온과 시간-이미지가 근대성과 밀접하게 연결되어 있기 때문에, 정원에서 도망친 이후 올랜도가 실제로 19세기인 근대로 떨어져서 근대적 테크놀로지와 운송 수단을 갖는다(올랜도는 기차 때문에 깜짝 놀란다)는 것이 완전한 의미를 만든다. 이제 올랜도는 그녀의 동료이자 접속인 셸머딘을 찾을 때가 되었다. 뜻밖에 그는 검은 말을 탄 왕자로 그녀의 삶 속으로 진입한다. 그리고 "비록 그들의 만남은 짧았지만, 그들은 서로에 관한 중요한 것은 무엇이든지 단번에 짐작할 수 있었다."52) 그 둘 사이의 (분자적) 떨림은 그들 스스로도 놀랄 정도로 너무나 강렬하다. 또한 이는 각자의 "실제"성에 대해 의문을 갖게 만들기조차 한다. 버지니아 울프는 소설에서 다음과 같은 방식으로 이야기한다. "'당신은 여자로군요, 셸!' 그녀가 외쳤다. '당신은 남자로군요, 올랜도!' 그가 외쳤다. … 그들은 서로 그렇게 빠르게 공감할 수 있는 것을 놀라워했다. 그것은 여성도 남성처럼 관용적일 수 있으며, 남성도 여성처럼 자상하고 섬세할 수 있다는 증거였다. 그들은 그런 사실을 즉시 동감했다."53)

---

51) *The Logic of Sense*, p.165(질 들뢰즈 지음, 이정우 옮김, 『의미의 논리』, 한길사, 1999, p.284).

52) Virginia Woolf, *Orlando* (London : The Hogarth Press, 1928). 모든 인용은 Penguin, 1993 주석 판에서 참조한다. 인용은 p.174(버지니아 울프 지음, 김혜원 옮김, 『올랜도』, 혜원, 2003, p.256).

53) *Orlando*, p.175, 179 / 197-198, 203. 영화에서 대사는 다음과 같다. 올랜도 : "내가 남자라면, 불확실한 원인 때문에 내 인생을 위험에 빠뜨리지 않을 텐데. 죽음으로 성취되는 자유는 가치가 없다고 생각할 텐데. 사실…" 셸머딘 : "당신은 결코 진짜 남자가 되는 것을 선택하지 않을 것이오. 내가 여자라면, 내 아이들과 내 아이들의 아이들을 돌보려고 내 인생을 희생하거나 타고난 여성적 인정에 익명으로 몰두하진 않을 텐데. 대신 해외로 나가리오. 그러면 내가 …" 올랜도 : "진짜 여자?"

영화에서 대사는 약간 다르지만, (상상의) 몸의 비고정성을 발견하는 것에 대한 놀라움은 똑같이 표현된다. 확실히 셸머딘과의 만남은 두 연인에게 욕망의 해방과 몸의 해방, 약호화한 젠더 양식으로부터의 탈주를 의미한다. 들뢰즈·구아타리가 『천 개의 고원』에서 주장하듯이, 섹슈얼리티란 분자적 되기가 발생하는 하나의 방식이다. 또한 이미지는 그 자체로 운동-이미지에서 시간-이미지로, 재현된 시간과 역사적 몸에서 좀더 강력한 어떤 것을 점령하는 것으로 서서히 변화할 것이며, 영화의 충격적인 마지막 이미지에서 나타나는 크로노스의 현존을 벗어난다. 그곳으로 진행하기 전에 버지니아 울프의 시간에 대한 관념 역시 고려해볼 가치가 있다.

버지니아 울프의 책[『올랜도』]은 1928년으로 끝나고, 이 해는 그녀가 소설을 완성한 해이기도 하다. 울프의 작품 전체에 걸쳐 시간은 중요한 역할을 한다. 들뢰즈와 마찬가지로 그녀는 두 가지 상이한 시간들을 본다. 그녀가 "빅벤의 시간(time of Big Ben)"(『댈러웨이 부인(*Mrs. Dalloway*)』에서)이라 부르는 것은 크로노스의 연대기적인 측정 가능한 시간과 비교될 수 있다. 이러한 시간 외에 그녀는 "또 다른 시계"라고 부르는 것을 경험한다. 이는 측정 불가능한 분화되지 않은 시간으로, 단순히 몇 초 안에 여러 해가 경과하는 것 같은 경험인 아이온이다. 『올랜도』에서 항상 이미 잠재적으로 현존하지만, 책과 영화 모두의 마지막에 가서야 현실화하는 것이 바로 아이온이다. 책에서 버지니아 울프는 다음과 같이 쓰고 있다.

··· 그 순간 어둠 속에서 눈꺼풀을 깜짝거리자, 그녀는 현재의 압박감에서 구원될 수 있었다. 어둠 속에는 어떤 기묘한 것이 있다. 그녀의 눈이 깜짝거리면 현재에 존재하지 않는 어떤 것이 있다. 사람을 핀에 찔린 듯이 떨게 하는 어떤 것이 있다. 그것이 주는 공포는 형체도 없고 실체도 없는 그림자 같은 것이다. 그러나 그것에는 무엇이든

지 변화시키는 능력이 있다.54)

이것은 확실히 아이온의 경험이며 순수 되기의 경험이다. 영화에서 현재는 새롭게 경신되었다. 우선, 우리는 임신한 올랜도가 제2차 세계대전의 전장으로 걸어가고 있는 것을 본다. 영화에서는 시간을 표현하며, 또한 우리가 이를 경험토록 하기 위해 이러한 [전쟁이라는] 역사적 사실이 주는 의미를 부여하는데, 이러한 특수한 이미지는 여전히 재현적인 운동-이미지이지만 사소한 것은 아니다. 이 이미지는 뒤라스의 「오렐리아 스타이너」의 지각 불가능하게-되기를 표현하는 것과는 멀리 떨어져 있다. 「올랜도」의 전쟁과 전장의 이미지는 심오한 영향을 지닌다. 이어서 우리는 1990년대의 올랜도를 본다. 그녀는 집을 잃고, 이전에 소유하던 자산이 박물관이 되어버려, 그곳에서는 가이드 관광이 이루어지고 있다. 올랜도는 그 집을 방문하지만 상실에 대한 어떠한 원한도 없는 것으로 보인다. 대신, 그녀는 오토바이를 탄 방랑자이자 보는 이가 된다. 그녀는 어린 딸을 데리고 있다. 소설에서 올랜도의 아이는 남자아이이지만, 샐리 포터는 이 인물을 여자아이로 바꾸었다. 물론 이 소녀는 우리에게 앨리스를 다시 상기시키며, 「올랜도」에서 여성-되기의 중요성을 강조한다. 결국, 영화의 마지막 이미지에서 되기의 시간이며 아이온의 시간인 시간-이미지가 달성된다. 우리는 다시 떡갈나무 아래 앉아 있는 올랜도를 본다. 지금 그녀는 딸이 들고 있는 비디오카메라에 찍히고 있다. 소녀가 만들어내는 이미지는 흔들리고 불규칙하다. 소녀는 처음에는 잔디를 찍고 이어서 올랜도의 얼굴을 잡아낸다. 언어가 아니라 이미지가 더듬거리는 것 같다. … "왜 그렇게 슬퍼?"라고 어린 소녀가 묻는다. "아니, 난 행복해." 올랜도가 대답하며, 하늘에 떠 있는 천사를 바라보도록 딸에게 가리킨다. 천사는 노래 부르기 시작한다.55) 이어서 우리는 클로즈업으로 잡힌 올랜

---

54) *Orlando*, p.223 / 256.

도의 얼굴을 보고 천사의 노래 소리를 듣는다. "여자도 남자도 아니라네. 우리는 합쳐졌다네. 인간의 얼굴로 하나가 되었다네. 나를 부르는 과거와 미래로부터 자유롭다네. 나는 태어나고 죽는다네. 그리고 마침내 자유가 되었네."

아이온의 시간은 찬미되고, 크로노스의 현재를 부르는 과거와 미래로부터 자유롭다. 그리고 클로즈업된 얼굴은 되기의 가능성을 여는 감정-이미지다. 이는 젠더, 계급, 인종과 같은 어떠한 약호나 지층의 무게를 느끼거나 표현하지 않는 영원한 것이다. 천사의 현존은 퍼포먼스가 표현하는 되기의 의미, 음악과 목소리와 이미지의 분자적 특질을 부여하는 데 완벽하게 논리적이다. 올랜도는 36세이고, 자신 안의 영원한 소녀를 찾으면서 마침내 자유롭게 된다. 그녀의 몸의 역사는 크로노스에서 아이온으로 이행하는 시간의 변화, 재현에서 직접 표현으로 전환하는 이미지인 스피노자적 역사로, 이는 여성-되기를 뜻하는 것이며, 따라서 세계에 대한 스피노자적 의미에서 볼 때 자유로워지는 것이다. 들뢰즈가 『스피노자의 철학(Spinoza : Philosophie Pratique)』에서 설명하듯이, 스피노자에 의하면 자유롭게 되기란 한 사람의 인생에 걸쳐 일어나는 모든 변화들을 받아들일 수 있게 되는 것이며, 그 변화들이 내부 논리에 따른(하지만 고정된 정체성에 따른 엄격한 것은 아니다) 필연임을 지켜보는 것이다. 더 나아가, 자유란 우리의 "행동하는 역량"이 손에 들어옴을 의미한다. 이것은 우리의 코나투스의 문제인데, 이 코나투스는 능동적 변용이 뒤따르는 적합한 사고로 결정된다. 이것은 인생에서 가장 중요한 것이 무엇인지 아는 것과 관련된 욕망을 가지는 것이다. 인류는 자유

---

55) 물론 영화에서 모든 노래하는 목소리가 남성의 몸에서 나온 것일지라도 매우 음조가 높다는 것은 우연이 아니다. 영화의 오프닝 송과 클로징 송은 지미 소머빌(Jimmy Sommerville. 아이작 줄리언(Isaac Julien)의 영화 「랭스톤을 찾아서(Looking for Langston)」에서도 노래하는 천사 역을 맡는다)이 부른다.

롭게 태어나지 않는다. 스피노자에 의하면, 이해를 향한 길(슬픔의 원인을 이해하는 것)과 자유를 향한 길은 본래부터 불완전한 과정인 윤리적 과제다.[56] 올랜도 이야기는 끝나지 않는다. 그녀는 영속을 위해 지속적으로 노력하고, 계속해서 습득해나갈 것이다. 하지만 그녀는 행동하는 역량을 증대하는 방법, 기쁨의 정서를 창조하는 방법을 발견했다. 올랜도는 앨리스의 현명한 자매다.

□잃어버린 아이들 혹은 잃어버린 순수?

오렐리아와 올랜도는 완전한 발전 이전의 사이보그 앨리스다. 하지만 해러웨이의 선언이 암시하듯이, 우리 환경의 증대하는 테크놀로지 차원과 함께 사이버적이고 테크노 사이언스적인 맥락에서 이상한 나라의 앨리스의 애원은 점점 커지고 있다. 앨리스의 모험으로 인해 도전받는 사람은 들뢰즈만이 아니다. 신경학자들은 루이스 캐롤의 작품을 통해 뇌의 "붉은 여왕(Red Queen)" 효과[57]에 대해 이야기하고 역설들을 설명한다. 로버트 길모어

---

56) *Spinoza and the Ethics*, pp.98-107도 보라.

57) [옮긴이] 붉은 여왕 효과는 『거울 나라의 앨리스』에 나오는 체스의 달인인 붉은 여왕의 이미지에서 따온 이론을 기초로 한다. 붉은 여왕은 앨리스와 손을 잡고 숲으로 달려간다. 그러나 앨리스는 한 발짝도 나아가지 못하는 것처럼 느끼게 되고, 그 이유를 여왕에게 묻는다. 여왕은 "제자리에 머물기 위해서는 온 힘을 다해 뛰어야 한다. 다른 곳으로 가기 위해서는 최소한 지금보다는 두 배는 빨라야 한다"고 답한다. 붉은 여왕은 계속 쉬지 않고 뛰어야 한다. 그녀를 둘러싼 세계가 계속 빠르게 움직이기 때문에, 현상 유지를 하려면 계속 달려야 하기 때문이다. 어딘가로 가길 원한다면 그 이상의 속도를 내야 하는 것이다. 붉은 여왕 이론은 생물학의 공진화 이론으로 체계화되었다. 아프리카 초원에서 영양의 천적은 110km로 질주하는 치타다. 그러나 처음부터 치타가 잘 달렸던 것은 아니다. 잽싼 영양을 사냥하기 위해 부단히 노력한 결과가 지금의 치타다. 영양도 살기 위해 도망치는 법을 습득했기 때문에, 적당한 거리만 유지한다면 사자를 봐도 그리 겁을 내지 않게 되었다. 이처럼 함께 살기 위해 서로를 자극하고 진화하는 것이 공진화다. 지금 우리를 둘러싼 세계의 기술 발전도 마찬가지다.

(Robert Gilmore)의 『양자 나라의 앨리스(*Alice in Quantumland*)』에서 앨리스는 거울을 통과하는 것이 아니라 텔레비전 스크린을 통과하여 미립자만큼 조그맣게 된다. 이 책에서 앨리스는 불확실성의 원리와 양자역학의 수많은 측면들을 배운다. 또한 사이버 공간의 앨리스는 웹 사이트나 디지털 혁명에 대한 토론에 종종 나타난다. 최근에 앨리스는 로봇 자매인 셀리아(Celia)[58]를 만났다. 제프 눈(Jeff Noon)의 소설인 『자동화된 앨리스(*Automated Alice*)』에서 20세기의 끝을 여행하는 19세기 앨리스의 시간은 세계가 어떻게 변화되었고 어떻게 점차 테크놀로지로 스며들게 되었는지 발견한다.[59] 사이보그 앨리스가 우리에게 전달할 수 있는 유용한 지식(예를 들어, 해러웨이가 앨리스와의 관련성을 보았듯이, 세계의 불가시 차원에 대한 좀더 많은 이해를 만들어내는 것) 이외에, 특히 여성이 사이보그 앨리스로부터 배울 수 있는 것은 무엇일까?

「잃어버린 아이들의 도시」에서 우리는 앨리스의 또 다른 동시대 자매를 만나게 된다. 그녀는 미에트(Miette)라는 소녀다(미에

최신형 차가 나와도 얼마 지나지 않아 부품이 없는 중고차가 되어버리고, 어떤 게임을 위해 최신으로 업그레이드한 컴퓨터도 어느새 더 큰 용량의 새로운 게임에서는 낡은 컴퓨터가 되어버린다. 이처럼 사회적 변화에도 붉은 여왕처럼 계속 뛰어야 제자리에 있을 수 있다.

58) [옮긴이] 『자동화된 앨리스』의 주인공.

59) 예를 들어, 앨리스에 대한 신경학적 참조를 위해 Douglas Hofastadter, *Gödel, Esher, Bach : An Eternal Golden Braid* (New York : Vintage Books, 1979)와 Daniel Dennett, *Consciousness Explained* (London : Penguin, 1991)를 보라. 또 다른 참조들은 Robert Gilmore, *Alice in Quantumland : An Allegory of Quantum Physics* (New York : Springer-Verlag, 1995)와 Jeff Noon, *Automated Alice* (New York : Crown Publishers, 1996)를 보라. 앨리스는 이제 컴퓨터 게임 *American McGee's Alice* (Electronic Arts, 2000)에서도 디지털 자매를 가진다. 이 앨리스도 "장난감"이라고 부르는 많은 무기로 무장되어 있다. 앨리스가 검으로 경험을 쌓아나갈수록 일격 가하기의 달인이 될 수 있다.

트는 프랑스어로 '부스러기'며 미시 차원을 지칭한다). 미에트는 위험한 사이보그들(지배정보학 혹은 통치 사회를 형성하는 사이보그들)이 가득한 테크놀로지 세계에서 산다. 그들은 대중 SF 영화에 종종 나타나는 그런 종류의 사이보그들이다. 그들은 명령에 따라 행동하는 전투 기계들이다. 이 사이보그들은 한 개의 기계 눈을 가진 키클롭스(Cyclopes)[60]다. 그들은 어린이의 꿈을 훔치기 위해 아이들을 유괴하는 크랭크(Krank. 의미심장하게도 독일어로 '질병'을 뜻한다)는 주인님의 명령에 따라 행동한다. 이는 크랭크 자신이 꿈을 꿀 수 없고, 그리하여 매우 빨리 늙어가고 있기 때문이다. 불행하게도 그는 모든 아이들을 지나치게 많이 위협해서 아이들은 악몽만을 꾼다. 미에트는 키클롭스로부터 달아나기 위해 아이들을 조직한다(사이보그는 접속에 필요하다). 또한 그녀는 원(One. 영어로 단 한 명의 사람이면서 동시에 많은 사람 일반을 뜻한다)과 친구가 되는데, 그의 남동생은 크랭크와 키클롭스에 의해 유괴되었다.[61] 그들은 함께 적과 싸울 것이며 도시의 잃어버린 아이들을 자유롭게 해줄 것이다. 영화는 19세기와 20세기에서 가져온 요소들과, 캐롤의 앨리스 세계 및 사이보그 세계에서 가져온 요소들을 결합한 현대 동화와 같다.

테크놀로지 현존의 층위에서 이러한 결합은 꽤나 명백하다. 한편, 도시는 산업혁명 시대인 19세기로 보인다. 모든 기계들은 여전히 묵중하고 크며(아직 나노테크놀로지는 나오지 않는다), 모든 것이 삐걱거리고 날카로운 소리가 난다. 또한 벼룩 서커스, 샴쌍둥이, 장사, 가슴에 묶은 두꺼운 체인을 끊어내는 강한 남자,

---

60) [옮긴이] 그리스 신화에 나오는 거인 족으로 이마 한가운데 눈이 있다. 사람을 먹고 양을 기르며 대장일에 능하다. 그들 가운데 폴리페모스가 오디세우스에게 눈을 찔려 장님이 된 이야기가 있다.
61) 「잃어버린 아이들의 도시」는 세계(그리고 주로 영어권) 관객을 보고 만들어진 유럽 합작 영화다.

원(One)과 같은 매혹들로 가득한 동화적 분위기가 있다. 반면에 초현대 테크놀로지가 도처에 존재한다. 크랭크는 미친 과학자의 발명품으로 생겨나서 시험관에서 완성되었다. 과학자는 스스로를 복제해서 일곱 명의 젊은 표본이 주위에 있다. 게다가 실제 인물로 기능하는 일종의 수족관의 뇌가 있으며, 분자생물학과 유전자공학에 대한 많은 참조가 있다. 또한 영화 제작의 층위에서 「잃어버린 아이들의 도시」는 낡은 테크놀로지와 새로운 테크놀로지를 결합한다. 한편, 영화는 시각적 볼거리로 가득한 초기 영화 시대 "매혹의 시네마(cinema of attractions)"에 속하는 듯하다.[62] 반면, 이미지는 주로 현미경으로 확대된 이미지(벼룩, 눈물)와 (몽타주 없이) 이미지 안에서 왜곡과 변화를 만들어내는 몰핑 테크닉 같은 현대 디지털 테크놀로지로 만들어진다.

미에트는 『이상한 나라의 앨리스』의 세계와 사이보그 세계 사이에서 왔다 갔다 한다. 영화는 책에 대한 수많은 지시 관계를 만들어낸다. 예를 들어, 미에트가 매우 작은 구멍(토끼굴과 비교)을 기어서 크랭크의 낯선 세상으로 들어갈 때, 그녀는 어디로 가는지 모르고, "어느 길이지?"라고 질문한다. 이때 주요 지시 관계는 작아지고 커지는 것에 대한 지시다. 미에트는 아이들이 작아 보이는 것만큼 실제로 그렇게 작지는 않다는 점을 언급한다. 반대로 크고 장사인 원은 사실은 여전히 아이다. 「잃어버린 아이들의 도시」에서 되기의 작아지고-커지는 쌍은 실제로 어려지고-늙게 되는 것으로 대치된다. 이러한 종류의 되기는 미에트가 크랭크의 꿈속으로 들어가는 장면에서 아름답게 표현된다.

---

62) Tom Gunning, "The Cinema of Attractions : Early Film, Its Spectator and the Avant-Garde", *Space, Frame, Narrative*. Ed. Thomas Elsaesser (London : BFI and Bloomington University Press, 1990) pp.56-62를 보라. 영화를 보는 이러한 관점에 내가 관심을 갖도록 해준 동료 거빈 반 데르 폴(Gervin van der Pol)에게 감사한다.

머리 위에 신경 전달 물질을 올려놓은 후, 그녀는 크랭크의 잠재 세계에서 그와 마주한다. 처음에는 거의 보이지 않았지만, 이미지는 몰핑을 통해 매우 천천히 스스로 변화한다. 크랭크가 작아지고 어려지는 반면, 미에트는 자라고 나이가 들게 된다.63) 여기에서 우리는 문자 그대로 되기의 과정을 볼 수 있다. 이는 새로운 시각 테크놀로지를 통해 아름답게 표현된다. 결국 미에트는 노부인이 되고 크랭크는 미에트를 두려워하는 난쟁이가 된다. 이제 그는 자신이 아이들에게 했던 일을 깨닫고 끔찍한 광경을 보고 죽게 된다. 미에트는 그가 했던 것과 똑같은 방식으로 그를 무찌른다.

미에트의 테크노 사이언스 세계에의 함의와 참여는 그녀를 사이보그로 만든다. 모든 유형의 사이보그는 지배하거나 저항하는 데 동일한 테크놀로지를 사용한다. 또한 이것은 사이보그 앨리스가 19세기의 순수성을 잃었다는 것을 의미한다. 페미니즘 논의에서 이러한 순수성은 종종 희생자의 도덕적 우위성 및 세상이 여성으로만 구성되어 있다면 더 나은 곳이 되리라는 이념과 관련되어 왔다. 이것은 해러웨이의 정신에서 사이보그 페미니즘에 의해 급진적으로 거부되었던 전략이다. 사이보그는 순수하지 않다. 그들은 어느 누구에게도 똑같은 역사적, 기술적, 과학적, 사회적 발전으로 형성되었다. 아무도 도덕적 판단의 가능성으로 이 세상을 초월할 수는 없다. 여기에서 우리는 다시 한 번 니체와 스피노자가 표현한 것처럼 선과 악을 넘어선 윤리학의 이념을 인지한다. 사이보그 관점에서 이러한 윤리학은 이미 만들어진 사회적 접속에 대한 책임감과 사용된 테크놀로지 도구로 구성된다. 앨리스가 자라면서 배웠던 빅토리아 시대라는 맥락과 규칙은 여전히 도덕주의의 가능성을 제안한다.64)

---

63) 스코트 부캣먼(Scot Bukatman)은 논문 "Taking Shape"에서 베르그손적 관점에서 시간의 경험과 지속에 몰핑을 관련시킨다(나의 참조는 *Andere Sinema*, no. 142, Nov./Dec. 1997의 네덜란드 번역본이다).

『이상한 나라의 앨리스』에 대해 자유로운 것은 앨리스가 배웠던 규칙과 예법이 역설적 되기로 가득한 세계에서 그녀에게 전혀 소용되지 못함을 발견하는 것이다. 하지만 그녀는 모든 이상한 것을 바라보며 그 세계로부터 거리를 유지한다. 미에트는 오래 전에 자신이 세계의 일부라는 것을 배웠으며, 생존하기 위해 훔치고 매수한다. 그녀는 슬픈 정서만을 유발하는 키클롭스의 손아귀에서 벗어나는 지혜로운 방법을 발견한 아이들로 구성된 "무리의 지도자"가 되었다. 다음 장에서는 동물-되기에서의 무리와 도주선에 대해 좀더 논의할 것이다. 이제부터는 사이보그 앨리스가 19세기 버전으로부터 어떤 점에서 변화되었는지를 이해하는 것이 중요하다. 오렐리아와 올랜도는 앨리스가 19세기에 많은 것을 배웠음을 입증했다. 미에트가 되면서 앨리스는 확실히 순수성을 잃었다. 따라서 앨리스의 20세기 로봇 자매인, 제프 눈의 소설『자동화된 앨리스』의 셀리아가 기계 다리에서 총을 뽑아 쥐고 앨리스와 셀리아를 모두 파괴하려 했던 적을 겨누는 것은 놀랍지 않다. 앨리스의 시간 여행은 그녀를 확실히 변화시켰다.65)

인간은 항상 테크놀로지 도구를 사용해왔다. 도구는 이전에는 우리 몸의 확장이었다. 오늘날의 테크놀로지는 우리의 몸으로 들어와서 이어서 마음으로까지 진입한다. 들뢰즈는 영화 책에서 테크놀로지적으로 중재된 이미지가 어떻게 우리를 생각하게 하고, 그 이미지들이 어떻게 우리의 몸과 마음에 스며드는지를 논증한다. 시간-이미지는 우리가 시간을 아이온으로서 사고할 수

---

64) 앨리스의 빅토리아적 맥락에 대해서는 Nicolaas Matsier, *Alice in Verbazië* (Amsterdam : De Bezige Bij, 1996)이나 *Victorian Website* http://www.stg. brown.edu/projects/hypertext/landow/victorian/cbronte/cb&lc.html을 보라.
65) 제프 눈은『자동화된 앨리스』를 루이스 캐롤 소설의 3부(하지만 최근에 발견되었다)라고 발표한다. 그의 발표는 1998년이었다.

있다는 것을 보여준다. 여전히 그램분자적 층위가 존재하고, 크노로스의 연대기적 시간이 명백히 사라지지 않았음에도 되기로서의 시간(다중성과 기관 없는 몸을 포함하는)은 점차 중요해진다. 들뢰즈·구아타리가 주장하듯이, 스피노자는 이러한 "새로운" 되기의 몸에 대한 강력한 개념적 틀을 우리에게 제공해줄 수 있는 철학자다. 해러웨이의 연구는 우리의 테크노 사이언스 문화와 관련하여 이러한 새로운 관점의 연관성을 지적한다. 들뢰즈는 한때 여성-되기를 시작하면서 되기를 마녀의 바람(vents de sorcière)에 비교했다. 스피노자와 들뢰즈, 해러웨이, 울프, 뒤라스, 쥬네와 카로는 아마도 마녀들이다. 그들은 앨리스, 오렐리아, 올랜도, 미에트에게 동시대 사이보그 주체(남성, 여성 모두)를 보여주고, 여성이 되어서 가능하거나 필요한 곳 어디든지 어떻게 날아가는지/달아나는지 보여주기 위해 마녀의 빗자루를 주었다. 앨리스, 오렐리아, 올랜도, 미에트는 관객에게 현실 효과를 주는 강력한 영화적 형상이다. 미셸 랭포드(Michelle Langford)는 뉴저먼 시네마의 여성적 영화 형상에 대한 논문에서 알렉산더 클루게(Alexander Kluge) 영화로부터 다음과 같이 인용한다. "로스비타는 자신 안의 엄청난 힘을 느끼며, 영화는 이러한 역량이 실제로 존재한다는 것을 그녀에게 가르쳤다."66)

나는 이 장을, 각기 역설적으로 강력한 동시대 영화의 세 명의 여주인공들을 살펴보는 것으로 결론 맺고자 한다. 그들은 앨리스-형상으로 여겨질 수 있는 인물들로, 라스 폰 트리에의 「브레이킹 더 웨이브」, 「백치들」, 「어둠 속의 댄서」의 베스, 카렌, 셀마다. 그리고 셀마/비요르크(Björk)라는 미학적 형상을 둘러싼 배

---

66) Michelle Langford, "Film Figures : Rainer Werner Fassbinder's, *The Marriage of Maria Braun* and Alexander Kluge's *The Female Patriot*", Laleen Jayamanne, ed. *Kiss Me Deadly*, p.147. 인용은 클루게의 영화 「어느 여자 노예의 임시 부업(Occasional Work for a Female Slave)」(1977)에서.

치들을 분석하며, 셀마의 여성-되기가 세계-역사적 배치의 일부분임을 주장하려고 한다.

□도그마 영화들에서 저항하는 기관 없는 몸: 여성-되기에서 음악-되기까지

라스 폰 트리에가 조그만 소년이었을 때, 그는 그림책에서 자신의 나무숲에서 뛰쳐나간 매우 친절한 마음씨를 가진 작은 소녀 골든 하트 이야기를 읽는다.[67] 길을 따라 걸으며 소녀는 가졌던 모든 것을 버린다. 이야기의 말미에 소녀는 완전히 벌거벗고 궁핍한 상태에서 나무숲을 떠난다. 그럼에도 불구하고 소녀는 어쨌든 잘 지내왔다고 결론짓는다. 이 이야기를 읽은 후 폰 트리에는 그 이야기에 사로잡혔고, 「브레이킹 더 웨이브」, 「백치들」, 「어둠 속의 댄서」라는 "골든 하트 삼부작"이라 불리는 것을 탄생시켰다. 이 세 개의 영화들에서 여주인공들은 이상한 나라의 앨리스라기보다는 오히려 마음의 목소리에 강한 믿음을 가진, 상식을 거스르는 용기를 지난 현대판 잔 다르크다. 이와 관련하여 여주인공들은 여성-되기(현존하는 약호로부터 스스로를 자유롭게 하려는)며, 앨리스와 유사하다. 폰 트리에의 영화들은 여성이 순교자 역할을 하는 일종의 동화다. 따라서 첫 번째 경우, 그의 영화들은 페미니스트들이 수십 년간 싸워왔던 여성적 수동성 및 여성의 희생이라는 모든 전형을 확인시켜준다. 만일 이 영화들을 고통 받는 여주인공들에게 동일시하도록 여성들을 초대하는 그램분자적 재현으로 간주한다면, 이것은 사실 맞는 말이다.

하지만 나는 폰 트리에의 영화가 여주인공들과의 동일시로 초

---

67) 라스 폰 트리에와 그의 영화에 대한 정보는 웹사이트 http://intimate.org/bjork/special/ditd/articles/bibel/index.htm을 보라. 이 사이트는 스웨덴 패션, 트렌드 잡지인 *Bibel II*, October 1999의 기사를 번역한 것이다.

대하는 것도, 그들이 재현과 역할 모델로 보이는 것도 아니라고
주장하려 한다. 폰 트리에의 영화는 많은 요소들의 복잡한 배치
가 강력한 파토스 효과를 형성하는 역설적 사건이다. 아마도 폰
트리에는 "유한함이라는 관념으로 인해 고통 받는"[68] 파토스라
는 키에르케고르(Kierkegaard)의 개념에서 영감을 얻었을 것이
다. 어쨌든 폰 트리에의 히로인들의 변용하거나 변용되는 능력
은 자신들을 매우 강력한, 스피노자적이고 니체적인 영화 형상
으로 만든다. 이렇게 그들은 중재자, 즉 사물이 다르게 평가되고
사물의 질서를 이렇듯 비판하는 우주를 향해 움직였던 여성-되
기의 진정한 미학적 형상이 된다. 보딜 마리에 톰센(Bodil Marie
Thomsen)이 「백치들」을 연구한 논문에서 주장하듯이, 스웨덴(그
리고 세계의) 예술가들은 (키에르케고르의 파토스 개념으로부터
영감을 받든지 아니든지 간에) "세상을 감지하고 직면하는 완전한
방식에 대개 관심이 있다. 작품은 이러한 직면의 표현이 되고, 따라
서 이는 또한 관객에게 반드시 영향을 미친다."[69]

---

68) S. Kierkegaard, *Concluding Unscientific Postscript to Philosophical Fragments I-II*. Trans. Howard Hong and Edna Hong (Princeton, NJ : Princeton University Press, 1992)를 보라. 다니엘 스미스(Daniel Smith)는 논문 "A Life of Pure Immanence : Deleuze's Critique et Clinique Project"에서 정서적인 영화의 파토스를 설명한다. "들뢰즈에게 탁월하게 뛰어난 정서적인 영화는 거의 짧은 클로즈업 쇼트로만 구성되어 있는 칼 드레이어의 「잔 다르크의 수난」이다. 잔 다르크의 재판은 등장 인물들과 역할의 감정(잔, 주교, 판사), 등장 인물들의 감정(주교의 분노, 잔의 수난)이 있는 역사적 상황에서 현실화된 사건이다. 드레이어 영화의 야심은 재판에서 '열정'을 추출하는 것이다. 역할과 상황으로부터 지켜질 모든 것은 결합 ―분노나 계략의 '힘', 희생이나 순교의 '질' ― 을 추출하고 전달하는 정서를 위해 무엇이 필요한가 하는 것이다"(*Essays Critical and Clinical* 서문, p.xxxiii). 폰 트리에도 유사한 방식으로 그의 영화에서 "열정"을 추출하길 원한다.([옮긴이] 「잔 다르크의 수난」의 원제는 *La passion de Jeanne d'Arc*, 즉 '잔 다르크의 열정'이다.)

69) Bodil Marie Thomsen, "Idiocy, Foolishness, and Spastic Jesting", Richard Raskin (ed.), *P. O. V. ─A Danish Journal of Film Studies* 10, December 2000 : 57

따라서 「브레이킹 더 웨이브」의 베스를 단순히 남편 때문에 삶을 포기하는 여성의 어리석은 클리셰로 보는 대신에(그녀는 사실 남편을 그런 식으로 구할 수 있다고 믿기 때문에 죽고, 마지막에 실제로 남편은 살아난다), 우리는 그녀를 기관 없는 몸으로 간주하게 된다. 베스는 행동을 통해 마을의 엄격하고 금욕적인 도덕에 저항하고, 정념을 통해 관객 자신의 도덕적 판단에 영향을 미친다. 이러한 의미에서, 베스는 뷰캐넌이 "세계-역사적"이라고 지칭한 것에 대해 비판을 가하는 거대한 역설적 역량을 가진 영화 형상이다. 프란스-빌렘 코르스텐(Frans-Willem Korsten)은 「베스는 매춘부인가?(Is Bess a Bike?)」라는 논문을 통해 영화 마지막에서 베스의 얼굴은 전투 이미지가 되었다고 주장한다.[70] 들뢰즈가 『비평과 진단』에서 주장하듯이, "전투는 신의 판단은 아니지만, 신과 관계가 있으며 판단과 관계가 있다. … 전투는 힘으로 힘을 보충하며 무엇을 선택하듯 풍성하게 해주는, 강력한 비자연적 생명력이다."[71] 「브레이킹 더 웨이브」와 미학적 형상으로서의 베스의 역설은 낡은 가치가 감상적으로 보이며, 동시에 새로운 가치가 존재하게 하는 것이다. 그리고 "새로운 것이 존재하게 하는 것은 낡은 것으로부터 깨져 나오는 신념을 요구하며, 판단이라는 속박을 대체하는 사랑을 요구한다."[72] 다른 말로 하면, 이것은 여성-되기를 요구한다.

「백치들」의 카렌 또한 파토스로 가득한 형상이다. 그녀는 아

(special issue on dogma cinema). 톰센은 폰 트리에의 영화에 키에르케고르의 파토스를 관련지으며, "고통"과 "열정적인 감정" 외에 키에르케고르의 파토스는 "열렬한 열정"과 "미학의 장엄한 감동 혹은 진지한 고상함"을 의미할 수도 있다는 점을 주장한다(p.47).

70) Frans-Willem Korste, "Is Bess a Bike? Gender, Capitalism and the Politics of a BwO", Patricia Pisters, ed., *Micropolitics of Media Culture*, pp.143-157.

71) *Essays Critical and Clinical*, pp.134 and 133.

72) "Is Bess a Bike?", p.157.

이의 죽음으로 충격에 휩싸이고, 우리는 영화의 마지막에 가서야 이 사실을 알게 되지만, 영화 처음부터 그녀는 깊이 영향을 받았음이 분명하다. 그녀는 백치처럼 행동하는 사람들 집단에 들어가고, 그녀가 "자신 안의 백치를 찾는" 순간은 영화에서 가장 강력한 순간들 중 하나다. 그녀는 백치처럼 행동할 뿐 아니라 실제로 감출 수 없는 진정한 백치임이 명백해진다. 따라서 그녀는 감히 백치처럼 행동하는 집단에서 유일한 한 명이며, 그들이 일상에서 알고 지내는 사람들 앞에서, 특히 그녀의 경우 매우 차가운 방식으로 그녀에게 반응하는 가족 앞에서 약호를 깨뜨린다. 베스와 카렌은 모두 파토스를 통한 "여성-되기"의 역량을 입증하는 미학적 형상이다. 「어둠 속의 댄서」의 셀마의 경우 역시 마찬가지다.

「어둠 속의 댄서」의 내용 형식은 비요르크가 연기하는, 1960년대 미국의 금속 공장에서 일하는 체코 이민자인 셀마에 관한 멜로드라마 이야기를 말하는 것이다. 그녀는 점점 앞이 보이지 않는 유전성 안구 질병으로 고통 받는다. 그녀와 똑같은 숙명을 가진 아들이 질병으로부터 벗어나도록 아들의 눈 수술을 위해 셀마는 돈을 모으고 갖가지 잔업도 해낸다. 그러나 이웃인 빌이 돈을 훔치고 그녀가 빌을 죽일 수밖에 없게 되자 사건은 심각해진다. 마지막에 셀마는 차라리 아들을 위해 죽고 멜로드라마적 여성의 희생을 보여준다. 내용의 형식을 살펴보면, 「어둠 속의 댄서」는 순수 멜로드라마다. 하지만 폰 트리에는 뮤지컬 표현의 형식에 멜로드라마 내용의 형식을 섞는다. 이러한 역설적 혼합으로 인해 파토스의 가장 강력한 효과가 영화의 배치 안에서 창출된다. 한번 꼼꼼히 살펴보자.

비요르크의 뮤직비디오 「이츠 오 소 콰이어트(It's Oh so Quiet)」는 뮤지컬 장면 분석의 시작점으로 작용한다. 이 뮤직비디오에서 비요르크는 프레드 아스테어(Fred Astair)와 진 켈리(Gene Kelly)의 고전 할리우드 뮤지컬에 경의를 표한다. 「이츠 오 소

콰이어트」의 우산 장면은 또한 버스비 버클리(Busby Berkeley) 영화의 변화무쌍한 움직임을 참조한다. 무대 장치(가스등 / 차고)와 소품(우산)은 또한 자크 드미(Jacques Demy)의 「쉘부르의 우산(Les Parapluies de Cherbourg)」 같은 몇몇 유럽 뮤지컬 중 하나를 의미할 수도 있다. 이러한 뮤지컬의 자기 지시성은 뮤지컬 장르에서는 전형적이다. 많은 뮤지컬들이 무대 뒤 이야기이거나 다양한 방식으로 제작 과정을 자각하는 방식을 표현한다. 이 뮤직비디오는 확실히 비요르크의 손길(특히 그녀의 "앨리스 같은" 퍼포먼스와 할리우드 뮤지컬보다는 덜 우아한 단순한 드레스)을 보여주지만, 뮤직비디오의 "느낌" 역시 뮤지컬 장르에 조응한다. "오, 너무나 조용하고 평화로워. 지금까지. … 당신은 사랑에 빠졌네, 징 붐"이라고 비요르크는 노래한다. 대부분의 뮤지컬이 보여주는 소년이 소녀를 만나는 이야기에서와 같은 하나의 특정 커플은 없지만, 이것은 사랑에 관한 모든 것이다. 그리고 리차드 다이어(Richard Dyer)가 「엔터테인먼트와 유토피아(Entertainment and Utopia)」[73]라는 논문에서 뮤지컬을 설명하듯이, 뮤지컬은 희열이 넘치고 행복하며 오락적이고 유토피아적이다. 뮤직비디오에는 노래-춤 루틴에 뮤지컬 같은 에너지와 강렬함이 섞여 있으며, 카메라 워크는 "고전적"이다. 카메라는 주로 (뒤로 움직이는) 트래킹이나 크레인 쇼트를 활용하면서 등장인물들과 함께 춤춘다.

□ 느림과 빠름: 운동적-행동에서 시지각적-음향적 상황으로

이 뮤직비디오에서 특별한 점은 촬영으로, 특히 비요르크가 「이

---

73) Richard Dyer, "Entertainment and Utopia", *Movies and Methods*, Vol. II. Ed. Bill Nichols (Berkeley and Los Angeles : University of California Press, 1985), pp.220-232.

츠 오 소 콰이어트」를 노래할 때의 슬로우 모션과 같은 촬영이
다. 음악과 이미지의 느리고 빠른 리듬 사이의 교체는 일반 뮤지
컬의 이야기와 노래-춤 루틴 사이의 교체에 대한 압축적 지시로
볼 수 있다. 이러한 전형적인 뮤지컬 교체를 포착하기 위해 우리
는 들뢰즈가 뮤지컬에서 전형적인 것을 "영도(zero degree)"라
고 지칭하는 것에서 살펴보아야 한다. 『시간-이미지』에서 들뢰
즈는 회상과 꿈을 설명하는 장에서 장르로서의 뮤지컬을 논의한
다.74) 뮤지컬에서는 항상 일상적인 감각-운동적 행동이 멈추고
(인물들이 행동을 통해 대응하게 될 상황에서 자신을 발견하는
고전 영화의 전형적 행동 운동-이미지), 이미지에서 들뢰즈가
순수 시지각적-음향적 상황이라고 지칭한 것으로 변형되는 순
간이 있다. 이러한 변화는 점진적으로 일어난다(혹은 이미지 한
가운데에서 서서히 발견될 수 있다). 인물들의 행동은 그에 따라
변화한다. 들뢰즈가 지적하듯이, "그들의 개인적 행동과 운동이
춤을 통해 운동적 상황을 넘어서는(비록 다시 돌아오게 될지라
도), 세계의 운동으로 변형되는 상황에 처하게 된다."75) 일상적
인 운동 스텝은 때때로 감지할 수 없을 정도로 개인의 행동을
넘어 진행하고, 더 큰 어떤 것을 건드리는 댄스 스텝이 된다. 나
는 「어둠 속의 댄서」의 미학적 층위에서 개념적 층위로 이동하
면서, 순간의 "더 큰 어떤 것"이라는 부분으로 돌아가고자 한다.
운동 스텝과 댄스 스텝 사이의 지각 불가능한 순간을 들뢰즈는
"영도"라고 부르며 또 다른 세계, 즉 뮤지컬의 경우에는 꿈의 세
계로 진입하기 전에 "주저, 오차, 연착"76) 같은 것이 존재한다.
이러한 뮤지컬 장면의 시지각적-음향적 상황에서 색채, 음향, 형
식은 강렬해지고, 춤은 꿈결 같은 힘을 가지며 또 다른 세계로

---

74) *Time-Image*, pp.60-67.

75) *Time-Image*, p.62 / 128.

76) *Time-Image*, p.61 / 127.

열리는, 운동하는 요소들의 한 부분이 된다.

뮤직비디오는 운동적 상황, 즉 비요르크가 얼굴을 씻고 있고 수도꼭지를 열고 물이 흘러나오는 소리가 공허하게 들리는, 가난하고 초라해보이는 세면장에서 시작한다. 그녀가 차고로 들어가자 이미지는 느려지고 사운드 볼륨은 낮아진다. 색채, 음향, 운동이 강렬해지는 꿈결 같은 뮤지컬 세트의 시지각적-음향적 상황으로 들어가기 전에 우리는 여기서 영도를 획득한다. 이것은 뮤직비디오고 장편 뮤지컬이 아니기 때문에 간단한 첫 장면 이후에 감각-운동적 상황은 모두 단순하게 건너뛴다. 우리는 빠른 일련의 영도와 대체되는 꿈의 세계를 목격한다. 이 뮤직비디오에서, 느림과 빠름 사이에서 우리는 영도에서 n도까지의 강렬함으로 진행하고, (관객으로서의) 우리를 흡수하는 초세속성으로 진행한다. 따라서 이야기와 일상적인 운동적 상황이 없이도, 함축된 방식으로 전통 뮤지컬의 노래-춤 루틴이 우리를 어떻게 또 다른 세계로 끌어당기는지 보고 느낀다. 이것은 뮤직비디오가 매우 많이 "뮤지컬 느낌"을 가지고 있다는 점을 의미한다. 이는 또한 뮤지컬의 전형성인 행복한 느낌도 지닌다. 비요르크가 출연하는 뮤직비디오를 통해 느낄 수 있는 "전통" 뮤지컬의 인상은 이제 다음 질문으로 넘어간다. 라스 폰 트리에가 이러한 영화적 형식을 가지고 실행하는 것은 무엇인가? 그로써 창출된 효과 / 정서는 무엇인가?

□뜨거움과 차가움 : 뮤지컬과 멜로드라마

「어둠 속의 댄서」로 폰 트리에는 과잉의 감정("눈물 자아내기", "눈물 짜기"), 가족 드라마, 강요된 결혼, 어머니의 사랑, 불가능한 결혼에 집중하는 장르인 멜로드라마 장르로 뮤지컬 형식을 전환한다.[77] 멜로드라마에서 종종 여성은 중심 인물이고 배경은 작은 마을이나 가정이다. 포스트모더니즘을 텔레비전 이후 장르와 결합하는 것이 새로운 것은 아니지만, 뮤지컬의 행복과 멜로드라마의 드라마를 결합하는 것이 흔한 것은 아니다. 「웨스트사이드 스토리」만이 아마도 또 다른 하나의 예일 것이다. 비록 「웨스트사이드 스토리」에는 멜로드라마가 아닌 비극이 뮤지컬과 결합되지만, 이 영화에 대해 여기에서는 상세히 분석하지 않는다.

멜로드라마 장면과, 이것이 뮤지컬 장면과 형성하면서 이루는 콘트라스트를 살펴보기 전에, 우선 이 영화의 뮤지컬 장면을 논의해보자. 첫 뮤지컬 장면은 러닝타임 45분쯤 나오며, 여러분이 뮤지컬 장면을 기대하기를 거의 멈추는 순간이다. 이때는 셀마가 공장에서 야간 근무를 서고 정말로 지쳐갈 때다. 모든 뮤지컬 장면은 셀마가 기진맥진하거나 극도로 화가 났을 때, 그리고 상황으로 인해 그녀가 무능해질 때 시작한다. 예를 들어 셀마가 그녀의 돈을 모두 훔친 이웃 빌을 죽였을 때나, 재판정 혹은 감옥에서 무기력해진 자신을 발견할 때다. 이것은 매우 중요한 의미를 가지는데, 들뢰즈가 『시간-이미지』에서 상세하게 논증하듯이, 한 사람이 기진맥진하거나 감각-운동적 행동이 순수 시지각적-음향적 상황에 길을 내줌으로써 "활동 불능"이 될 때만 꿈의 세계나 환영적인 초세속성으로 진입하기 때문이다(제3장에서 「잠이 오질 않아」와 「파이트 클럽」 그리고 다소 다른 방식이지만 「형제들」의 주인공들과 관련하여 유사한 방식으로 주장한 바 있다). 뮤직비디오처럼 각 뮤지컬 장면은 일종의 영도로 시작한다. 영화에서 배경음은 일상적인 기능 작용으로부터 벗어나기 시작하고, 조화로운 리듬에서 한데 모이기 시작하며, 매우 정교한 테크니컬러 층이 이미지를 흩뿌리는 듯 색채는 점점 강렬해지고

---

77) 예를 들어, 멜로드라마에 대해서는 Christine Gledhill, ed., *Home is Where the Heart Is: Studies in Melodrama and the Woman's Film* (London: BFI, 1987)을 보라.

흡인력을 띠게 된다. 따라서 뮤지컬 장면은 스스로 미묘한 색채의 강렬함과 많은 카메라 위치(사실 폰 트리에는 이 쇼트를 위해 100대의 카메라를 설치했다) 사이의 빠른 커팅으로 특징지어진다. 「이츠 오 소 콰이어트」 뮤직비디오에서는 전통적 뮤지컬 운동이 사용되는 반면(카메라가 인물들과 함께 "춤추거나" 위에서 내려다본다), 「어둠 속의 댄서」의 뮤지컬 장면에서는 빠른 커팅이 특징인 전형적 MTV 뮤직비디오 스타일이 사용된다. 물론 이러한 간텍스트적 번역 운동은 셀마를 연기하는 비요르크로 인해 강화된다. 들뢰즈가 이러한 효과를 환기하듯이, 이는 셀마 / 비요르크를 "세계의 운동", 다시 말해서 보통의 감각-운동적 상황을 넘어서 다른 세계로 이 장면들을 전하는 운동 속으로 움직이게 하는 일종의 초인격화의 효과를 강화한다.

지금까지 뮤지컬 장면은 전통적 뮤지컬 장면과 꽤 유사한 것처럼 보인다. 각 장면은 리듬과 이미지의 특성이 변화하기 시작하는 "영도"의 순간에서 시작한다. 하지만 이러한 뮤지컬 장면은 완전히 다른 효과를 낳는다. 전통적 뮤지컬에서 노래-춤 장면은 관객을 활기차고 행복하게 만들어주는 반면, 「어둠 속의 댄서」의 뮤지컬 장면들은 (멜로)드라마 장면 이상으로 가장 강렬한 감정을 정확히 자극한다. 이것은 멜로드라마와 뮤지컬 장면 사이의 일련의 대체 안에서 콘트라스트가 이미지의 리듬뿐 아니라 이미지의 "온도"의 차이에 의해 강조된다는 사실과 관련을 맺는다. 색채 효과에 대해 이미지의 온도는 차가운 것에서 뜨거운 것으로, 그리고 또 반대로 진행한다. 따라서 콘트라스트는 중요한 의미를 획득한다. 우선 어떻게 콘트라스트가 뚜렷해져서 강렬한 효과를 발휘하는지 살펴보자.

이 작품이 "그럴싸한" 할리우드 리얼리즘이 전혀 아니며, 다소 "쓸쓸한" 유럽 리얼리즘일지라도, 영화의 멜로드라마적 부분은 스타일, 즉 도그마 스타일로 찍힌 쇼트에서 확연해진다. 흔들리는 핸드헬드 (디지털) 카메라, 자연광, 많지 않은 커트, 패닝쇼트, 롱쇼트 등. "온도"와 스타일의 차이는 꽤 중요하다. "영도" 순간에 의해 중재되는 멜로드라마 장면과 뮤지컬 장면의 콘트라스트는 영화 구조를 거의 변증법적 완전체로 만든다. 이렇게 폰 트리에는 에이젠슈테인의 "견인 이론(theory of attractions)"의 이방인 후계자가 된다. 파토스는 에이젠슈테인이 대립의 몽타주를 통해 달성한 것이다. 파토스는 형식과 내용 모두에 콘트라스트나 변화가 있을 때만 달성될 수 있다.

또 다른 방식으로(시퀀스 사이라기보다는 오히려 쇼트 사이에서), 폰 트리에 영화에는 반대로 향하는 대립의 비장한 이행이 있다. 들뢰즈는 에이젠슈테인의 비장한 점프에 대해 다음과 같이 말한다. "슬픔에서 분노로, 의심에서 확신으로, 체념에서 반항으로. 비장한 것은 단지 이미지의 내용에서 뿐 아니라 형식에서의 변화 또한 함축한다. 이미지는 효과적으로 자신의 역량을 변화시켜야 하고, 더 높은 역량으로 이행해야 한다."[78] 폰 트리에는 각기 두 장르의 이전(transferring)과 번역(translating)을 실험한다. 효과는 파토스, 즉 일반적 비극의 감정을 뛰어넘는 멜로드라마와 일반적 유토피아적 오락의 감정을 뛰어넘는 뮤지컬에 대한 새로운 경험이다. 바꾸어 말하면, 어떤 이미지 유형이 새로운 영토로 진입함으로써("탈영토화"함으로써) 이미지와 소리는 새로운 차원을 획득한다. 내부의 미학적 형식의 층위에서, 표현 형식의 탈영토화라는 이러한 운동 없이는 새로운 어떤 것을 느끼거나 사유할 수 없다고 결론을 맺게 된다.

---

78) *Movement-Image*, p.35. 들뢰즈는 에이젠슈테인의 클로즈업의 변화된 차원과 기능에 대해 말한다. 나는 여기서 이미지의 스타일의 변화(몽타주)와 "온도" (색채)에 주목한다.

□영토화와 탈영토화 : 음악-되기

지금까지 「어둠 속의 댄서」의 형식적/미학적 측면에 대해 이야기했다. 나는 예술과 철학이 서로를 밝게 비추어주는 영화의 또 다른 층위를 언급하면서 결론을 맺고자 한다. 우리가 듣고 보고 느끼는 것(특히 그것이 새로운 것일 때)을 의미가 되게 하고, 더 많이, 더 깊이, 더 잘 알게 도와주는 개념으로 어떻게 번역할 수 있을까? 『철학이란 무엇인가』에서 들뢰즈·구아타리는 예술은 비예술을 필요로 하는 것처럼(그리고 과학은 비과학을 필요로 한다), 철학도 이를 이해하는 비철학을 필요로 한다고 주장한다.[79] 철학이 개념으로 사유된다면, 예술(예를 들어 영화와 음악)은 지각과 정서로 사유된다. 「어둠 속의 댄서」가 불러일으키는 지각과 정서 및 영화의 (운동과 시간의) 이미지와 소리가 지닐 수 있는 효과를 알고 느낀다면, 예술과 비예술, 철학과 비철학 사이에서 더 많은 깨달음을 확립하는 데 조응하는 개념은 무엇일까? 이 개념은 무엇을 할까? 이 개념은 어떻게 기능할까? 뮤지컬 장면에서 우리가 목격하게 되는 것은 셀마와 세계의 "음악-되기"다. 따라서 셀마의 여성-되기는 음악-되기로 변화한다. 예를 들어, 노래하면서 사람이 아이, 새, 벌레, 바다가 될 수 있다.

제6장에서 음악과 그 내용에 대해서 좀더 발전시켜 논의할 것인데, 후렴은 가공할 만한 힘을 지닌다. 들뢰즈·구아타리가 주장하듯이, "깃발은 트럼펫 없이는 아무것도 할 수 없다."[80] 음악과 후렴의 역량은 영토적, 탈영토적 역량이다. 어둠 속에서 부드럽게 노래하는 아이는 스스로 안전한 영토를 창조한다. 우리는 환경을 창조하기 위해 소리 벽을 창조한다. 소음과 소리의 차이는 후렴의 노고(그리고 후렴에 대한 감성)다. 음악은 또한 점점 언어에서 멀어지게

---

79) *What is Philosophy?*, p.218.
80) *Thousands of Plateaus*, p.348.

되는(여전히 언어의 일부분일 수 있지만) 목소리의 탈영토화다. 영화 「쇼생크 탈출(The Shawshank Redemption)」에서 오페라 가수의 목소리가 감옥 벽을 뚫고 죄수들에게 자유에 대한 저항할 수 없는 느낌을 주듯이, 음악은 또한 영토를 열 수 있다(제6장을 보라). 이것은 정확하게 운동적 상황에서 시지각적-음향적 상황으로 변하는 미학적 변화의 영도 위에 일군의 소리가 함께 꽉 채워질 때 셀마에게 일어나는 것이다. 이때 그녀는 후렴을 만들고, 그녀는 음악을 듣고, 그녀는 음악이 된다. 그리고 그녀는 새로운 세계, 즉 지금 살고 있는 작은 마을보다 훨씬 더 안전하고 훨씬 더 광대한 새로운 영토를 연다. 마을은 여전히 똑같은 사람들로 이루어져 있음에도 불구하고 말이다. 이러한 힘은 엄청나게 강력하며 자유롭다.

또 다른 예를 제시해보자. 뮤지컬에서 가장 아름다운 장면 가운데 하나는 셀마의 남자 친구 제프가 셀마가 거의 시력을 잃게 되었음을 알게 되는 장면이다. 그들은 기찻길 위에 서 있고, 셀마는 기차가 오고 있는 것을 보지 못한다. 셀마는 물에 안경을 떨어뜨리고 색채가 따뜻하게 변하는 동안, 그녀는 주저하며 노래하기 시작한다. "나는 모든 걸 보았다네. 나는 물을 보았고, 그 모든 것은 물이라네"(영도). 제프는 천천히 후렴구로 진입하며 대답한다. "넌 만리장성을 보았니? 나이아가라 폭포를 보았니?" "네가 살 집, 네 머리카락을 가지고 장난하는 손자의 손을 보았니?" 셀마와 제프가 노래하는 동안 기차를 보는 장면처럼, 이미지는 「사운드 오브 뮤직(The Sound of Music)」의 단어(word)를 연상시킨다. 하지만 세계의 음악-되기는 말과 이미지를 탈영토화하고, 초개인적(suprapersonal / transpersonal) 차원으로 말과 이미지를 끌어가며, 거의 모든 것을 망라하는 우주 효과를 지닌다. 이러한 영토화, 탈영토화의 강한 효과를 가진 이미지(춤)와 소리(목소리와 악기)의 음악-되기는 「어둠 속의 댄서」에서 가장 강렬한 특징이다. 이렇게 미학적, 철학적 번역은 그 자체로는 사유할 수 없는 예술에 대해 사유할 권리를 주장하는 철학보다 상호 이해를 강화하는 데 함께 작동한다. 배치에 대해서 보자면, 우리는 배치의 수직선에서 장르 경계를 넘나드는 영토적, 탈영토적 힘과, 강력한 파토스 효과 및 자본주의 체계와 가난, 법 체계의 부당함에 대한 비판을 창출하기 위해 한데 작용하는 음악-되기의 영토적, 탈영토적 힘을 발견한다.[81] 수평축에서 파토스는 운동-이미지(멜로드라마 장면)가 시간-이미지(뮤지컬 장면)의 순수 시지각적-음향적 상황으로 이행되는 순간에서 창출된다.

나는 운동적 행동이 노래와 춤의 시지각적-음향적 상황으로 이행하는 장면인 「오 이츠 소 콰이어트」의 조용한(침묵) 이미지와 뮤지컬의 영도에서 시작했다. 「어둠 속의 댄서」는 목소리 없는 뮤지컬 악곡인 서곡으로 시작하여, 아무런 이미지도 없는 완전히 어두운 스크린으로 거의 4분간 지속된다. 물론 이 장면은 셀마의 실명과 그녀에게 음악이 얼마나 중요한지를 지시하지만, 이때 우리는 일반적으로 이미지와 소리의 영도를 경험하게 된다. 여기에서 영토(영화)가 창조되며 다른 차원에서 열릴 것이다(탈영토화된다). 미학적 층위에서 멜로드라마와 뮤지컬은 모두 파토스 효과로 탈영토화될 것이다. 개념적 층위에서 볼 때, 미학적인 개념적 번역의 영도로서 "조용함"과 "어두움"이라는 우주적 역량의 효과와 함께 서곡은 종국적인 음악-되기로 보인다. 이러한 번역은 결코 고정될 수 없지만, "삶"(세계)의 광대한 잠재성에서 벗어나 지속적인 번역의 움직임 안에서 개념의 비물체성 및

---

81) 셀마는 가난하여 아들의 수술 때문에 잔돈마저도 모두 모은다. 셀마의 이웃 빌은 빚이 있고, 그의 아내에게 그녀의 화려한 생활 방식을 감당할 만한 돈이 없다는 말을 차마 하지 못하기 때문에 셀마의 돈을 훔친다. 법은 셀마에게 사형을 선고한다. 그러나 빌을 살해했을지라도 그녀는 실제로는 희생자며 가해자가 아니다.

현실 이미지와 소리의 물체성(지각과 정서) 간에 새로운 감각과 사유가 존재하게 될 것이라는 점 때문에 늘 진행하고 있다.

폰 트리에의 히로인들에 대한 분석과 함께 영화의 개념적 페르소나와 미학적 형상으로서의 "현대적 앨리스"의 여러 종류들에 대한 분석으로 이 장을 마무리한다. 바라건대 그들이 다양한 방식으로 모이는 역설적 형상임을 지시했으면 한다. 그들은 여성-되기의 효과와 정서의 예들이다. 전통적으로 정의된 절편들과 그램분자적 체계들을 정확히 비판하고 깨뜨리는 효과를 가지고서, 그들은 역사적으로 정의된 여성의 주체 위치라는 근접성의 지대로 진입함으로써 되기의 과정을 그들 모두가 시작한다는 역설적 사실을 함께 공유한다. 이 점에서 나는 다나 해러웨이와 제리 앨린 플리거에 동의하는데, 그들은 우리가 페미니즘과 들뢰즈, 페미니즘과 많은 동시대 영화들, 페미니즘과 동시대 사회 간의 리좀적 접속을 이루길 원한다면, 역설은 우리가 감수해야 할 것이라고 주장한다.

제 5 장
동물-되기의 감각의 논리

　스탠 리(Stan Lee)의 만화를 원작으로 한 브라이언 싱어(Bryan Singer)의 「엑스맨(X-Man)」(2000)은 변종들로 가득하다. 사브레투스는 호랑이 이빨을 가지고 있고, 미스티크는 인간 카멜레온이며, 울버린은 스스로 상처를 치료하는 강철 손톱을 가진 사람이고, 루게는 누군가의 기억과 힘을 흡수하는 소녀며, 하비에르는 마음을 읽고, 마그네토는 인간 자석이다. 동시대 시청각 문화가 기형학(奇形學)적 상상으로 흘러넘친다. 호러, SF 영화장르는 대중성을 획득했고, 이 장르들은 다소 모호한 B급 장르에서 주류 영화로 이행해왔다. 흡혈귀, 복제 인간, 살아 있는 시체, 변종 등은 이제 보편적인 형상이 되었다.

　로지 브레이도티는 「기형학(Teratologies)」이라는 논문에서 이와 같은 테크노-기형학의 상상에 사로잡힌 문화는 들뢰즈 철학을 필요로 한다고 주장한다. "괴물 같은 사회적 상상의 증식은 적합한 형식의 분석을 요한다. 좀더 특별하게 보자면, 들뢰즈가 독특한 입장에서 제공하는 철학적 기형학의 형식을 요한다는 것이다."1) 브레이도티는 들뢰즈 철학이 괴물 같은 이미지에의 매혹을 설명할 수 있다고 주장한다. 또한 들뢰즈 철학은 향수적, 허무적 위치에 대항하는 해독제를 제공해줄 수 있는데, 거기에서 괴물 같은 이미지의 팽창은 우리 시대의 문화적 타락과 "거대 내러티브"의 쇠락 혹은 "고급 문화"라는 큰 기준의 상실을 가리키는 기호다. 「엑스맨」에서처럼 인간은 변종들이 위험하고 그들로부터 보호되어야 한다고 생각하며, 괴물성은 일반적으로 인간 정체성을 위협하는 어떤 것으로 보인다. 들뢰즈는 좀더 유연한 형식의 정체성과 주체성을 구성하는 도구를 제공하며, 이때의 정체성과 주체성은 결코 고정되지 않는 "물질"과 "기억"에 바탕을 둔다.

제2장에서 괴물 같은 살의 이미지와 함께 정신분석학에서 자아와 타자, 내부와 외부, 남성과 여성, 인간과 기계, 인간과 동물 사이의 경계선 개념으로서 아브젝트 및 페미니즘과 이것이 어떻게 연결되는지에 대해 설명했다. 또한 살의 이미지는 이미지가 일부를 이루는 배치에 의존하면서, 운동-이미지나 시간-이미지에서 주체성의 질료적 혹은 시간적 측면으로서 어떻게 다르게 이해될 수 있는지 설명했다. 제5장에서는 시청각 문화에서 작동하는 상상력을 통해 주체성을 이해하는 또 다른 방식을 살펴본다. 브레이도티가 주장하듯이 상상력은 "다양하고, 이질적인 '되기들' 혹은 주체의 재위치 설정을 추진하는 변형의 힘이다. 되기의 과정은 전체적으로 이끌린다. 말하자면 상관적이며 외재적이

---

1) Rosi Braidotti, "Teratologies", *Deleuze and Feminist Theory*, p.165. 브레이도티는 괴물 같은 상상이 주류로 진입함을 지적하기 위해 카니발리즘을 예로 든다. "카니발리즘은 1960년대 로메로(Romero)의 「살아 있는 시체들의 밤(Night of the Living Dead)」에서 시각화되었으며, 1980년대에는 그리너웨이(Greenaway)에 의해 에로틱하게 되었고, 1990년대에 들어와서는 「양들의 침묵(Silence of the Lambs)」에 의해 주류로 진입하게 되었다(p.156). 이를테면, 이러한 이미지 유형의 대중성을 인식하기 위해서는 「터미네이터」 시리즈와 「에이리언」 시리즈를 생각할 필요가 있다.

다. 이는 또한 정서나 욕망에 의해 모양이 만들어지고, 따라서 이성적 통제의 중심에서 벗어난다. '은유'의 재현적 기능과 대조되는 '형상들'(수정된 용어)이라는 견해는 개념적으로 부과된 상상력의 활용이라는 들뢰즈의 견해에서 결정적인 것으로 나타난다."[2] 나는 특히 들뢰즈의 개념과 그가 구아타리와 함께 발전시킨 개념이 기형학적 상상으로 점철된 동시대 시청각 문화에 대해 얼마나 적합한 분석을 제공할 수 있는지 밝히기 위해 동물-되기의 형상과 모든 종류의 내러티브를 살펴보려 한다. 또한 이러한 개념들이 모든 이가 "소수자-되기"에 필요한 것으로 보이는 우리의 자아 이미지를 어떻게 형성하고 변형할 수 있는지를 알아보려 한다. "감각의 논리"와 감정-이미지가 동물-되기와 관련된 수동적, 능동적 변용을 표현하고 분별하는 데 중요할 것이다.

이야기, 감각, 감정-이미지

□동물들 : 계열, 구성 그리고 저편

동물-되기를 어떻게 이해할지 알아보기 위해 인류와 동물의 관계를 다루는 몇 가지 오래된 이야기를 살펴보는 것이 유용하다. 여기서는 19세기 소설과 그 영화적 판본들로 제한해본다.[3]

---

2) "Teratologies", p.170. 브레이도티는 형상 대신 형상화에 대해 기술한다. 나는 들뢰즈의 용어인 형상을 재현과 대립되는 것으로 지시하기 위해 사용했다. 주석 18과 19를 보라.
3) 많은 이야기들이 여기서 논의되지는 않는다. 가령, 「캣 피플(Cat People)」 (Jacques Tourneur, 1942, and Paul Schrader, 1982) 같은 영화에서 표현된 고양이 인간, 특히 고양이 여자(「배트맨 2(Batman Returns)」(Tim Burton, 1992)의 미셸 파이퍼)의 신화에 대한 수많은 이야기들, 예를 들어 "고양이-되기"에 대해서는 James Roberts, "Becoming-Cat, Becoming Irena : Deleuze, Guattari, and

"동물-되기"인 모든 공포의 피조물들의 공통적 특성은 그들이 늘 괴물로 간주된다는 것이다. 제2장에서 살펴보았듯이, 중간 위치(모든 되기의 특징)에 관해 사유하기에 무능력한 전통적 주체는 중간 위치의 괴물이 아브젝시옹하다는 느낌을 자아냈다. 게다가 거의 모든 전통적 괴물들은 대부분 어떤 형태의 인간 행동에 대한 은유나 원형으로 보인다.

현존하는 문헌이 쓰이기 훨씬 이전에 흡혈귀는 인류의 상상력을 점령했다. 오래된 전통에서 흡혈귀는 무덤에서 살아 돌아와 자신을 유지하는 수단으로서 인간을 공격하고 피를 빨아먹는 시체라고 알려졌다. 그들은 악마적 존재, 마법, 초자연적 능력과 관련되었다. 흡혈귀의 현대적 변형을 제시한 인물은 브램 스토커(Bram Stoker)로, 그는 1897년에 소설 『드라큘라(Dracula)』를 썼다.[4] 트랜실바니아 신화, 루마니아 신화 및 블라드 드라큘 백작(Count Vlad Dracul)의 역사에 기초하여 스토커는 그의 흡혈귀인 드라큘라 백작을 상징적으로 살려냈다. 흡혈귀는 피를 빨아먹는 본성을 상징하는 두 개의 송곳니를 가지고 있으며, 그의

Cat People", *Enculturation* I(I), 1997을 보라. 인간과 영장류의 관계는 많은 영화적 변형들에서 나타나고 있지만(cf. 「킹콩(King Kong)」 Merian Cooper, 1933 ; 「혹성탈출(Planet of the Apes)」 Franklin Schaffner, 1968 ; 「맥스, 내 사랑(Max mon Amour)」 Nagisa Oshima, 1986 ; 「프로젝트 X(Project X)」 Jonathan Kaplan, 1987 ; 「안개 속의 고릴라(Gorillas in the Mist)」, Michael Apted, 1988), 실제와 똑같이 정교하게 만들어지지는 않는다. 나 역시 Elspeth Probyn이 *Outside Belongings* (New York and London : Routledge, 1996)에서 제안한 것처럼 "말-되기(becoming-horse)"에 대한 레즈비언적 관점을 고려하지는 않았다.
4) 스토커는 또한 폴리도리(Polidori)의 『흡혈귀(*Vampire*)』(1819)에 의해서도 영감을 받았다. 이 소설은 로드 바이런(Lord Byron)의 이야기(매리 셸리의 『프랑켄슈타인(*Frankenstein*)』과 똑같은 시대와 장소에서 만들어졌다)에 기초한다. 폴리도리의 『흡혈귀』는 근대적 흡혈귀의 실제 기초로 보인다. Gordon Melton, *The Vampire Book — the Encyclopedia of the Undead* (Detroit : Visible Ink Press, 1994)도 보라.

잠자리인 관은 죽음과의 관계를 상징한다. 그리고 흡혈귀는 박쥐와 관련된다(망토와 드라큘라의 능력은 박쥐에서 변형된 것이다. 박쥐는 인간과 같은 포유류지만 날아다니며 피를 빨아먹는 유일한 포유류다).5) 흡혈귀 신화에 대한 모든 변형을 언급하는 것은 불가능한 일이다. 수천 가지의 책, 만화, 영화, 팬클럽, 인터넷 뉴스들이 흡혈귀에 대한 매혹을 공유한다. 스토커의 책은 여러 차례 시각화되었다. 가장 잘 알려진 영화는 무르나우의 「노스페라투(Nosferatu, Eine Symphonie des Grauens)」(1922), 브라우닝의 「드라큘라」(1931), 헤르조크의 「노스페라투(Nosferatu, Phantom der Nacht)」(1979), 코폴라의 「드라큘라(Bram Stoker's Dracula)」(1992)다.6)

흡혈귀가 지니는 고도의 상징과 은유로 인해, 흡혈귀 이야기와 영화는 집단적 상상을 재현하는 데 중요한 용도로 기능한다. 들뢰즈·구아타리는『천 개의 고원』에서 동물들 간의 관계, 남성과 동물의 관계(남성과 여성, 남성과 아이, 요컨대 남성과 "비적합한/타자"의 관계)를 분류하는 발달사에서 두 가지 방법이 있다고 설명한다.7) 들뢰즈·구아타리에 의하면, 분류법은 계열

---

5) 물론 배트맨은 박쥐와 연결되는 또 다른 대중적 형상이다. 그러나 배트맨은 대부분 선한 면을 보여주며 괴물같이 생각되지는 않는다.

6) 많은 여성 흡혈귀도 있으며, 이는 종종 엘리자베스 바토리(Elizabeth Bathory) 백작 부인의 신화에 기초하거나(cf. 「어둠의 딸들(Daugthers of Darkness)」 (Harry Kumel, 1971)의 델핀 세리그), 토니 스코트의 「악마의 키스(The Hunger)」 (1994)의 카트린느 드뇌브에 의해 재현되는 방식이다. 그리고 아벨 페라라의 「어딕션(The Addiction)」(1994)도 있다. 페라라는 이 영화에서 흡혈귀에 대한 믿음을 여주인공의 중독과 명백하게 연관시킨다. 게다가 그는 제2차 세계대전의 공포와 다른 끔찍한 "인간의" 경험을 흡혈귀에 연관시킴으로써 모든 종류의 철학적 질문들(예를 들어 니체의 니힐리즘과 의지의 힘)을 흡혈귀와 관련짓는다.

7) *Thousand Plateaus*, pp.233-237. 비적합한 타자라는 용어는 트린 T. 민하 (Trinh T. Minh-Ha)로부터 빌려온 것이다(*Woman, Native, Other : Writing Postcoloniality and Feminism*, Bloomington : Indiana University Press, 1989).

을 통해서나 구조를 통해서 이루어지지만, 대개는 두 개의 조합을 통해 이루어진다(순수 구조를 선호했던 레비-스트로스(Lévi-Strauss)의 곤혹스러움만큼). 계열은 무의식적 정욕 원칙인 리비도의 변형을 표상하는 용어로서, 융(Jung) 식의 원형으로 작동한다. 계열은 꿈과 상상력의 층위에서 작용하며 이는 변신이다. 이렇게 흡혈귀 박쥐(밤에 활동하고 날 수 있고 피를 빨아먹는)와 인간 흡혈귀(밤에 활동하고 날 수 있고 피를 빨아먹으며, 박쥐로 변신하는) 사이에 유사성이 있기 때문에, 인간은 박쥐로 변할 수 있다. 희생자에게 강력한 성적 매력을 풍기는 벨라 루고시(Bela Lugosi)[8]는 이러한 계열적 흡혈귀의 궁극적 예다. 인간과 동물 간의 구조적 관계는 개념적 층위에서 작동하고 은유로써 재현된다. 즉, 박쥐가 동물의 은유이듯이 흡혈귀는 인간의 은유인 것이다. 이러한 모든 종류의 관계들은 유사성, 모방성 혹은 심지어 동일화에까지 기초하고 있다.

인간과 동물 간의 이러한 계열적, 구조적 관계의 중요성이 무엇이든지간에 두 가지 사이에는 또 다른 관계가 있다. 그것은 바로 동물-되기다. 동물-되기는 그 자체가 현실성을 지니는데, 이는 유사성이나 제휴에 기초하는 것이 아니라 결연, 공생 관계, 변용, 감염에 기초한다. 들뢰즈·구아타리는 이에 대해 다음과 같이 말한다.

다나 해러웨이는 논문 "The Promise of Monsters : A Regenerative Politics for Inappropriated Others" (L. Nelson and P. Treichler, eds. *Cultural Studies*. New York : Routledge, 1992)에서 이 용어를 빌려오고 있으며, 때때로 사이보그를 지시하기 위해 이 용어를 사용한다.

8) [옮긴이] 1882년에 출생하여 1956년에 사망한 루마니아 출신 배우로, 드라큘라 역으로 전 세계에 알려졌으며, 끝까지 드라큘라 이미지에서 벗어나지 못해서 드라큘라 외 다른 배역을 거의 맡지 못했다. 그는 죽으면서까지 드라큘라 복장을 하고 땅에 묻혔다.

아직도 무언가 다른 것, 즉 좀더 비밀스럽고 좀더 숨겨진 무언가를 위한 자리가 있지 않을까? 더 이상 신화나 의례에서는 표현되지 않지만 설화들에서 표현되는 마법사와 되기들을 위한 자리인가? … 동물-되기는 꿈도 아니며 환상도 아니다. 되기는 완전히 실제적이다. … 실제적인 것은 되기 그 자체, 되기의 블록이지 되기가 이행해가는, 고정된 것으로 상정된 몇 개의 항이 아니다. … 인간의 동물-되기는 인간이 변해서 되는 동물이 실재하지 않더라도 실제적이다. … 이와 마찬가지로 동물의 다른 무엇 되기는 다른 무엇이 실재하지 않더라도 실제적이다. 되기는 항상 계통과는 다른 질서에 속해 있다. 되기는 결연과 관계된다. … 그것은 어떠한 가능한 계통도 없이, 전혀 다른 생물계와 등급에 있는 존재자들을 이용하는 **공생**이라는 광활한 영역에서다.[9]

들뢰즈·구아타리에 의하면, 변용, 운동, 속도의 층위에서 인간과 동물 간의 근접성을 구성하는 동물-되기의 실재가 존재한다. 이것은 동물-되기가 어떤 변용들의 유사성에 근거한다는 의미다. 말하자면 동물-되기는 기관 없는 몸을 창조하는 방식이다. 동물-인간의 배치가 만들어지는 것은 강렬함의 층위에서다. 이것은 피의 결합이나 유산이 아니라 전염과 감염이 불러일으키는 것이다. 이러한 시각에서 보자면, 흡혈귀는 그들이 흡혈귀로 만들 어떤 사람을 고르고 선택할 수 있기 때문에 되기의 실재를 표현할 수 있다. 들뢰즈·구아타리는 특히 흡혈귀와 늑대 인간에 대해 다음과 같이 말한다.

인간은 그램분자적인 종을 바꾸듯이 늑대나 흡혈귀가 되는 것이 아니다. 하지만 흡혈귀와 늑대 인간은 인간의 되기들이다. 말하자면 그것은 합성된 분자들 간의 근접성의 지대들이며, 방출된 입자들 간의 운동과 정지, 빠름과 느림의 관계들이다. 물론 늑대 인간과 흡혈귀

---

9) *Thousand Plateaus*, pp.237-238 / 452-453.

는 있다. 우리는 진심으로 그렇게 말하는 것이다. 그러나 거기서 동물과의 유사성이나 유비를 찾아서는 안 된다. 왜냐하면 그것은 현실태인 동물-되기며, 분자적 동물의 생산이기 때문이다(반면, "실재하는 동물은 그램분자적인 형식과 그램분자적인 주체성에 사로잡혀 있다).[10]

이와 같이 들뢰즈·구아타리는 흡혈귀와 여타 괴물 같은 형상의 실재 동물-되기의 존재를 인정한다. 하지만 영화사에서 드라큘라와 그의 동료들은 종종 무거운 성적 상징과 비유(그리고 그램분자적 종의 변화)에 의지하고, 따라서 인간과 동물 간의 계열적 구조적 관계에 한층 속한다. 앤 라이스(Ann Rice)의 소설 『뱀파이어와의 인터뷰(*Interview with Vampire*)』에 나오는, 아마도 드라큘라의 대중적인 후계자인 레스타 드 리옹쿠르와 감성적인 흡혈귀 루이는 동물-되기에 더 가까이 다가간다.[11] 우선, 이 점은 라이스의 소설에 나오는 수많은 상징이 이러한 흡혈귀들에게는 더 이상 가치가 없다는 사실에서 기인할 수 있다. 그들은 마늘을 견디고, 관에서 잠들 필요가 없으며, 심지어 빛도 참아낼 수 있으며, 셀룰로이드의 일몰과 같은 인공 조명에 견딘다. 그들은 여전히 야행성이며 피에 의존하지만 박쥐로 변신하지는 않는다. 그들은 지속적인 되기의 상태로 있다(그들은 박쥐보다는 늑대에 더 가깝다). 레스타와 루이는 자신들의 역학과 정서를 지닌다. 루이는 어린 소녀 클로디아에 대한 호감과 애정을 버리고 흡혈귀로 만든다. 닐 조던(Neil Jordan)은 라이스의 책을 영화로 만들었지만, 나는 여기에서 이 영화에 대해 자세하게 설명하지는 않겠다.

닐 조던은 다음 부분에서 논의하게 될 안젤라 카터(Angela Carter)의 소설 『늑대의 혈족(*The Company of Wolves*)』을 영화

---

10) *Thousand Plateaus*, p.275 / 521.

11) Anne Rice, *Interview with the Vampire* (Book I of the Vampire Chronicles) (New York : Ballantine Book, 1979). 1994년에 닐 조던은 이 흡혈귀 이야기를 동명 타이틀의 영화로 만들었다.

화했다. 흡혈귀가 늑대 인간과 공유하는 것은 그들 모두가 타락으로 인해 "생겨난 것"이라는 점이다. 늑대 인간의 이야기와 전설도 오래되고 해를 거듭하면서 전해진 것이다. 최소한 몇 개의 영화 버전에서 늑대 인간 이야기들은 대부분의 흡혈귀 이야기보다도 동물-되기에 더 가깝다고 믿지만, 다음 장에서 이 점에 대해 다시 논의할 것이다.

□감정-이미지의 동물-되기

19세기의 모든 괴물들이(그 이전과 이후도) 자연의 불가사의하고 어두운 힘에 의해 탄생된 것은 아니다. 새로운 종이나 중간종("괴물")을 탄생시키는 또 다른 방법은 과학과 테크놀로지로 채색된 경로를 통해서다. 매리 셸리(Mary Shelley)의 『프랑켄슈타인(*Frankenstein*)』, H. G. 웰스(H. G. Wells)의 『모로 박사의 섬(*The Island of Dr. Moreau*)』과 같이 미친 과학자와 괴물이 나오는 많은 이야기들 중 지킬 박사 이야기를 좀더 면밀히 살펴보고자 한다. 스티븐슨(Stevenson)의 소설 『지킬 박사와 하이드 씨(*Dr. Jekyll and Mr. Hyde*)』는 점잖은 체하는 옹졸한 빅토리아 시대를 배경으로 한다.[12] 이 작품은 뛰어난 개인으로서의 그를 가두는 사회의 규칙과 규제, 색욕과 성적 에너지라는 숨겨진 감정 사이의 긴장에 맞설 수 없는 한 남자의 슬픈 이야기다. 그는 선과 악을 분리할 수 있는 화학 물질을 발견함으로써 이러한 문제에 대한 해결책을 찾았다고 생각한다. 물론 악한은 힘을 갖게 되고 또 파괴될 수밖에 없다. 악한과 함께 선인 역시 사망한다. 소설은 그의 죽음 이후를 추적하는 사건을 제시하고 있으며, 이는 우리 눈앞에 펼쳐지는 것을 보여주는 대부분의 영화 버전과

---

12) Robert Louis Stevenson, *The Stranger Case of Dr. Jekyll and Mr. Hyde* (London : Penguin, 1994 ; 최초 출판은 1886).

는 다르다. 영화적 경험에 더 자세히 다가가기 위해 여기에서는 루벤 마모울리언(Rouben Mamoulian)이 연출한 「지킬 박사와 하이드 씨」를 살펴보자.13)

영화의 첫 번째 시퀀스는 지킬 박사의 시점으로만 구성된다. 우리가 그를 보게 되는 유일한 순간은 그가 옷을 갈아입는 동안 거울을 통해 자신을 볼 때다. 나머지 이미지들은 많은 운동(지킬의 움직임)과 전체 이미지의 프레임이 마감되기 전에 마감되는 희미한 블랙의 경계로 인해 흔들린다. 이미지 운동은 관객을 다소 어지럽게 하는데, 이미지 경계가 폐쇄공포증적 느낌을 불러일으키도록 프레임 내부에 있다는 사실로 인해 그러하다. 시각은 심각하게 강요당하고 제한되어 있다는 인상을 받는다. 이러한 순수 시각적 방식으로 마모울리언은 지킬 박사의 싸움을 정확하게 표현한다. 지킬 박사는 수업 중인 다음 장면에서 자신의 싸움을 명확히 한다. 시점은 변화되고, 우리는 지킬이 강의하는 것을 보고 듣는다. "… 우리의 시각에는 범위가 정해져 있다. 과학하는 인간으로서 우리는 이러한 범위를 넘어서 파헤치기 위해 호기심으로 가득하고 충분히 대담해야 한다 …." 데카르트적인 방식으로, 그는 인간이 하나가 아니라 둘이라는 것을 증명함으로써 몸과 영혼/정신을 명확히 분리하려고 한다. "하나는 고결하며 선한 것을 추구하고, 또 다른 하나는 그를 땅 위의 동물과 한데 묶는 생 충동의 표현과 악을 추구한다." 따라서 그는 두 가지 내재적 힘을 구분하게 해주는 화학 물질을 발명한다.

변신을 시각화하는 데에 한 가지 놀라운 측면이 있다. 그들은 클로즈업 혹은 감정-이미지라는 들뢰즈적 용어로 모두 나타난

---

13) 또 다른 유명한 버전은 빅터 플레밍(Victor Fleming)의 「지킬 박사와 하이드 씨」(1941)로 스펜서 트레이시, 라나 터너, 잉그리드 버그만이 출연했다. 지킬과 하이드 주제의 코미디 버전은 제리 루이스(Jerry Lewis)가 연출하고 주연을 맡은 「너티 프로페서(The Nutty Professor)」(1963)다.

다는 것이다. 한 가지 가능한 감정-이미지는 얼굴(혹은 얼굴 같은 것)이다.14) 클로즈업은 어떠한 시공간적 관계없이 순수 정서를 표현하는 능력을 지니지만, 또한 역설적이게도 얼굴과 그의 지워짐을 동시에 표현한다. 각 개인/사물의 개별화는 줄어들거나 심지어 클로즈업으로 끝나게 된다.15) 이제 이 모든 과정들이 지킬 박사의 하이드 되기의 표현으로 작용하는 것으로 보인다. 영화에는 많은 클로즈업이 있다. 첫 번째 놀라운 클로즈업 세트는 영화 시작 부분에서 나오는데, 지킬 박사가 약혼녀인 뮤리엘에게 더 이상 기다릴 수 없으니 (성 관계를 갖기 위해) 당장 결혼해달라고 비는 장면이다. 시퀀스는 점점 가까이 다가가는 몇 개의 쇼트/역쇼트로 구성된다. 마지막에 우리는 뮤리엘의 눈만을 보면서 "사랑해요, 사랑해요"라고 말하는 그녀의 목소리를 듣고, "누가 우리를 갈라놓겠소?"라는 지킬의 대사를 듣는 동안에는 그의 눈을 보게 된다. 이 질문에 대한 대답은 포용하고 있는 두 연인들에게 그림자가 드리워지는 다음 이미지에서 바로 전달된다. 그들은 계속되고 있는 파티로 돌아가도록 요청을 받는다. 나중에 우리는 비슷한 눈의 클로즈업을 보는데, 이제는 창녀인 아이비를 향해 "사랑해, 사랑해"라고 말하는 하이드다. 이것은 지킬과 하이드, 뮤리엘과 아이비의 완벽한 융합과 혼동을 보여준다. 더 이상의 공간, 더 이상의 거리는 없으며, 몸과 공간의 실재 합성(conflation)은 개별화가 끝나고 되기의 과정이 시작될 수 있음을 의미한다.

질이나 힘으로 정서를 표현하는 얼굴은 변신 이미지에서 구체화된다. 예를 들어, 두 번째 변신은 처음에는 지킬임이 여전히

---

14) *Movement-Image*, pp.87-101을 보라.

15) *Becoming-Woman*에서 Camillie Griggers는 얼굴이 일반적으로 어떻게 규범적 주체를 구성하기 위한 수단이 되는지에 대해 논의한다("The Despotic Face of White Femininity", pp.1-35).

의문시되는 얼굴이며, 이어서 그의 손을 클로즈업으로 보여주면서 첫 번째 변화를 표현하며, 얼굴로 다시 돌아가서 질에서 힘으로 방향을 전개하는 다섯 개의 클로즈업으로 구성된다. 다음 쇼트는 또 다른 손의 클로즈업이며, 이제 털이 자라나기 시작한다. 결국 우리는 강한 (하지만 이항 대립 때문에 소름 끼치는) 하이드의 얼굴을 보게 된다. 하이드 얼굴을 보여주는 다른 방식의 클로즈업은 편집 과정으로 인해 한데 결합된다(혹은 저지된다). 나중에 세 가지 경우 중 하나의 클로즈업 쇼트에서 우리는 질에서 힘으로(긍정적일 수 있는 것이지만, 이 경우에는 부정적이다), 우리 눈앞에 펼쳐지는 지킬에서 하이드로의 변화를 보게 된다. 이것은 설익은 방식의 몰핑이고 과장된 방식이지만, 볼 수 없는 것을 보게 하는 영화의 질과 힘을 보여준다. 어쨌든 이 영화는 감정-이미지에 의해 만들어지는 의미가 무엇인지, 감정-이미지가 동물-되기의 감각을 표현하기 위해 어떻게 사용될 수 있는지를 보여준다.

잘 알려진 것처럼 모든 것은 비참하게 끝난다. 지킬 박사는 하이드의 악마적 힘에 저항할 수 없고 살인자가 되어 스스로 목숨을 끊어야 한다. 지킬은 그의 모든 동시대인들과 함께 인류에게 근본적인 것이라고 믿어지는 이항 대립 — 선-악, 남성-여성(여성은 처녀-창녀로 다시 나누어진다), 부유함-빈함 — 을 공유한다. 하지만 그는 모든 이에게 선과 악이 존재한다는 것을 받아들이는 소수에 속한다. 그는 악(여기에서는 동물)을 억누르길 원치 않으며, 선이 순수할 수 있도록 악에서 벗어나길 원한다(악을 제거하길 원한다). 이를 행하기 위해 발명한 화학 물질은 마약처럼 작용한다. 이 장의 마지막에서 나는 마약과 동물-되기의 관계에 대해 상세히 설명할 것이다. 이제 "마약"은 그를 기분 좋게 만들어주지만, 악하게 보이고 악하게 행동하게 한다. 영화의 최후 메시지는 "동물적 본능"을 억누르고 규범과 관습을 준수해야 한다는 것으로 보일 수 있다. 그러나 대항 메시지(countermessage)는 규범 및 관습이 자유로운 표현과 감정을 위한 공간, 그리고 동물이 되는 것 대신 되기를 위한 공간을 허용해야 한다는 점이다. 하지만 지킬 세계의 이항 대립은 이러한 되기를 허용하지 않는다. 영화는 특히 마지막에 감정-이미지를 "탈인격화하는" 것에서 동물-되기의 순간들을 보여주지만, 하이드는 구조적 방식으로 인간 속에 있는 야수의 은유로서 보인다. 4가 배치와 관련하여 영화를 분석한다면, 감정-이미지(내용의 형식)가 우리에게 (문자 그대로) 신체적 수정을 가한다는 점이 명백해질 것이다. 동시에 표현의 차원(형식)에서 생겨나는 새로운 어떤 것, 즉 비신체적 변형은 지킬 박사의 마음에서 생겨난다. 하이드는 지킬 박사가 "도주선"을 탈영토화하는 것이지만, 마지막에 영토화의 힘과 빅토리아 사회의 이항 대립은 더욱 강력해진다. 여기에는 되기를 위한 자리가 없다.

□회화에서의 동물-되기 : 감각과 색채

분명히 동물-되기의 측면이기도 한, 되기의 가장 중요한 측면 중 하나는 감각인데, 이 되기가 느껴지는 것은 바로 감각을 통해서다. 되기는 새로운 감수성을 창조한다. 이는 또한 이러한 되기들을 고려에 넣을 수 있는 것이 명백하게도 감정-이미지인 이유를 설명한다. 프랑스 작가 폴 발레리(Paul Valéry)는 감각을 "말하려는 이야기가 '우회로'나 '권태로움' 없이 직접 전달되는 것"이라고 정의했다. 좀더 정확히, 화가 프랜시스 베이컨(Francis Bacon)은 감각을 "하나의 질서에서 다른 질서로, 하나의 층위에서 다른 층위로 이동하는 것"이라고 정의한다.[16] 이러한 여전히

---

16) G. Deleuze, *Francis Bacon : logique de la sensation* (Paris : Editions de la Différence, 1981) p.28.

다소 모호한 정의는 베이컨의 회화들을 살펴봄으로써 더욱더 명확하게 될 것이다. 베이컨의 회화에는 주로 신체의 데포르마시옹(deformation)[17]이 늘 존재한다. 말하자면 그가 그린 형상들과 배경들은 하나의 구체적 층위에 속하지 않는다("리얼리즘적" 재현이나 순수 정신적 개념화도 아니다). 베이컨의 작품에서 동물 −되기는 너무나도 강렬하게 표현되기 때문에, 우리가 영화적 이미지로 돌아가기 이전에 우선 이 예술적 영역을 살펴보는 것이 유용할 것이다.

베이컨에 대한 책『감각의 논리(*Francis Bacon : Logique de la Sensation*)』에서 질 들뢰즈는 베이컨이 형상화(figuration) 대신 형상의 활용을 통해 어떻게 감각을 표현하는지를 설명한다.[18] **형상화**(재현적이고 서사적인)와 그와 명확히 반대되는 **추상**(abstraction)은 직접적으로 신경 체계에 작용하기보다는 정신적 작동을 통해 작용한다. 따라서 형상화와 추상은 감각을 통해 작동하지 않는다. 감각이 형상적이고 추상적인 작품에서 느껴진다면, 이는 형상화나 추상의 층위에서 발생한 것이 아니다. 감각은 직관적 층위에서 작용하고 사유보다는 느껴지는 것이다.[19] 우리가

---

17) [옮긴이] 변형이라는 뜻으로 '데포르메(deformer)'라고도 한다. 회화에서 사용하는 단어로 특히 세잔 이후 문제시되었다. 데포르마시옹은 사실을 근본으로 삼는 입장으로, 자연을 대상으로 한 사실 묘사에서 특정 부분을 강조하거나 왜곡하여 변형시키는 미술 기법이다.

18) 들뢰즈는 **형상**(Figures)을 체계적으로 대문자로 쓰고 있다. 인용을 제외하고 나는 소문자 'f'를 사용하지만 같은 개념을 지시한다.

19) 들뢰즈가 스스로 현상에서 나온 몇 가지 예들과 거리를 두고 있지만, 나는 거기에는 확실히 들뢰즈의 연구와 메를로퐁티의 현상학 연구 사이에 만들어진 어떤 접속들이 있을 것이라고 생각한다. 들뢰즈처럼, 메를로퐁티는 감각을 그리고자 했던 화가들에 대한 매혹을 표현했다. 그의『눈과 정신(*L'oeil et l'espirt*)』(Paris : Editions Gallimard, 1964)은 다음과 같이 세잔을 인용함으로써 시작한다. "내가 여러분에게 번역하고자 하는 것은 지각 불가능한 감각의 원천에 있는 훨씬 신비로운 것으로, 그것은 존재의 뿌리에 뒤엉켜 있다." 들뢰즈처럼 메를로

다중적 감각을 가지고 있기 때문에, 모든 감각(sense)이 자체의 방식에서 각 대상에 의문을 제기하기 때문에, 감각(le sentir)은 항상 상호 감각적이고(intersensorial) 통합미학적인(synesthetic) 경험이다.[20] 들뢰즈는 이러한 감각의 종합적이고(synthetic) 통합미학적인 결합을 다음과 같이 공식화한다. "하나의 색, 맛, 촉각, 냄새, 소리, 무게 사이에는 감각의 (재현적이 아닌) '신경 흥분적인' 순간을 구성하는 존재론적 소통이 있을 것이다."[21]

들뢰즈는 베이컨이 이러한 다감각성(multisensoriality)을 어떻게 눈에 보이도록 만드는지 설명하기 위해 이사벨 로스톤(Isabel Rawsthorne)을 언급한다. 로스톤을 그린 그림은 타원형의 머리와 눈, 코, 입을 확대하는 선으로 표현된다. 전체 얼굴이 동원되어 모든 감각들은 한번에 발휘된다. 동시에 감상자로서의 우리의 모든 감각은 한번에 불려 나온다. 이러한 다감각적 형상의 힘은 들뢰즈가 리듬으로서 동등하게 지적한 힘(생생하고 감정적인)이다. "이 힘은 시각이나 청각 등보다 훨씬 깊은 것으로서 리듬이라고 한다. 리듬이 힘을 청각적 층위에 투여하면 음악처럼, 시각적 층위에 투여하면 회화처럼 나타난다. 합리적이거나 뇌적이 아닌, 세잔(Cézanne)이 말했던 '감각의 논리'다."[22] 리듬은 그 자체로 눈에 보이지 않는다. 감각은 분자적 층위의 전율이고 이

풍티도 이러한 감각이 형상을 통해 도달되는 것은 아니라고 주장한다. 그는 형상화를 "의심스러운 유사성의 관계"라고 지칭한다("le louche rapport de ressemblance", p.38). 반대로 필수적 감각은 비재현적 데포르마시옹을 통해서 탈출할 수 있다(p.39).

20) 중요하게도 이 용어를 번역하는 것은 단 하나의 단어가 아니다. 프랑스 명사 sentir는 "느끼는 것, 지각하는 것, 의식하게 되는 것" 혹은 "냄새 맡는 것"이나 "맛보는 것", "이해하는 것"으로 번역된다(Van Dale : French-Dutch / Dutch-English).

21) *Francis Bacon*, p.31(질 들뢰즈 지음, 하태환 옮김 『감각의 논리』, 민음사, 1995, p.72).

22) *Francis Bacon*, p.31 / 73.

는 오직 느껴질 뿐이다. 사람은 보이지 않는 힘, 말하자면 예술가가 표면으로 가져온 보이지 않는 운동에 감동한다. 물론 리듬에 대한 의문은 음악-되기의 개념과 관련이 있을 수 있다. 이 점은 다음 장에서 상세히 설명할 것이다. 이제 이사벨 로스톤의 "자화상"으로 돌아가서, 이것은 여성의 얼굴이 아니라 차라리 어떤 동물 같은 피조물의 머리에 훨씬 더 가깝다는 느낌을 받는다. 이때 동물-되기는 몇몇 "괴물 같은" 정도를 취한다. 동물들은 매우 잘 발달된 (본능적) 감각을 가지고 있고, 동물-되기가 감각의 미시지각과 밀접한 관련이 있다는 점을 발견하는 것은 놀랍지 않다.

모든 현상적인 몸처럼, 모든 형상은 놓일 공간을 필요로 한다. 베이컨은 항상 평평한 표면과 표면을 둘러싸는 윤곽(원, 궤적, 사각형, 선)을 창조한다. 동시에 형상은 늘 공간에 보이지 않는 힘을 전송한다.[23] 모든 형상은 환경과 관련된 자신의 공간을 갖는다(표면과 윤곽). 그 형상들은 서로 연관되고 영향을 주며 함께 이미지를 형성한다. 모든 감각은 자체의 효과를 갖기 때문에, 공간이 단지 하나의 차원으로 한정되지는 않는다는 점이 가능해진다. 이러한 경험이 베이컨의 회화로 표현되고 지각 가능하게 된다. 또 다른 잘 알려진 예는 당신이 눈을 감고 콘서트를 감상할 때의 공간에서 일어나는 일이다. 만일 잠시 눈을 뜬다면, 당신은 음악으로 인해 창출되었던 다른 공간과 비교하여 실제 눈으로 보는 공간이 훨씬 더 작은 곳이라고 느끼게 된다.[24] 눈을 뜨고서 확실히 지각되는 공간은 또 다른 더 신비로운 공간과 이중화될 수 있다. 이러한 예로부터, 공간은 "실재 삶"에서나 예술 작품에 의해 표현되는 경험, 즉 감각의 구성임이 명확해진다.

사실 이것이 바로 예술 작품의 기능이다(아방가르드든 대중

---

23) *Francis Bacon*, p.30을 보라.
24) Merleau-Ponty, *Phénoménologie de la perception* (Paris : Gallimard, 1935), p.256도 보라.

예술이든). 그렇지 않다면 미지인 채로 남아 있을, 그리고 아무도 직접 접근하지 않을 공간을 에워싼다. 몸(형상)과 공간 사이의 상호 관계는 표면의 층위에서 생겨난다. 이것은 깊이가 없다는 의미가 아니다. 깊이는 3차원 공간에서만 필연적인 것이 아니라는 것을 의미할 뿐이다. 오히려 이것은 차원들의 역전 가능성, 형상과 공간의 양차원적 근접성이다. 들뢰즈는 세잔과 베이컨이 모두 이러한 공존이나 차원의 근접성을 보여준다고 말한다. "베이컨은 세잔적으로 남아 있다. 특히 색채의 취급에서, … 색채에 의해 변조된 공존이나 근접성의 관계에 있기 때문이다. 그리고 윤곽의 얇은 막을 통해서 이중적인 운동이 행해진다. 골격을 향한 납작한 팽창과 신체를 향한 두툼한 수축이다."[25] 들뢰즈에 의하면, 세잔과 베이컨의 주요 차이는 그들의 형상이 데포르메되는 방식인 듯하다.[26] 이러한 차이는 그들에게 작용하는 상이한 힘에 기인한다(세잔의 세계는 열린 세계이고, 베이컨의 세계는 닫힌 세계다). 하지만 나는 이 점에 대해 이후 더 상세하게 설명하지는 않겠다. 가장 중요한 것은 두 화가들이 상이한 감각을 한데 묶음으로써 무엇이 감각의 원천에 있는지, 접촉 표면으로 묘사할 수 있는 것으로 오직 표면에서만 지각 가능한 것이 무엇인

---

25) *Francis Bacon*, p.78 / 158. 세잔에 대한 해석에서 메를로퐁티는 다음과 같이 똑같은 생각을 표현한다. "신비로운 것은 사물들 사이의 접속이다. 나는 각각의 장소에 있는 각각의 사물들을 본다. 각각의 사물들은 서로 블록을 형성하기 때문이다. 곧, 각각의 사물들이 자신의 공간을 점유하기 때문에 그 사물들은 나의 지각과 경쟁한다. … 이런 식으로 본다면, 공간적 깊이는 더 이상 '3차원'으로 이해될 수 없다. 공간적 깊이는 오히려 모든 것이 동시에 일어나는 곳, 높이 · 깊이 · 거리가 추상적인 곳인 글로벌 '로컬리티' 차원의 역전 가능성의 경험이다. …"(*L'oeil et l'esprit*, p.25).

26) 에른스트 반 알픈(Ernst van Alphen)은 또한 프랜시스 베이컨에 대한 저서에서 베이컨 회화의 데포르마시옹과 "유동하는 자아들"에 대해 이야기하고, 그들을 해방의 힘으로 본다. Ernst van Alphen, *Francis Bacon and the Loss of Self* (London : Reaktion Books, 1992).

지를 직접적으로 표현하려 한다는 사실이다.[27]

들뢰즈가 이미 지적했듯이, 이러한 감각적 효과를 달성하기 위한 가장 중요한 수단 중 하나는 색채를 통하는 것이다. 이것은 자연의 유사성이나 자연을 복사하는 색채의 문제가 아니다. 각 색채는 자체의 차원, 자체의 물질성과 질을 가진다.[28] 베이컨과 함께 반 고흐와 고갱 같은 색채에 뛰어난 화가들은 순수 색채로 공간을 표현한다. 그들은 또한 흑과 백, 빛과 어둠을 활용한다. 그러나 그러한 경우 그들은 흑과 백을 자신들의 색조와 대립시키는 색채로서 활용한다. 모든 것은 시지각적 입장보다는 촉각적 입장을 요구하는 공간-색채 배열에 의존하게 된다. 색채는 순수 정서다. 색채는 자체의 독립적인 질과 보이지 않는 운동을 갖는다.

회화에서 이제 영화로 다시 돌아가보자. 들뢰즈가 『운동-이미지』에서 주장했고 제2장에서도 논의했듯이, 감정-이미지의 질과 잠재력은 클로즈업뿐 아니라 색채의 사용(그림자와 빛을 포함)과 "임의의 공간들"과 관련이 있다. 동물-되기는 (대부분) 불가시적 힘의 감각과 밀접한 관련이 있기 때문에, 이는 감정-이미지의 표현에 대한 형식인 퍼스의 일차성의 층위에 놓여야 한다. 일차성은 경험에서 어떤 새로운 것을 표현하는 층위다. 일차성은 실은 처음(직관적) 인상이나 감각에 비교할 수 있다. 감각처

---

27) 물론 그들이 이러한 방식으로 작업하는 유일한 화가들은 아니다. 이를테면, 폴 클레, 빈센트 반 고흐, 폴 고갱, 앙리 마티스 또한 끊임없는 되기를 외면 위에 남김으로써, 그리고 이런 방식으로 끊임없는 되기를 표현함으로써 감각에 도달한다.

28) 메를로퐁티는 『지각의 현상학(Phénoménologie de la perception)』에서 어떤 색채들의 특정한 내재적 힘을 묘사한다. 예를 들어, 빨강과 노랑은 미끄러지는 운동에 적용되며, 파랑과 초록은 흔들리는 운동에 어울린다. 밖으로 향하는 운동은 초록으로 가속되고 빨강으로 감속된다(아마도 교통신호등은 결코 임의적이거나 관습적인 게 아니다). 그는 상이한 운동적 질을 가지고 있으며 상이한 운동을 일으키는 색채에 대한 상이한 경험의 전체 리스트를 제공한다(p.242).

럼 일차성은 사유보다는 느껴지는 것이기 때문에 정의하기가 힘
들다. 일차성은 아직까지 현실화에 대한 어떠한 질문도 없이 그
자체의 장점(이미 언급했던 색채처럼)에서 가치를 지닌 질 혹은
힘을 표현한다. 이 차원에서 가능성이 표현되고, 모든 것은 감정
-이미지에 잠재적으로 포함된다. 따라서 나는 인간 주체의 탈영
토화하는 힘으로서의 동물-되기는 감정-이미지 및 퍼스의 일차
성에서 내용의 형식과 표현을 찾는다고 주장한다.

동물-되기 전 아이-되기

□아이들은 스피노자주의자다

아이들에게 모든 경험은 새롭다. 아마도 이는 아이들이 동물-
되기라는 이념에 더욱 가까운 세계의 개념화를 가지고 있기 때
문이다. 따라서 아이들의 동물-되기가 추가적인 통찰력을 제공
할 것인지에 대해 판단하기 위해 아이와 동물을 다루는 두 개의
이야기를 살펴보자. 루디야드 키플링(Rudyard Kipling)의『정글
북(*Jungle Book*)』은 거듭해서 전해지고 있으며, 늑대 아이들에
대한 "실제" 이야기 역시 수년 동안 존재해왔다. 이 장에서는 두
가지 영화적 늑대 아이를 분석하지만, 우선 아이들의 세계에 대
해 잠깐 철학화해보는 것이 유용할 것이다. 제3장에서는 역설과
무의미(nonsense)를 통해 "의미의 논리"를 표현하는 여성-되기
형상으로 이상한 나라의 앨리스를 채택했다. 이제 아이들 역시
"감각의 논리"와 동물-되기에 가까운지 살펴보고자 한다.
들뢰즈 · 구아타리는『천 개의 고원』에서 "아이들은 스피노자
주의자다"라고 말한다. 이 표현을 이해하기 위해서는 스피노자
의 윤리학에 대해 이전에 말해진 바가 무엇인지 다시 돌아가보

는 것이 필요하다. 간단히 상기하자면, 스피노자의 윤리학은 모든 것이 내재성의 평면 위에 본질적으로 위치한다는 점을 주장한다. "여기서는 모든 것이 주어진다. 여기서는 속도에 의해서만 서로 구별되며 서로의 연결 접속과 운동 관계에 따라 개체화된 특정한 배치로 들어오는, 형식을 부여받지 않은 요소들과 재료들이 춤을 춘다."[29] 이 말이 의미하는 바는, 하나의 사물이나 몸이 다른 것과 구별되는 것은 그것들이 속도와 정지의 운동을 분배하는 상이한 방식들이라는 것이다. "고추"에 대해 말하는 프로이트의 꼬마 한스에 대한 들뢰즈의 예를 이미 논의했다. 여러분이 여자아이들도 "고추가 있는지" 사내아이들에게 물어본다면, 사내아이는 "예"라고 대답할 것이다. 실제로 여자아이들도 쉬 하기 때문이다. 중요한 것은 기관적 기능이라기보다는 기계적 기능이다. 차이는 운동과 정지의 차이다(여자아이들은 서서 쉬하지도 못하고 멀리까지 쉬하지도 못한다). 기관차도 전혀 다른 기계적 배치 속에 고추가 있다. 아이들에게 기관은 변형될 수 있는 형식을 취할 수 있다. 비록 이러한 형식이 정신분석학적 부분 대상과는 관계가 없고 운동과 정지의 상이한 관계와 밀접한 관계를 가질지라도 말이다. 스피노자는 이를 "경도"라고 부른다. 몸의 또 다른 축, 즉 "위도"는 경도와 관계되는 역량과 변용으로 구성된다. 아이들은 자신들을 동물-되기에 가깝게 만드는 기계적, 비유기체적 방식으로 기관을 살펴보는 자연 본능을 지닌다. 여기에서 우리는 꼬마 한스 사례에 대한 들뢰즈의 시각이 프로이트의 해석과 얼마나 다르고, 제2장에서 논의한 바바라 크리드의 해석과 얼마나 다른지 다시 보게 될 것이다. 들뢰즈·구아타리는 다음과 같이 쓰고 있다.

다시 한 번 아이들의 도움을 빌려보자. 그리고 아이들이 동물에 대

---

29) *Thousand Plateaus*, p.255 / 484.

해 어떻게 말하고 또 동요하는지 주목해보자. 아이들은 변용태들의 목록을 작성한다. 꼬마 한스의 말(horse)은 재현적인 것이 아니라 변용태적인 것이다. 그 말은 종(species)의 구성원이 아니라 수레를 끄는 말-승합마차-거리라는 기계적 배치 속에 있는 하나의 요소 또는 하나의 개체다. 말은 그가 한 부분을 이루는 이 개체화한 배치와 관련해서 능동과 수동 양면에 걸친 변용태들의 목록에 의해 규정된다. 눈가리개로 가려진 두 눈을 갖고 있음, 재갈과 고삐가 물려 있음, 자부심이 높음, 큰 고추를 갖고 있음, 무거운 짐을 끎, 채찍질을 당함, 쓰러짐, 네 다리로 소란한 소리를 냄, 깨묾 등이 그것이다. 이 변용태들은 말이 "할 수 있는" 것이라는 배치의 중심에서 순환하고 변형된다. … 말이 길에서 쓰러지다! 너무 무거운 짐을 져서 일어날 수 없어 너무 가혹한 채찍질을 당하다! 말이 죽게 되다! 이것은 예전에는 일상적인 광경이었다.[30]

한스는 또한 배치(부계적 요소, 집, 거리로 갈 수 있는 권리, 거리의 말) 속에 사로잡혀 있다. 한스의 말-되기, 한스와 말 사이의 마주침이나 배치가 있는 것일까? 분명히 말은 한스에게 영향을 끼친다. 그러나 문제는 동물이 아버지나 어머니를 재현하기 때문인지 아닌지다.

다른 한편으로, 스피노자는 어린 시절의 우리는 외재적인 원인에 너무나 의존하기 때문에 어린 시절을 불운한 존재의 상태로 간주한다. 우리는 어린 시절 너무 많이 고통을 받고, 우리의 변용은 다른 이들(부모, 형제, 친구, 교사)에게 크게 의존하기 때문에 훨씬 더 수동적이다. 스피노자는 "어린 시절은 무능, 노예 상태며, 외재적 원인에 가장 높은 정도로 의존하며, 필연적으로 기쁨보다는 슬픔을 더 많이 가지게 되는 바보스러움의 상태다. 우리는 결코 우리의 행동의 역량으로부터 떼어내질 수 없다"[31]

---

30) *Thousand Plateaus*, p.257 / 488.
31) *Expressionism in Philosophy*, pp.262-263.

고 말한다. 이러한 노예 상태로부터 자유로워지기 위해 배우고 이성적으로 생각하는 것이 필요하지만, 스피노자에 의하면 이성은 자연과 매우 밀접한 관련이 있다. 한편, 자연의 상태는 이성의 법칙에서 주체가 아니다. 이성은 인간의 타당하고 진실한 유용성과 관련이 있으며, 앞에서 언급한 코나투스라는 인간의 자존성으로만 향한다. 반면, 자연은 인간의 자존성에 관계하지 않으며 인간이 작은 부분만을 차지하고 있는 전체로서의 우주와 관련된 여타 법칙들의 무한성을 포괄한다. 따라서 이성은 자연과 반대되는 어떠한 것도 요구하지 않는다. 이성은 오직 "모든 이들이 자신을 사랑하고 자신에게 유용한 것을 추구하며 행동의 역량을 증대함으로써 존재를 보존해야 함"을 요구한다. "이성은 기교가 아니라 관계의 자연적 결합에 의해 진행된다. 이성은 셈을 행하기보다는 오히려 인간으로 하여금 인간에 대해 직접적으로 인식하게 한다."[32] 문화, 국가, 도시로 확장한다면, 이러한 자연 이성은 인간이 얻으려 애쓰는 이성이다. 스피노자에 의하면, 도시는 이성적 인간이 살 수 있는 최고의 환경이며, 이러한 종류의 추론은 아이가 좀더 기쁘고 좀더 능동적이기 위해 배워야 하는 추론이다.

□모글리의 정글 논리

키플링의 『정글북』 이야기의 여러 영화 각색이 있지만, 나는 졸탄 코르다(Zoltan Korda)가 1942년에 처음으로 영화화한 버전만을 참조하고자 한다.[33] 우선 주목해야 할 점은 영화 스타일이

---

32) *Expressionism in Philosophy*, p.264.
33) 월트 디즈니 애니메이션 1969년도 버전 또한 매우 유명한 것으로 볼프강 라이더만(Wolfgan Reitherman)이 연출했다. 디즈니 버전에서 모글리는 마지막에 동물-되기를 포기하기로 결정하며, 인간 세계로 진입하는 발걸음을 내딛는다. 이 장면은 일종의 "길들임"이나 "애완동물-되기"로 볼 수도 있다. 스티븐

다. 이 영화는 지킬 박사와 하이드 씨처럼 감정-이미지의 클로즈업이 아닌 색채 효과를 통해 정서를 불러일으킨다. 대부분의 쇼트들은 롱 테이크나 미디엄 테이크다. 모글리의 머리와 다양한 동물의 머리를 잡는 몇 개의 클로즈업도 보이지만, 클로즈업은 영화에서 많은 부분을 차지하지는 않는다. 전체적인 인상은 아름다운 테크니컬러로 보이는 다채로운 그림이다. 코르다의 영화는 디즈니 애니메이션에 가깝다. 아이들이 「정글북」을 사랑하는 이유는 아이인 소년이 주인공이기 때문이며, 아이들이 동물의 세계와 감정에 더 가깝기 때문이다. 또한 아이들이 색채가 불러일으키는 감각에 즉각적으로 반응하기 때문이다. 리얼리즘의 문제는 우리가 보는 사건의 직접적 효과에서 전혀 중요하지 않다. 숲의 나뭇잎은 때때로 푸르고, 물은 밝게 채색된 수련을 그린 화가의 팔레트와 같으며, 대부분의(하지만 항상 그런 것은 아니다) 실제 동물들은 유사하지는 않지만 정글을 상기시키는 스튜디오 세트 사이를 뛰어다닌다. 이미지들은 매혹적이고 활기차며 감각의 논리로 가득하다.

이러한 다채로운 감각의 팔레트에서 벗어나 내레이터가 들려주는 이야기가 시작된다. 내레이터는 늙은 인디언 거지로, 모글리가 태어난 마을의 적인 볼데오임이 마지막에서야 밝혀진다. 잘 알려진 것처럼, 모글리는 인간으로 태어났지만 늑대로 키워졌다. 그는 정글의 법칙(이 부분은 나중에 다시 말하려고 한다)을 배우고 정글 사이를 어떻게 이동해야 하는지에 대해 배운다. 이것은 주로 그의 감각 체계, 그가 사뿐히 움직이는 방식 및 그가 동물-되기의 상태에 있음을 보여주는 운동성(athleticism. 몸을

소머즈가 연출한 「정글북(Rudyard Kipling's Jungle Book)」에는 샘 닐과 존 클리스가 출연한다. 영화에서 원작 소설로 돌아가는 현상은 1990년대에는 일반적이었다. cf. 「드라큘라(Bram Stoker's Dracula)」(코폴라, 1992), 「프랑켄슈타인(Marry Shelley's Frankenstein)」(브레너, 1994).

움직이고 쉬게 하고 속도를 줄이거나 높이는 방식)이다. 다른 동물들 및 정글과 관계하면서 모글리는 그에게 힘을 주는 강하고 광대한 능력을 개발한다.

다른 식으로 베이컨의 형상들 또한 운동적이다. 그러나 베이컨의 형상들은 움직일 수 없으므로 그들의 운동성은 현실의 움직임(뛰어오르기, 네 발로 기기, 리아나[34] 사이를 매달려 이동하기)으로 설명될 수 없다. 따라서 운동성은 일종의 장애적 운동의 입장에서 표현된다. 장애적 운동의 위치란 베이컨의 몸들을 내부의 힘들과 투쟁하는 것처럼 보이게 하는 것으로, 내부의 힘들은 자신의 몸에서 탈출하고 싶어한다. 모글리는 자신의 몸에서 탈출할 필요가 없고 운동의 균형을 잡기 때문에 몸 안에 가두어진 채로 남아 있지 않다. 그럼에도 불구하고 그는 정글에서 탈출해야만 한다. 많은 친구들이 있을지라도 모글리에게는 단 하나의 적인, 그를 뒤쫓는 호랑이 셰르칸이 있다.

모글리와 셰르칸이 마주칠 때 우리는 영화에서 매우 드문 클로즈업을 보게 된다. 영화 초반부에 공포에 떠는 모글리의 얼굴이 미디엄 클로즈업으로 표현된다. 호랑이 얼굴은 분노와 공격성을 보여준다. 모글리는 아직 아이이고, 그에게는 수동적 변용을 능동적 변용으로 전환할 능력이 없다. 그는 인간들과 함께 머무는 동안 성장한다. 그가 "이빨"을 얻는 순간, 어른이 되고 복수의 가능성을 알게 된다. 그에게 "이빨"은 칼이지만, 사실 스피노자주의자로서 모글리에게 이 이빨이 기관(몸의 일부분)인지 아닌지의 차이는 없다. 이빨로 자신을 보호할 수 있으며 이빨이 그에게 또 다른 (이 경우에는 좀더 강력한) 역학을 부여하는 한 칼과 이빨의 차이는 없으며, 각각은 순수하게 기계적 기능을 한다. 따라서 모글리는 셰르칸과의 새로운 대결을 위해 정글로 돌

---

34) [옮긴이] liana. 열대 지방의 정글 속에서 번성하는 각종 덩굴 식물.

아간다. 이때, 모글리와 셰르칸의 얼굴은 모두 분노와 공격성을 표현하며 모글리는 복수에 성공한다. 모글리는 이성적으로 사고하는 법을 배웠으며, 그 이성은 그를 자연에서 추방하지 않는다.

　이 점에서 모글리는 "자연과의 전쟁, 그리고 정글과 마을의 투쟁이 없는, 그 자체가 생명의 책인 것은 과연 무엇인가?"라는 말로 이야기를 시작하는 내레이터 볼데오의 대립자다. 볼데오와 대부분의 마을 사람들은 자신의 이익만을 위해 이성적으로 사고하는 법을 배웠다. 그들은 모글리가 가치 없는 것이라고 부르는 것(정글에 묻힌 타락한 도시의 보석)에 대해 탐욕스럽다. 그들은 음식이나 방어(정글의 제1법칙)가 아닌 게임이나 자만심 때문에 살인을 저지른다. 또한 그들은 다른 사람들(그들은 모두를 불신한다)이나 환경과 상호 작용하는 것에 관심이 없다. 이 마지막 측면은 볼데오와 마을 사람 두 명이 보석과 함께 발견한 화려한 옷으로 완벽하게 치장을 하고 금으로 가득한 무거운 가방을 둘러맨 채 정글을 걸어가는 시퀀스에서 재미있게도 명확해진다. 그들은 환경에 전혀 적합하지 않다. 사실 두 명의 마을사람들은 살아남지도 못한다. 반면, 모글리는 인간으로서 이성적으로 사고하는 법을 일부 배웠다. 이를테면, 그는 언어를 배워서 다른 사람들과 소통할 수 있다. 그가 언어를 처음으로 배우는 장면은 애처롭게도 단순하다. 모글리는 늑대의 소리만 낼 수 있기 때문에, 이 늑대 소년이 자식인지 확신할 수 없는 (인간) 어머니는 그가 어머니를 말할 수 있는지 물어본다. 몇 번 반복을 거친 후 그는 이 단어를 발음하게 된다. 이어서 그녀는 그의 이름을 물어본다. 그가 무슨 말인지 알아듣지 못하자 그녀는 늑대 소리를 낸다. 모글리가 그녀의 뜻을 이해하고 모글리("작은 개구리"라는 뜻) 같은 소리가 나는 무언가를 말함으로써 질문에 대답하기 때문에, 그녀는 동물 언어를 어떻게 말하는지 정학하게 알고 있는 것이다.

　우리는 이제 아이와 여성이 동물 세계와 동물-되기에 가깝다는 것을 이해하게 된다. 영화는 배움의 과정을 보여주지는 않는다. 내레이터는 모글리가 단 몇 개월 만에 "인간의 풍습, 언어, 관행을 배웠다"고 말해줄 뿐이다. 따라서 중요한 것은 배움의 과정 그 자체가 아니라 그가 습득한 지식으로 무엇을 하는지에 있다. 모글리는 자신의 자연적 힘을 증대시키기 위해 지식을 사용한다. 그는 "이빨"을 사고, 셰르칸을 물로 유인해서 쉽게 그를 무찌르는 방법을 가르쳐주는 영리한 뱀과 대화한다. 영화의 마지막에 모글리가 다시 정글로 돌아가서 살기로 결정하기 때문에 지식은 그가 인간으로부터 배우고 싶어하는 모든 것이다. "인간은 게으르고 어리석으며 잔인하다. 나는 정글에서 왔다. 그들의 발자국은 나의 발자국이고, 그들의 투쟁은 나의 투쟁이다." 모글리는 자신의 (비-스피노자적) 이성을 뒤로 한 채 인간을 떠나면서 위와 같이 결론짓는다.

□야생의 아이 길들이기

모글리만이 유일한 늑대 아이인 것은 아니다. 전설("로물루스와 레무스[Romulus and Remus]"[35])과 실제 이야기는 많이 있

---

35) [옮긴이] 로마의 건국 신화. 옛날 누미토르(Numitor)라는 위대한 왕에게 쌍둥이 손자가 있었다. 그들은 로물루스와 레무스였다. 하지만 누미토르의 동생이 반역을 일으켜 왕위를 빼앗았고, 로물루스와 레무스가 다시 반역을 할 거라 생각해 아기들을 바구니 속에 넣어 티베르 강에 던져버렸다. 바구니는 강을 따라 흘러 내려가다가 무화과나무 뿌리에 걸렸다. 그때 우연히 늑대 한 마리가 그것을 보았다. 늑대는 두 아기가 가엾다고 생각해 바구니를 강둑으로 끌어올려 자기가 낳은 새끼처럼 키웠다. 어느 날, 잃어버린 양을 찾아다니던 양치기가 남자아이 두 명이 늑대 새끼 틈에서 놀고 있는 것을 보고 아이들을 집으로 데려왔다. 아이들은 양치기의 집에서 건장하고 잘생긴 젊은이로 성장했다. 로물루스와 레무스는 어른이 되어서 우연히 자신들이 담겨 있던 바구니가 걸렸던 무화과나무 근처에 가게 되었다. 주변을 둘러보자 일곱 개의 언덕이 보였다. 그들은 그곳이 마을을 건설하기 좋은 곳이라 생각하고 마을을 건설했다. 그러나 그들은 성벽의

다. 들뢰즈는 셰레르(Schérer)와 호컨헴(Hocquenghem)이 수행한 늑대-아이들에 대한 연구를 언급한다. 그들은 늑대-아이들이 정말로 늑대가 된 것은 아니었다고 말한다. 늑대-아이들이 단순히 자신들을 길러준 맹수를 흉내 낸다거나 적절한 은유임은 사실이 아니다. 연구자들은 동물과 인간이 공통적으로 갖고 있는 어떤 것의 객관적이지만 막연하고 불확실한 지대인 **강렬한 근접성**(intensive proximity)에 대해 말한다. 강렬한 근접성은 마치 각각 아이들이 타자-되기의 여지를 갖듯이 모든 아이들에게 실제로 눈에 보인다. 늑대-아이는 현실에서는 동물이 되지 않는 동물-되기의 실재다. 1969년에 프랑수아 트뤼포(François Truffaut)는 1798년에 파리 주변에서 있었던 늑대-아이들에 관한 실재 이야기 중 하나를 「야생의 아이(L'Enfant Sauvage)」로 영화화했다. 흥미롭게도 이 영화는 많은 면에서 코르다의 「정글북」과 대립된다.

우선 영화의 스타일을 살펴보자. 코르다의 영화처럼 「야생의 아이」에도 클로즈업은 거의 없다. 대부분의 쇼트는 상당한 거리(미디엄 쇼트나 롱 쇼트)를 유지하지만, 감각과 정서를 살리기 위한 황홀한 테크니컬러는 없다. 이미지는 흑백이다(색채 효과를 내는 흑백의 사용이 아닌 추론하기의 흑백). 하지만 이것이 영화의 내용과 모순을 이루지는 않는다. 목표가 동물-되기를 보여주는 것이 아니며 정글의 법칙을 압도적으로 만들려는 것도 아니기 때문이다. 영화에서는 "인간-되기"가 중심 초점이다. 이타르 박사(트뤼포가 연기함)는 숲에서 발견된 야생의 아이에게 교육을 시킨다. 첫 부분에서 이타르와 가정부인 게랭 여사에게 맡겨지기 전까지 아이는 진짜 야생의 아이다. 셰레르·호컨헴이

높이에 대해 말싸움을 벌였다. 레무스는 그 성벽이 낮다는 것을 증명하기 위해 성벽을 뛰어넘어버렸다. 화가 난 로물루스는 그를 죽이고 자신을 마을의 왕으로 선포하였다. 그리고 그 곳을 자신의 이름을 따서 '로마'라고 불렀다. 이 로물루스가 로마의 첫 왕이다.

발견했듯이, 아이는 정말로 동물이 되지는 않았고, 동물처럼 "지능이 낮거나" 정신적으로 문제가 있지도 않았다. 오히려 아이는 동물의 운동 신경에 가까운 운동과 정지의 방식을 터득한다. 영화는 하나의 이미지가 아이리스로 포착되고 고립되는 식으로 표현되는 부분들로 구분된다. 각각의 부분들은 아이의 발달 단계를 보여준다. 첫 단계에서 아이는 야생적이다.

이어서 그는 파리로 오게 되고 농아를 치료하는 병원으로 간다. 그의 움직임은 여전히 동물에 가깝다. 그는 병원에서 검사를 받는다. 그는 보통 인간 체질을 가지고 있지만 상처로 뒤덮여 있다. 목에 난 상처는 동물이 낸 것이 아니라 칼에 찔린 것이다. 그의 부모는 그를 죽이려고 했었다. 병원 책임자는 야생의 아이가 정신적으로 문제가 있고, 그것 때문에 아마도 부모가 그를 버리려고 했을 것이라고 생각한다. 이타르 박사는 다른 의견을 가지고 있다. 그는 아이가 아마도 사생아였고 그 이유 때문에 버려졌다고 생각한다. 그는 수년 동안 인간과의 접촉 없이 완전히 혼자서 살아온 것을 제외하면 아이에게 잘못된 것은 하나도 없다고 본다. 이타르는 동물-되기가 정신적 지체를 의미하는 것이 아니라 외재적 운동(경도)과 직관적 정서(위도)의 문제라고 이해한다.

이타르는 아이를 데리고 온다. 인간이 되는 첫 단계는 사실 걷는 법과 식사할 때 취해야 하는 행위같이 인간답게 움직이는 법을 배우는 것이다. 이것이 모든 아이들의 학습 과정과 얼마나 가까운지에 주목하라. 아이들은 두 발로 걷는 법을 배워야 하고 숟가락으로 밥을 먹어야 한다. 동시에 이타르 박사는 아이의 또 다른 내재적 축에 대해 연구한다. 아이는 자신의 감각을 변화시켜 감정을 나타내려고 한다. 이제 아이는 모든 것을 알아채고 오히려 차갑거나 뜨거운 것에 대해 둔감해지며 울거나 어떠한 감정도 드러내지 못한다. 이타르는 "그를 약하게 만들고 싶다. 그가 신체적 힘은 덜하나 좀더 감정적인 인간이 되도록 만들고 싶다"

고 말한다. 이것이 인간다움으로 출발하는 선상이다. 9개월 후 "인간이 태어난다." 소년은 빅토르라는 이름을 갖게 된다. 그는 표현, 알파벳, 읽기, 쓰기, 말하기, 기억 학습, 정의감, 행동의 집중 훈련을 받는다. 채찍과 당근 요법을 쓰는 이타르는 대단히 공명정대한 인간이다. 이타르는 소년이 인간 세계에서 "생존"하는 법을 배우지 않는다면 숲에서 생활하는 것이 더 나을 것이라고 본다. 따라서 소년은 언어를 배워야 하고, 옳고 그른 것을 이해해야 하고, 옷을 입어야 하고, 다른 사람들과 소통해야 한다.

이타르는 엄격하지만 좋은 선생이다. 의미심장하게도 빅토르가 울며 주저앉을 때(예를 들어, 그가 알파벳을 배워야 할 때) 그를 편안하게 돌봐주는 사람은 언제나 게랭 여사다. 그녀는 소년을 안아주고 입을 맞추며 그에게 친절하게 말해준다. 정의감을 제외하고, 초기 정서에 가까운 소년의 모든 감정은 가정부로부터 배운 것이다. 이타르는 빅토르를 빨리 한 인간, 곧 이성적이고 분별력 있는 인간으로 만들려고 한다(「정글북」의 마을 사람들과는 다르다). 인간으로 생존하기 위한 규범이 무엇인지 알기 때문이다. 이것은 고결한 야망이며 결실을 만들어낸다. 하지만 빅토르의 얼굴을 보면 그가 무엇을 생각하고 있는지 궁금할 것이다. 그는 아마도 인간이 되는 것에는 제한과 억압(특히 아버지로부터, 그리고 감정을 배제하는 이성으로부터, 혹은 잘못된 논리가 가져다주는 것으로부터)이 있음을 알게 될 것이다. 이것이 아마도 그가 숲으로 도망가고자 하는 이유일 것이다. 며칠 후 그는 집을 구성하는 네 개의 벽, 다른 사람들과의 교류 등 그동안 새로운 환경에 너무도 잘 적응하게 된 자신을 발견한다. 그는 이제 숲에서 살기에는 너무 약해졌다. 따라서 그는 집과 선생에게로 되돌아온다(몸과 공간의 상호 작용을 다시 한 번 이해하게 된다). 하지만 그는 계단을 오르고 복잡한 감정으로 이타르 박사를 바라본다. 부분적으로는 이타르의 교육과 관심에 고마움을 느끼고, 부분적으로는 도대체 무엇을 얻게 되었는지 의혹을 갖는다. 모든 인간이 이타르 박사와 게랭 여사처럼 자연의 법칙과 문화의 법칙을 조화시키는 똑같은 공명정대함과 논리를 갖는 게 아니기 때문이다.

수동적 변용과 능동적 변용

□고통스러운 살

지금까지 되풀이해서 이야기했던 인간과 동물의 관계에 대한 이야기를 살펴보았다. 신화든 전설이든 그런 이야기들은 문화적, 철학적 가치를 지닌다. 이야기의 각색이 다양한 역사적 변화의 배경에 따라 달라질지라도 기본적 가정은 똑같다. 아이가 관련되지 않는 한 동물-되기는 괴물 같은 어떤 것으로 보인다. 아이는 인간과 동물 사이에 다리를 놓을 수 있다. 아이들의 자연 운동 조직과 직관적 반응이 동물의 세계와 가깝기 때문이다. 다음 부분에서 동물-되기의 감각이 불러일으킬 수 있는 능동적 역량에 대해 말하면서, 오래된 주제에 대한 최근의 변이를 살펴보고자 한다. 우선 능동적 변용을 살펴보자. 능동적 변용 또한 동물-되기에 적합한 부분이다. 들뢰즈가 베이컨에 대해 연구한 책에서 주장하듯이, 동물-되기에서 인간과 동물은 감정적인 근접성의 관계로 진입한다. "고통 받는 인간은 동물이고, 고통 받는 동물은 인간이다. 이것이 되기의 현실이다."[36] 따라서 제2장에서 다루었던 파스빈더의 「13월인 어느 해에」와 베이컨의 회화를 다시 살펴보려고 한다.

나는 베이컨의 십자가형 그림들을 보면서(삼면화 「십자가형

---

36) *Francis Bacon*, p.21.

을 위한 세 연구(Three Studies for a Crucifixion)」, 1962), 바로 파스빈더의 영화를 떠올렸다. 따라서 「13월인 어느 해에」를 베이컨의 그림과 비교하기로 한 선택은 이러한 직관적인 감각에 기초한다. 그림과 영화는 동일한 방식으로 나를 움직였다. 그래서 처음 감정이 일어나게 된 논리가 궁금해졌다. 여기서 이 영화가 인간과 동물을 둘러싼 더 광대한 "신화"의 한 부분은 아니라는 점을 확실히 해야겠다.[37] 오히려 이것은 역사에 대한 특정한 지시가 있는 특정한 순간에 이루어지는 특정한 이야기다. 이는 또한 동물-되기를 통한 특정한 기관 없는 몸의 창조 이야기다. 제2장에서 이미 그러한 특수성에 대해 논의했다.[38] 여기에서는 동물-되기와 관련된 모든 것에 집중하려고 한다. 파스빈더의 영화는 신경 체계에 직접적으로 작동한다. 영화는 동물-되기의 정서로 가득하다. 하지만 모든 동물-되기가 똑같은 것은 아니다. 「13월인 어느 해에」는 우리를 슬프게 하는 수동적 변용을 통해 동물-되기를 제시한다.

「13월인 어느 해에」의 주인공은 성 전환 여성 엘비라(이전에는 에르빈)다. 그녀의 동물-되기는 확실히 애완동물-되기로 보

---

37) 물론 십자가형은 오랜 "전통"을 가지고 있다.

38) 토마스 엘세서는 역사가 파스빈더의 마조히즘에 대한 순수 정신분석학적 해석에 어떻게 도전할 수 있는지 증명해왔다. 엘세서는 필요한 것은 파스빈더 영화에 나타나는 희생의 비판에 대한 비판이라고 주장한다. 파스빈더의 작품은 성과 계급의 잘못된 균형, 혹은 사디즘적 응시와 마조히즘적 황홀경 사이의 차이를 둘러싸고 설명될 뿐 아니라, 역사적 관점에 놓일 필요가 있다. 엘세서는 저서 *Fassbinder's Germany : History, Identity, Subject*에서 파스빈더의 작품에 이러한 역사적 관점을 부여한다. 카자 실버만 또한 리비도적 전략을 더 넓은 맥락으로 확장한다(그녀가 파스빈더의 경우에 이와 같은 점을 명백하게 적용하지는 않지만). "주체를 역사화하기" 대신, 그녀는 "역사를 주체화하기"를 원한다. 실버만에게 사도마조히즘이란 정치적 결과를 지니는 것이지만, 엘세서에게 역사는 (부분적으로) 주체의 (도착적인) 행동을 설명해준다. 이것은 특수한 현실화에 대한 조건으로서의 역사라는 들뢰즈적 이념에 더 가깝다.

일 수 있다. 주인(들)에게 매를 맞는 개, 아버지(혹은 어머니)에게 매를 맞는 아이. 프로이트에게 마조히즘은 사도마조히즘의 일부다. 하지만 이것이 항상 사례가 될 필요는 없다. 마조히즘 연구에서 들뢰즈는 마조히즘 연구에 대해 말하는 또 다른 방식을 찾는다.[39] 그는 이 "원초적 성도착"에 이름을 붙인 글자의 원천으로 돌아가본다. 그것은 바로 마르키 드 사드(Marquis de Sade)와 자허 마조흐(Sacher-Masoch)다. 의사가 어떤 징후를 설명하기 위해 질병에 자신의 이름을 붙이는 것처럼(파킨슨병의 경우처럼), 드 사드와 마조흐는 사디즘과 마조히즘이라는 징후와 본질적 특성을 제공한다. 들뢰즈에 의하면, 마조흐를 읽으면 그(마조흐)의 세계는 드 사드의 세계와는 전혀 관련이 없다는 점을 발견하게 된다. 그들은 다른 기술을 가지고 있을 뿐 아니라 매우 다른 문제들과 계획을 가지고 있다. 이것은 사디즘과 마조히즘 간의 변이가 가능하지 않다는 것을 의미하는 게 아니다. 들뢰즈가 주장하는 것은 사도마조히즘적 단일체에 대항하는 것이다.

들뢰즈의 마조흐 연구에서 두 가지 점을 제기하고 싶다.[40] 우선, 들뢰즈가 인간 관계에 오이디푸스 구조가 존재한다는 점을 거부하지는 않는다는 것을 재차 강조해야겠다. 그러나 오이디푸스 구조는 사람, 동물 혹은 다른 것 간의 관계에서 항상 기본적이

---

39) Gilles Deleuze and Leopold von Sacher-Masoch, *Presentation de Sacher-Masoch avec le texte integrale de la Venus à la fourure* (Paris : Editions de Minuit, 1967).

40) 들뢰즈의 자허 마조흐 연구는 초기 작업이다. 그가 이미 다중체(그는 하나의 오이디푸스 어머니 대신 여러 명의 어머니를 구분한다)라는 개념에 의해 영감을 받고 있었고, 또한 프로이트와는 다소 거리를 두고 있지만(사디즘과 마조히즘의 관계를 끊음으로써), 이 작업은 프로이트에 의해서도 영감을 받는다. 이후에 펠릭스 구아타리와의 공동 연구에서, 들뢰즈는 동물-되기와 마조히즘의 관계를 강조할 것이다. 그럼에도 불구하고, 나는 마조히즘에 대한 들뢰즈의 초기 연구에 주목하면서, 그의 후기 발견과 초기 연구를 결합한다.

며 유일한 것이 아니다. 들뢰즈는 마조흐의 우주에 출현하는 세 가지 유형의 여성을 구별한다. 이 유형들은 세 가지 어머니의 이미지에 상응하며, 원초적 어머니(실제 "자궁" 어머니), 오이디푸스 어머니(연인), 구강기 어머니(삶과 죽음을 가져다주는 대지의 어머니)다.[41] 구강기 어머니는 마조히즘에서 가장 중요한 역할을 하며 나중에 이 구강기 어머니에 대해 다시 이야기하겠다.

들뢰즈의 마조히즘 해석에 대한 두 번째 점은 마조흐가 카인과 예수로 구별한 주요 남성 인물들이다. 카인은 어머니가 좋아하는 아이다. 그는 이브를 어머니-여신으로 만들기 위해 범죄를 저지른다(형제를 죽이고 아버지와 절연한다). 이와 같은 범죄는 사도마조히즘의 상징이 아니라 마조히즘 세계에 완벽히 속하는 것이다. 예수 또한 아버지와의 약속을 깬다.("왜 나를 버리시나이까?") 그리고 그를 십자가에 매단 자는 바로 어머니다. 들뢰즈는 실재 구강기 어머니처럼 그녀는 아들이 부활할 것임—두 번째 처녀 생식으로 인한 탄생처럼—을 확신하고 있다고 말한다.[42]

베이컨이 그린 「십자가형」을 다시 살펴보고, 그 그림을 마조히즘과 예수의 형상에 대한 들뢰즈의 지적에 연관시켜보면, 마조히즘은 십자가형뿐 아니라 동물-되기와도 관련을 맺고 있음을 알게 된다. 제2장 마지막 부분에서 분석한 중심 이미지였던

---

41) *Presentation de Sacher-Masoch*, p.55. 나는 게일린 스튜들라(Gaylyn Studlar)의 전 오이디푸스 어머니와 구강기 어머니의 배치에 대한 카자 실버만의 비판에 동의한다. 스튜들라의 배치는 정치성이 상실된 독해로 이끌 가능성이 있기 때문이다. *Male Subjectivity at the Margins*, p.417과 스튜들라의 논문 "Masochism and the Perverse Pleasures of the Cinema", *Movies and Methods*, vol I. Ed. Bill Nichols (Berkeley : University of California Press, 1976)를 보라.

42) 들뢰즈는 사도마조히즘적 연합을 고수하는 테오도르 라이크(Theodor Reik)의 기독교적 마조히즘 버전에 동의하지 않는다(Reik, *Masochism and Sex in Society*. Trans. Margaret H. Beigel and Gertrud M. Kurth [New York : Grove Press, 1963]).

「13월인 어느 해에」의 도살장 장면은 베이컨의 십자가형 그림과 똑같은 슬픈 정서를 불러일으킨다. 우리는 이 장면을 은유적으로 읽을 수 있다. 엘비라가 "도살되듯이" 소가 도살된다. 첫 부분에서 엘비라는 그녀에게 페니스가 없다는 것을 알게 된 두 명의 게이들에게 매를 맞는다. 그녀는 집으로 돌아오자 마루에 풀썩 주저앉고 머리를 바닥에 댄다. 이 장면은 베이컨 그림의 십자가에 못 박힌 형상과 비슷하다. 곧 그녀는 나중에 그녀를 떠나게 될 남자 친구 크리스토프에게 또다시 매를 맞는다. 비디오 아케이드 장면에서 엘비라는 아케이드 손님으로부터 모욕을 당한다. 손님은 그녀가 한 번만 더 그를 쳐다보면 도살해버리겠다고 말한다.("… 언젠가 널 도살해버리겠어!") 도살된 동물은 엘비라의 상황에 대한 은유만이 아니다.

영화 전체에는 엘비라의 실제 동물–되기를 가리키는 시각적이고 담론적인 기호가 있다. 파스빈더 영화의 거의 모든 클로즈업은 엘비라에 한정되어 있으면서 그녀의 슬픈 정서를 표현한다. 다른 사람들은 미디엄 클로즈쇼트로 표현되는데, 그들이 클로즈쇼트 이미지로 표현될 때는 엘비라 이미지와 유사한 정서를 나타내기 위한 것이다(예를 들어, 엘비라의 친구인 조라나 군드룬 수녀). 도살장에서는 가죽이 벗겨진 소 대가리를 미디엄 클로즈업으로 보여준다. 아랫부분은 뼈가 아닌 붉은 살이다. 들뢰즈는 베이컨의 십자가형 그림에 대해 "살에 대한 연민"이라고 말한다. 베이컨의 그림에서 살은 죽은 살이 아니라 아직 모든 고통과 삶의 색채(붉은 피)를 가지고 있다. 베이컨은 "동물에 대한 연민"이라고 말하지 않고 차라리 고통 받는 모든 인간들은 "육질적(fleshy)"이라고 말한다. 살은 인간과 동물 사이를 구분할 수 없는 영역이다. 베이컨 스스로 "나는 항상 도살장과 살과 관련된 이미지들에 의해 커다란 충격을 받았다. 나에게 이런 이미지는 십자가형과 밀접히 연관된다. … 확실히 우리는 고기이고 힘 있는 뼈대들이다. 정육점에 가면 나는 항상 저기 동물의 자리에 내가 없음을 보고 놀라게 된다 …"[43]라고 덧붙인다. 그리하여 인간의 동물-되기는 그 표현을 살 안에서 찾게 된다.

살에서 인간은 동물이 되고, 몸은 형상이 되고, 얼굴은 대가리가 된다. 이렇게 엘비라의 얼굴 클로즈업은 수동적 변용을 표현하는 "대가리 같은" 질과 유사한 어떤 것을 획득하게 된다. 이러한 변용은 붉은색, 푸른색 조명을 파스빈더가 자주 사용함으로써 강화되는데, 이로써 몇몇 장면에 회화적 질을 부여한다(거친 사실적 조명으로 촬영된 장면들과 비교해서). 베이컨 또한 십자가형 그림들에 붉은색과 푸른색을 주로 사용한다. 「13월인 어느 해에」는 이미지 트랙에서 살의 동물-되기에 대한 많은 지시가 있을 뿐 아니라 사운드트랙 또한 살에 대한 많은 지시를 포함한다. 엘비라의 머리와 몸은 차라리 "육질적"이다. 우리는 그녀를 보지만 그녀가 무엇인지 듣게 되는 경우가 훨씬 더 많다. 예를 들어, 크리스토프는 엘비라가 거울로 얼굴을 보게 하고("끔찍해"라고 소리친다), 그리고는 넌더리나서 그녀를 침대로 던져버린다. "이 흘러넘치는 살덩어리! 네가 의지를 갖지 못해서가 아니다. 넌 그냥 수동적인 인간일 뿐이다."[44]

여기에서 살은 일종의 동물-되기인 수동성(수동적 변용)과 연

---

43) *Francis Bacon*, pp.20-21 / 46. 들뢰즈 · 구아타리는 『철학이란 무엇인가?』에서 다음과 같이 말한다. "생쥐의 고통이나 송아지의 도살은 연민을 통해서가 아니라, 하나가 다른 것으로 바뀌는 어떤 것 안에서 인간과 동물 간의 교환의 영역으로서의 사유로 존재한다"(p.109).

44) 로버트 샌더스(Robert Sanders)의 단편 실험 영화 「베이컨(Bacon)」(1991)은 관통하는 이미지에서 인간과 동물, 살과 고기가 어떻게 잔혹하게도 하나가 되는지 보여준다. 마지막 이미지는 돼지 대가리와 슬라이서에서 썰려 나오는 베이컨 조각으로 교체되는 인간의 머리를 보여준다. 「베이컨」(영화)과 베이컨(화가)과 베이컨(고기)이 공통적으로 무시되고 있다는 것을 알기 위해서는 다소 논의가 필요하다.

결된다. 에르빈이 엘비라가 되도록 수술을 해준 안톤 사이츠("불필요한 살덩어리"를 제거해버리는)는 "고기 판매상"이었다(그는 살을 사고판다). 엘비라가 수년 후 그를 찾아가자, 그가 그녀에게 보였던 첫 반응은 그녀가 뚱뚱해졌다는 것이었다. 결국 이는 아이들에게 "음식을 채워 넣으려고 하는" 어머니에 관한 언급이었다. 아이 에르빈은 수녀원에서 수녀들에 의해 음식을 채워 넣었다. 그래서 그들은 "슬픈 아이가 되어가는 행복한 아이"를 보지 못했고, 엘비라의 전 부인은 딸 마리안느가 먹어야 한다고 주장한다. "그렇다면 좋아. 엄마를 생각해서 공처럼 동그래지겠어"라고 소녀는 대답한다.[45] 구강기 어머니가 마조히즘적 장면으로 다시 진입하는 장면이다. 뚱뚱해진 아이는 의존적이고 수동적이며 결국에는 어머니 대지로 되돌아간다. 인간-되기와 동물-되기의 순환이다.

나는 마침내 파스빈더가 "몸에서 분리된" 목소리를 사용하는 세 가지 경우에 대해 주목하고자 한다. 우선 이러한 몸에서 분리된 목소리는 내러티브 기능을 가지고 있으며, 목소리는 엘비라의 인생 이야기를 들려준다. 이것은 도살장 장면에서 처음으로 나타난다. 이미지를 보는 대로 우리는 엘비라가 도살장에 있다는 것을 알지만(따라서 목소리는 완전히 몸과 분리되지는 않는다), 마치 그녀의 목소리가 그녀의 몸에서 이탈되어서 몸을 다시 찾기 위해 떠도는 것처럼 멀리서 들려온다. 어떤 순간 날카롭게 외치는 목소리와, 가엾고 피를 많이 흘리며 고기가 되어버린 소들의 이미지의 결합으로 이루어진 이 장면은 베이컨의 십자가형 그림과 완전히 똑같다. 베이컨이 그린 외침은 이제 사운드트랙으로 대체되었다. 그 외침은 점점 아래로 떨어지는 동물의 살의 이미지에 "따라붙는다." 이것은 너무나 슬퍼서 지켜보고 들을 수

---

45) 마리안느 스스로는 엘비라에 의해 심지어 음식과 비교된다. 아이는 이렌느와 에르빈/엘비라 사이의 구속력 있는 동인(뚱뚱하게 하는 것)의 역할을 했다.

가 없다. 따라서 몸에서 분리된 목소리의 두 번째 기능은 "회화 같은" 효과 / 정서를 주는 것이다.

영화에서 반 정도만 몸에서 분리된 목소리는 군드룬 수녀(파스빈더의 어머니가 연기)의 목소리다. 그녀는 에르빈의 어린 시절에 대해 말해준다. 목소리는 보이스 오버처럼 들린다. 몸은 실제로 이미지로 보이지만, 그럼에도 불구하고 목소리에서 벗어난 것처럼 보인다. 에르빈은 사생아고 그의 생모는 남편이 에르빈의 존재를 모르기를 바랐다. 이는 아이가 양부모도 결코 가질 수 없었음을 의미하는 것이다. "원초적 어머니"는 그를 버렸고, "구강기 어머니"(수녀)는 처음으로 그를 통통하게 만들어주었으며, 이후 그들은 거리를 유지했다. 사실, 엘비라는 생모에게서 버려져 대리모에게서 자란 늑대-아이와 비슷하다. 단지 수녀는 늑대가 아니며, 엘비라는 능동적 변용을 개발하는 대신 수동적 변용을 개발했다. 결국 에르빈은 스스로 "오이디푸스 어머니"가 되어 그녀의 "아버지"(안톤, 크리스토프)의 하녀가 된다. 이 모든 것은 동물-되기 및 마조히즘과 관련이 있다. 실제로 영화 전체는 마조흐의 어머니들의 여정이다. 여정이 끝나자 엘비라는 자살하고 이는 최후의 몸의 충동이다(베이컨의 그림들과 비교가 가능하다).

마지막 몸에서 분리된 목소리는 다시 엘비라의 목소리다. 이때 목소리는 잡지 인터뷰를 위해 테이프로 녹음된다. 이 목소리는 그녀의 삶의 반영이며 시체가 발견되는 동안 우리에게 전달된다. 장면이 진행되면서 엘비라의 녹음된 목소리가 흘러나오는 동안, 사람들이 집으로 들어가서 말하고 울기 때문에 모든 단어가 명확하게 들리지는 않는다. 그 중 들을 수 있는 것은 그녀가 죽기를 원했는지 확신하지 못했다는 것이다. "어떤 역할을 했던 것은 그래도 약간의 말이겠지요. 말하자면 위로, (우울한) 욕망, 그리고 저는 이런 생각들로 살아가길 원했던 거겠죠." 이 말이 마지막 문장이다. 쏩쓸하게도 위로와 욕망은 이제 다 찢기고 완전히 없어져서 더 이상 살아갈 어떤 것도 남아 있지 않았다고 결론을 낼 수 있다. 파스빈더의 「13월인 어느 해에」는 슬프고 지독하며 잔혹한 영화다. 카메라 워크와 색채를 통해, 대사와 독백을 통해, 그리고 매우 효과적인 사운드트랙의 사용을 통해 영화는 베이컨의 그림이 불러일으키는 감각과 유사한 강렬한 감각을 불러일으킨다. 수동성, 연민, 슬픔은 동물-되기에서 일종의 기관 없는 몸을 경험함으로써 얻어지는 정서다.

□전염 : 동물 무리

수동적 변용 외에 능동적 변용에 대한 가능성과 기원도 있다. 일반적으로 소, 돼지, 양은 늑대보다는 수동적 변용으로 인해 더욱 이끌린다. 좀더 능동적 변용으로 향하는 인간은(수동에서 능동으로의 변이가 가능하며, 존재 유지를 위해서도 필요하다) 능동적 동물이 된다. 이 부분에서는 이와 같은 동물-되기를 살펴볼 것이다. 늑대와 늑대 인간에 관한 이야기와 신화는 오랜 전통을 가지고 있고 흔히 은유적이거나 원형적인 것으로 읽힌다. 그럼에도 불구하고 나는 늑대 인간 이야기가 닐 조던의 영화 「늑대의 혈족」과 마이크 니콜스의 영화 「울프(Wolf)」(1994)와 같은 현대적인 각색에서 훨씬 더 은유적, 원형적이라고 생각한다. 늑대는 야생적이고 무리를 지어 사냥하는 개과의, 살아 있는 고기를 먹는 동물이다. 이 점은 수동적인 마조히즘적 변용의 사디즘적 쌍으로 보인다.

들뢰즈·구아타리에 의하면, 동물-되기는 항상 "무리가, 패거리가, 개체군이, 서식이, 한마디로 말해 다중성이 관련된다. 우리 마법사들은 항상 그것을 알고 있다."[46] 동물은 기본적으로 일대

---

46) *Thousand Plateaus*, p.239 / 454. 흥미롭게도 들뢰즈·구아타리는 동물-되기의 고원에서 마법사를 둘러싸고 세 가지 "일관성의 고원"을 만들어낸다("마

(一隊), 무리를 이룬다고 들뢰즈·구아타리는 말한다. 따라서 동물-되기는 무리의 다중성을 수반해야 한다. 들뢰즈·구아타리는 프로이트가 가진 문제가 이러한 다중성을 정확하게 인지하지 않았다는 점이라고 주장한다.『천 개의 고원』의 "늑대는 한 마리인가 여러 마리인가?"에서 그들은 프로이트의 늑대 인간에 대해 설명하며, 프로이트가 다중성에서 독자성을 어떻게 만들어내는지에 대해 논증한다. 프로이트는 무의식이 흔히 다중성과 관련이 있다는 것을 발견했지만, 그는 늑대 인간의 아버지 꿈을 축소시킨다. 들뢰즈·구아타리가 너무도 웅변적으로 이 부분을 정리하고 있으므로, 재현의 층위에서 프로이트의 자유 연상을 설명하는 문장을 그대로 인용해보고자 한다.

늑대들의 다양체는 제거되어야 할 것이 되어버렸다. 프로이트는 설상가상으로 늑대 인간의 꿈에서 동화『늑대와 일곱 마리 아기 염소』(이 중 여섯 마리만이 잡아먹힌다)를 연상하기까지 한다. 여기서 우리는 자신의 환원 기법의 완벽함에 들떠 있는 프로이트를 목격하게 된다. 우리는 문자 그대로 늑대들에게서 다중성이 제거되고 이야기와는 전혀 상관없는 아기 염소가 나타나는 것을 보게 된다. 아기 염소에 불과한 일곱 마리 늑대. 일곱 번째 염소(늑대 인간 자신)가 시계 속에 숨기 때문에 여섯 마리 늑대. 아마도 부모가 사랑을 나누는 장면을 본 것이 다섯 시였을 것이기 때문에 그리고 로마 숫자 V는 에로틱하게 벌려

법사의 세 가지 양상"). 그들은 "동물-되기"(혹은 타자-되기)가 되는 마법사들인 작가들에 대해 이야기한다. 그 외에도, 그들은 다음과 같이 설명한다. "1) 동물-되기는 악마와의 결연이라는 첫 번째 관계를 내포한다. 2) 악마는 동물 무리의 가장자리로 기능하는데, 인간은 전염을 통해 이 안으로 이행하거나 되기가 발생한다. 3) 이 되기 자체는 다른 인간 집단과의 결연이라는 두 번째 결연을 내포한다. 4) 이 두 집단 간의 이 새로운 가장자리는 무리 안에서 동물과 인간의 전염을 인도한다"(p.247 / 469). 들뢰즈·구아타리 역시 마법사다. 최소한 그들의 되기는 전염이다. 나는 특정 영화에 대한 강조와 함께 몇 가지 일관성의 고원을 창조하고, 영화감독들이 시청각적 창조를 가지고 어떻게 동물-되기를 표현할 수 있는지 또한 증명해보고자 한다.

진 여자의 다리를 연상시키기 때문에 다섯 마리 늑대. 아마도 부모가 세 번 사랑을 나누었을 것이기 때문에 세 마리 늑대. 부모가 짐승들의 방식으로 섹스하고 있기 때문에, 아니면 예전에 아이가 두 마리 개가 교접하는 것을 본 적이 있기 때문에 두 마리 늑대. 그리고는 너무 뻔하지만 늑대는 아버지이기 때문에 한 마리 늑대. 끝으로 거세하는 자이자 거세된 자인 그는 꼬리를 잃어버렸기 때문에 영 마리 늑대. 누굴 놀리는 건가? 늑대들은 도망쳐서 자신의 무리를 찾아갈 기회를 결코 갖지 못했다. 애초부터 동물은 부모들 간의 교미를 표상하기 위해서만, 아니면 거꾸로 그런 교미에 의해 표상되기 위해서만 사용되도록 결정되어 있었다.47)

염소가 늑대에 관한 이 이야기와는 아무런 관계가 없다는 사실은 마조히즘을 사디즘과 동등시하는 잘못을 지적한다. 그들은 그들 자신의 경제를 가지고 있다. 들뢰즈·구아타리는 염소를 가지고 늑대를 연상시키는 것을 알고, 결국에는 늑대에 대한 모욕으로 그리고 늑대-되기의 매혹으로 아버지를 연상시킨다는 것을 안다. 모글리로부터 배웠듯이, 아이들은 어른들보다 동물-되기의 매혹을 더 잘 이해한다. 하지만 여성들 또한 최소한 그들이 여성-되기를 향해 열릴 때 이러한 종류의 동물-되기 이해에 더 가까이 다가가게 된다.48)

안젤라 카터는 신화와 동화를 다시 쓰는 작가로 알려져 있으며, 실제적 되기를 위한 실제적 매혹에 깊은 통찰력을 보여준다. 『늑대의 혈족』은 이러한 다시 쓰인 이야기 중 하나다. 그녀는 닐 조던이 그녀의 늑대 이야기를 각색해서 만든 영화의 공동 시나리오를 썼다.49) 조던은 카터의 단편 소설을 복잡한 미장아빔

---

47) *Thousand Plateaus*, p.28 / 63-64.
48) 전통적으로 여성은 수동적 동물-되기에 대해 매우 잘 이해하고 있다. 그러나 우리가 제4장에서 살펴보았듯이, 여성은 수동적 변용을 능동적 변용으로 변형시키는 것을 점점 더 잘 습득하고 있다.

(mise-en-abîme)[50] 구조의 영화로 만들었다. 영화 안에는 소녀의 꿈이 있고, 꿈의 시각화가 있으며, 그 꿈 안에서 몇 가지 이야기가 시각화되어 들려진다. 이것은 다양한 "실재"의 층위를 지적하지만, 나는 이러한 내러티브 구조에 집중하지는 않으려고 한다. 영화의 접속선은 동화 「빨간 모자(Little Red Riding Hood)」다. 정신분석가 브루노 베텔하임(Bruno Bettelheim)의 「빨간 모자」다시 읽기에 의하면, 빨간 모자는 소녀의 초경혈을 상징하고, 늑대는 성교의 위험성을 상징하며, 숲은 법, 질서, 순결을 회복시키는 아버지를 상징하면서, 빨간 모자와 할머니를 자유롭게 하고 늑대를 살해한다.[51] 카터의 「빨간 모자」다시 쓰기는 베텔하임의 해석 중 몇 가지 요소들을 포괄한다. 첫 번째 예로, 빨간 모자는 여성이 되는 어린 소녀의 이야기다. 조던은 꿈꾸는 소녀를 빛나는 빨간 입술과 꿈에서 할머니가 떠준 커다란 빨간 망토로 꾸밈으로써 내러티브 층위에서 빨간색, 월경혈, 섹슈얼리티의 연상을 강조한다.

「늑대의 혈족」은 전통적 (정신분석학적) 의미에서 여성이 된다는 것만을 뜻하지는 않는다. 이는 또한 최초의 여성-되기(빨

---

49) 실제로 「늑대 인간」, 「늑대의 혈족」, 「늑대-앨리스」 등 이 세 편의 단편 이야기들이 서로 엮여 시각적으로 정교하게 만들어진다. 그녀의 작품에 대한 좀더 많은 해석을 보려면, Lorna Sage, ed., *Flesh and the Mirror —Essays on the Art of Angela Carter* (London, Virago Press, 1994)를 보라.

50) 미장아빔이라는 용어는 예술 작품이 그 자체를 참조하는 방식을 지시하는 기술적 용어다. 이는 또한 이야기가 이야기 내부에서 들리는 내러티브 구조를 지칭하는 데 사용되기도 한다.

51) Bruno Bettelheim, *Psychanalyse des Contes de Fée* (1976). 제임스 핀 가너(James Finn Garner)는 *Politically Correct Bedtime Stories* (New York : Macmillan, 1994)에서 산림관이 마지막에 죽게 되는 「빨간 모자」를 과장되지만 재미있게 페미니즘적으로 해석한다. 이러한 취침용 이야기들은 동화에 대한 정치적으로 올바른 해석이 어떠한 해결책도 주지 않는 역할 전도로 이끈다는 점을 입증한다(비록 역할을 전도하는 것이 충분히 유쾌할지라도).

간 모자는 아무 까닭 없이 소녀, 또 다른 현대적 앨리스인 것이 아니다)로 인한 동물-되기이기도 하다. 우선 카터(그리고 조던)는 늑대가 무리를 짓는다는 것을 알고 있다. 우리가 늑대 한 마리를 본다면 곧 두 마리, 세 마리, 열 마리, 무수히 많은 늑대들이 있다는 것이다. 영화에서 로잘린이라고 이름 붙여진 빨간 모자는 영화 마지막 장면에서 그녀의 늑대 인간과 함께 있으며, 그들은 갑자기 늑대 떼거리의 우짖는 소리를 듣게 된다. 늑대 인간은 "내 형제들 목소리야, 자기야. 나는 늑대 혈족을 사랑해"라고 말한다. 로잘린은 매우 교만하게도("두려워하는 것은 나답지 않겠지?") 무서워하지 않는다. 그녀의 할머니가 늑대 인간에 대한 너무도 근거 없는 소문을 들려줬기 때문에 그녀는 약간의 의혹을 가진다. 따라서 그녀는 자신을 보호하기 위해 총을 잡는다. 동시에 그녀는 여기에서 발견할 흥미로운 어떤 것이 있음을 알아챈다. 영화 초반부에서 로잘린은 프로이트적 장면을 목격했다. 사랑을 나누고 있는 부모를 보고 들은 것이다. 하지만 그 장면이 트라우마로 남는 대신 그녀는 매혹되고 호기심으로 가득하다. 다음 날(행복해하며 집에서 활달하게 일하고 있는 어머니를 본다), 그녀는 어머니에게 아빠가 아프게 하지 않는지 물어본다. 로잘린은 현명한 어머니를 가졌는데, 어머니는 그런 무례한 질문에 얼굴을 찰싹 때리지 않고 왜 아빠가 아프게 할 거라고 생각하는지 묻는다. 로잘린은 "할머니가 얘기해준 야수 같은 소리 때문에요"라고 대답한다. 어머니는 이에 대해 로잘린이 할머니의 이야기를 그렇게 많이 들어서는 안 되며, "남자 안에 야수가 있다면 여자 안에도 짝을 이루는 야수가 있다는 거야"라고 대답한다. 매우 현명한 어머니는 남성과 여성 간의 (프로이트의) 모든 이분법을 탈신화화하고, 대신 딸에게 필요하다면 자신을 방어해줄 칼을 주며, 그녀가 지닌 호감과 그녀가 만들고 싶은 결연에 대해 스스로 판단할 수 있다고 믿는다.

칼은 모든 남성/동물들이 모든 여성과 짝을 이루는 것이 아니기 때문에 필요하다. 한 사람(one)은 결합할 수 있는 어떤 한 사람(the one)을 발견해야 한다(그러나 이것은 프로이트적 "절대적 자기(One)"와는 다른 "일자(one)"다). 들뢰즈·구아타리는 다음과 같이 지적한다. "다중성이 있는 곳에는 반드시 예외적인 개체가 있기 마련이며, 동물-되기를 위해서는 반드시 그와 결연을 맺어야만 한다. 한 마리만의 늑대 따위는 있을 수 없으며 패거리의 우두머리가 존재한다."[52]

로잘린은 이러한 결연을 확립할 수 있는 예외적인 인간이며, 이어서 이러한 알려지지 않은 동물-되기의 영토를 보여주는 예외적인 동물을 찾아 헤맨다. 영화에서 로잘린은 사랑에 빠진 어린 이웃을 갖게 되지만 그를 원하지는 않는다. 그녀는 그를 꽤 좋아하지만 그는 그녀에게 시골뜨기, 놀이 친구 이상은 아니다. 숲에서(유일한 안전한 트랙을 남기는) 그녀는 그가 늑대(인간)일 것 같다고 느끼지만, 이내 끌리게 되는 "멋진 놈"과 마주친다. 그는 그녀가 결연을 맺을 수 있는 "예외적인 개체"다. 결국 그녀는 상징적인 빨간 망토를 불태울 것이다.

카터의 이야기는 할머니 침대 위에서 다정한 늑대의 발 사이에서 잠자는 소녀로 끝을 맺는다(할머니는 사망했고, 죽은 채로 그대로 보존되어 있다). 조던은 한 발 더 나아간다. 로라 멀비는 안젤라 카터에 대해 쓴 논문 「영화 마법과 늙은 괴물들(Cinema Magic and the Old Monsters)」에서 다음과 같이 주장한다. "「늑대의 혈족」에서 로잘린은 매력적인 사냥꾼 내부에 자리한 늑대와 화해한다. 이는 그녀가 **남성들**의 야수성이라기보다는 지금 인식되고 있는 그녀의 존재, 하지만 억압되지 않은 섹슈얼리티로서의 그녀의 존재를 받아들이고 있음을 암시하는 방식이다."[53] 영

---

52) *Thousand Plateaus*, p.243 / 462.
53) "Cinema Magic and the Old Monsters", *Flesh and the Mirror*, p.240.

화에서 로잘린은 실제로 늑대가 되고, 아버지가 그녀를 쏘기 전 (동화의 산림관처럼), 어머니는 늑대가 로잘린의 목걸이를 걸치고 있음을 보고 아버지를 말린다. 현명한 어머니는 딸이 늑대-되기를 선택했음을 알고 늑대 혈족들을 찾기 위해 떠나도록 내버려둔다. 마지막 꿈 이미지는 어떤 늑대와 결합하는(그녀의 "어둠의 왕자") 한 마리 늑대(로잘린)에 대한 것으로, 그 늑대는 수많은 다른 늑대들과 결합한다(무리). 카터와 조던은 은유적 신화를 동물-되기의 동화로 변형시켰다.

방금 설명한 동물-되기는 수동적 변용이나 베이컨의 살/고기-되기와는 아무런 관련이 없다. 늑대-되기는 능동적 변용과 깊은 관련이 있다. 「늑대의 혈족」에서 능동성은 항상 로잘린의 일부였다. 그녀는 되기의 행로로 계속 걸어가야만 했다. 또 다른 가능성은 수동적 변용의 능동적 변용으로의 변형이다. 이것은 영화 「울프」의 경우에 명확하다. 랜달은 곧 합병될 출판사에서 일한다. 영화 초반부에서 랜달은 그가 참여하고 있는 게임을 멈출 수가 없는 지친 수동적 남성이다. 그는 일을 그만둘 것인지 동유럽으로 옮길 것인지(결국 똑같은 것이다)에 대해 선택해야 한다. 영화 초반부에서, 그는 숲 가장자리 근처에서(들뢰즈·구아타리에 의하면 결연이 이루어지는 가장자리 지대) 늑대에게 물리고 차츰 늑대의 영혼의 어떤 것이 그의 일부분이 되어가는 것을 느낀다. 그는 "다시 태어난 것" 같이 느끼고 돌아가서 싸우기 시작한다. 그는 천천히 모든 부정적(살인적) 결과와 함께 실제로 늑대가 되어가고 있다는 것을 깨닫는다.

첫 번째, 랜달이 내내 수동적이고 지배를 받는 것같이 보일지라도 그는 "예외적"이라는 점이 강조되어야 한다. 이것은 출판사 대표의 파티에서 그가 예의바른 대화의 규칙에 순응하지 않는 점에서 명백해진다. 상사가 그의 좌천 뉴스를 발표하자 그는 "취향과 성격"(랜달의 자질)이 출판 사업에 맞지 않는다고 말한다.

상사의 딸 로라도 좌천된다. 그녀는 아버지의 사업을 싫어하고 파티에서 편안하지가 않다. 이 점에서 그녀는 랜달과 완벽하게 어울리며 그들이 만나게 되는 것은 우연이 아니다. 우리는 결연을 이루어낼 두 명의 예외적 존재를 보게 된다.

두 번째, 이러한 결연은 유전적인 어떤 것이 아니라 인접한 어떤 것이다(흡혈귀에 대해서도 역시 언급했다). 이러한 전염은(예를 들어 물리는 것) 일반적 되기, 특히 동물-되기의 개념에서 전형적이다. 전염과 유산의 차이는 인간과 동물과 같이 매우 이질적인 요소들을 연결할 수 있다. 이러한 결연이 사이보그와의 관계를 특징짓는 다나 해러웨이의 친밀성(affinity) 개념과 어떻게 관련을 맺는지에 주목해보자. "친밀성 : 피가 아닌 선택과 관련된 것. 하나의 화학적 핵 집단이 다른 집단을 끄는 매력."[54] 랜달이 늑대에게 물리는 것을 선택했을지라도, 그는 늑대의 정신으로 인해 고취될 것을 선택하는 내재성의 평면 위에서 그 자신 안에 있는 어떤 것을 획득한다. 하지만 로라는 영화 마지막에 가서야 늑대-되기를 선택할 것이다. 그 장면에서 그녀는 로잘린에 필적한다.

두 번째 전염 방식은 섹슈얼리티(「늑대의 혈족」에서 명백하다)다. 들뢰즈·구아타리는 섹슈얼리티가 결연의 역량을 지닌다고 말한다. 로잘린과 로라는 성적 결연을 통해 늑대가 된다. 그들은 위협이 아닌 자유를 느낀다. 「지킬 박사와 하이드 씨」에서와 마찬가지로 이러한 결연, 이러한 동물-되기가 클로즈업과 익스트림 클로즈업으로 포착된 눈의 이미지에서 표현되는 것을 본다는 것은 매우 흥미롭다. 우리는 마지막 이미지에서 익스트림 클로즈업으로 포착된 랜달-늑대의 눈을 보게 된다. 이어서 숲에서 홀로 걷고 있는(하지만 두려워하지는 않는) 로라를 본다. 다음

---

54) "A Cyborg Manifesto", p.155.

순간, 그녀의 눈이 천천히 늑대의 눈으로 융합되는 것을 본다. 이런 식으로 남성, 여성, 동물 간의 (공간적이며 다양한) 차이가 융해되고 동물-되기는 현실이 되었다. 바로 직전에 로라의 동물-되기는 다른 방식으로 묘사되었다. 전에 랜달이 그랬던 것처럼 로라는 매우 잘 발달된 후각을 보인다. 그녀는 상당히 먼 거리에서도 경관이 보드카와 토닉을 마셨다는 것을 냄새로 알 수 있다. 감각의 향상은(모든 감각 혹은 최소한 일반 인간들보다는 특출한 감각) 동물-되기의 첫 번째 기호다.

이것은 「울프」에 대해 언급하고자 하는 세 번째 의미와 관련이 있다. 랜달이 처음으로 자신이 변화된 정신을 가지게 되었다는 것을 알게 되는 것은 향상된 감각을 통해서다. 그가 수동적 변용을 능동적 변용으로 바꿀 수 있는 것 역시 감각을 통해서다. 랜달은 그가 이전에는 결코 맡을 수 없던 것의 냄새를 맡을 수 있다는 것, 사무실의 벽을 통과하여 들을 수 있다는 것, 갑자기 안경 없이도 볼 수 있다는 것을 발견한다. 그는 자신의 내부에서 어떤 것이 변화하고 있다는 것을 알아차린다(그리고 이러한 감각들은 클로즈업으로 표현된다). 그의 움직임 역시 변한다. 우선 그는 성적으로 매우 적극적이 되고 잠시 후 동물처럼 뛰어오를 수도 있게 된다. 요컨대 그의 "위도"의 축을 바꾸는 것은 그의 "경도", 곧 운동과 정지다. 랜달의 지각의 변화(모든 감각을 통해)는 마약의 효과와 비슷하다. 이 점에서 하이드 씨와 랜달-늑대-되기 사이에 근접성이 있다. 그들은 마치 마약을 먹은 것처럼 느낀다. 동물-되기의 고원에서 들뢰즈·구아타리는 몇 쪽에 걸쳐 마약의 효과를 지적한다. 그들은 마약이 운동과 지각을 변화시킨다고 주장한다.

모든 마약은 일차적으로 속도 및 속도의 변화와 관련되어 있다. 각각의 마약들이 어떤 차이가 있든 간에 마약 배치를 묘사할 수 있도록 해주는 것은 지각적 인과성의 선이다. 이 선에 의해 1) 지각할 수 없는 것이 지각되고, 2) 지각은 분자적인 것이 되고, 3) 욕망이 지각과 지각된 것을 직접 투자하게 된다. … 우리는 욕망이 지각을 직접 투자하는 것, 지각할 수 없는 것이 지각되는 동시에 지각이 분자적인 것이 되는 층위에서만 마약 문제를 이해할 수 있다고 믿는다. 그래서 마약은 이러한 되기의 인자처럼 보인다. … 이 무의식의 평면은 미시 지각에 주어진다. … 마약은 정신 분석이 끊임없이 실패했던 내재성과 고른 평면의 과정을 가리킨다.[55]

랜달에게 일어난 일은 마약 효과와 같다. 그는 평소에는 지각할 수 없었던 것을 지각한다. 마치 사람들을 꿰뚫어볼 수 있듯이, 그 자신의 내재성의 평면에서 볼 수 있듯이, 그에게 무엇이 중요한지 누가 중요한지 알 수 있듯이, 그가 어떻게 이렇게 될 수 있는지 알 수 있듯이.

들뢰즈·구아타리는 마약에 대해 꼼꼼히 설명하면서도 마약을 낭만화시키기를 바라지 않으며(그들은 종종 비난했다), 우리 모두를 쓰레기(junkie)로 만들기를 바랐다. 마약의 큰 위험은 여러분에게 더 큰 힘과 움직임의 민첩함을 주는 대신, 여러분이 운동과 지각의 주인이 더 이상 되지 못하게 하는 것이다. 중독이 지닌 "블랙홀"은 한 사람의 생명의 풍성함 대신 파괴로 이끈다. 들뢰즈·구아타리에 의하면, 우리가 "마약을 하는지 하지 않는지" 문제가 되지 않는 지점에 이르러야 하지만, 오히려 마약 없이 내재성의 평면에 다다르는 정도까지 지각의 일반 조건을 마약이 변화시켰다. 마약에 우롱당하지 않기 위해서, 목표는 마약을 뺀 어떤 것, 맹물, 음악에 "중독되는" 것이다. 랜달은 마약을 하지 않았지만 효과는 똑같다. 그러나 마지막에 그는 파괴되지 않는다. 그는 동물-되기에 의한 도주선을 발견하고 곧 로라와

---

55) *Thousand Plateaus*, pp.282-284 / 535-538.

결연을 맺을 것이다.

□새로운 실험들─새로운 이미지들─새로운 "매니멀(Manimal)"

모든 종료의 되기, 모든 종류의 리좀적 경험의 내재적 위험에도 불구하고, 들뢰즈·구아타리는 다음과 같이 경험하기를 옹호한다. "리좀을 만들어라. 그러나 당신이 리좀으로 무엇을 만들 수 있는지 모르며, 지하 줄기가 효과적으로 리좀을 만들어낼지 혹은 되기로 진입할지, 당신의 사막을 풍성하게 채울지 모른다. 그러니 실험하라."[56]

어떤 종류의 동물-되기는 항상 인간의 상상력, 신화, 동화에서 이미 역할을 해왔다. 과학의 근대화 이후, 확실히 19세기 이후 이러한 되기는 더욱 특수해지며, 과학 실험과 더욱 관련이 있다. 이러한 실험들은 여전히 사유의 원형적이고 이원론적인 모델에 뿌리를 두어왔다. 프랑켄슈타인 박사, 모로 박사, 지킬 박사, 그들 모두는 실험으로 인해 고통 받으며, 우리에게 우리의 전통적 괴물들을 공급한다. 20세기에는 과학이 급격하게 발전하고 모든 층위의 지각을 변화시킨다. 천천히, 하지만 확실하게 몇몇 새로운 지각이 가능하게 된다. 수많은 실험들이 진행되고 항상 해피엔딩으로 끝나지는 않지만, 그 실험들은 우리가 멈출 수 없는 발전이다. 최근의 몇몇 영화들은 지각을 바꾸는 실험들을 보여준다. 그 실험들은 "친숙한" 동물-되기(수동적이거나 능동적인), 친숙한 괴물을 떠나서 인간과 곤충, 인간과 양, 인간과 캥거루 사이의 미지의 지대로 한 발짝 들어가는 것을 포함한다. 말하자면 우리는 테크노-기형학적 상상의 사이보그 세계로 진입하고 있다.

---

56) *Thousand Plateaus*, p.251.

새로운 과학의 가능성으로 실험하는 데 늘 관심을 보여 왔던 영화감독이 있다면 바로 데이비드 크로넨버그(David Cronenberg)다. 그의 동료이자 친구인 마틴 스코시스(Martin Scorses)는 크로넨버그의 작품을 프랜시스 베이컨의 회화들과 비교했다.57) 크로넨버그가 예를 들어 「파편들(Shivers)」(1975), 「열외 인간(Rabid)」(1976), 「플라이(The Fly)」(1986)와 같이 동물-되기를 보여준 몇 편의 영화를 만들었지만, 그의 영화들은 베이컨의 회화들에 가까운 파스빈더의 「13월인 어느 해에」와는 매우 다른 동물-되기를 보여준다.58) 파스빈더의 영화와 달리, 크로넨버그의 영화들은 늘 호러 장르와 관련이 있었지만, 그가 되기의 공포를 영화화하는 방식은 그가 얼마나 베이컨에 가까운가의 문제다. 이것이 실제로 의미하는 것은 크로넨버그의 영화들이 시각적 스펙터클로서 공포를 그렇게 많이 보여주지는 않는다는 점이다. 오히려 그의 영화들은 내부에서 나오는, 눈에 보이지 않는 힘의 공포를 보여준다. 베이컨은 스스로 자신의 그림에 대해 "공포를 그리는 것보다 외침을 그리는 것"59)이라고 지적한다. 파리-되기에 대한 세스 브런들(Seth Brundle)의 점차적인 발견은 눈에 보이지 않는 힘을 통제할 수 있는 존재가 되지 못함에 대한 외침이다. 고전 호러 영화에 있는 문자 그대로의 외침과 비명이 이 영화에는 없

---

57) Wayne Drew, ed., *David Cronenberg* (London : BFI dossier No. 21, 1984)에서.
58) 크로넨버그의 작품을 들뢰즈 · 구아타리와 연관지어 확장된 분석을 시도한 것에 대해서는 Eva Jørholt, "The Metaphor Made Flesh : A Philosophy of the Body Disguised as Biological Horror Film", *Micropolitics of Media Culture*, pp.75-100을 보라.
59) *Francis Bacon*, p.41. 개인적 노트로, 나는 「플라이」가 전편을 다 볼 수 있었던 나의 첫 번째 호러 영화 "실험"이었고 덧붙인다. 어쨌든 이 영화는 완전히 새로운 지각의 범위를 열었다. 그 순간부터 나는 다른 경험의 층위에 호러 영화를 연관시키면서 볼 수 있었고(예를 들어, 재지대화하는 프로젝트로서 호러 영화를 보았다) 좋아하게 되었다. 나에게 「플라이」는 크로넨버그의 다른 컬트 고전인 「비디오드롬(Videodrome)」(1982)보다 훨씬 개인적인 "고전"으로 남아 있다.

다. 한 정적인 순간에 외침을 그린 베이컨처럼, 크로넨버그는 되기의 지속에서 외침을 영화화한다.

「플라이」에서 과학에 대한 열정 때문에 스스로 고립되었던 세스 브런들은 공간 이동 기계를 발명했다. 이 공간 이동(그 자체가 오래된 환상)은 분자적 파손과 재창조로 달성될 수 있다. 이것은 모든 되기가 생겨나며 파리-되기가 특별히 놓이는 분자적 층위를 매우 직접적으로 지시한다. 세스가 처음으로 기자인 베로니카에게 자신의 발명품을 보여줄 때, 기계는 여전히 살아 있는 것을 어떻게 공간 이동할지 알지 못한다. 세스는 이것이 그(그리고 그가 프로그래밍한 컴퓨터)가 "살"에 대해 충분히 이해하지 못했기 때문이라는 점을 발견한다. 이러한 발견은 인간이 가질 수 있는 가장 "육질적" 경험 중 한 가지, 즉 섹스(섹슈얼리티의 중요성이 다시 강조된다)로 인해 중재된다. 베로니카는 섹스 후 그를 먹고 싶다고 말하면서 그가 살에 대해 이해하도록 해준다. "노인들이 왜 아기의 뺨을 꼬집는 걸 좋아하는지 이제야 알겠어요. 아기의 살이 노인들을 미치게 하니까요."

베이컨과 파스빈더에게서처럼 살은 중요하다. 그러나 크로넨버그는 살이 어떻게 변질되는지 보여주기 전에 "새로운 살"이 어떻게 창조되는지 보여준다.

가장 접근 가능한 새로운 살의 버전은, 몸의 방식 속에서 인간이라는 것이 의미하는 것을 여러분이 실제로 변화시킬 수 있다는 것입니다. 우리는 인류가 시작된 이래로 심리적 방식으로 변화되었습니다. 그리고 우리는 사실 육체적 방식으로도 변화되었습니다. 일부는 우리의 몸에 무언가를 넣기 때문에, 그리고 일부는 안경과 같은 물건 및 수술과 여타의 것들 때문에, 우리는 우리의 조상과는 육체적으로 다릅니다. 그러나 더 멀리 나아갈 수 있는 발걸음이 있습니다. 그것은 여러분이 또 다른 팔을 기르는 것도 가능해질 것이며, 이러한 모든 것들을 바라보는 방식을 여러분은 실제적으로 바꾸게 될 것입니다.[60]

이 말이 인용된 크로넨버그 인터뷰의 다음 구절에서, 크로넨버그는 또한 섹슈얼리티의 중요성을 강조하며, 또한 "기관을 교환하거나", "다른 종류의 기관을 개발하거나", 성적 양극화를 줄이기 위해 "그 자체로 (성)기관이 없는" 것을 바라는 것의 중요성을 강조한다. 「플라이」에서 인간과 곤충의 "기관" 사이의 양극성은 줄어든다. 파리는 기관 없는 몸을 표현한다.

브런들이 공간 이동으로 살을 유지하는 능력을 배양하자마자(몸과 공간의 거리를 줄이는 것) 살아 있는 존재를 옮기는 것도 가능하게 된다. 비비 원숭이를 공간 이동시킨 후 세스는 자신을 실험한다. 불행히도 그는 신중하게 처리하지 않았다(그는 술에 취했고 슬픈 상태다). 그는 파리가 그와 함께 공간 이동되었으며, 유전자적, 분자적 층위(DNA)에서 그의 몸이 파리와 결합되었다는 점을 알지 못한다. 그리하여 세스는 곤충-되기다. 처음에 이것은 그에게 능동적 변용이다. 「울프」의 랜달처럼 세스는 강해지고, 자유롭고, 대단한 신체적 에너지로 강력해짐을 느낀다. 그의 몸의 운동과 지각은 변화한다. 영화에는 브런들의 스튜디오를 위에서 내려다보는 흥미로운 쇼트가 있다. 이 쇼트는 세스의 시점 쇼트에서 벗어나 파리처럼 천장에 붙어서 세상을 아래로 내려다보는 것이다. 이 쇼트는 문자 그대로 지각의 변화며, 영화의 제일 처음 이미지에 의해 예측된 것이며, 세스와 베로니카가 리셉션 장에서 서로 만나는 장면에서도 나타나는 쇼트다. 이러한 크레인 쇼트 혹은 버즈아이즈뷰는 테크놀로지에 의해 가능하게 된 "비인간"의 지각이다. 이 점에서 영화는 "되기의 기계"다.

랜달처럼 브런들은 마약을 한 것과 비슷한 경험을 했다. 브런들은 심지어 들뢰즈·구아타리가 지지했던 "순수 마약"(마약을 하지 않는 마약)을 발견했다고 생각한다. 그럼에도 불구하고 불

---

60) *The Shape of Rage*, ed., by Piers Handling (Toronto, 1983)에서 피어스 핸들링과 윌리엄 비어드와 함께 한 크로넨버그의 인터뷰에서.

행히도 브런들은 "쓰레기(정키)"가 된다. 그는 대단하고 강하게 느끼지만 점점 더 나쁘게 보기 시작했다. 그는 초콜릿과 아이스크림("정크 푸드")만 먹는다. 그는 더 이상 몸과 공간 위생에 대해 신경 쓰지 않는다(타락). 그는 계속해서 자신을 공간 이동시키길 바란다(중독). 그는 그의 경험을 다른 사람들에게 전달하길 원한다(전염). 크로넨버그 자신은 새로운 살을 창조하는 것이 마약과 비교할 정도로 위험한 사업이라는 것을 알고 있다. "이것은 위험합니다. 여러분은 무슨 일이 벌어지고 있는지 알고 있다고 생각하죠. … 하지만 벗어나야 할 게 뭔지 정말로 확신할 수 없습니다. 저는 이것이 마약하는 것과 비슷하다고 예상합니다. 여러분은 이러한 마약이 중독성이 있다고 들어왔습니다. 그리고 여러분은 자신이 쉽게 중독되는 사람이 아니라고 생각합니다. 그리고는 마약에 손을 대보겠지만, 여러분은 무슨 일이 일어날지 정말로 알지 못합니다. 다른 사람들처럼 끝내지 못하고 점점 더 나빠지리라는 것을 알지 못합니다. 그렇죠? 전 다만 여러분이 모를 거라는 거죠."61) 이와 똑같이 세스는 자신을 공간 이동하면 무슨 일이 일어날지 몰랐다. 그가 공간 이동을 실행할지라도 무슨 일이 일어날지는 몰랐을 것이다. 이 경우, 실험은 끔찍한 방식으로 실패한다. 세스는 모든 운동과 행위를 통제하지 못하므로 자신의 파리-되기를 받아들일 수가 없다.62) 이러한 통제를 상실한 절망적 기분은 우리가 보고 있는 외침이다. 마지막 절망적인 공간 이동에서 그는 텔레포드 기계 자체와 융합하고, 이어서 오히려 사물("브런들플라이[Brundlefly] 기계")이 외침을 표현한

---

61) *The Shape of Rage.*

62) *The Cinematic Body*에서 샤비로에 의하면, 브런들 또한 괴물로 변신하는데, 그가 사회적 규범에 순응하려 하기 때문이다. 나는 이 말에 동의하지만, 샤비로의 주장이 바뀌기를 기대하기도 한다. 왜냐하면 사회, 곧 사회적 규범은 (아직) 어떠한 되기도 받아들이지 않고, 규범으로부터의 탈선은 괴물 같은 부분만을 차지하기 때문이다.

다. 새로운 살은 내재성의 층위에서 생겨나는 모든 폭발을 포괄할 수는 없다. 브런들플라이는 변신 과다로 죽을 것이다.

운 좋게도 모든 실험화가 나쁜 결과를 보이지는 않는다(들뢰즈·구아타리의 유일한 조언은 실험화에 주의하는 것이다). 예술가 매튜 바니(Matthew Barney)가 비디오 영화 및 「크레매스터 4(Cremaster 4)」(1994)의 조각, 오브제, 사진으로 이루어진 전시회에서 창조한 이상야릇한 피조물들의 세계는 모든 종류의 되기로 인해 고취되는 미학적 실험으로 보인다. 이 프로젝트에서 바니는 인간과 로크턴 양(Loughton ram)의 특성을 결합한 "로크턴맨"이다. 작품을 통해 그는 많은 기관 없는 몸들, 수많은 경계들을 무시하고 접속을 이루어내는 몸들을 창조해왔다.[63] 인공 무릎을 끼고 있는 미국 풋볼 선수인 짐 오토(Jim Otto)에 대한 그의 매혹은 이 점에서 중요한 의미를 지닌다. 마술사 해리 후디니(Harry Houdini) 역시 바니에게 중요하다. 실제로 바니 자신이 모델을 파우누스(faun)[64](「억압 그리기 7(Drawing Restraint 7)」[1993])와 남녀 양성 인간 그레이스로 변신시키는 마술사다(혹은 마법사. 들뢰즈·구아타리가 동물-되기에 대한 글에서 말하듯이). 또한 그는 진흙투성이 재질(호러 영화에서는 제외하고 처음으로 남성의 몸이 부드럽고 실 같은 재질로 연결되어 있지만 그것은 살이 아니다)로 투과된 듯한 가죽 재킷을 입은 카레이서로 모델을 변신시키기도 한다. 「크레매스터」 시리즈의 마지막 작품인 「크레매스터 5」(1997, 영화 쇼트)에서 바니 자신은 그가 실제로 마술사임을 발표한다.[65] 상상력의 한계와 몸의 한계를 확

63) 비디오 예술의 기관 없는 몸에 대해서는 나의 논문 "Het Orgaanloze Lichaam —Filmische Effecten in de Videokunst", *Skrien* 205 Dec. 1995 / Jan 1996을 보라. 여기서 나는 기관 없는 몸의 개념을 매튜 바니, 토니 아우슬러(Tony Oursler), 피필로티 리스트(Pippilotti Rist), 더글라스 고든(Douglas Gordon)의 작품에 연결한다.

64) [옮긴이] 반인반양(半人半羊)의 숲, 들, 목축의 신.

장할 정도로 그의 세계는 너무나 낯설고 아름답다. 어쨌든 매튜 바니는 몸을 유기체의 속박으로부터 자유롭게 하길 바란다. 대중 문화에서처럼, 시각 예술에서 점점 더 많은 되기의 표현이 목격될 것이다.

이 장에서 마지막으로 언급하는 "성공적인 실험"은 레이첼 탤러레이(Rachel Talalay)의 영화 「탱크 걸(Tank Girl)」(1995)이다. 새로운 여성 이미지(강하고, 거칠며, 순진하지 않고 두려워하지 않으며, 접속이 필요한 사이보그)는 새로운 종류의 "매니멀(manimal)"과 관련된다. 이 피조물은 인간과 캥거루의 유전자를 합성한 DNA 실험의 결과다.[66] 탱크 걸과 여자 친구 제트 걸은 처음에는 이 피조물, 매니멀에 대해 편견을 가진다. 다른 사람들처럼 그들은 리퍼들이 악마의 괴물이라고 생각하지만, 리퍼들은 친절하고 민주적(!)이며 타고난 정의감을 소유하고 있다(정글의 법칙). 「탱크 걸」은 재미있고 독창적인 방식, 곧 새로운 밀레니엄으로 진입하게 될 젊은 세대의 두려움과 희망을 표현하는 시간의 기호다.[67] 물론 가장 큰 두려움은 환경 재앙이며, 일부 극소수만이

---

65) 「크레매스터 5」는 부다페스트(State Opera, Thermal Baths of Gellert)에 설치되었다. 바니는 디바, 마술사, 거인 역할을 하고, 옆에서 우슐라 앤드레스가 체인의 여왕 역할을 한다. 영화는 더할 나위 없이 예찬되고, 불가해한 아름다운 이미지들을 포함한다(예를 들어, 실크 리본을 바니의 "크레마스터 근육"에 묶은 낯선 "요정들"이 있는 수중 장면). 크레매스터 근육은 남성의 성 기관에 속하는 근육으로 고환을 움직이게 하는 것이다. 바니의 「크레매스터」 시리즈에서 이러한 "기관들"(전통적 남성 기관으로 인정되지 않는)은 다른 형식으로 돌아온다.
66) 이것은 영화가 규칙적으로 애니메이션으로 넘어간다는 사실로 인해 더욱더 강조된다. 「탱크걸」은 사실 호주 만화(그래서 캥거루다)를 원작으로 한다.
67) 하나의 독창적인(하지만 잔혹한) 장치는 '물-권력국'이 발명한 새로운 기계, 실린더다. 실린더는 한 면에 처음에는 피를 빨아먹고, 나중에는 희생자의 수분을 말리는 날카로운 튜브를 지닌다. 다른 면 끝은 각각의 위에 두 개의 용기로 구성된다(하나는 피를 빨고, 하나는 미네랄 워터를 담는 플라스틱 병으로 보이며 물을 받는다). 물은 더 이상 모든 이들에게 풍부하게 공급될 수 없는 이 세계에서 결코 잃어버릴 수 없는 것이다.

그로부터 이익을 취할 것이다. 영화의 사건들은 2033년에 발생하는데, 이 시기에 지구는 사막으로 변하고, 남아 있는 적은 물은 정말로 가학적인 독재자가 지배하는 '물-권력국(Department of Water and Power)'에 의해 전용된다.[68] 그것은 조지 오웰의 『1984』와 같은 악몽의 상황이다. 그러나 『1984』에서 빅 브라더가 여러분을 감시하며 어떠한 탈출도 가능하지 않은 반면, 영화 속 2033년에는 혁명, 변신, 변화에 대한 희망이 있다. 이러한 희망은 변방, 즉 문자 그대로(지하 은신처를 가지고 있는 리퍼들 같은) 혹은 비유적으로(탱크 걸의 자유에 대한 불멸의 투쟁 정신 같은) 시스템에 의해 유지되지 않는 작은 부분들에서 나온다. 이러한 매우 작은 집단으로부터 시스템을 갖춘 전쟁이 시작된다. 그것은 전쟁 기계 혹은 도주선이다. 들뢰즈·구아타리가 설명하듯이, 전쟁 기계는 결코 한 국가 안에서는 시작하지 않고 항상 외부에서 들어온다. 이러한 전쟁 기계의 가능성은 이 영화의 유토피아적 단면의 일부다. 다른 유토피아적 측면은 완전하고 존경을 받을 만한 존재로서 애니멀을 수용하는 것과 관련이 있다. 탱크 걸과 리퍼들은 다나 해러웨이가 의도했던 방식의 사이보그, 곧 세계의 지도를 바꾸어놓을 "괴물의 약속"을 구현할 비적합한 타자들이다. 일부는 이 영화가 완전히 허구이고 환상이며 난센스라고 여길 수도 있겠지만, 그것은 오늘날 우리가 살고 있는 세계를 오해하기 때문이다. "탱크 걸"은 존재한다. DNA 연구는 비약적으로 발전하고 있고, 환경 재앙은 지구 위에 "다모클레스의 검"[69]처럼 매달려 있다.[70]

---

68) 원작 만화에 플롯은 전혀 없지만, 이것은 할리우드에서는 너무 큰 비약일 것이다. 물 부족 플롯은 망가 스튜디오가 제작한 「유수 도시(The Wicked City)」(1993)라는 일본 영화에서 상기된다(애니메이션은 없지만).

69) [옮긴이] 신변에 따라다니는 위험을 상징. 디오니시오스 왕의 신하인 다모클레스는 왕에게 아첨하며 행복을 기원하자, 왕은 그를 호화로운 연회에 초대하여 한 올의 말총으로 매단 칼 밑에 앉히고 왕의 행복이 항상 위기와 불안과 함께

이 영화가 동시대 문화와 관련을 맺는 또 다른 측면은 음악이다. 영화의 사운드트랙은 MTV 정신으로 조성된다.71) 캥거루-인간이 음악에 따라 격렬하게 춤을 추는 장면이 있다. 그들에게 이 춤은 삶과 생각의 자유를 위한 종교적 춤이다. 실제로, 그리고 끊임없이 되기의 상황에 있는 이 피조물들은 스피노자의 정신 안에서 윤리학을 제안한다. 스피노자가 오늘날까지 살아 있다면 리퍼들과 함께 춤을 췄을 것이다. 이제 그들은 탱크 걸, 제트 걸과 합류한다. 동물-되기에서 시작하여 그들은 제6장에서 좀더 면밀히 검토할 부분인 음악-되기가 된다. 주체 개념과 관련하여, 주체의 경계가 매우 유동적이게 되었다는 점으로 결론을 맺는 것이 가능해진다. 인간 주체와 동물의 근접성의 지대를 인식함으로써, 동물-되기는 다양한 이미지와 실천 안에서 자신의 일관성을 찾고 있다. 동물-되기는 강력한 변화의 효과와 정서를 초래할 수 있는, 눈에 보이지 않는 힘을 향해 주체를 여는 수많은 가능한 되기 중 하나다. 동물-되기 및 "철학적 기형학"으로 보이는 여러 (테크노) 돌연변이 형식들은 인간에게 더 이상 위협이 아닌, 역량과 변용을 증대시키는 새로운 방법으로 간주될 필요가 있다. 「엑스맨」에서처럼, 투쟁은 더 이상 인간과 동물/괴물 간에 일어나는 것이 아니라 권능과 함께 파괴도 일삼을 수 있는 모든 종류의 새로운 힘들 간에 일어난다.

있음을 깨닫게 했다.
70) "문화, 음악, 패션, 미디어, 사이버스페이스"를 중점으로 다루는 네덜란드 잡지 Blvd.에서 최근에 실제 탱크 걸의 사진을 담았다.
71) 사운드트랙은 커트니 러브가 편집하고, 포티쉐드, 비요르크, 홀, 아이스 T의 음악을 포함한다. 아이스 T는 캥거루 맨 중 하나를 연기했는데, 그는 잭 케루악 (Jack Kerouac)의 "환생"이다.

제 6 장
음향 기계의 (탈)영토화의 힘

　이전 장들에서, 나는 하나의 과정으로서 주체성이 시청각 세계, 메타 시네마로서의 우주 안에서 구성될 수 있는 다양한 방식들을 살펴보았다. 또한 행동-이미지와 시간-이미지 그리고 정치적인 이야기 꾸미기 속의 총체적인 "정체성들" 안에서 나타나는 주체성의 양상들에 대해 토론했다. 정체성은 유동적이며 존재이기보다는 **되기**다. 여성-되기와 동물-되기는 제4장과 제5장에서 토론되었던 되기의 특수한 양상들이다. 하지만 동시대 문화에서 음악은 점점 중요해지고 있다. 이미지가 그런 것처럼, 음악은 (라디오에서, 쇼핑몰에서, 영화 사운드트랙으로서, 인터넷에서) 우리 주위 도처에 있기 때문만이 아니라, 음악이 정체성의 열쇠를 제공하기 때문이다. 음악이 어떠한 집단을 대변하기 때문이 아니라 어떤 이미지를 인식하는 데에서 이야기를 말하거나 듣는 동안 그리고 음악을 공연하거나 감상하는 동안, 어떠한 정체성들이 형성되고 있기 때문에 음악이 정체성을 이해하는 열쇠를 제공한다고 말할 수 있다. 사이먼 프리스(Simon Frith)는 논문 「음악과 정체성(Music and Identity)」에서, 문화 일반의 관점에서 들뢰즈의 초월론적 경험주의와 유사한 음악의 역할에 대한 견해를 피력한다. 대중 음악의 미학을 연구하면서, 프리스는 보통의 학술적, 비판적 논쟁들을 뒤집고 싶어한다. "쟁점은 한 곡의 음악이나 공연이 사람을 어떻게 반영하느냐가 아니라 어떻게 음악이 그들을 생산해내는가, 어떻게 음악이 경험, 즉 우리가 주관적이고 총체적인 정체성을 취함으로써 이해할 수 있는 음악적 경험, 미학적 경험을 창조해내고 구성해내는가다. 이러한 다양한 방식으로 미학은 경험의 질(대상의 질이 아닌)을 묘사한다. 그것은 다른 방식으로 보면, 우리 자신(단지 세계가 아니라)을 경험하는 것을 의미한다."[1]

프리스는 그의 주장을 뒷받침하기 위해 두 가지 전제를 제시한다. 첫째, 들뢰즈 · 구아타리처럼 그는 정체성은 유동적이며, 존재가 아니라 되기라고 주장한다. 둘째, 그는 음악의 경험(연주와 감상 둘 다)은 이러한 유동적인 과정 속의 자아로서 가장 잘 이해될 수 있다고 주장한다. 게다가 프리스는 음악은 미학적이면서 동시에 윤리적 경험이라고 주장한다. 우리가 어떤 음악을 좋아할 때 여기에는 그 음악에 대한 평가가 함축되어 있는 것이다. 그리고 미학적인 반응이란 윤리적인 의견의 일치다. 그는 "우리는 미학적 표현을 향한 일반적인 사회학적 접근을 다시 생각할 필요가 있다. 나의 요점은 한 사회 집단이 그들의 음악 안에서 명료히 하는 신념들을 가지고 있다는 것이 아니라, 미학적 실행인 음악 그 자체가 윤리적 약호와 사회적 이데올로기가 이해되는 것을 기반으로, 집단의 관계와 개인성에 관한 이해를 조성한다는 것이다. … 사회 집단들은 오직 문화적 활동을 통해, 미학적 판단을 통해, 집단으로서 그들 자신을 알게 된다"[2]고 말한다.

---

1) Simon Frith, "Music and Identity", *Questions of Cultural Identity*, Eds. Stuart Hall and Paul du Gay (London : Sage, 1996) p.109.
2) "Music and Identity", pp.110-111.

음악이 어떤 집단의 정체성들을 반영하는 것이 아니라, 그 정체성이 음악적 실행과 경험을 통해 형성된다고 주장하고 있다는 점에서 프리스는 들뢰즈·구아타리처럼 "초월론적 경험주의자"다. 그러므로 사회적 정체성과 관련된 대중 음악에 관한 그의 견해는 『천 개의 고원』에 나오는 들뢰즈·구아타리의 음악에 관한 개념적 사유와 상호 보완 관계에 있다. 들뢰즈·구아타리는 개념적 층위에서 음악의 영토적, 탈영토적 힘에 관해 이야기한다. "깃발은 트럼펫 없이는 아무것도 할 수 없다"고 들뢰즈·구아타리는 말한다.[3] 그들은 탁월하게 뛰어난 시간적 예술의 형식인 음악을 강력한 공간적 (영토적, 탈영토적) 힘을 지닌 미학 형식이라고 생각한다. 제4장에서 나는 「어둠 속의 댄서」에서 비요르크의 공연이 영토적, 탈영토적 힘을 지닌 음악-되기의 형식이라고 지적했다. 더욱 "철저한 방식"으로, 그렇지만 비슷한 방식으로, 프리스는 다음과 같이 음악과 정체성에 관한 그의 논문을 결론 짓고 있다.

음악을 특별하게 하는 것은—음악을 정체성에 대해 특별하게 하는 것은—음악이 경계 없는 공간(구경 없는 게임)을 정의하기 때문이다. 따라서 음악은 경계를 가장 잘 넘나들 수 있는 형식이며—소리는 울타리와 벽, 바다를 넘어, 교실, 인종과 국가를 넘어 전달된다—또한 공간을 가장 잘 정의할 수 있는 문화 형식이다. 클럽, 무대, 레이브에서, 헤드폰을 통해, 라디오와 콘서트홀에서 음악을 들으며, 우리는 음악이 우리를 데려다놓는 곳에서만 존재한다.[4]

앞의 인용문에서 보면, 프리스가 그의 준거 틀로 사회학을 채택하고 있음이 드러난다. 음악 이론에서, 대중 음악에 대한 많은

---

3) *Thousand Plateaus*, p.348.
4) "Music and Identity", p.125.

연구는 주로 사회학적 관점에서 이루어진다. 하지만 들뢰즈 구아타리는 정신분석학을 그들의 대항적 참조로 택하고 있다. 영화 이론에서도 음향과 음악은 종종 정신분석학적 용어로서 논의되어 왔다. 몇몇 다른 음향 이론들이 있다. 그러나 이전 장들에서 나는 들뢰즈·구아타리의 견해와 비교하기 위해 음악의 정신분석학적 해석에 초점을 맞추었다. 음악의 힘과 음악-되기가 어떻게 이미지와의 관계 안에서, 그리고 영화 이론 속에서 작용하는지 알기 위해, 나는 음악과 음향에 대해 좀더 전통적이고 정신분석학적인 입장에서 출발할 것이다. 그리고 나서, 들뢰즈·구아타리가 제공한 통찰력으로 이어나갈 것이다. 그리고 이러한 통찰력들이 시청각 문화의 매트릭스 안에서 프리스의 사회적인 "유동적 자아들"의 문제와 어떻게 관계를 맺고 있는지를 살펴볼 것이다.

청각적 거울과 환상적 구조

□영화의 음향 : 청각적 거울

비록 영화가 무성으로 탄생했을지라도, 소리는 항상 영화 상영의 일부로 존재해왔다. 생음악은 대부분의 무성 영화에 꼭 수반되었다. 그리고 때때로 해설자(explicateur)의 목소리가 이야기를 진술하거나 평을 덧붙이기도 했다. 그럼에도 불구하고 최근까지 영화 이론은 주로 이미지에만, 시각에만, 스펙터클에만 집중해왔다. 월터 무크(Walter Murch)는 미셸 시옹(Michel Chion)의 『오디오-비전(Audio-Vision)』 서문에서 다음과 같이 설명한다.[5]

---

5) 월터 무크는 「대부(The Godfather)」, 「도청(The Conversation)」, 「지옥의 묵

우리는 우리가 태어나기 전, 수태 이후 넉 달 반 만에 듣기 시작한다. 그로부터 우리는 소리의 지속적이고 풍부한 용기 속에서 발전한다. 어머니 목소리가 부르는 노래, 어머니의 거친 숨결, 어머니 장기의 트럼펫, 어머니 심장의 팀파니. 다음 넉 달 반 동안, 소리는 우리 감각의 고독한 여왕으로서 통치한다. 자궁 속 어둠의 닫힌 액체 세계는 보는 것과 냄새 맡는 것을 불가능하게 한다. 그리고 한 가지 맛, 무슨 일이 생길지 희미하고 두루뭉술하게 알려주는 촉감. 탄생은 다른 네 가지 감각을 일으키는 갑작스럽고도 동시적인 도화선이 되고, 소리가 어머니임을 알려줬던 왕좌에 대한 치열한 쟁탈전이 시작된다. 가장 눈에 띄게 왕위를 노리는 자는 날쌔고 끈질긴 시각이다. 시각은 왕좌가 비어 있고 자신을 기다렸던 것처럼 스스로 왕임을 선포한다. 언제나 신중한 청각은 자신의 통치 시대 위에 망각의 베일을 널고 그림자 속으로 물러나며, 허풍선이 시각에게 주의 깊은 시선을 놓지 않는다. 청각이 왕좌를 포기한다면, 과연 왕관까지 포기할지 의심스럽다. 이러한 생물학적 이치의 기계적 전도에서 영화는 그의 젊음(1892～1927)을 목소리 없는 이미지의 거울로 이루어진 홀에서 서성거리며 보냈다. 그 시기는 시각이 자기 도취적이고 유아론적인 왕으로서 통치하는 35년의 총각 시대였다. 그리고 그 왕은 태어나면서부터 쫓아냈다고 생각했던 여왕과 결혼하도록 운명이 준비하고 있었는지를 결코 의심도 해보지 않았다.6)

명백하게도 이러한 말들은 정신분석학적으로 설명될 수 있으며 나는 곧 그러한 작업을 할 것이다. 전지전능한 왕인 시각과 베일에 싸인 소리 여왕을 비교하면서, 무크는 첫 번째 경우로 영화에서 주제넘지 않은 소리의 역할을 강조하고자 했다. 만일 뭔

시록(Apocalyse Now)」의 음향 효과로 유명한 할리우드 음향 전문가다. Michel Chion의 프랑스어 출판물 *La voix au cinéma* (Paris : Editions de l'Etoile, 1982) ; *Le son au cinéma* (Paris : Editions de l'Etoile, 1986) ; *La toile trouée — la parole au cinéma* (Paris : Editions de l'Etoile, 1988)을 보라.
6) Water Murch in Michel Chion, *Audio-Vision : Sound on Screen*. Trans. Claudia Gorbman (New York : Columbia University Press, 1994) pp.vii / viii.

가가 잘못되지 않는다면, 소리는 기껏해야 이미지를 반영하거나 강조하는 거울로, 이미지를 도와주는 정도로만 사용된다. 역사적으로 소리는 "추가 부분" 정도로, 부차적으로 중요한 어떤 것으로 여겨진다. 미셸 시옹은 소리와 이미지의 복잡하고도 다양한 관계에 합당한 음향 이론을 발전시킨 최초의 이론가들 중의 하나다. 그는 소리의 효과를 설명하고 분석할 수 있는 어휘와 도구를 제공한다. 이러한 도구에 접근하기 위해 나는 먼저 시옹의 몇 가지 용어들을 살펴보고자 한다.

시옹이 취한 첫 번째(그리고 가장 중요한) 단계는 "이미지와 소리 사이에는 자연적이며 미리 존재하던 조화"란 없다는 가정이다.[7] 우리는 머릿속으로 이미지와 소리를 결부시키고 필름 메이커들은 이러한 관계들을 실험할 수 있다. 그러나 이미지와 소리를 자연스럽게 결합시키는 법칙이란 없다. 영화감독 로베르 브레송(Robert Bresson)이 한때 말했던 것처럼, 이미지와 소리는 만나고 그리고 나서는 더 이상 떨어질 수 없는 서로를 모르는 사람들 같다. 그럼에도 불구하고 유성 영화가 공식적으로 도입된 이래로 사운드트랙은 대개 대표적인 리얼리즘적 효과의 기능으로서 구성되어 왔다. 스크린의 등장인물들 사이의 대화는 음향기술자들의 중심 일거리가 되어왔다. 그것이 바로 **토키**(talkies)다. 시옹은 이것을 영화의 **음성중심주의**(vococentrism)라고 부른다. 이것과 관계가 있는 것이 바로 시옹이 **싱크레시스**(synchresis) 현상이라고 부르는 것, 즉 청각 현상과 시각 현상 사이의 즉흥적이고도 필연적인 접합이다.[8] 스크린의 등장인물들 간에 대화를 주고받는

---

7) *Audio-Vision*, p.xvii.

8) 싱크레시스(sychresis)는 합성(synthesis)과 동시성(synchronism) 두 단어를 조합한 것이다. 시옹은 싱크레시스와 관련 있는 또 다른 용어인 자기화(magnetization)를 소개한다. 이는 이미지 공간에서 음원을 위치시키는 심리적 과정(단청으로 영화 보기에서)이며, 관람 공간에서 소리의 실재 기원 지점이 무엇인지는 관계없다(*Audio-Vision*, p.224).

것은 연극적 발화(theatrical speech)를 만들어낸다.9) 분명히 시옹이 고안해낸 이 모든 용어들은 소리를 강조한 것이지만, 또한 소리가 지니고 있다고 여겨지는 거울화 기능(mirroring function)을 강조한다.

『구멍 뚫린 막(*La toil trouée*)』에서 미셸 시옹은 유성 영화를 "소리가 있는 이미지들의 공간"으로 묘사한다.10) 그는 이러한 단순한 정의를 가지고 의도하는 것을 설명하고 있다. 첫째, 유성 영화는 소리가 있는 이미지들의 장소다. 모든 이미지들은 프레임으로 짜여 있으며 프레임 안에 포함되어 있다. 물론 이것은 고전 영화의 상황을 언급하는 것이다. 다중 스크린, 비디오, 멀티미디어 장치는 더 많은 장소를 지닐 수 있다. 이미지가 용기로 기능하고, 프레임은 그 용기의 가장자리를 나타낸다고 말할 수 있다. 반대로 소리는 이미지에 의해 수용될 수 있다. 소리는 프레임을 벗어나지만, 전통적으로 이미지에 의해 "공간에 포박되어" 왔다. 둘째, 유성 영화는 소리가 있는 이미지들의 장소다. 장소는 공간 개념과 밀접하게 연관되어 있으며, 항상 하나의 구성물이다. 우리는 다른 공간들, 몸과 공간 사이의 상이한 관계들(거리와 근접성), 몸들 사이의 차이, 하나의 몸의 상이한 공간들, 몸의 안과 바깥 사이의 차이들을 분간한다. 시옹에 의하면, 이미지들의 공간은 분명히 (인간의) 몸에 집중한다. 메리 앤 도앤(Mary Ann Doane)이 논문 「영화의 목소리(The Voice in Cinema)」에서 영화의 신체학(somatography)에 대해 이야기할 때, 다음과 같이

---

9) 시옹은 또한 텍스트적 발화(textual speech, 드러나는 이미지를 보이게 하는 힘을 가진 영화에서의 발화. 한 인물에 종종 사용되거나 한 인물에 대개 한정되지는 않는다)와 발현하는 발화(emanation speech, 말이 완전히 들리거나 이해되지 않는 영화에서 때때로 발견되는 발화의 사용. 발화는 인물의 일종의 발현하기가 되며, 중요한 행동이나 의미를 이해하는 데 필수적이지는 않다. cf. 자크 타티(Jacques Tati)의 영화에서의 "발화")를 구별한다.

10) *La toile trouée*, pp.153-153("un lieux d'images avec des sons").

확인한다. "목소리가 어느 주어진 몸 안에 정박해 있는 것처럼, 몸은 어느 주어진 공간 안에 정박해 있는 것이 틀림없다."11) 공간, 몸, 목소리 사이의 연관은 이어지는 다음 부분에서 자세하게 살펴볼 중요한 부분이다.

유성 영화의 세 번째 측면은 그것이 소리가 있는 이미지들의 장소라는 것이다. 몸은 없을지라도, 그리고 이미지가 단지 검은 스크린일지라도, 여전히 소리와 관련이 있는 이미지는 존재한다. 넷째, 유성 영화는 소리가 있는 이미지들의 장소다. 연결어 "지닌"은 소리와 이미지 간에 상이한 관계들이 가능하다는 것을 나타낸다. 소리는 이미지와 직접적으로 관계가 있을 수 있다. 예를 들어, 이미지 안의 한 등장인물과 관련 있는 목소리의 음 혹은 이미지 안에서 시각적인 원천이 있는 음악, 다시 말해 시옹이 스크린 음악이라고 부르는 것은 디제시스 음악(diegetic music)으로도 불린다. 소리는 또한 보이스 오프나 프레임 너머서 들리는 다른 소리들이기도 한다. 이러한 경우에 이미지의 장소와 공간은 소리에 의해 확장된다. 시옹은 이러한 현상을 음향 공간의 확장이라고 부른다.12) 소리와 이미지의 또 다른 관계는 이미지를 초월하는 소리, 예를 들어 내레이터의 보이스 오버와 비디제시스(nondiegetic) 혹은 배경 음악(pit music)이다. 보이스 오버는 이미지를 진술할 수도, 해설할 수도, 이미지와 상충할 수도 있다. 마르그리트 뒤라스의 「인디아 송」에서 나타나는 것처럼 몇몇 경우에 사운드트랙은 이미지와 관련하여 완벽한 자율성을 얻는다 (그럼에도 불구하고 영향을 미치는).

---

11) Mary Ann Doane, "The Voice in the Cinema—The Articulation of Body and Space", *Narrative, Apparatus, Ideology*. Ed. Philip Rosen, pp.335-348.
12) 속 빈 확장에서 음의 우주는 넓게 확장된다(*Audio-Vision*, p.222). 제5장에서 음향 공간이 시각 공간과 다를 수 있다는 점이 지적되었다(상이한 감각의 차원과 관련하여).

시각적 원천이 없는 소리는 **어쿠스매틱 음**([무근원음] acousmatic sound)이라고 불린다. 어쿠스매틱이란 학생들을 가르칠 때, 스승이 커튼 뒤에 숨어 있는 것을 나타내기 위해 피타고라스에 의해 사용되었던 그리스 용어다. 그들은 보이지 않았다. 오직 그들의 목소리만 들렸는데, 이것은 그들의 권력을 강화시켜주었다(마치 그들은 신의 목소리로 이야기하고 있는 것 같았다). 시옹은 무근원적으로만 스스로를 나타냄으로써 권력을 창출하는 영화 등장인물을 칭하는 특별한 용어, 바로 **아쿠스메트르**(acousmétre. 어쿠스매틱[acousmatic]과 뛰어난 존재[être en maître]의 조합)를 사용한다. 가장 유명한 예는 「오즈의 마법사(The Wizard of Oz)」의 마법사와 「마부제 박사의 유언(The Testament of Dr. Mabuse)」의 바움 박사 / 마부제 박사다. 뒤에서 설명하겠지만, 어쿠스매틱한 음성과 음향의 힘은 실로 엄청나다.13)

여기에서 나는 시옹의 유성 영화에 대한 정의 중 다섯 번째 견해를 제기할 필요가 있다. 바로 유성 영화는 소리가 있는 이미지들의 장소라는 정의다. 소리는 다양할 수 있으며, 시옹은 이미 언급된 음악의 범주(스크린 음악과 배경 음악과 같은) 외에도, **환경음**(ambient sound. 예를 들어 자동차, 발자국, 물 흐르는 소리), **내재음**(internal sound. 몸의 소리), **정신음**(mental sound. 생각, 문장의 일부, 멜로디), 라디오, 전화기, 텔레비전, 컴퓨터 등의 **공중 전파음**(on-the-air sound)과 같은 다른 다양한 음들도 구분하고 있다. 마지막 특별한 소리는 물론 목소리다. 말하고, 노래하고, 웅얼거리고, 속삭이고, 비명을 지르는 목소리.

---

13) 메를로퐁티는 *Phénoménologie de la perception*에서 이러한 "마법의 힘"이 하나의 감각에만 초점을 맞춤으로써 창조된다고 논증한다. "이를 테면 부드러운 산들바람 같은 현상이 나의 감각 중 하나를 일깨울 때, 그것은 나의 다른 감각들에도 말을 걸 것이다. 예를 들어, 풍경의 운동 안에서 스스로를 보여주는 강한 바람이 존재할 때 말이다. 이와 같은 식으로 아쿠스메트르는 "유령 같으며", 그러므로 그가 육화되지 않고 불가시적인 한 강력할 것이다.

□청각적 거울로서의 여성의 목소리

영화의 목소리에 관한 카자 실버만의 중요한 저서인 『청각적 거울(The Acoustic Mirror)』의 초점은 바로 음성음, 특히 여성의 목소리다.14) 이 책에서 실버만은 영화의 목소리에 관해 정신분석학적으로 해석한다. 태어나기 전에는 소리가 중요하지만 태어난 후에는 그 지배권을 빼앗긴다는 월터 무크의 인용은 정신분석학적 해석을 떠올리게 한다. 그것은 바로 어머니의 목소리다. 어머니의 목소리는 아이가 태어난 직후, 아버지의 법과 질서의 말씀에 의해 침묵하게 된다. 실버만 그리고 그녀와 함께 하는 다른 많은 페미니스트들은, 고전 영화는 "관객에게서 상징적인 거세에 대한 트라우마를 일으킬 수 있는 잠재력을 지니고 있으며, 그러한 트라우마에 대한 불완전한 방어로서 성차를 적소에 배치한다"고 주장한다.15) 실버만은 방어란 여성을 위한 것이 아니라 오직 남성 관객만을 위한 것이기 때문에 불완전하다고 말한다. 로라 멀비와 다른 페미니즘 이론가들은 이러한 트라우마가 관음증적인 사디즘이나 절시증적인 페티시즘에 의해 어떻게 시각적으로 극복될 수 있는지 논증했다. 『청각적 거울』에서 실버만은 시옹을 언급하면서, 목소리와 관련지어 몸은 종종 성차의 감옥으로 기능한다고 주장한다. 그녀는 겉보기에 "중립적인" 기술에도 불구하고 시옹의 저서는 거세 욕구에 큰 영감을 받고 있으며, 목소리에 관한 한은 특히 그러하다고 논증한다. 시옹은 음성의 구현을 스트립쇼와 비교한다.

여성의 성이 살을 드러낸 옷차림의 최종점(페니스의 부재를 더 이

---

14) Kaja Silverman, *The Acoustic Mirror : The Female Voice in Psychoanalysis and Cinema* (Bloomington and Indianapolis : Indiana University Press, 1988).
15) *The Acoustic Mirror*, p.1.

상 거부하는 것이 불가능한 후의 지점)이라는 주장과 매우 똑같은 방식으로 음성의 구현에는 최종점이 있다. 그리고 그것은 음성 논쟁에서 나온 것으로 입이다. … 얼굴과 입이 드러나지 않는 한, 관객의 눈은 입과 목소리의 부합성을 "증명"하지 않았다. … 음성적 구현은 불완전하고, 목소리는 난공불락의 아우라, 마법의 힘의 아우라를 유지한다.16)

이러한 난공불락과 마법의 힘은 물론 시옹의 아쿠스메트르 음성에 비길 만하다. 실버만이 설명하는 것처럼, 그러한 음성은 여성에게는 거의 주어지지 않는다. 고전 영화에서 모든 것을 다 알고 있는 보이스오버는 대개 남성 인물에게 할당되어 있다. 여성 보이스오버가 있다면, 그것은 그녀가 보이스오버로 이야기하는 동안 구체적으로 구현되어 있는 음성이며, 우리가 이미지로 볼 수 있는 여배우의 목소리다.17) 실버만은 시옹의 논의를 따라가면서, 영화에서 이탈된 유일한 여성의 목소리는 「사이코」의 "어머니"(베이츠 부인)의 목소리와 같이 위협하는 목소리일 뿐이라고 주장한다. 그렇다면 어쿠스매틱한 음성의 힘은 전지전능한 어머니의 목소리와 관련이 있다. 다시 한 번 시옹은 거세 공포에 사로잡힌다. 그는 끔찍하게 얽혀 있는 탯줄처럼 아이 주위에 얽혀 있는 어머니의 목소리를 향한 그의 공포를 표현한다. 어머니의 목소리는 아버지의 **말씀**과는 부정적인 방식으로 대립된다. 그리고 고전 영화에서 이러한 싸움에서 이기는 자는 대부분 담화적, 의미화 작용적 권력을 지닌 아버지의 말씀이다.

시옹의 연구 중 실버만을 공격하는 마지막 요점은 영화가 "여성의 목소리에서 울려나오는 외침을 전달하기 위해 만들어진 기

---

16) Chion in Silverman, *The Acoustic Mirror*, p.50.
17) Leslie C. Dunn and Nancy A. Jones, eds., *Embodied Voices —Representing Female Vocality in Western Culture* (Cambridge : Cambridge University Press, 1994).

계"라는 그의 진술이다. 실버만은 여성에게서 요구되는 것은 본능적인 소리, 즉 비명, 외침 또는 아마도 (비담화적인) 멜로디일 것이라고 결론을 짓는다. 「킹콩(King Kong)」의 페이 레이(Fay Wray)의 비명에서부터 「필사의 추적(Blow Out)」의 "완벽한" 비명에 이르기까지 영화는 정말이지 엄청나게 다양한 여성의 비명들을 양산해냈다. 남성의 비명은 고전 할리우드 영화뿐 아니라 최근의 호러 영화에서도 찾아보기 힘들다. 특히 호러 영화에는 우리가 봐왔던 것처럼 트랜스젠더적인 특성이 많은데도 그렇다. 여성의 목소리는, 담화의 (이탈된) 권력이 언어의 형태로 모습을 갖추는 지점과는 멀리 떨어져 있는 디제시스적인 세계 안에서 구현된다. 정신분석학적인 마음／몸의 분리에서, 구현된 음성은 상징적 의미가 없는 순수 음만을 내뱉는다. 실버만이 시옹을 인용하고 있는 것처럼, 여성의 목소리는 "생각의 내부에서 생각할 수 없는 지점, 발화의 내부에서 표현할 수 없는 지점, 재현의 내부에서 재현할 수 없는 지점을 차지해야만 한다."[18]

실버만은 또한 영화에서 소리 사용의 전형으로 볼 수 있는, 프랜시스 포드 코폴라(Francis Ford Coppola)의 영화 「도청(The Conversation)」(1974)에 대해 논의한다(「피핑 톰」이 영화적 장치의 시각적 측면의 전형이 되는 것처럼). 영화의 주인공 해리 콜은 감시전문가로, 어느 날 어떤 사건에 너무나 깊이 개입하게 됨으로써 큰 실수를 저지르고, 그 결과 해리는 모략과 살인의 올가미 안에 갇히게 된다. 해리는 자신의 직업에 대해 역설적인 태도를 지니고 있다. 한편으로 그는 도청 전문가로서 대화를 훔치는 일에 매우 능숙하다. 영화의 오프닝 장면은 샌프란시스코의 붐비는 유니온 스퀘어를 보여준다. 이 장면은 확실히 영화적 관음증과 관련이 있다. 젊은 여자와 그녀의 애인으로 보이는 남자

---

18) *The Acoustic Mirror*, p.78.

가 지붕에 있는 누군가에 의해 사진으로 찍히고 있다. 그러나 이 장면에서는 사운드트랙, 즉 해리와 그의 동료에 의해 녹음되고 있는 두 연인 사이에 오가는 사적인 대화가 강조된다. 반면, 해리는 그 자신이 감시당하고 있다는 편집증에 완전히 사로잡혀 있다. 그는 누구라도 그의 아파트에 들어오는 것을 원치 않는다. 그리고 그는 비밀리에 그를 도청하고 있다는 동료의 농담을 받아들이지 못한다. 영화 후반부에 가서 그는 도청 장비를 찾기 위해 그의 아파트를 파괴해버린다.

실버만은 또한 해리 콜이 음향과 음성에 대해 지니고 있는 모순된 태도를 살펴본다. 한편, 그는 다른 사람들이 내는 소리들을 완전히 통제하고자 하는 욕망에 사로잡혀 있다. 반면, "그는 강하게 그리고 비이성적으로 여자의 목소리에 끌린다. 이 목소리가 소리의 이불 속에 접혀져 있기를 바라는 욕망을 그의 내면에서 불러일으키기 때문이다"라고 실버만은 주장한다.[19] 실버만은 해리가 연인들의 대화에 집착하는 것과 어머니의 목소리(여기서 목소리는 탯줄 약호로 기능한다)를 향한 욕망이 어떤 식으로 관련을 맺는지 자신 있게 설명하는데, 어머니의 목소리는 영화가 진행되면서 해리의 남성 담화적, 상징적 통제의 위치보다 더욱 강해진다. 그는 "전 상징계적(presymbolic) 완전함이라는, 다시금 순수 공명의 세계 안으로 들어가길 욕망하는 '자궁의 밤', 그리고 소리(그리고 소리의 외재성)를 통제함으로써 자궁의 밤을 복원하고자 하는 욕망을 갖는다. 어느 주어진 순간에 어떠한 정의가 사용되는가에 따라, 여성의 목소리는 어떠한 대상(해리가 형체를 부여하고자 하는, 그 자신이 사랑하는 일부의)의 지위혹은 아브젝트(더럽히는 것의, 그리고 결과적으로 내던져져야 하는 것의)의 지위를 지니게 된다."[20]

---

19) *The Acoustic Mirror*, p.87.
20) *The Acoustic Mirror*, p.95.

실버만은 어머니/아이 쌍을 기억나게 하는 대화의 순간들을 지적함으로써 자신의 주장을 정당화한다. 여자가 벤치에서 잠들어 있는 술주정뱅이를 보았을 때, 그녀는 이와 같은 사람을 볼 때면 예전에는 그가 누군가의 어린아이였을 거라는 생각을 항상 하게 된다고 말한다. 그녀의 모성애는 그녀가 부르는 동요에서도 드러난다. "빨간 빨간 울새가 까딱 까딱 까딱하며 올 때(When the red, red robin comes bob, bob, bobbin' along)"(분명히 여성의 목소리와 관련 있는 오이디푸스 이전의 비상징계적 언어다). 해리는 이 구절을 반복해서 들은 후, 처음에 다른 소리에 의해 묻혀 있던 말을 듣게 된다. 남자가 내뱉은 말은 "기회가 닿으면 그는 우리를 죽일 거야"였다. 우리가 이 문장을 들을 때마다 그것의 의미는 바뀐다. 처음에 우리는 "기회가 닿으면 그는 우리를 죽일 거야"라고 해리가 말하는 것을 듣는다. 그러나 영화가 끝날 때쯤 그 연인들이 아니라 여자의 남편이 죽게 되었을 때, 강조는 "기회가 닿으면 그는 우리를 죽일 거야"로 옮겨진다. 여자의 목소리에 의해 가려진 이 말은 여성의 원리인 "세계의 밤" 안에 감춰진 채 들리지 않는다. 그것은 죽음과의 직면이다. 이와 같이 볼 때 「도청」은 어머니가 사랑을 받으면서도 비천한 대상으로 존재하는 (해리는 여자의 살해를 막고 싶어할 뿐 아니라 그녀의 비명을 듣기도 원한다), 그러나 아버지가 죽음을 당하는 오이디푸스 이야기다. 여성의 목소리는 불가능한 욕망의 대상이며, 동시에 담화적으로 통제를 받아야 할 필요가 있는 대상이다. 이런 식으로 볼 때 「도청」은 모든 고전 할리우드 영화 속에서 여성의 목소리가 어떤 위치에 있는지를 전형적으로 보여주는 사례다.

실버만은 대부분의 고전 할리우드 영화에서 이러한 정신분석학적 트라우마가 여성의 구현된 위치, 그리고 담화적으로 무력한 위치와 어떻게 연결되는지 논증한다. 여성의 목소리는 남성 불안의 청각적 거울이 된다. 정신분석학적 해석에서도 그러므로 소리, 특히 여성의 목소리는 이미지를 위한 청각적 거울로 간주된다. 비명, 외침, 순수음과 같은 비담화적인, 육체적이고 구현된소리들은 부정적이지만 동시에 매혹적이다. 따라서 디바의 완벽한 비명과 완벽한 목소리는 불가능한 욕망의 대상, 곧 대상 소문자 a(objet petit a)이자 희열의 불가능한 기표다.

□목소리의 환영적 힘

지젝 또한 목소리, 특히 여성의 비명은 불가능한 욕망의 대상이라고 주장한다. 지젝은 이러한 대상 소문자 a를 실재계의 흔적으로 본다. 이를테면, 그는 데이비드 린치(David Lynch)의 영화에서 그러한 흔적으로 존재하고 있는 목소리에 대해 설명한다.목소리는 피부 표면을 뚫고 생살을 직접 찢는다(생살은 정신분석학에서는 비천한 여성성과 실재계의 지위를 지닌다). 음향으로서의 목소리는 오직 대타자(상징계적 질서)의 도움을 받아야만 이해 가능한 언어로 "고쳐질" 수 있다. 지젝은 다음과 같이언급한다.

「트윈픽스(Twin Peaks)」에서 빨간 오두막에 사는 난쟁이는 이해할 수 없고 왜곡된 영어를 말하는데, 그의 말은 여기서 확성기의 역할,즉 대타자의 매개 역할을 가정하는 자막의 도움을 통해서만 이해 가능하다. 이러한 지연, 즉 우리가 발언한 비분절적인 소리가 외재적이고 기계적이며 상징계적인 질서의 개입을 통해서만 말이 되는 과정은보통 숨겨진다. 그러한 지연은 표면과 그 너머의 관계가 교란될 때만드러난다. 그러므로 여기서 우리가 얻는 것은 목소리가 환영적인 자기 투명성과 자기 현전의 매개로서 기능한다는 데리다 식의 논리중심주의 비판의 감추어진 전도다. 대신, 우리는 목소리의 노골적이고 잔인하며 초자아 중심적인, 이해할 수 없고 관통할 수 없으며 외상적인차원을 갖는데, 그 목소리는 우리 삶의 균형을 교란시키는 일종의 이

물질로서 기능한다.21)

(이해할 수 있는 언어를 말하지 않는) 그러한 목소리는 실재계의 트라우마와 관련지어볼 수 있다.

지젝은 「'나는 눈으로 당신을 듣고 있다', 혹은 보이지 않는 주인('I Hear You with My Eyes', or The Invisible Master)」에서 어떤 식으로 응시와 목소리가 우리에게 실재계의 초자연적인 인상을 줄 수 있는 두 개의 대상 소문자 a가 되는지 설명한다.22) 하지만 그는 "눈으로 듣는 것"은 "귀로 보는 것"과 같지 않다고 경고한다. 응시는 목소리보다 훨씬 더 원통하다. 목소리와 응시는 삶과 죽음처럼 서로 관련이 있다. 지젝은 목소리는 생명을 주고 반면에 시선은 괴사케 한다고 말한다. 그는 궁극적으로 실재계와의 마주침을 표현한, 뭉크(Munch)의 "조용한 비명"을 예로 든다. 목소리조차 실패하게 될 때 죽음은 바로 가까이에 있다. 지젝이 지적하는 것처럼, "시각적 재현, 시각 영역 안의 맹점을 뛰어넘어 동요하는 삶의 본질을 듣기 위해 귀로 보는 것보다 훨씬 더 공포에 질리게 하는 것은 눈으로 듣는 것이다. 말하자면, 눈으로 듣는 것이란 카라바지오(Caravaggio)의 「메두사의 초상(Testa di Medusa)」처럼, 삶의 정지 상태를 나타내는 절대적인 침묵을 보는 것이다. 당연히 '목에 걸려 있는 것'은 메두사의 비명이 아닐까?23)

지젝에 의하면, 그럼에도 불구하고 목소리는 여전히 초자연적이다. 목소리는 확립된 질서를 위협할 수 있기 때문이다. 그러한

---

21) *Metastases of Enjoyment*, p.117(슬라보예 지젝 지음, 이만우 옮김, 『향락의 전이』, 2001, 인간사랑, p.228).

22) Slavoj Žižek, "'I Hear You with My Eyes', or The Invisible Master", *Gaze and Voice as Love Object*. Eds. Slavoj Žižek and Renata Salect (Durham and London : Duke University Press, 1996) pp.91-126.

23) "I Hear You with My Eyes", p.94.

이유로 목소리는 통제받아야 하며, 의미 있는 언어의 이성적인 말씀에 복종해야 한다. 여기에서 지젝은 여성의 목소리에 **희열**의 개념을 적용하고 있다는 점에서 실버먼과 의견을 같이 하고 있다. 목소리에 관해 이야기하면서 지젝은 다음과 같이 주장한다. "여기서 도사리고 있을 위험을 나타내기 위해 라캉은 신조어인 희열을 만들어냈는데, 그것은 노래하는 목소리가 의미에 정박하는 것으로부터 도망쳐서 자기-즐거움을 소비하도록 촉진하는 순간인 의미에서의 즐거움이다. 그러므로 문제는 항상 동일하다. 우리는 목소리가, 믿을 만한 남성적 말씀을 '나약하게 하는' 자기-즐거움을 소비하는 순간으로 미끄러져가는 것을 어떻게 막을 수 있을까?"[24]

지젝은 목소리, 희열(jouissance) / 즐거움-감각(jouis-sense)에 관한 이러한 모든 생각들을 **환영적 구조**라고 분명하게 이야기한다. 우리는 모두 존재하지도 않는 거세 불안에 의해, (우리가 갖지 못한 것을 가지고 있는, 그래서 파멸되어야만 하는) 타자에 관한 끔찍한 생각들에 의해 쫓기고 있다. 지젝은 이것을 "공적 명령('나는 나의 공적 타이틀 때문이 아니라 내가 지닌 타이틀 저변의, 하나의 개인으로서 나의 실제 존재로 인하여 사랑받기를 원한다') 너머에 실재계의 중심부를 향한 환영적 추구"라고 부르고, "반면에 여성은 **상징계적 명령 저변에는 아무것도, 아무런 숨겨진 보물도 없다**는 사실을 훨씬 더 잘 깨닫고 있다"고 설명한다.[25] 지젝에 의하면, 여성은 잠재적으로 우리 존재의 환영적 구조에 덜 종속된다. 그럼에도 불구하고 그가 반복해서 주

---

24) 목소리가 위반과 해방을 의미하는 반면, 말씀은 훈육과 권능을 의미한다는 점만을 수반하지는 않는다는 것에 주목해야 한다. 지젝이 논증하듯이, 미국 해병대는 권능과 권위의 복무에 미혹시키고, 터무니없는 "행진가"를 활용한다("I Hear You with My Eyes", p.104). 비록 목소리가 "여성적"이라는 꼬리표를 달지만, "남성적" 권능의 복무에도 역시 활용될 수 있다.

25) "I Hear You with My Eyes", p.112.

장하고 있듯이, 남성적 세계의 "나약하게 되기"는 종종 여성 그리고 여성의 목소리를 무력한 자리에 위치시킨다. 환상의 힘이 훨씬 더 크기 때문이다.

라캉/지젝이 제안하는 유일한 해결책은 "그 효능을 중지시키기 위해, … 즐거움을 조직하는 환영적 프레임을 향한 최소한의 거리를 획득하기 위해" 환영(환영의 가로지르기[la traversée du fantasme])을 통과하는 것이다.26) 이것은 단지 정신분석학적 치료와 결론을 위해서만 중요한 것이 아니다. 지젝은 새로운 인종차별로 인한 긴장과 전 세계적으로 반유대주의가 만연해 있는 현 시대에, 환영의 가로지르기는 아마도 가장 주요한 **정치적** 문제일 것이라고 주장한다. 우리는 우리가 걸려 있는 환영적 마법에서 깨어나야 하고, 이는 환영적 프레임으로부터 희열을 벗겨내는 것을 의미한다. 나는 환영의 가로지르기의 중요성에서 라캉과 지젝에게 전적으로 동의한다. 하지만 라캉도 지젝도 우리가 환영을 경험한 후에 어떤 일이 일어날지에 대해서는 말하지 않는다. 우리는 다르게 사유하는 것을 배워야 할 것이며, 다르게 사유하기 위한 가능성들 중 하나가 바로 들뢰즈·구아타리에 의해 제안되고 있다. 이제 음향, 음악, 음성에 대해 그들이 말하고 있는 것을 살펴보자.

리듬, 후렴, (탈)영토화

이제까지 영화의 소리는 재현적인 방식이나 정신분석학적인 방식으로 이해되어 왔다. 미셸 시옹은 청각적 현상을 설명할 수 있는 유용한 도구들을 제안해왔다. 그러나 음성과 결부되면 정

---

26) "I Hear You with My Eyes", p.117.

신분석학이 모든 해석적인 권한을 부여받게 된다. 사이먼 프리스는 대중 음악에 관한 책 『공연 제의(*Performing Rites*)』에서 영화 음악의 기능에 관해 이야기하고 있다. 시옹을 언급하면서, 그 또한 소리는 이미지에 수반되며 일종의 청각적 거울로서 그 이미지에 크게 의존하고 있다고 주장한다. 하지만 그는 또한 음악의 내재적 역량과 힘을 강조한다. 음악은 이미지를 불러일으키며 어떤 장면에 의미를 부여한다. 프리스는 무성 이미지를 보여주는 실험을 예로 든다. 이것은 한 여자가 계단을 걸어내려 가고 있는 이미지로, 내러티브나 극적인 설명이 없는 매우 중립적인 이미지다. 똑같은 이미지에 음악을 넣어보게 된다면, 그 이미지는 음악의 특성에 따라 다른 의미를 띠게 된다. "서스펜스" 음악과 함께라면 우리는 어떤 일이 일어날 징조라는 것(계단 아래에 있는 살인자)을 알게 된다. 멜로드라마적인 음악은 이미 어떤 일이 일어났다는 것(어머니가 죽었다, 연인이 더 이상 계단 아래에서 기다리고 있지 않다)을 말해준다. 프리스는 또한 영화 음악의 기능을 크게 다섯 가지로 구분한다. "분위기 조성하기, 등장인물의 심리 상태 암시하기, 배경을 채워주기, 연속성 쌓기, 긴장을 유지하면서 종결감이 들도록 마무리 짓기."[27] 음악이 분위기를 조성할 수 있다는 사실은 무드 음악(mood music) 현상을 일으켰다.

프리스에 의하면, 이러한 "분위기들"은 음악의 내적 특성이지만, ("물질"과 "정신"의 특성이 함께하는) 정서적, 문화적, 극적 약호들에 의해 학습되고 기표화된다.[28] 동일한 정신으로, 프리

---

27) Simon Frith, *Performing Rites — On the Value of Popular Music* (Oxford and New York : Oxford University Press, 1996) p.115. 여기서 프리스는 애런 코플랜드(Aaron Copeland)를 인용하고 있다.

28) Joseph Lanza, *Elevator Music : A Surreal History of Muzak, Easy Listening, and Other Moodsongs* (New York : Picador, 1994)도 보라. "Elevator Noir"란 제목의 장에서 그는 "예를 들어, 버나드 허만(Bernard Herrmann)의 「사이코」 사운드트랙은 베이츠 모텔로 거처를 돌리기에 충분하다"고 주장한다. (이러한

스는 예를 들어 "생각 없는, 육감적이고 섹시한" 팝음악과 아방가르드 및 고전 음악과 같은 "진지한 지적인 뇌"의 음악 사이, 그리고 몸을 이용하는 리드미컬한 "원시" 음악과 조화로운 서양의 정신의 음악 사이의 분리를 이끌어왔던, 음악에서 몸 / 마음을 분리하는 사유에 대해 반대한다. 프리스는 음악에 대한 이러한 현행의 관념을 인종차별주의라고 부르면서 대항한다. 그는 다음과 같이 지적한다.

음악적 리듬은 육체적 질료만큼이나 정신적이다. 음을 연주할 때를 결정하는 것은 무슨 음을 연주할지 결정하는 것만큼이나 사유의 문제다(그리고 실제로 이러한 결정들은 어쨌든 분리할 수 없는 문제다). 따라서 우리가 아프리카 음악과 유럽 음악의 차이를 분석할 때, 몸과 마음의 구별로 시작할 수는 없다. 이제 중요한 음악적 의미의 측면이란 이데올로기적인 것이지 음악학적인 것이 아니다.[29]

프리스에 의하면, (리드미컬한 팝음악을 종종 연상시키는) 음악을 느끼는 것은 정신적 경험인 만큼 육체적인 경험이기도 하다. 그는 희열과 관련지어 (팝)음악을 설명하는 것을 강력히 반대하고 있다. 그의 주장은 대중음악이 섹슈얼리티와 관계가 있다면, 오히려 이것은 다음의 것과 관련이 있다는 것이다.

음성에서(기악적 음성에서) 몸의 (유동적인) 약호화와, 비트에서 몸의 (훈육된) 약호화 사이의 긴장. 그리고 전자 기계와 결합된 소울 디바의 고전 디스코(그리고 레이브) 사운드. 결국 음악은 "섹시"하다. 그것은 우리를 움직이게 만들기 때문이 아니라 (그러한 움직임을 통

분위기 효과를 매우 잘 의식하고 있는 히치콕은 1960년대에 발매된 앨범 *Music to be Murdered By*를 가지고 있었다.) Claudia Gorbman, *Unheard Melodies* (Bloomington and London : Indiana University Press and BFI, 1987)도 보라.
29) *Performing Rites*, p.132.

해) 우리를 느끼게 만들기 때문이다. (섹스처럼) 강렬한 현재를 느끼게 하기 때문이다. 짧은 리듬은 몸의 경험에 대한 것뿐 아니라 시간의 경험에 대한 것(두 가지가 분리될 수 없다)이라는 점에서 "성적"이다.30)

시간의 경험과 결합된 리듬과 몸의 문제는 들뢰즈·구아타리의 되기의 개념으로 되돌아가도록 한다. 제5장에서, 감각을 통한 리듬에 관한 들뢰즈의 주장을 살펴보았다. 들뢰즈에 의하면, 리듬(분자적 층위에서의 진동, 운동)은 회화에서는 시각적 차원에서 표현되며, 영화에서는 감정-이미지로 표현된다. 청각의 층위에서 리듬은 물론 음악으로 표현된다.31) 『천 개의 고원』에서 들뢰즈·구아타리는 음향, 음악, 음성에 대해 포괄적으로 서술하

---

30) *Performing Rites*, p.144.

31) 릭 앨트먼(Rick Altman)은 *Sound Theory, Sound Practice* 서문에서 또 다른 영화 모델을 제안한다. 영화를 텍스트로 간주하는 대신에(이는 각 영화가 자기 충족적이고 자기 중심적이며, 이미지를 둘러싸고 구조화된 것으로 보이도록 한다), 그는 영화를 이벤트로 보아야 한다고 제안한다. 앨트먼은 음향 이론을 위한 공간을 만들 것을 제안하는데, 이는 음향 이론이 이미지에 포함될 수 있다는 사고가 점점 줄어들고 있는 것과 관련이 있다. "텍스트로서의 영화라는 개념에 대립하여, 나는 **이벤트로서의 영화**를 착상하는 것이 필요하다는 것을 깨달았다. 거시 이벤트로 본다면, 영화는 여전히 개별 영화 중심으로 보이지만, 이는 한편 새로운 기하학의 유형에 따르는 것이다. 도넛 모양의 우주선 같은 중력 없는 세상에서 유영하면서 영화 이벤트는 내부나 바깥 사이, 꼭대기와 바다 사이에 깔끔하거나 안정적인 분리가 없다. 영화라는 이벤트는 하나의 특정 체계의 측면에 특권을 주는 것으로 취급될 수 없다. 대신 영화 이벤트는 끊임없는 교환으로 구성되며, 어떤 특정 지점에서 시작하거나 끝나지 않는다." 이벤트로서의 영화를 제안함으로써 앨트먼은 음향뿐 아니라 제작과 수용 환경까지 포함한다. 여기에서 소리는 중요한 측면이 된다. 그는 영화 음향의 이질적이고 질료적인 측면을 강조하며, 정신분석학적인 방식으로 소리를 해석하지 않으려 하고, 이를 존재론적 허위로 간주한다. 이벤트로서의 영화라는 아이디어와, 이벤트에 대한 주장을 들뢰즈 역시 개념화하고 있다. 오늘날 우리가 소리에 집중한다면, 소리가 이벤트를 창조할 수 있다는 것, 곧 음악-되기의 이벤트를 주장할 수 있다. Rick Altman, ed., *Sound Theory, Sound Practice* (New York and London : Routledge, 1992) pp.3-4를 보라.

고 있다. 열 번째 고원인 "강렬하게-되기, 동물-되기, 지각 불가능하게-되기"는 음악-되기로 끝을 맺는다. 다음 고원은 "후렴에 대하여"다. 영화 사운드트랙으로 돌아가기 전에, 들뢰즈·구아타리의 입장을 분명하게 하기 위해 몇 가지 음악-되기 및 후렴의 양상들을 제시하고자 한다.

우선 그들은 음악적 표현이 항상 내용을 구성하는 여성-되기, 아이-되기, 동물-되기를 포함한다고 주장한다. 그들은 후렴이 적합한 음악의 내용이라고 말한다.

한 아이가 어둠 속에서 두려움을 떨쳐버리려고 하거나, 손뼉을 치거나, 걸음걸이를 고안해내고 그것을 보도 위의 선에 맞춰보거나, "포르트 다(Fort-Da)" 하고 단조롭게 읊기도 한다(정신분석가들이 포르트 다에서 음운 대립이나 언어-무의식에 대한 상징적 성분을 찾으려고 한다면 그들은 포르트 다에 대해 완전히 잘못 말하는 것이다. 포르트 다는 후렴이기 때문이다). 트랄 랄 라. 한 여자가 흥얼거린다. "낮은 목소리로 달콤하게 한 곡 흥얼거리는 걸 들었어." 새 한 마리가 자신의 후렴을 내지른다. 새의 노래가 자느캥에서 메시앙에 이르기까지 온갖 음악을 천 가지 방식으로 가로지른다. 푸르르르, 푸르르르. 유년기의 블록과 여성성의 블록이 음악을 가로지른다. 모든 소수자들이 음악을 가로지른다. 하지만 그 음악은 막대한 역량을 조성한다. 아이들의 후렴, 여자들의 후렴, 종족들의 후렴, 영토들의 후렴, 사랑의 후렴, 파괴의 후렴. 즉, 리듬의 탄생인 것이다. … 불안, 공포, 기쁨, 사랑, 일, 산보, 영토 등 모든 것이 후렴의 모티프일 수 있지만 후렴 그것은 음악의 내용인 것이다.[32]

들뢰즈·구아타리가 정신분석학적 방식으로 목소리를 고려하지 않았다는 것은 놀랍지 않다. 그들에 의하면, 목소리(혹은 음향과 음악 일반)는 단순히 탄생 이전의 자궁의 공간으로 되돌아

---

32) *Thousand Plateaus*, pp.299-300 / 567-568.

가지는 않는다. 어쨌든 소리는 거세 욕망, 희열, 실재계와의 마주침과는 아무런 관계가 없다. 그들은 모든 종류의 분자적 되기를 낳기 위해 잠재적 힘 안에서 소리를 고려한다. 게다가 중요한 음악의 측면은 영토를 창출해내는 힘이며, 그 위에 탈영토화하는 힘이다. 앞서 몇몇 배치 분석에서 나타난 것처럼, 영토화와 탈영토화는 도주선과 관련 있는 개념들이다. 탈영토화는 영토를 떠나는 운동이다. 들뢰즈·구아타리는 (재영토화와 관련지을 수 있는) 몇 가지 탈영토화의 유형들을 구분하고 있는데, 여기에서 그것을 자세하게 언급하지는 않을 것이다.[33] 중요한 것은 소리가 시각보다 훨씬 더 강한 (탈)영토화의 능력을 지니고 있다는 것을 아는 것이다. 들뢰즈·구아타리가 간결하게 언급한 것처럼, "깃발은 트럼펫 없이는 아무것도 할 수 없다." 음향은 점점 더 세련돼진다. 음향은 기계적 방식으로 쉽게 다른 요소들과 융합하고 연결되는 경향이 있다. "음향은 우리를 침입하고 강요하고 캐내고 관통한다. 음향은 우리를 우주로 향해 열리게 하기 위해서 뿐 아니라 블랙홀로 우리가 떨어지도록 하기 위해 지상에서 벗어난다. 음향은 우리로 하여금 죽기를 원하게 한다. 음향의 탈영토화의 힘이 가장 강하기 때문에 그것은 제일 거대한 재영토화, 가장 마비시키는, 가장 풍부한 재영토화에 영향을 준다. 황홀경과 최면 상태."[34]

분명히 들뢰즈·구아타리는 음을 중요하게 생각한다. 비록 모든 종류의 되기가 서로 평행하게 존재할 수 있다(그것은 목적론적인 진화의 문제는 아니다)는 점이 지적되어야 할지라도, 음악-되기는 지각 불가능하게-되기 전의 마지막 단계일 것이다. 후렴, 음향, 목소리, 음악은 영토화의 힘, 탈영토화의 힘과 관련이 있다. 탈영토화의 힘은 음악과 소리가 거대한 도주선이 되도록

---

33) *Thousand Plateaus*, pp.508-510을 보라.
34) *Thousand Plateaus*, p.348.

한다. 그러나 동등하게 큰 영토화의 힘 또한 소리가 쉽게 파시즘적이게 한다. 들뢰즈·구아타리는 도주의 힘이 커질수록 (자기)파괴의 블랙홀의 위험은 더욱 내재화된다고 한 번 더 강조했다. 『오디오-비전』 서문에서 월터 무크는 소리의 잠재적 위험에 대해 비슷한 지적을 한다. "1920년대와 1930년대에 위대한 독재자들이 등장하게 된 데에는 물론 많은 더 중요한 이유가 있었다. 그리고 무성 영화가 때때로 깃발 주위에 민중을 동원하기 위해 사용되었다는 것도 사실이다. 그러나 그럼에도 불구하고 권력을 향한 히틀러의 상승세가 토키 영화의 성공적인 발전과 함께 이루어졌다는 것을 회상하면 간담이 서늘해진다."35) 물론 소리의 힘은 라디오를 통해 흘러나오는 히틀러의 목소리의 힘을 생각해보면 훨씬 더 명백해진다. 시옹의 아쿠스메트르 개념은 이제 음향의 영토화의 힘과 관련지어 설명될 수 있다. 1920년대와 1930년대에 정치적 대중은 라디오 주위에서, 그들에게 엄격한 정체성 정치학을 부르짖으며 완전히 동일한 정체성을 위해 이질적인 모든 것(유대인, 동성애자, 다른 모든 소수자들)을 배척하라고 선동하는, 육체에서 이탈된 독재자들의 목소리가 지닌 최면의 힘을 통해 탄생되었다.

히틀러 시대 독일에서는, 라디오를 통해 흘러나오는 육체에서 이탈된 목소리뿐 아니라 음악 또한 매우 통제받고 규제 당했으며 억압되었다. 키이스 니거스(Keith Negus)가 『대중 음악 이론(Popular Music in Theory)』에서 설명하는 것처럼, 제국문화원(Reich Culture Chamber)은 모든 문화적 표현, 특히 음악을 정리하고 선별했다.36) 이곳에서는 외국의 영향에 의해 "위험에 처한" 것으로 보이던 독일 음악 문화의 보존에 대한 큰 관심이 있

---

35) *Audio-Vision*, p.xi.
36) Keith Negus, *Popular Music in Theory : An Introduction* (Cambridge and Oxford : Polity Press and Blackwell, 1996) pp.190-224.

었다. 특히 미국 재즈는 "타락한" 음악으로 여겨졌다. 재즈는 유대인이나 검둥이 음악으로 여겨졌으며, 배척받아야 할 것이었다. 라캉/지젝 식 관점에서 보면, 여기서 환영적 정체성 구성이 작동 중이고, 이는 이데올로기적, 정치적 함의를 담고 있다고 말할 수 있다. 들뢰즈·구아타리는 음악에 외국의 영향이 들어올 것을 두려워하는 것은 잠재적인 음악의 탈영토화의 힘을 보여준다고 한 번 더 주장한다.[37]

영토화의 힘, 탈영토화의 힘은 함께 움직이며 서로를 필요로 한다. 들뢰즈·구아타리에 의하면 후렴은 영토적이며, 세계의 카오스 속에 "안전한 안식처"를 창조하는 기능을 한다. 그들은 후렴을 세 가지 측면으로 분류하고 있는데, 이 후렴들은 다양한 방식으로 번갈아 일어난다. 우선 그들은 안정된 중심, 거대한 카오스의 블랙홀 안의 부서지기 쉬운 지점을 창조하는 방식으로서의 후렴을 구별한다. 어두움 속에 홀로 있는 아이가 나지막이 자장가를 부르면서 마음을 달려보려 하는 것. 또는 사랑하는 사람의 섹슈얼리티를 영토화하는 연인의 후렴. 영화에 대해서 보자

---

37) 『시간-이미지』에서 들뢰즈는 레니 리펜슈탈(Leni Riefenstahl)의 영화인 운동-이미지의 최종 결과(히치콕의 영화에서처럼 이전(transition)의 순간이 아닌)에 대해 이야기한다. "대중, 국가 방침, 정치는 '예술'이 된다. 시네아스트로서의 히틀러, 그리고 사실 마지막 순간까지 나치즘은 자신이 할리우드와 경쟁 관계에 있다고 생각했던 것이다. 운동-이미지와 주체로서의 대중 예술의 혁명적인 결합은 심리적 자동 기계로서의 종속적인 대중, 그리고 거대한 정신적 자동 기계로서의 수장에게 자리를 내주고는 파기되었다. 바로 이와 같은 이유로 지버베르크는 다음과 같이 말하고 있는 것이다. 운동-이미지의 귀결은 레니 리펜슈탈이다. 그리고 만약 히틀러에 대한 재판이 영화에 의해 이루어진다면 그것은 히틀러를 향해 히틀러의 무기를 돌려 겨누면서 그를 영화적으로 '무찌르기' 위하여 영화 내부에서, 시네아스트 히틀러에게 대항해 이루어져야 할 것이다"(p.264/518- 519). 따라서 여기서 우리는 시간-이미지의 출현에 대한, 이미지에서의 변화에 대한, 순수 정보와 통치 사회의 "명령"에 도전할 필요성에 대한 또 다른 이유(또 다시 제2차 세계대전의 트라우마와 연관된)를 보게 된다.

면, 영화 음악이 단지 이미지에 대한 해설이나 반영이 아니라 어둠 속에서 아이가 휘파람 소리를 내는 것과 똑같은 방식으로 관객을 차분하게 하는 기능을 지닌다고 말할 수 있다. 『영화를 위한 작곡(Composing for the Films)』에서 테오도르 아도르노(Theodor Adorno)와 한스 아이슬러(Hans Eisler)는 이미 초기 영화에서 사용되는 음악이 이러한 기능을 한다는 것을 이해하고 있었다.[38] 따라서 후렴의 첫 번째 측면은 영화 음향의 이러한 진정시키는 기능과 관련이 있을 수 있다.

들뢰즈·구아타리는 계속해서 나머지 측면들을 정리하면서, 후렴이 그 안정된 지점 주위에 (하나의 형태라기보다는) 고요한 "페이스(pace)"를 조직한다고 주장한다. 이것은 바로 우리가 "가정(home)"이라고 부르는 것이다. 모든 가구는 청각적으로 뚜렷하게 구분되는 영토다. 가정은 연주, 노래, 이야기 소리가 흘러나오는 라디오, 세탁기 소리, 기타 소리 벽으로 만들어진다. 또한 영화에서 음악은 "가정" 혹은 예를 들어 도시 공간을 채우는 환경음과 음악처럼, 적어도 인식할 수 있는 환경을 만들어내는 기능을 지닐 수 있다. 라린 야야만(Laleen Jayamanne)은 「40에이커와 노새가 끄는 영화 작업(Forty Acres and a Mule Filmworks)」에서 스파이크 리(Spike Lee)가 영화 「똑바로 살아라(Do the Right Thing)」에서 퍼블릭 에너미(Public Enemy)의 노래 「파이트 더

---

38) Max Bruinsma and Petra Pijnappels, "Whistling in the Dark", *Mediamatic* 6(4) (special issue, "The Ear") (Amsterdam, 1992 : 258-262)를 보라. 초기 영화의 음악 반주에 대한 더 최근의 연구는 Rick Altman, "The Silence of the Silents", *The Musical Quarterly*, Winter 1997을 보라. *Unheard Melodies*에서 클라우디아 고브먼(Claudia Gorbman)의 이지리스닝 뮤직에 대한 설명 또한 이러한 음악의 차분하게 하는 기능을 지적한다. "이지리스닝 뮤직(최소한 이론에서)은 소비자의 구매, 환자의 휴식, 노동자의 작업에 도움이 된다." 같은 식으로, 비행기에서 고객이 기내에 오를 때, 그들의 비행 공포를 진정시켜주도록 "에브리싱 이즈 파인 뮤직"을 틀어놓는 것이 일반적인 일이다.

파워(Fight the Power)」를 사용함으로써 이러한 음악의 영토화의 힘을 활용하는 방식을 입증한다. 그녀는 그 노래가 "리드미컬한 등장인물"이나 "영토적 모티프"와 같다고 주장한다. "후렴으로서 「파이트 더 파워」는 하나의 블록을 나타내며, 그 블록에 대한 영토적 모티프와 대위 선율을 창조해낸다. 그리고 증오와 절대적인 헌신, 사랑과 미움을 한데 모으며 동시에 그 블록을 산산이 부수고 백인 미디어와 정치에 의해 '인종 폭동'이라고 불리는 블랙홀 속으로 그 블록을 내던져버린다."39) 영화가 끝날 때쯤 마지막 폭동의 카오스 속에서 두 명의 등장인물들 사이의 리드미컬한 대화에서 매우 미묘하게 새로운 종류의 페이스 과정, 즉 새로운 "가정"이 주춤거리며 형성되고 있다.

후렴의 세 번째 측면은 "가정"이 침입당할 때 열린다. "원을 반쯤 열었다가 활짝 열어 누군가를 안으로 들어오게 한다. 또는 누군가를 부르거나 스스로 밖으로 나가거나 뛰어나가 본다. … 그리고 지금 목적으로 하는 미래의 힘과 코스모스적인 힘에 합류하려 한다. 일단 달려들어 한 번 시도해보는 모험을 감행하는 것이다. 그러나 일단 이렇게 하려면 자신을 세계에 던져 이 세계와 혼연일체가 되어야 한다."40) 영화에서 소리가 이미지를 압도할 때 이러한 열림이 생겨나며, 이미지 너머 그 어떤 것을 향한 열림, 지구 또는 심지어 우주와의 접속이 생겨난다. 이러한 세 개의 후렴의 측면들은 공존한다. 들뢰즈 구아타리는 그것들을 카오스, 영토적 힘, 코스모스적 힘이라고 부른다.

각기 다른 (역사적) 시기 동안 어느 하나의 특정한 후렴의 측면이 다른 후렴의 힘들을 완전히 배제하지는 않은 채 특권화될

39) Laleen Jayamanne, "'Forty Acres and a Mule Filmworks' — Do the Right Thing — 'A Spike Lee Joint' : Blocking and Unblocking the Block", in *Micropolitics of Media Culture*, pp.235-249.
40) *Thousand Plateaus*, p.311 / 590-591.

수 있다. 이러한 식으로 들뢰즈·구아타리는 역사적으로 각기 다른 후렴이 선호되던 시기를 세 가지로 분류한다. 고전주의 시대에는 (음악) 예술가들은 직접적으로 카오스에 직면했다. 실체를 이루기 위해 부과되어야만 했던 형식 위에 길들여지지 않은 원재료의 힘들. 고전주의 예술가의 임무는 신의 임무이고 바로 카오스를 조직하는 것, 그것은 바로 천지 창조다! 들뢰즈·구아타리는 자신들의 논지를 분명하게 하기 위해 프루스트(Proust)를 인용한다. "우선 고독한 피아노가 짝으로부터 버림받은 새처럼 슬피 울자 이를 들은 바이올린이 옆 나무에서 노래하듯 피아노에게 답했다. 마치 세상이 새로 시작되는 듯, 지상에는 이 둘밖에 없는 듯했다. 아니 차라리 다른 일체의 것에 대해서는 닫혀 있고 창조자의 논리에 의해 만들어진 이 세계에는 영원히 이 두 사람밖에 없을 것처럼 보였다. 그것이 이 소나타였다."[41]

들뢰즈·구아타리가 구별하고 있는 또 다른 음악의 시기는 낭만주의 시대다. 이 시기에 예술가는 창조자로서의 그의 지위를 저버리고 "영토적 배치"로 진입한다. 땅은 모든 힘의 중심이 된다. 예술가는 더 이상 신의 지위에 있지 않고 신을 거부하는 자다. "창조하자가 아니라 정초하자, 토대를 놓자." 작은 가락, 새의 후렴은 고전주의 시대에 그랬던 것처럼, 더 이상 세계의 시작이 아니라 대지 위에 영토적 배치를 그린다. 각각의 후렴은 그 안에서 대지의 가장 깊은 힘들을 이야기하는 근원적 후렴(Ur refrain)의 어떤 것을 지니고 있다. 들뢰즈·구아타리는 낭만주의적 요소의 예로 말러(Mahler)와 독일 가곡(Lied)을 언급한다. 독일 노래는 영토적 힘을 지니고 있으며 동시에 잃어버린 영토의 노래, 대지의 노래다. 독일/북부 낭만주의 시대의 전형적인 특징은 바로 민중이 없다는 사실이다. "영토에는 고독한 소리가 떠돌고 있다. … 영

---

41) *Thousand Plateaus*, p.338 / 642.

웅은 대지의 영웅으로 신화적인 것이다. 민중의 영웅으로서 역사에 속하는 것이 아니다. … 가곡에서처럼 영토에서는 모든 것이 영혼이라는 혼자인 하나(One-Alone)와 대지라는 전체인 하나(One-All) 사이에서 진행한다."[42] 라틴계와 슬라브계 모든 나라에서 낭만주의는 민중에 관해서라면 차이가 있다. 거기에는 민중이 있다. 영토의 후렴은 여기서 군중인 하나(one-crowd), 전체인 하나와 연결된다. 대지의 외침과 민중의 외침은 낭만주의적 목소리와 음악의 두 가지 요소다.

들뢰즈·구아타리가 구분한 마지막 시기는 **현대 시대**다. 바로 이 시대, 우리가 살고 있는 시대는 후렴의 세 번째 측면에 부합하는 코스모스적 시대다. 후렴은 이제 분자적 힘과 직접적인 관계에 있다. 들뢰즈·구아타리는 이러한 힘들이 필연적으로 코스모스의 힘들이라고 강조한다.

시각적 재료는 비시각적 힘들을 포획해야만 한다. 클레(Klee)는 가시적인 것을 되돌려주거나 재현하는 것이 아니라 가시적으로 만들라고 말한다. … 포획해야만 하는 힘들은 더 이상 대지의 힘들이 아니라 … 부정형적이며 비물질적인 에너지적 코스모스의 힘들이다. … 형상이나 질료 또는 모티프가 아니라 힘, 밀도, 강도가 핵심적인 것이 된 것이다. … 음악은 음의 질료를 분자화하지만 그렇게 하는 가운데 지속이나 강도 등 음을 갖지 않는 힘들을 포획할 수 있게 된다.[43]

---

42) *Thousand Plateaus*, p.340 / 645-646.

43) *Thousand Plateaus*, pp.342-343 / 650-651. 들뢰즈·구아타리가 이러한 음악의 발전을 철학의 발전에 나란히 놓고 보고 있다는 것에 주목해야 한다. "철학 또는 철학 이외의 다른 활동과 동일한 운동을 따르는 것이 된다. 낭만주의 철학이 여전히 질료의 연속적인 이해 가능성을 보증해주는 형상의 종합적 동일성(선험적 종합)에 호소하고 마는 데 반해 근대 철학은 그 자체로서는 사고할 수 없는 힘들을 포획하기 위해 사유의 재료를 가다듬어내려고 한다. 바로 이것이 니체식의 철학-코스모스다"(p.342 / 650).

들뢰즈·구아타리는 **음향 기계**(sound machine), 즉 음의 질료를 분자화하고 원자화하며 코스모스의 에너지를 포획하는 기계에 대해 이야기한다. 그들은 신시사이저와 팝음악을 이러한 음악 기계의 예가 되는 배치로 본다. 이 장의 마지막 부분에서, 나는 현대 시대와 음향 기계의 기능으로 다시 돌아갈 것이다. 소리의 영토적 개념화가 어떻게 작동하는지 살펴보기 위해, 나는 우선 코폴라의 「도청」의 음향과 음성으로 돌아가고자 한다.

첫 부분에서 논증했던 것처럼, 카자 실버만은 「도청」이 어머니의 목소리가 어떻게 고전 할리우드 영화에서 청각적 미로와 환영적 구조로서 기능하는지를 보여주는 하나의 예로 볼 수 있는지 설명했다. 하지만 코폴라의 영화는 더 이상 전형적인 고전 할리우드 영화(대개는 부인할 여지가 없이 오이디푸스 구조에 기반을 두고 있는)가 아니다. 그렇다면 「도청」은 또한 목소리, 음향, 음악을 위한 함의를 지니지 않게 되는 것일까?

들뢰즈는 『운동-이미지』 끝 부분에서 전후 유럽 영화, 예를 들어 이탈리아 네오리얼리즘, 프랑스 누벨바그, 독일 뉴시네마 등에서 나타났던 새로운 종류의 이미지의 몇 가지 특징들을 언급한다. 미국에서 이러한 종류의 새로운 이미지들이 나타나기 시작한 것은 1960년대 후반과 1970년대 초반(베트남전쟁 동안과 그 이후)이 되고 나서였다. 들뢰즈가 언급하는 이러한 미국 전후 영화의 특징들 중 하나는 라디오, 텔레비전, 마이크, 다양한 감시 체계와 같은 미디어를 통해 음모 사상이 점점 출현하기 시작했다는 것이다. 등장인물들은 구조화된 플롯 속에서 덜 목적 지향적이 되어가고, 그들이 속해 있는 분산적이며 카오스적인 상황과 그다지 관련을 덜 맺는 인물들이 되어갔다.

「도청」은 이러한 기술 장비의 가능성과 관련이 있는 음모 공포증을 보여주는 전형적인 영화다. 영화는 주위를 둘러싸고 있는 많은 청각적, 시각적 클리셰(새로운 이미지의 또 다른 특징)

또한 잘 알고 있다. 그리고 영화는 두 연인 사이의 대화의 클리셰를 새롭고 역동적인 어떤 것(대화의 의미가 변하는 것처럼)으로 재작업한다. 더 이상 사적 공간과 공적 공간 사이의 구별은 없다. 그리고 이것이 이 영화를, 분명하게 정의된 공간이 항상 존재하는 고전 할리우드 영화와는 매우 다르게 보이게 해주는 요인이다. 우리는 들뢰즈적 용어로, 새로운 이미지의 임의의 공간들로 진입한다. 영화적 장치의 관음증적 측면이 여전히 존재하고 있을지라도 강조점은 소리로 이동해왔다. 사운드트랙은 더 이상 이미지트랙에 의해 한정되지 않는다. 소리는(목소리뿐 아니라) 탁월함을 얻었고, 심지어 어느 지점에서는 독립성마저 지닌다. 이러한 식으로 「도청」은 앞으로의 영화를 위한 새로운 패러다임을 보여주는 것 같다.[44]

한 번 더 사운드트랙을 듣는다면, 우리는 실버만의 정신분석학적 해석에 (탈)영토화의 힘과 관련이 있는 또 다른 음향의 차원을 더할 수 있다. 우선 해리는 그들의 목소리를 훔침으로써 연인들의 영토적 공간에 진입한다. 해리 스스로는 자신의 영토에서, 특히 소리에 관해서는 매우 방어적이다. 그는 심지어 전화까지 감추고 어느 누구에게든 전화번호를 알려주지 않는다. 따라서 전화벨이 울릴 때 섬뜩하게 된다. 누군가가 그에게 다가가는 방법, 목소리로 그의 영토에 침입하는 방법을 알았기 때문이다. 처음에는 그의 집

---

44) 1970년대에 몇몇 영화들은 사운드트랙이 현저하게 뛰어났다. 예를 들어, 알란 파큘라(Alan Pakula)의 「클루트(Klute)」(1971)에서는 녹음 장비와 감시가 똑같이 중요한 역할을 한다. 마르그리트 뒤라스의 「인디아 송」(1975)(뒤라스는 1년 후 같은 사운드트랙으로 다른 영화 「캘커타 사막에서의 베니스라는 이름(Son Nom de Vénis dans Calcutta Desert)」[1976]을 만들었다), 월터 무크가 「도청」에서처럼 사운드 디자이너로 참여한 프랜시스 포드 코폴라의 「지옥의 묵시록」(1979) 등은 사운드트랙으로 유명하다. Thomas Elsaesser and Michael Wedel, "The Hollow Heart of Hollywood : *Apocalypse Now* and the New Sound Scape", Kene Moore, ed., *Conrad on Film* (Cambridge : Cambridge University Press, 1997)도 보라.

주인 여자다. 그 후 그는 도청을 지시한 회사로부터 전화를 받고 결국 그가 염탐해왔던 그 연인들에게서 전화를 받는다.

공적 공간(샌프란시스코의 광장)과 사적 공간(해리의 아파트) 모두 소리의 힘에 의해 침입을 받는다. 이러한 청각적 침입은 카오스와 혼란을 상기시키기 때문에 공포감을 준다. 따라서 여자가 부르는 동요와 해리 콜이 집에 있을 동안 연주하는 색소폰은 어둠 속에서 낮은 목소리로 노래를 부르는 것으로 보인다. 그것은 카오스 속의 고정되고 안정된 공간의 창조로 이해될 수 있다(후렴의 첫 번째 측면), 콜이 여자가 부르는 후렴에 끌리게 되는 느낌은 당연하다. 아마도 그의 아이-되기 혹은 여성-되기의 측면으로서 그는 자신만의 영토적 후렴을 지닌다. 「도청」은 색소폰 음악의 안정된 힘 주위에 하나의 가정(공간일 뿐 아니라 "페이스")을 이룩했다고 생각했지만, 결국 그가 희망했던 것만큼 그리 안전하지 않았다는 것이 드러나버린 한 남자의 이야기다. 그의 가정은 소리의 침입에 의해 탈영토화된다. 마지막에 그가 남긴 것은 색소폰뿐이다. 색소폰만이 그의 파괴된 아파트에 유일하게 안정된 지점으로 남아 있다.

이 영화가 제기하는 또 다른 문제는 죄의식과 책임감의 문제다. 물론 정신분석학이 우리가로 하여금 믿게끔 만드는 것처럼, 남성은 원죄(부친 살해, 사랑의 대상/아브젝트로서의 어머니)로 인해 분명히 죄의식을 느낀다고 주장할 수 있다. 이러한 죄의식의 시나리오는 영화의 시나리오에서 반복된다. 그러나 특수한 환경과 관련이 있는 죄의식을 사유하는 것 또한 가능하다. 그 경우에 해리는 선험적 죄의식이 아니라 과거에 그가 해왔던 행위에 대해 책임감을 느낀다. 이전 사건에서 그가 전달한 증거 때문에 두 사람이 살해당했다. 그는 이제 그 연인들도 그가 녹음한 테이프 때문에 살해당할까봐 두려워한다. 물론 이 영화의 아이러니와 힘은 인간의 마음속에 있는 것이 그가 보는 것, 심지어 그가 듣는 것에 영향을 준다는 것을 분명히 보여주는 데 있다. "그가 우리를 죽일 거야"가 "그가 우리를 죽일 거야"로 바뀌는 것은 그의 청각적 인지가 그의 마음 상태에 의해 어떻게 영향을 받는지를 보여준다. 그는 연인들이 살해당할 것을 두려워하는 대신에 살인을 계획할 것이라는 (잠재적으로 항상 거기에 있어 왔던) 대안을 생각할 수 없었다. 뉴 할리우드의 관점에서 보고 듣는다면, 그리고 음향의 영토적 힘과 관련시킨다면, 「도청」은 어머니의 목소리를 향한 죄의식적인 욕망에 관한 것이라기보다는, 공적 공간과 사적 공간을 잇는 음향에 대한 것이며, 공적 사적 공간들을 가로지르는 개인적 책임감의 결과에 관한 영화다. 정신분석학에서 보면 매혹적인 방식이지만, 부정적(치명적)으로 보이는 여성의 (노래하는) 목소리는 영화에서 끊임없이 나타나는 청각 현상이다. 그러므로 조금 더 길게 그러한 목소리에 귀기울여보는 것도 가치가 있을 것이다.

(여성의) 목소리 : 왕좌로의 복귀?

□애니메이션 이미지의 음악

디즈니의 「인어공주(Little Mermaid)」에서 여성의 목소리는 중요한 역할을 한다. 10대 인어인 에리얼은 아름다운 목소리를 가지고 있으며, 육지의 (가부장적) 세계로 가기 위해 그 아름다운 목소리를 다리와 교환한다. 그녀는 바다 마녀 우슐라에게 그녀의 목소리를 준다. 우슐라는 에리얼이 목소리를 잃어버리고 "텅 빈 손"과 고통스러운 다리만 지니게 한 채 (마녀가 극단적인 여성적 괴물성을 지닌 자라는 것이 밝혀져 죽음을 당하고, 에리얼은 결혼/상징계적 질서에서 그녀의 자리를 찾게 될 때까지),

에릭 왕자를 유혹하기 위해 매혹적이고 위험한 여성의 목소리의 힘을 분명히 사용한다. 목소리에 대한 정신분석학적 해석은 이러한 점에서 여성의 목소리의 힘에 대한 적합한 설명이다. 목소리의 음과 이미지들의 움직임(animation) 모두의 유동적이고 분자적인 질 때문에, 에리얼의 모험에서 보고 듣고 배울 것이 어디에 있는지를 생각해보는 것은 유용하다.

1940년대에 세르게이 에이젠슈테인은 월트 디즈니(Walt Disney)에 관한 몇 편의 논문을 썼다.[45] 에이젠슈테인은 디즈니에게 엄청나게 감탄했으며, 그의 작품을 20세기 예술에서 가장 큰 공헌이라고 칭송했다. 에이젠슈테인이 가장 좋아했던 것은 디즈니가 이성적인 것과 감각적인 것을 연결시키는 방법을 알고 있었다는 사실이었고, 이성적인 것과 감각적인 것의 연결은 "지적 영화"의 창시자인 에이젠슈테인이 인생 말년에 가서 점차 중요하게 생각했던 문제였다. 에이젠슈타인은 디즈니 영화의 원형질적 질에 매혹 당했다. 그는 그러한 질을 인생 그 자체의 기초로 보았다. 그는 디즈니의 영화를 보고 황홀경을 느꼈다. "그것은 어떤 이미지를 뛰어넘으며, 어떤 이미지도 없으며, 만질 수 있는 것 너머에 있다. 순수 감각처럼 … [그것은] 바로 음악이다!"[46] 우리는 여기에서 에이젠슈테인이 어떻게 모든 종류의 되기의 잠재적 질을 지니고 있는 만화를 감각에, 직접적으로 느낄 수 있는 것에 연결시키고 있는지 알 수 있다. 디즈니의 이미지들은 음악적 질과 아이-되기, 여성-되기, 동물-되기와 연결될 수 있는 분자적 유동성을 지니고 있다.

에이젠슈테인은 17세기의 라퐁텐(La Fontaine)의 동물 우화, 18세기의 안데르센(Andersen)의 동화, 19세기의 루이스 캐롤의

---

45) Jay Leyda, ed. *Eisenstein on Disney*, Trans. Alan Upchurch (London : Methuen, 1988)을 보라.

46) *Eisenstein on Disney*, p.46.

『이상한 나라의 앨리스』, 그리고 20세기의 디즈니 사이에 계보를 잇는다. 여기서 에이젠슈테인에 의하면, 디즈니의 세계가 동물들로 가득하다는 것과, 안데르센의『인어공주』와 캐롤의『이상한 나라의 앨리스』가 디즈니 셀룰로이드로 전환되었던 것은 우연의 일치가 아니다.『이상한 나라의 앨리스』의 형상에 관련된 여성-되기의 개념은 제4장에서 논의되었다. 여기에서 나는 디즈니 만화의 음악-되기, 특히 디즈니의「인어공주」에서 목소리의 역할을 집중적으로 살펴보고자 한다.[47]

로라 셸즈(Laura Sells)가「인어공주는 어디에 서 있는가?(Where do the Mermaids Stand?)」에서 논증하고 있듯이, 디즈니의「인어공주」는 몇몇 페미니스트에 의해 비판을 받아왔다.[48] 에리얼이 왕자와 결혼하겠다는 것 이상의 아무런 야망을 지니지 않았다는 것은 물론 페미니스트들이 거부할 만하다. (우슐라의) "모친 살해"도 비난을 받아왔다. 하지만 셸즈는 바다 마녀의 형상 때문에 그리고 마지막에 에리얼이 인간 세계와 목소리에 접근했기 때문에, 디즈니 판「인어공주」에서 보이는 몇몇 해방의 힘에 주목한다.[49] 셸즈에 의하면, 우슐라(드랙퀸 "디바인[Divine]"[50]

---

47) "되기"에 대해 상세하게 알고자 한다면, 들뢰즈의 영화 철학과 디즈니에 대한 에이젠슈테인의 개념을 보라. Keith Clancy, "Prester — The T(r)opology of Pyromania"와 Keith Broadfoot and Rex Butler, "The Illusion of Illusion", *The Illusion of Life : Essays on Animation*. Ed. Alan Cholodenko (Sydney : Power Publications, 1991).

48) Laura Sells, "Where do the Mermaids Stand? Voice and Body in *The Little Mermaid*", *From Mouse to Mermaid : the Politics of Film, Gender, and Culture*. Ed. Elisabeth Bell, et al. (Bloomington and Indianapolis : Indiana University Press, 1995). 디즈니의 제도적, 정치적, 이데올로기적 맥락과 함의에 대해 많은 것을 말할 수 있지만, 나는 그 점들에 대해서는 상세하게 설명하지 않는다. Eric Smoodin, ed. *Disney Discourses : Producing the Magic Kingdom* (New York and London : Routeldge, 1994)도 보라.

49) 안데르센 동화에서 이야기는 해피엔딩으로 끝나지 않는다. 인어는 두 다리

을 모델로 하는)는 에리얼에게 공연과 목소리가 젠더의 표명과 해방의 수단으로 사용될 수 있다고 가르친다. 그리고 우슐라는 에리얼이 전복적 인물의 잠재성을 지니고 있음을 안다.51) 이러한 수행적 양상과 그녀의 해방을 향한 욕망이 표현되고 형성되는 것은 기본적으로 노래를 통해서다. 셀즈의 주장은, 우슐라가 마지막에 파멸을 당했을 때 에리얼은 그녀의 목적을 위해 사용할 수 있는 무언가를 배우게 되었다는 것이다(그래서 결혼에서 상징계적 통합은 보이는 것만큼 그리 안정적이지 못하다). 목소리는 상징계적 질서를 반대함으로써가 아니라 음악-되기의 자유로움 속에서 상징계적 질서를 가치 있게 함으로써 해방의 힘을 훨씬 더 긍정적으로 작동시킨다.

디즈니는 계속해서 에리얼을 가지고 새로운 이야기들을 만들었다. 디즈니의 새로운 공주 시리즈에 "에리얼과 꿈꾸는 불가사리(Ariel and the Dreamwish Starfish)"라는 부제가 달린 「인어공주」 에피소드가 있다.52) 이 에피소드에서 에리얼은 아버지 트리튼 왕의 명령에 복종하지 않는, 반항적이고 두려움이 없는 소녀로, 발레리나 인형이 들어 있는 음악 상자를 발견한다. 에리얼

로 걸어 나가면서 엄청난 고통을 느끼고, 목소리를 영원히 잃어버리며, 결국 왕자에게 접근하지도 못한다. 백인 남성 체계로의 "진입"은 안데르센의 세계에서는 여전히 불가능하다.

50) [옮긴이] 디바인은 존 워터스(John Waters) 감독의 「핑크 플라밍고스(Fink Flamingos)」(1972)의 주인공으로, 이후 드랙퀸 무비의 전설이 되었다.

51) 엘리자베스 벨(Elisabeth Bell)은 디즈니의 여성 인물의 전복적 요소를 그들의 신체 언어를 통해 살펴본다. "디즈니 예술가들은 신체 혼합 메시지를 창조해 왔다. 디즈니 여주인공의 캐릭터화가 수동성과 희생양이라는 동화의 토대에 기초하지만, 그들의 몸은 공주의 춤추는 역할을 수행하면서 힘, 훈육, 통제의 자화상이 된다"("Somatexts at the Disney Shop : Constructing the Pentimentos of Women's Animated Bodies", *From Mouse to Mermaid*, p.112에서).

52) 공주 시리즈에서 작은 인어 에리얼과 알리딘의 자스민이 겪는 새로운 모험을 비디오로 볼 수 있다.

은 발레리나처럼 춤추고 싶어한다. 친구 인어 가브리엘은 노래하고 싶어한다. 그러나 그녀는 귀머거리에다 벙어리며, 따라서 "행복, 슬픔, 사랑 같은 감정을 표현할" 목소리를 갈망한다. 둘이 함께 소원을 이루기 위해 그들은 꿈꾸는 불가사리에게 간다. 여행은 위험하지만 두 소녀는 두려워하지 않는다. 불가사리가 에리얼에게 다리를, 가브리엘에게 목소리를 주는 데 성공하지는 못하지만, 그들은 함께 노래하고 춤추기 시작한다. 그리하여 에리얼은 목소리를 통해 그리고 가브리엘은 몸을 통해 그들이 원하는 모든 것은 표현한다. 목소리와 몸의 접속(둘 다 똑 같은 것을 표현할 수 있다)은 여기서 긍정적으로 판단된다. 두 인어는 더 이상 육지 세계를 갈망하지 않고 수중 세계에서 행복하게 지낸다.

어린 인어의 모험 속의 수중 세계는 건조한 육지 세계와 대립되어 설정된다. 셸즈는 수중 세계를 (여성성의) 제3세계로 놓으며, (가부장적인) 제1세계와 비교한다. 많은 바다 세계의 등장인물들은 실제로 "이질적인 억양"의 목소리를 가지고 있다. 그리고 그들은 종종 이국적인 춤을 춘다. 물론 에리얼이 영화에서 이 "제3세계"를 떠나려고 욕망할 때, 이것은 지배 이데올로기에 동조하는 고전적인 이항 대립이다. 하지만 공주 시리즈에서 "소수자들의 세계"는 그 자체의 질로 인해 좀더 긍정적으로 보인다. "에리얼과 꿈꾸는 불가사리"에서 그녀는 행복하게 수중 세계에 머문다. 또한 에피소드 "조화(In Harmony)"에서 바다 세계는 아름다운 장소로 찬양되며 경축되지만 이국적인 방식으로는 아니다. 이 에피소드에서 끔찍하게 못된 노랑가오리(여성으로 젠더화하지는 않은)는 모든 물고기들이 서로를 적대시하게 하려고 애쓴다. 게는 금붕어와 놀아서는 안 되고, 문어는 문어와 함께 다녀야 하고, 황새치는 황새치와 함께 있어야만 한다. 이 에피소드는 몹시도 인간적이고 영토적인 정체성과 범주화가 어떤 식으로 전쟁을 일으키는지 분명하게 보여준다.

상호간의 되기와 다른 범주들 사이의 마주침을 다시 가능하게 하면서, 노래하는 목소리로 바다 세계에 조화를 가져오는 자는 바로 에리얼이다. 의미심장하게도 노랑가오리는 음악을 견디지 못하고 화가나 사라져버린다.[53] 에리얼은 대개 그녀의 목소리를 통해 표현되는 분자적 되기의 힘을 지닌 또 다른 사이보그 앨리스다. "사이보그가 전자 양을 꿈꾸기 오래 전, 디즈니 예술가들은 '사이보그' 여성을 창조했다."[54] 에이젠슈테인이 오래 전 주장했듯이, 애니메이션 이미지의 극도로 유동적이고 원형질적인 특징은 이미지 그 자체에 에리얼의 노래하는 목소리와 같은 음악적 질을 부여한다. 애니메이션에는 이미지의 음악-되기가 있으며, 노래하기에는 영토화, 탈영토화할 수 있는 목소리의 긍정적인 평가가 있다.

이러한 음악-되기는 애니메이션 이미지의 질뿐 아니라 바다 세계와도 관계가 있다. 목소리와 바다는 분자적 잠재성을 공유한다. 들뢰즈·구아타리는 다음과 같이 주장한다.

여성-되기와 아이-되기가 … 강렬하며 동시에 모티프의 분자화와 분리될 수 없는데, 이 분자화야말로 관현악 편성에 의해 만들어지는 진정한 "화학"인 것이다. 아이와 여성은 바다 및 물 분자와 분리될 수 없다(정말이지 『사이렌(*Sirens*)』은 목소리를 관현악에 통합하기 위한 최초의 완전한 시도들 중 하나를 대표한다). 이미 바그너에 대해

---

53) 얼마간 이 작은 디즈니 애니메이션은 부분적으로 애니메이션을 사용한 영화인 팀 버튼의 「화성침공(Mars Attacks!)」(1996)을 상기시킨다. 이 영화에서 가장 강력한 핵폭탄은 사악한 외계인의 침공에 효과적이지 못하고, 라디오에서 흘러나오는 작은 노래, 작은 후렴이 그들을 폭파시키고 영원히 사라지게 한다. 후렴의 (탈)영토화적 힘이 이보다 더 유쾌하고 이보다 더 강력하게 나타난 예를 아직은 찾아보기 힘들다.

54) Elisabeth Bell, *From Mouse to Mermaid*, p.108.

서도 말한 바 있는데, 그는 이 음악의 "원소적" 성격, 그 음악의 수성, 모티프의 "원자화", "무한히 작은 단위들로의 세분화" 때문에 비판받은 바 있다.[55]

나는 뒷부분에서 목소리의 통합(orchestration)으로 다시 돌아갈 것이다. 여기에서 나는 노래하는 목소리, 음악, 수중 세계, 애니메이션 사이의 논리적 관계를 강조하고자 한다. 이 모든 측면들은 가장 미세한 층위로 관통할 수 있으며, 유혹적이지만 치명적인 여성의 목소리의 경계를 포함하는, 고정된 모든 전통적 경계들을 전복시킬 수 있는 분자적 되기의 힘을 지니고 있다.

□여성의 파멸과 탈영토화의 기계

어느 다른 목소리도 정신분석학적 영화 이론에서 고전적인 대상 소문자 a로서 기능하는 오페라 디바의 목소리보다 더 매혹적이지는 못하다. 그러므로 여성의 목소리에 대한 관심의 또 다른 영역은 오페라 영화다. 장 자크 베넥스(Jean-Jacques Beineix)의 영화 「디바(Diva)」(1982)에서 오페라 가수 신시아 호킨스(윌헬미니아 위긴스 페르난데즈(Wilhelminia Wiggins Fernandez)가 연기하고 공연한)는 그녀의 목소리가 녹음되는 것을 거부한다. 영화의 오프닝은 호킨스가 카탈라니(Catalani)의 「라왈리(La Wally)」를 공연하는 장면이다. 우리는 그녀의 아름다운 목소리를 들을 뿐 아니라 그녀의 목소리가 팬인 우체부 쥘에 의해 녹음되고 있는 것을 보게 된다. 영화에는 몇 개의 플롯 라인이 있는데, 그 모든 것은 두 개의 녹음된 여성의 목소리를 둘러싸고 복잡한 방식으로 뒤얽힌다. 하나의 목소리는 불법적으로 녹음된 오페라 가수의 목소리며 또 다른 목소리는 포주의 공범자에 의해 살해되기

---

55) *Thousand Plateaus*, p.308 / 582.

전, 범죄망의 리더인 경찰서장의 정체를 밝히겠다는 증언을 약속하는 매춘부의 목소리다. 『청각적 거울』에서 카자 실버만은 디바의 목소리와 관련해서 영화를 논의하고 있으며, 영화를 접근 불가능한 욕망의 대상인 어머니의 목소리에 대한 환상으로 간주한다. "쥘이 그녀의 목소리를 들으면서, 그리고 훔쳐온 디바의 드레스로 자신의 얼굴을 감싸면서 의자에 주저앉는 순간은 영화가 희열을 환기시키는 것에 확실히 가깝다."[56]

디바의 목소리는 실제로 극도로 구현된 것으로서 제시된다. 그녀가 목소리 녹음하기를 거부하는 것은 그녀의 목소리를 (주체적 행위자가 아닌) 욕망의 대상으로서 강화시킨다. 우리가 영화에서 듣게 되는 또 다른 여성의 목소리, 즉 녹음된 매춘부의 목소리는 육체에서 이탈된 목소리며, 이것은 경찰 공직자의 정체를 밝히는 지점에서 최고조에 이른다(따라서 욕망의 대상이 없는 극단적 중재를 지닌 목소리다). 우리는 테크놀로지를 통해 여성의 목소리가 청각적 역량을 얻을 수 있다는 것을 안다. 여기서 나는 베넥스의 영화에서 목소리는 정신분석학적 모자 쌍과 많은 관계가 있다는 것을 주장한 실버만에 동의한다. 이는 디바와 쥘이 극장에서 테크놀로지적으로 전송된 그녀의 (현재) 목소리를 함께 들으면서 서로 가까이 앉아 있는 마지막 이미지에 의해 더욱 강조된다. 그녀의 몸은 그 어느 때보다 쥘에게 더 가까이 있다. 그녀의 목소리를 훔침으로써, 그는 그의 ("근친상간적") 욕망의 대상에게 가능한 가까이 다가온 것 같다.

카테린느 클레망(Cathérine Clément)은 『오페라 또는 여성의 파멸(*Opera, or the Undoing of Woman*)』에서 19세기 오페라의 여성들이 오페라 내러티브 안에서 항상 어떻게 죽게 되는지 분석한다. 로라 멀비의 「시각적 쾌락과 내러티브 영화(Visual Pleasure

---

56) *Acoustic Mirror*, p.87.

and Narrative Cinema)」를 음악학의 관점에서 쓴 것이라고 볼 수 있는 이 저서에서, 클레망은 여성의 객관화와 무력화 그리고 남성 권력의 실행에 집중한다. 클레망에 의하면, 오페라 속의 여성은 영화에서도 종종 그런 것처럼, 파멸당하고 패배하고 무력한 상황에 처해 있다. 그들의 목소리는 그들의 담화적 진입로 속에서 구현되며 제한된다.

하지만 캐롤린 압베이트(Carolyn Abbate)는 논문 「오페라 혹은 여성의 목소리 입히기(Opera, or the Envoicing of Women)」에서 (항상) 이러한 페미니즘적 입장에 동의하지는 않는다.57) 우선 그녀는 패트릭 콘래드(Patrick Conrad)의 영화 「마스카라(Mascara)」(1978)에서 오페라의 목소리를 통해 젠더가 어떻게 수행(performance)으로 여겨지는지를 설명한다. 「인어공주」의 바다마녀 우슐라처럼, 「마스카라」에는 여성 오페라 가수의 (녹음된) 목소리를 빌려서 노래하는 이성 복장 착용자의 공연이 있으며, 이는 젠더가 얼마나 수행적인지 보여준다. 동시에 여성의 목소리는 권위를 얻는다. 압베이트는 다음과 같이 주장한다. "여성의 목소리는 생물학적으로 남성 꼭두각시로 하여금 해석적인 춤을 추며 빙빙 돌게 하는 사운드-텍스트를 만든다. 사운드-텍스트에서 여성의 노래하는 목소리는 그 자체로 확실히 권위적인 힘을 지닌다. 그리고 이러한 이상한 립싱크 장면은 여성을 오페라에서 음악적 공명을 만들어내는 사람으로 표현한다."58)

---

57) Carolyn Abbate, "Opera, or the Envoicing of Women", *Musicology and Difference : Gender and Sexuality in Music Scholarship*. Ed. Ruth A. Scoly (Berkeley, Los Angeles, and London : University of California Press, 1993) pp.225-258. Abbate, *Unsung Voices — Opera and Musical Narrative in the Nineteenth Century* (Princeton, NJ : Princeton University Press, 1991)도 보라.
58) "Opera, or the Envoicing of Women", p.228. 오페라 영화는 일반적으로 수년간 오페라 디바의 목소리를 영화로 만들고 녹음했던 베르너 슈뢰터(Werner Schroeter)의 작업과 결합된다. 그의 최근 영화 「사랑의 먼지(Poussières d'Amour)」

압베이트는 전통적으로 "단지" 남성 작곡가의 작품을 공연하는 사람으로만 여겨져 왔던 여성의 작가적 힘에 대해 논의한다. 바르트(Barthes)의 텍스트 「작가의 죽음(The Death of the Author)」과 「목소리의 결정(The Grain of the Voice)」의 도움을 받아, 그녀는 여성의 노래하는 목소리와 관련하여 다른 인식을 보여주는데, 그것은 예술 작품 안에서 작가의 재탄생을 발견하는 것이다.[59] 몸의 목소리의 비담화성(nondiscursiveness)에 대한 인식은 여성의 노래하는 목소리의 작가적 힘과 관련이 있다. 또한 실버만은 롤랑 바르트가 말한 작가의 여성적인 노래하는 목소리에 대해 언급하는데, 이에 따르면 이 권위는 여전히 부정과 거세에 의존한다. "여성의 목소리가 권위적으로 말하는 한, 그것은 투사(projection)와 부인(disavowal)의 체계를 희생하고서 그렇게 하는 것이다."[60] 바르트의 『사라진느(*Sarrasine*)』의 등장인물 라 잠비넬라는 바르트에게서 이러한 여성의 권위와 작인을 구현하는 카스트라토다. 실버만은 이것을 부정적인 인식으로 본다. 압베이트는 우리가 카스트라토를 (혹은 이성 복장 착용자의 공연을) 꼭 괴물이 아니라 구성된 여성 가수로 볼 수 있다면, 이것이 그렇게 나쁜 것인지 의문을 표한다. 여성성과 "거세"에 대한 비

(1996)에서 그는 몇 개의 오페라 곡을 공연하고 목소리, 사랑, 비극, 삶과 죽음에 대해 이야기를 나눌 가장 좋아하는 가수들을 초대한다. 이 영화에는 슈뢰터가 30년도 넘게 찾아다녔던 한 명의 디바가 있는데, 바로 아니타 세르퀘티(Anita Cerquetti)다. 이 이탈리아 오페라 가수는 20대 때는 마리아 칼라스만큼 유명했지만, 29세에 목소리를 잃어버린다. 「사랑의 먼지」는 아니타 세르퀘티가 자신의 목소리를 들으며 립싱크하는 것으로 끝난다. 그 목소리는 그녀가 1958년에 벨리니(Bellini)의 「노르마(Norma)」 중 "카스타디바(Casta Diva)"를 소름이 돋을 정도로 아름다운 목소리로 불렀던 공연 실황이다. 아니타 세르퀘티가 자신의 목소리를 "공연"하는 이 감동적인 장면에서 과거와 현재는 동시에 발생한다.

59) 롤랑 바르트가 쓴 이 두 편의 텍스트는 *Image — Music — Text*. Trans. Stephen Heath (New York : Hill and Wang, 1977)에서 볼 수 있다.

60) *Acoustic Mirror*, p.193. 압베이트도 이 페이지를 인용하고 있다.

인식이 정신분석학적 담론에 내포되어 있으며, 모든 쾌락을 파괴하지 않은 채 이러한 부정에서 방법을 찾는 것은 어려운 일이다. 그러므로 압베이트가 제안하는 것처럼, 몸의 힘 그리고 비담화적인 힘을 재평가하는 것이 가능하지 않을까?

들뢰즈·구아타리에게 기관 없는 몸의 개념에 영향을 준 앙토냉 아르토(Antonin Artaud)는 반복해서 그러한 육체적, 비담화적 언어가 가지는 상이한 가치를 표현해왔다. 예를 들어, 『신의 심판을 끝장내기 위해(*Pour en finir avec le jugement de Dieu*)』에서 그는 다음과 같이 제안한다.

> 언어가 대개 표현하지 않는 것을 표현하도록 하기 위하여. 이것은 새롭고 예외적이며 비관습적인 풍으로 언어를 사용케 하는 것이다. 육체적 충격의 가능성을 드러내기 위하여, 공간에서 언어를 적극적으로 나누고 퍼뜨리기 위하여, 어떤 것을 갈기갈기 찢고 진정으로 명백하게 하는 언어의 힘을 복구하며, 완전히 구체적인 방식으로 억양을 다루기 위하여, 누군가는 심지어 영양 공급의 원천이라고 말할 수 있는, 언어와 그 천한 공리주의에 거역하기 위하여, 언어의 쫓기는 야수적 기원에 거역하기 위하여.[61]

목소리의 결정의 비명, 리듬, 조화, 불협화음, 방언, 물질성(숨쉬기, 삼키기, 신음)이 무력한 표현으로 여겨지는 정신분석학적 페미니즘 이론과는 반대로, 그것들은 아르토에게는 긍정적으로 인식된다.

들뢰즈·구아타리는 또한 목소리의 물질성에 대해 다른 인식을 지니고 있다. 그들에게 목소리는 음악과 관계가 있으며, 음악

---

61) 아르토는 "Radio, Death, and the Devil — Artaud's Pour en Finir avec le Jugement de Dieu", by Allen S. Weiss, in Dougles Kahn and Gregory Whitehead, ed., *Wireless Imagination : Sound, Radio, and the Avant-Garde* (Cambridge and London : MIT Press, 1992)에 인용된다.

이 되는 능력을 가진다. "음악은 목소리의 탈영토화며, 점점 언어와 동떨어져 간다."[62] 그들은(아르토처럼 함의적으로), 목소리가 여전히 에로틱할 수 있을지라도 음악-되기가 될 때의 목소리를 특수한 그램분자적 젠더나 분절적 젠더에 연관시키지는 않는다. 하지만 목소리는 분자적 음악-되기, 아이-되기, 동물-되기(새-되기)와 관계가 있다. 목소리가 음악-되기가 될 때 목소리의 "기계화"가 일어난다. 목소리는 되기의 기계적 배치로 진입하다. 들뢰즈·구아타리는 목소리의 기계화의 예로 카운터 테너의 두성과 카스트라토의 저음을 들고 있다. 카스트라토(혹은 여성의 목소리로 노래하는 이성 복장 착용자의 변형된 공연)은 정신분석학적으로 부정적인 거세와는 관련이 없다. 대신 카스트라토는 목소리의 기계 장치의 음악적 문제를 지시하는데, 이것은 반드시 전반적인 이원론 기제의 폐지와 목소리를 "남자" 또는 "여자"에게 할당하는 그램분자적 형성을 함의한다. 들뢰즈·구아타리는 여성 혹은 남성이 되는 것은 더 이상 음악에서는 존재하지 않는다고 주장한다. 그것은 여성, 아이, 새를 모방하는 문제가 아니라 진정한 되기의 문제다. "인간 음악가는 새 안에서 탈영토화한다. 그러나 그 자체로 탈영토화, 즉 '변형'되는 것은 새다. 천국의 새 … 순수하게 울려퍼지는."[63] 들뢰즈·구아타리는 때때로 목소리가 재영토화될 수 있으며 다시 성애화될 수 있지만 일반적으로 다른 어떤 것이 목소리의 음악-되기에서 일어날 수 있다는 점을 인식한다.

마지막으로 나는 목소리와 음악을 녹음하는 기술적인 가능성들의 측면으로 돌아갈 것이다. 지난 100여 년에 걸쳐 오디오 장비는 점점 정교해져 왔다. 마이크와 같은 기술 장비는 목소리에 엄청난 가능성을 부여해왔다. 이를테면 마이크는 가수가 오케스트라와

---

62) *Thousand Plateaus*, p.302.
63) *Thousand Plateaus*, p.304.

협연하는 것을 가능하게 했다. 이러한 목소리와 마이크의 친밀함은 에로티시즘을 일으킬 수 있으며, 목소리의 결정은 훨씬 더 명백해진다. 아르토 이론에 충실하면서 "테크노-방언"에 대해서도 말할 수 있을 것이다.[64] 로리 앤더슨(Laurie Anderson)이 많은 작업들에서 보여주고 있듯이, 목소리는 또한 목소리의 젠더를 확장하는 식으로 전자적으로 변형될 수 있다. 미셸 시옹이 보여주는 것처럼 라디오, 레코드플레이어, 전화의 녹음된 어쿠스매틱한 목소리는 이상하지만 엄청난 권능을 지니고 있다.

기술적인 녹음의 가능성이 지니는 또 다른 측면은 어느 한 사람의 목소리가 다른 사람의 목소리로 전환될 수 있다는 것이다. 엘렌 와이스(Allen Weiss)는 아르토의 연구와 관련하여 다음과 같이 말한다.

목소리를 녹음하는 것은 존재론적 위험성을 내포한다. 녹음된 목소리는 나로 하여금 다른 자의 목소리라는 환각을 일으키는 존재로 되돌아가게 하는 도둑맞은 목소리다. 이러한 다른 자의 목소리는 아마도 신의 목소리일 것이며, 그것은 종종 편집증적 경험의 경우나, 아르토의 광기의 시기 동안 일어난 경우였다. 편집증적 투사에서, 어느 한 사람의 목소리는 말할 수 없는 욕망이나 참을 수 없는 금기에 대한 금지된 생각을 말하는, 신적이거나 악마적인 존재로서 기원 없는 환각에 빠진다.[65]

「디바」에서 신시아 호킨스의 목소리는 신의 메시지로 되돌아온다. 그녀는 다른 자의 목소리로 되돌아온 그녀 자신의 목소리에 놀라움을 표현한다. "그러나 나는 나 자신이 노래하는 것을

---

64) David Toop, *Ocean of Sound — Aether Talk, Ambient Sound, Imaginary Worlds* (London : Serpent's Tail, 1995) pp.106-107을 보라. 이 장의 마지막 부분에서 툽의 책으로 돌아가겠다.
65) "Radio, Death and the Devil."

들어본 적이 없어요."라고 그녀는 쥘에게 말한다. 이 경우 "자기 자신이 노래하는 것을 듣는 것"은 분명히 지젝이 「나는 눈으로 당신을 듣는다」에서 이야기하는 초자연적 효과를 지닌다. 여기서 목소리는 다른 자의 목소리로 되돌아오며, 주체를 자신으로부터 고립시키고 실재계에 직면하게 한다. 하지만 기술적으로 이탈된 목소리는 또한 다른 가능성들도 제공한다. 「마스카라」에서 여성 가수의 녹음된 목소리는 이성 복장 착용자의 공연에 사용된다. 압베이트가 논증하듯이, 이것은 작가의 목소리와 공연하는 목소리 사이의 고정된 젠더 역할을 전이시킨다. 노래하는 목소리와 음악-되기의 탈영토화하는 힘의 영화적인 예를 하나더 언급해보자. 목소리가 녹음되었다는 사실(그리고 목소리는 어쿠스매틱하다는 사실)은 다시금 중요해진다.

프랭크 다라본트(Frank Darabont)의 할리우드 영화 「쇼생크 탈출」(1994)은 부당하게 유죄 판결을 받았다가 결국 탈출에 성공하는 앤디 듀프레인이 주인공인 감옥 영화다. 이 이야기는 앤디의 친구가 된 또 다른 죄수인 "레드" 레딩에 의해 보이스오버로 말해진다. 쇼생크 감옥은 모든 감옥들처럼 거의 탈출의 여지가 없는 극도로 외부와 차단된 영토다. 그럼에도 불구하고 영화 속에는 강한 탈영토화의 순간이 있으며, 이것은 어쿠스매틱한 음과 깊은 관련이 있다. 듀프레인은 도서관을 세우고 중고 책들을 얻는다. 어느 날 그는 몇 장의 레코드도 받는다. 그는 모차르트의 「피가로의 결혼(The Marrage of Figaro)」을 레코드플레이어 위에 올려놓고 그것을 감옥 전체로 퍼져나가는 스피커에 연결한다. 어디에서나 두 명의 디바의 목소리가 들리고, 모든 사람들은 놀라워하며 듣는다. 이어서 우리는 또 다른 어쿠스매틱한 목소리인 레드의 목소리를 들으며, 그의 목소리는 무슨 일이 일어났는지 회고하면서 이야기한다. 그의 말은 (어쿠스매틱한) 목소리의 탈영토화의 힘을 이야기하고 있다.

나는 두 명의 이탈리아 숙녀들이 뭘 노래하고 있는지 이 날 이때껏 몰라요. 진실은 내가 알고 싶어하지 않는다는 거요. 말하지 않은 뭔가가 있는데. 나는 그들이 너무나 아름답고, 말로는 표현할 수 없는 뭔가에 대해 노래하고 있다고 생각하는 게 좋소. 그리고 그 노래는 당신의 심장을 들쑤시게 할 거요. 그러니까 그 목소리는 위대한 장소에 있는 그 누구보다 더 가볍게 더 멀리 치솟아서 감히 꿈꾸게 했소. 그건 우리의 가둬진 우리(cage) 안으로 아름다운 새가 펄럭거리며 날아오는 것 같았소. 그리고 벽은 녹아 없어질 것 같았고. 아주 짧은 시간 동안 그때 쇼생크의 모든 사람들이 자유를 느꼈다오.

이러한 목소리는 대상 소문자 a 혹은 비상징화 가능성(죽음에의 직면)인 실재계의 흔적이라거나, 또는 또 다른 정신분석학적 독해에서 모든 인간에게 그들의 어머니의 목소리를 상기시켰으며 그들로 하여금 자궁의 세계로 안전하게 되돌아가기를 갈망하게 했다고는 말하기 어렵다. 이러한 목소리가 후렴의 첫 번째 측면인 위로하는 효과를 지니고 있다면 그랬을지도 모른다. 하지만 이러한 목소리들은 과거로 회귀하는 것이 아니라 미래로 나아가며, 탈영토화하는 강한 역량을 지니고 있다. 그 목소리들은 최후의 도주선과 자유를 표현한다. 듀프레인이 감옥의 문을 열었다면, 아마도 어느 누구도 감히 걸어 나가지 못했을 것이다(그들은 즉시 총살당했을 것이다). 하지만 이러한 노래하는 목소리를 통해 듀프레인은 모든 이들이 감옥에서 벗어날 수 있게 해주었다. 이로 인해 그는 독방에서 2주간 지내는 벌을 받게 되고, 이는 탈영토화의 행위였으며, 그를 다시 재영토화하도록 문자 그대로 의도된 것이다.

노래하기에서 음악이 되는 목소리는 탈영토화의 힘을 지닌다. 미셸 시옹이 분석하는 것처럼, 어쿠스매틱한 목소리의 역량이 여전히 권위적일 수 있을지라도(목소리는 또한 라디오에서 흘러나오는 독재자의 목소리에 관해 언급된 것처럼 영토화할 수 있다), 우리는 이제 그것이 또한 긍정적인 힘, 탈영토화의 힘을 지니고 있다는 것을 안다. 시옹은 어쿠스매틱한 여성의 목소리를 오직 전지전능한 거세하는 어머니 혹은 획득할 수 없는 욕망의 대상으로만 보는 반면에, 목소리를 미래를 향해 열려 있는 해방의 힘으로 다르게 보는 것 또한 가능하다.

□소리의 바다

나는 「인어공주」와 관련하여, 노래하는 목소리가 애니메이션의 유동적인 질뿐 아니라 바다 세계와도 관련이 있다고 언급했었다. 이 부분에서는 뤽 베송(Luc Besson)의 영화 「그랑 블루(The Big Blue)」(1988), 「아틀란티스(Atlantis)」(1991), 「제5원소(The Fifth Elements)」(1997) 등에서 나타나는 목소리의 수중적(aquatic) 질로 되돌아갈 것이다.66) 이 세 편의 영화들은 다른 방식이지만 수중의 음악-되기를 표현한다.

「그랑 블루」는『돌고래 인간(Homo Delphinus)』이라는 책으로 출판되었던 잠수부 자크 마욜(Jacques Mayol)의 실제 이야기에 기반을 두고 있다.67) 이 책에서 마욜은 스포츠 경험과 후에 프리다이빙(산소통 없이 다이빙하기)의 과학적 경험에 관해 보고하고 있다. 1960년대부터 마욜은 엔조 마이오르카와 프리다이

---

66) 베송은 또한 「서브웨이(Subway)」(1982)와 「니키타(La Femme Nikita)」(1990)로도 잘 알려져 있다. 그의 영화는 대부분 유럽 예술 영화 감수성을 결합한 액션 영화다. 아마도 그의 제작에 담겨 있는 이러한 모호함이 사이 위치, 경계 지대, 생성의 위치에 대한 감수성을 첫 번째로 지적해주는 것이리라. 「서브웨이」에서 그는 정의상 경계 지대인 지하철에서 살아가는 사람들의 지하 세계를 보여준다. 「니키타」에서 주인공은 아름다운 여성을 연기하는 그녀의 위치와 훈련된 파이터라는 위치 사이에서 왔다 갔다 한다.

67) Florence Dupont의 장 "Vu d'Homère : Le Grand Bleu", *Homère et Dallas* (Paris : Les Essais du XX-ième siècle, Hachette, 1991) pp.85-91도 보라.

빙 대회에 참가해왔다. 그러나 엔조 마이오르카는 1974년에 87 미터 깊이까지 다이빙하던 중 사망했다. 마욜은 계속해서 과학 실험을 하였으며, 숨쉬지 않고 100미터 깊이까지 들어간다. 과학 적으로 관찰한 결과 입증된 것은, 돌고래가 그런 것처럼 마욜 또 한 다이빙을 하는 동안 피가 심장, 간, 뇌에 모인다는 것이었다. 돌고래-되기(잠수부의 몸의 일부는 돌고래의 몸과 똑같이 빠름 과 느림의 관계로 들어간다)의 실제 사례는 뤽 베송에 의해 영화 로 변형되었다. 육지와 바다 사이의 모순은 자크 마욜에게는 중 요한 두 사람에 의해 강조된다. 한쪽에는 자크와 사랑에 빠져 그 의 아이를 낳고 싶어하는 미국 여성 조안나가 있다. 그녀는 자크 에게 계속해서 육지로 돌아오라고 부탁한다. 다른 한편에는, 그 에게 계속해서 더 깊이 다이빙할 것을 요구하는, 그러나 인간 신 체의 힘으로 다이빙하지만 결국 바다의 깊이를 이기지 못하게 될 엔조가 있다. 조안나도 엔조도 영원한 되기의 상태에 있지 못 한다. 그들은 인간도 동물도 아닌 자크와는 다르다. 영화에서는 물론 수중 장면이 유동적 질을 지니고 있지만, 그의 되기를 표현 하는 것은 그와 같은 이미지들이 아니다. 자크의 돌고래-되기와 바다의 음악-되기가 표현되는 것은 대개 바다의 소리, 돌고래와 물의 소리 속에서 가능하다. 영화의 마지막 또한 음악-되기의 힘 이 너무나 강해서 자크는 영원히 탈영토화되고 바다 속 깊이 가라 앉게 되는 것을 표현한다.[68] 육지에 강하게 소속되어 익사하게 된 엔조와 대조적으로 자크는 바다와 하나 되기를 선택한다.

「그랑 블루」 이후 뤽 베송은 수중 영화 「아틀란티스」로 다시

---

68) 제임스 카메론의 수중 SF 영화인 「어비스(The Abyss)」(1989)는 수중을 거 의 완벽하게 영화화한다. 수중 배의 연구팀은 바닷속 밑바닥에서 심연을 만들어 냈던 핵폭발을 걷어내려 한다. 여기서 그들은 어떤 모양이라도 취할 수 있는 상냥한 외계 종과 마주친다. 그 외계 종은 바닷물로 자신을 만들어낸다. 이것은 디지털 몰핑이 애니메이션 영화와 똑같은 원형질적 특징을 가지고 있는 경우를 보여준다.

바다로 돌아간다. 여기에서 베송은 대보초(Great Barrier Reef)의 백상어부터 바하마스의 춤추는 돌고래와 모든 다양한 형태의 중간 바다 생명체에 이르는 바다 세계를 촬영한다. 이미지들은 에릭 세라(Eric Serra)가 작곡한 사운드트랙과 함께한다. 이 사운드트랙은 「아틀란티스」를 일종의 "수중 오페라"로 만들어주었다. 세라는 또한 기존의 오페라 곡도 포함시켰다. 영화 중간쯤에 크고 인상적인 노랑가오리가 홀로 이미지 안으로 수영해 들어온다. 그리고 우리는 마리아 칼라스(Maria Callas)가 벨리니의 「몽유병의 여인(La Sonnanbula)」을 부르는 목소리를 듣게 된다. 「인어공주」의 모험에 등장하는 노랑가오리와 달리, 이 노랑가오리는 대립을 일으키는 영토화의 기계가 아니다. 이 노랑가오리의 이미지는 목소리와, 거의 검정에 가까운 깊은 푸른색 바다의 모든 음악-되기, 즉 원자화되고 분자적이며 수중적인 음악-되기와 융합된다.

『운동-이미지』에서 들뢰즈는 프랑스 영화의 액체적 전통을 언급한다. 물론 여기서 장 비고(Jean Vigo)의 「라탈랑트(L'Atalante)」(1934)를 생각해야 한다. 이 영화에는 영토적 움직임과 수중적 움직임 사이의 대립이 있다. 들뢰즈는 여기서 강한 정서적 힘을 지니고 있는 액체적인 지각-이미지를 말한다. 「라탈랑트」에서 사라지게 된 사랑하는 사람이 드러나는 곳은 바로 물 속이다. 들뢰즈는 "프랑스 유파가 물에서 발견한 것은 지각의 또 다른 상태에 대한 약속 또는 함의였다. 인간적 지각 이상의 것으로, 지각은 고체들을 대상으로 하지 않는다. 그것은 더 이상 고체를 대상으로, 조건으로, 환경으로 가지지 않는다. 이것은 '영화-눈'에 특유한, 더 섬세하고 광대한 지각, 분자적 지각이었다"[69]라고 지적한다. 들뢰즈가 『시간-이미지』에서 논증하듯이, 1970년대에 거대

---

69) *Movement-Image*, p.80.

한 해변가와, 이미지의 흐름과 소리의 흐름의 액체적 질을 지닌 마르그리트 뒤라스의 영화는 이러한 프랑스 영화적 전통을 잇고 있다. 뤽 베송은 이러한 프랑스 영화의 액체적인 전통을 잇는 계승자로 볼 수 있다.

거대 자본의 할리우드 액션 영화에 대한 유럽의 해답이라고 홍보된 「제5원소」에서도 베송은 그의 수중적 되기에 대한 매혹에 충실하다. 플롯에 관해 말하자면, 영화는 전통적인 SF 플롯 그 이상의 무엇은 없다. 23세기에 지구는 끔찍한 외계 생명체의 위협을 받고, 주인공 코벤 달라스와 리루에 의해 구해져야 한다. 리루는 지구를 구할 수 있는 "제5원소"다. 그렇게 하기 위해 그녀는 다른 네 개의 원소를 대표하는 네 개의 돌들을 가질 필요가 있다. 물론 많은 선한 자와 악한 자들이 이 돌을 추적하며, 그들 모두는 뉴욕이라는 카오스적인 도시에서 벗어나 한 낙원의 섬으로 가게 된다. 그곳에서 영화의 나머지 사건이 일어난다. 이러한 플롯을 기초로 볼 때, 이 영화는 쉽게 잊어버릴 수 있는 그저 그런 영화다. 그러나 배치로써 이 영화를 고려해보면, 내용의 형식과 표현의 형식이 이 영화를 감정적이며 영적인 영화가 되게 한다. 들뢰즈가 주장한 것처럼, 감정-이미지는 시간의 네 번째 차원이며 영적인 선택의 다섯 번째 차원으로 열릴 수 있다.[70] 이러한 영화의 감정적 질은 어느 분명한 기원이 더 이상 가능하지 않고, 우리의 신경계에 직접적으로 작용하는 공간의 과잉에 의해 야기된다. 영화에서 행해지게 되는 선택은 경찰에게 붙잡히느냐 아니면 빌딩에서 뛰어내리느냐 하는 매우 실용적인 선택에서부터, 리루가 지구를 구하느냐 아니면 그냥 파괴당하도록 내버려둘 것이냐 고민하는 영적인 선택에 이르기까지 다양하다. 다른 글에서 나는 이 문제를 좀더 집중적으로 논의한 적이 있다.[71] 이 영

---

70) *Movement-Image*, pp.107-111.

71) Patricia Pisters, "The Fifth Element and the Fifth Dimension of the

화의 흘러넘치는 공간적 잠재성 안에서 인지할 수 있고 확정적인 유일한 큰 공간은 "오래된 오페라 하우스의 완벽한 복제"다. 거기에서 콘서트가 열린다. 그때가 영화의 나머지 순간이며 명백한 영토화의 순간이다. 왜냐하면 모든 것이 한 번에 제자리를 찾고 일체감을 갖게 되기 때문이다. 그러나 탈영토화의 가장 대단한 순간이 일어나는 것도 바로 이곳이다.

오페라 무대 위에서 디바가 등장한다. 하지만 그녀는 "보통의" 디바가 아니다. 그녀는 키가 크며 몹시도 아름다운 목소리를 가진 아쿠아블루 형상이다. 그녀가 도니제티(Donizetti)의 오페라 「람메르무어의 루치아(Lucia di Lammermoor)」를 노래하기 시작할 때(소프라노 인바 물라 차초(Inva Mulla Tchacho)의 목소리다), 모든 사람은 침묵하고 완벽한 황홀경에 빠진다.[72] 새-되기인 그녀의 목소리는 일순간 행동을 정지하게 하고 모든 것을 분자화한다. 블루 디바가 노래하기 시작할 때, 그것은 마치 그녀의 몸이 우리가 살고 있는 "소리의 바다"의 잠재적 가능성을 현실화하고 있는 듯이 보인다. 들뢰즈가 『시간-이미지』에서 말하듯이, 이미지와 목소리의 동시화는 신화적 우화의 창조적 기능의 일부가 된다. 들뢰즈는 동시화에 대해 말한 시옹을 인용한다. "그것을 통해 이미지는 소리에게 다음처럼 말한다. 모든 곳에서 흐르기를 멈추고 나에게로 와서 머물러라. 몸은 목소리를 환영하기 위해 열린다."[73]

Affection-Image", *Cinema Studies into Visual Theory?* Ed. Anu Koivunen and Astrid Söderberg (Turku : University of Turku, 1998) pp.93-107을 보라.
72) 여기서 파스빈더의 작품으로 다시 비켜가 보는 것도 가능하다. 파스빈더와 작곡가 피어 라벤(Peer Raben)에게 음악은 탈영토화, 재영토화의 효과를 위해 중요하다. 「마르타(Martha)」에서 주인공 마르타는 도니제티의 「람메르무어의 루치아」를 사랑하지만, 그녀의 사디즘적인 남편은 그녀가 그 음악을 듣는 것을 금지시킨다. 「릴리 마를렌(Lili Marleen)」은 노래의 영토화의 힘에 대한 영화다. 카릴 플린(Caryl Flinn)의 뉴저먼 시네마의 음악에 대한 최근 저작도 보라.

목소리는 이제 청각적 거울이 아니라 수용된(그리고 현실화된) 잠재성의 표현이다. 여기에서 그녀의 몸의 푸른색은 살의 이미지의 색채처럼 죽음과 차갑게 결부되지는 않는다. 푸른색은 죽음과 관련이 있지만 또한 영원의 색이다. 푸른색은 투명의 색이다. 푸른색은 텅 빈 하늘의, 물의 투명함의, 수정의 반투명의 질을 지닌다. 『상징 사전(*Dictionary of Symbol*)』은 파란색에 대해, 파란색으로 들어오는 것은 거울을 통과하는 이상한 나라의 앨리스의 경험과 같다고 쓴다.[74] 우리는 앨리스가 이상한 나라로 들어갈 때 벌써 무슨 일이 일어나는지 안다. 그녀는 되기의 세계로 진입하는 것이다. 디바의 목소리와 그녀의 푸른 몸은 가능한 이미지와 소리의 잠재적 장에서 현실화의 순간이 된다. 그러나 그녀의 목소리와 몸의 액체적이고 분자적인 질은 이러한 현실화가 미래를 향해 열리는 도주선의 현실화가 될 수 있도록 한다.

오페라 곡이 끝난 후 오케스트라의 리듬과 멜로디에 변화가 생긴다. 그녀의 목소리가 오케스트라와 하나가 되고 에릭 세라의 곡 「디바 댄스(Diva Dance)」가 이어지면, 푸른색 디바는 춤추기 시작한다. 여기서 우리는 들뢰즈·구아타리에 의해 언급된, 목소리의 완벽한 통합을 발견하게 된다. 새는 곤충이 되고 그것은 음악-되기에서 점점 더 중요해질 것이다. 들뢰즈·구아타리가 주장하듯이, 새는 목소리고 곤충은 악기다. 우리는 "훨씬 더 많은 분자적 진동, 찍찍거리는 소리, 사각거리는 소리, 윙윙거리는 소리, 찰칵거리는 소리, 긁는 소리, 문지르는 소리가 가득한"

---

73) *Time-Image*, p.332.

74) Jean Cavalier and Alain Gheerbrandt, *Dictionnaire des Symboles* (Paris : Robert Lafont / Jupiter, 1982 ; first published in 1969)를 보라. Jacques Aumont, *Introduction la couleur : des discourse aux images* (Paris : Armand Colin, 1994)도 보라.

곤충의 시대에 진입하고 있다.[75] 문자 그대로 목소리는 젠더를 뛰어넘는 도구라는 것을 깨닫게 되는 것도 바로 디바 댄스가 울려 퍼지는 이 순간이다. 디바의 목소리는 매우 낮은 "남성적" 음조부터 매우 높은 "여성적" 음까지 자유자재로 넘나든다.

디바 댄스 장면은 리루가 외계의 적들의 무리와 직접 싸우는 장면과 함께하는 음악의 리듬으로 넘어간다. 이때 분자적 음악 층위와 좀더 고체적인 행동 층위 모두에서, 행성 지구는 두 명의 "여성들" 혹은 두 명의 사이보그 앨리스에 의해 방어된다. 곧 카오스가 다시 찾아온다. 리루는 일시적으로 패배한다. 디바는 총을 맞고 코벤 달라스의 품에서 숨진다. 그리고 그녀는 그에게 네 개의 돌이 그녀의 몸 속에 감춰져 있으며, 그가 루리를 사랑으로 구해야 한다고 속삭인다. 그가 디바의 피 흘리는 푸른 몸 속에서 소중한 돌들을 "끄집어낼" 때("감수성의 피는 파란색이다"[76]), 마치 그녀가 세계는 변화하는 지각, 즉 세계의 음악-되기에 의해서만 구해질 수 있다고 분명히 못 박은 것처럼, 우리는 여전히 머릿속에서 그녀의 수중 목소리를 듣고 있다. 물론 뤽 베송이 여기에서 "여성" 오페라 가수를 전통적인 방식으로 죽게 했다고 비난하는 사람도 있을 것이다. 그리고 실제로 뤽 베송의 영화에는 많은 정형화된 이미지들이 존재한다. 그의 인물은 종종 만화 캐릭터처럼 "평면적"이다. 이러한 효과는 베송이 유명한 프랑스 만화가 뫼비우스(Moebius), 장 클로드 메지에르(Jean-Claude Mézières)와 이 영화를 위해 공동 작업을 했다는 사실로 인해 더욱 강화된다.

하지만 새로운 영화의 등장인물들은 더 이상 정신분석학적으로 동기 부여되지 않는다. 들뢰즈가 『시간-이미지』의 뒷부분에

---

75) Thousand Plateaus, p.308.
76) 「블루(Blue)」 사운드트랙에서 발췌. 가사 Derek Jarman, 작곡 Simon Fisher Turner (London : Mute Record, 1993).

서 논증하는 것처럼, 등장인물은 발화-행위를 수행하는 "자동 기계(automata)" 혹은 "꼭두각시"처럼 되었다.77) 이런 식으로 그들은 새로운 신화의 탄생, 차고 넘치는 두뇌와 점점 비슷해지는 세계의 신화에 참여한다. 베송의 "만화 캐릭터"는 주로 들뢰즈가 묘사하는 새로운 유형의 배우들이다. 그들의 평면성은 그들이 의미 없다는 것을 반드시 내포하는 것은 아니다. 베송의 스펙터클한 이미지에는 항상 영적으로 감정적인 질이 있다. 그러한 점에서 그의 "전형화"는 단지 순진하거나 단순한 것으로 치부될 수는 없다.78)

결국 리루는 순전히 사랑과 코스모스적 에너지(서로 연결되어 있는)를 통해 지구를 파멸에서 구해낸다. 그것은 마치 베송이 『천개의 고원』에서 강렬하게-되기의 고원의 마지막 글을 시청각적으로 표현하고자 하는 것과 같다.

우리는 다음과 같은 지점까지 가야 한다. 즉, 인간의 비음악적인 음이 음의 음악-되기와 더불어 블록을 만들어야 한다. 또한 이 둘은 서로 떨어질 수 없는 두 레슬링 선수처럼 서로 대결하거나 껴안은 채로 경사선 위에서 미끄러져야 한다. "코러스여, 살아남은 자들을 재현하라. … 희미하게 매미 소리가 들린다. 그리고 종달새의 소리, 앵무새의 소리도. 누군가 웃는다. … 한 여자가 오열한다. … 한 남자가 크게 외친다. 우린 버림받았어! 한 여자의 목소리. 우리는 구원받았어! 사방에 스타카토 외침이다. 버림받았어! 구원받았어! 버림받

---

77) *Time-Image*, p.266.

78) Susan Hayward, *Luc Besson* (Manchester and New York : Manchester University Press, 1998)도 보라. 헤이워드는 이를테면, 모든 베송의 영화들에서 그의 인물들은 아버지와 어머니가 부재한 상태에서(오이디푸스 가족을 벗어나) 자신들의 "주체성"을 구성한다. 헤이워드에 의하면, 베송의 영화들은 그들이 현대 사회의 인간 조건(특히 젊은이의)에 대해 이야기한다는 점에서 음유 시인의 기능을 가진다. 베송의 음유 시인적 기능은 우리가 여기서 "현대 신화 만들기"의 경우를 가진다는 사실을 한 번 더 강조한다.

았어! 구원받았어!79)

사운드트랙이 모든 액션 영화에서 점점 중요해지고 있을지라
도, 베송은 경직된 액션 장르를 좀더 유동적이며, 되기와 변화에
민감하게 되도록 몇 가지 블루 리퀴드 노트(blue liquid note)를
더했다.80) 데릭 저먼(Derek Jarman)은 「블루(Blue)」의 사운드
트랙에 대해 다음과 같이 매우 다른 방식으로 표현한다.

> 소금기 입술의 감촉
> 해저의 정원에서
> …
> 푸른색은 인간이 담그고 있는 만국의 사랑
> — 이는 영토적 낙원이다

코스모스적 힘을 여는 푸른색 디바의 목소리는 또한 "영토적
낙원"을 노래한다. 수중적 질, 원자적 질을 지닌 목소리는, 비록
그것이 다른 어느 것보다 우월한 위치에 있으려고 하지 않을지
라도 왕좌로 복귀하는 것으로 보인다. 하지만 그것이 꼭 여성의

---

79) *Thousand Plateaus*, p.309 / 584 「제5원소」는 아마도 남성이 내지르는 비명
(크로스젠더이자 트랜스 에스닉인 텔레비전 "토크쇼" 사회자 루비 로드(Ruby
Rod)가 내지른다. 영화 사운드트랙에서 그의 말은 또한 음악으로 표현된다)이
있는 최초의 영화일 것이다. 이것은 아르토의 비명이 있는 프랑스 전통으로 보
이기도 하며, 뒤라스의 「인디아 송」에서 부영사의 심장을 찌르는 비명처럼 보이
기도 한다. 하지만 거대예산 액션 영화에서 이것은 전례가 없다.

80) 음악에서 블루 노트는 "온음계에서 반음 내린 3도나 7도 또는 5도(덜 일반
적)로, 블루스, 재즈 그리고 관련 음악에서는 일반적으로 나타난다. 블루 노트의
음조나 인토네이션은 확실하게 정해져 있지 않고 연주자의 본능과 표현에 따라
다양해진다. 다른 변화되지 않는 음조들과 합쳐져서, 블루 노트는 블루스 음계
를 구성해낸다"(Barry Kernfeld, ed., *The New Grove Dictionary of Jazz*.
[London : Macmillan Press, 1988]). 블루 노트는 또한 나이트클럽 이름이기도
하다.

목소리일 필요는 없다. 목소리의 기계화에서 섹슈얼리티란 없기 때문이다. 각각의 목소리는 여성-되기, 동물-되기, 음악-되기일 수 있으며 주위에 떠다니는 에너지를 받는다. 그것은 단지 특정 이미지와 소리 안에서 잠재태를 현실화(행동하고, 창조하고, 살아가려는 n번째 의지에 의한 획득)할 필요가 있다.

코스모스적 힘 : 음악에서의 되기

□전자 음악 : 새로운 "가정" 창조하기

들뢰즈 · 구아타리는 현대 시대를 코스모스 시대, 코스모스적 에너지의 시대로 보고 있다. 이러한 관점에서 볼 때 「제5원소」는 매우 많은 것들이 현대 시대의 특성을 지니고 있는 영화다. 이 영화는 코스모스에 대해 말하고 있으며, 리루라는 인물을 통해 표현된 것처럼 궁극적으로 순수 코스모스적 에너지를 다루고 있다. 우리가 살고 있는 시대의 또 다른 측면은 음악에서 동물-되기가 새(목소리)에서 곤충(기악 / 완벽하게 통합된 목소리)으로 점점 바뀌고 있다는 것이다. 이것이 물론 더 이상 어떠한 새-되기도 없다거나 또는 이것들이 더 이상 중요하지 않다는 것을 의미하는 것은 아니다. 다만, 동물-되기에서 다양성이 점점 더 증대하고 있다는 것, 다시 말해 "훨씬 더 분자적인 진동들, 즉 찍찍소리, 찌르르 소리, 윙윙 소리, 쩍쩍 소리, 사각사각 소리, 끽끽 소리가 가득"하다는 것이다. 들뢰즈 · 구아타리에 의하면, 곤충은 모든 되기가 분자적이라는 진리를 더 잘 알아들을 수 있게 한다. "분자적인 것은 원소적인 것과 코스모스적인 것을 소통시킬 수 있는 능력을 갖고 있는 것이다. 바로 분자적인 것이 형식을 해체시키기 때문이다. 이러한 형식의 해체는 가장 다양한 경도들과 위도들, 가장 다양한 빠름과 느림을 관계시키며, 자신의 형식적 한계를 훨씬 넘어서까지 변주를 확장함으로써 하나의 연속체를 확보하는 것이다."[81]

들뢰즈 · 구아타리는 1970년대 후반과 1980년대 초반에 신시사이저를 이 시대의 배치하는 기계(assembling machine)라고 말한다. 1990년대 후반에, 전자 음악에서 다양한 음향 기계와 음향상의 주목할 만한 사건들이 점차 소리의 분자적 힘을 지시한다는 것은 점점 더 명백해지고 있다. "들리는 것을 들리지 않게 하라." 소리 여왕의 속삭임은 점점 더 커지고 있으며 몇몇 층위, 즉 음악 현장에서, 영화에서 그리고 (젊은이) 문화 일반에서 우리의 문화를 관통하고 있다.

1995년 11월, 들뢰즈가 죽은 후 음반 회사 밀 플라토(Mille Plateaus[천개의 고원])가 설립되었으며, 들뢰즈를 추모하는 CD가 발매되었다.[82] 스캐너(Scanner), 마우스 온 마스(Mouse on Mars), 데이비드 셰아(David Shea), 비퀸(Beequeen), DJ 스푸키 더 서브리미널 키드(DJ Spooky the Subliminal Kid) 같은 뮤지션들과 DJ들은, 전자음으로 들뢰즈 · 구아타리의 업적과 자신들과의 친밀성을 표현하는 "음악-기계"를 창조해냈다. 들뢰즈 · 구아타리 철학에는 엄청난 음악이 있다. 그들이 소개한 명확한 음악 개념들 외에도 전반적으로 『천 개의 고원』을, 반복해서 돌아

---

81) *Thousand Plateaus*, p.309 / 583. 이 점과 관련하여 들뢰즈는 한 번 더 마약을 언급한다. "마약 실험이 모든 이에게, 심지어 비사용자에게까지 자국을 남긴다면, 이는 마약 실험이 공간-시간의 지각적 좌표를 변화시켰기 때문이며, 그리고 동물-되기가 생략된 곳을 분자-되기가 떠맡는 곳에서 미시지각의 우주를 우리에게 소개하기 때문이다"(p.248).

82) *In Memoriam Gilles Deleuze* 는 밀 플라토가 1966년 프랑크푸르트에서 발매한 앨범이다. 벨기에 브랜드 서브로사(Sub Rosa)는 이미 1995년 브뤼셀에서 *Folds and Rhizomes for Gille Deleuze* 를 발매했다. 1997년에 이 앨범 트랙은 *Double Articulation : Another Plateau* 로 리믹스되었다.

오는 동일한 후렴에 다양한 층위들과 변주를 지닌 하나의 악곡으로 읽을 수 있다. 음반 회사 서브로사(Sub Rosa)는 들뢰즈·구아타리와의 친밀성을 다음과 같이 표현한다.

처음부터 우리는 하나의 라벨 이상이 되길 바랐다. 아마도 기계는 리좀을, 꼭대기와 골을, 평온함과 의심을 작곡했을 것이다. 그것이 일이 되어가는 방식이다. 장미 아래 직관의 기적, 친밀한 우정을 말하기. 아름다운 어떤 것. 성장하고, 변화하고, 지나가고 그리하여 또 다른 형식으로 돌아오는 것. 나무 그늘에서 깨지고 다시 형성되는 무리. 사막의 건조함. 그것과 함께 우리는 다른 어떤 것을 고쳐 만들었다. 우리가 소리를 만든 텍스트와 함께. 깊은 숨이 있는 곳이 아니라고 우리가 알고 있는(사물이 어느 날 다른 형식으로 되돌아올 것이라는 의심이 없는) 흘러간 소리. 우리는 다시 한 번 시작한다….

음이 디지털 방식으로 스캔되고 변형되고 재작업되어서, 누가 실제로 그 곡을 작곡했는지, 사운드 디자이너인지, 악기와 기계인지, 아니면 사용자인지도 불분명하게 되었다. 전통적 개념의 작곡가는 기계-인간, 사이보그에 의해 대체된다고 말할 수 있다. 흑인 음악, 사이버 문화, 아프리카계 미국인의 역사를 담고 있는 존 아캄프라(John Akomfrah)의 SF 다큐멘터리 「역사의 마지막 천사(The Last Angel of History)」에서 인터뷰했던 뮤지션들/DJ들 중의 하나인 데릭 메이(Darek May)는 동시대 테크노 뮤직은 인간과 기계가 서로 얽혀 있는 것을 표현한다고 말한다. 「역사의 마지막 천사」는 실제로 들뢰즈·구아타리가 "전쟁 기계", 저항하는 힘이라고 부르는 것인 소수자 역사를 재창조한다. 다시 말해, 블루스에서 시작하여 재즈, 솔, 힙합, 테크노 뮤직에 이르는 흑인 음악의 역사와 미래를 만든다. 이 영화는 블루스를 연주하는 재능을 얻기 위한 대가로 그의 영혼을 악마에게 팔아버린 한 전설적인 블루스 뮤지션에 관해 이야기한다. 똑같은 방식으로, "미래에서 온 도둑인 데이터 시프(Data Thief)는 '모성 접속(mothership connection)'을 발견하러 현시대로 오기 위해 그의 시대에서 살아갈 권리를 저버린다."

미래로 흘러가는 와중에 과거를 바라보는 벤야민(Benjamin)의 역사의 천사처럼, 그 도둑은 과거의 일부도 미래의 일부도 될 수 없는 역사의 천사가 된다. 같은 제목을 가진 1970년대 조지 클린턴(George Clinton)의 유명한 앨범을 명백히 참조하고 있는 모성 접속은 음악과 코스모스적인 것 사이의 연결을 지적한다. 영화 속의 많은 흑인 뮤지션들과 DJ들은 테크놀로지적인 음악의 기능과 효과에 대해 이야기한다. 그들의 말은 분명히 음악과 언어, 몸짓, 몸의 의미화 작용, 욕망을 통해 한 사회 집단이 스스로를 "실질적인 행위의 결과물"로 형성하는 방식을 보여준다.83) 신시사이저가 소음을 음악으로 바꿀 수 있다는 사실 외에도 이러한 배치-기계는 미래 지향적인 우주 음악(space sound)을 만들 수 있는 능력을 창조한 최초의 획기적인 발견으로 보인다. 1990년대 테크노 뮤직과 정글/드럼 베이스 뮤직뿐 아니라 「마더십 커넥션(The Mothership Connection)」 및 선라(Sun Ra)의 우주 음악, 새무엘 드레이니(Samuel Delany)와 옥타비아 버틀러(Octavia Butler)의 SF 소설 모두 코스모스적 에너지에 접속하고자 하는 똑같은 욕망으로 연결된다.

전자 음악과 코스모스적 에너지 사이의 유사한 접속은 「인 메모리엄 질 들뢰즈(In Memoriam Gilles Deleuze)」 앨범에서도 찾아볼 수 있다.

전자음 기계. 이것은 혹자가 질문하는 문제와 의문에 의존한다. 전자 음악을 만든다는 것은 무슨 의미인가? 그 수학은 음악의, 수학 해

---

83) Simon Frith, "Music and Identity", p.123. 여기서 프리스는 폴 길로이(Paul Gilroy)를 인용한다.

법 규칙의, 알고리듬의 기초인가? 그 음악은 신시사이저, 모니터, 미디, 컴퓨터 사이언스, 컴퓨터 등의 우주에서 생겨나는가? 혹은 두 번째 질문을 던져라. 전자 음악은 어떻게 기능하는가? 이 질문은 전자 음악이 첫 번째 질문으로 되돌려질 수 없음을 보여준다. 첫 번째 질문은 차라리 좀더 역설적인 모델을 따라하는 것으로, 들을 수 있는 것을 들을 수 없게 만드는 것이다. 이것은 상이한 강도(느림, 빠름, 레이어 만들기, 지연, 압축)와 기능(음 요소들의 종합, 음과 리듬의 종합 등)을 재현하는 음 재료의 풍부함으로 만들어진다. … 포획된 힘은 이제 대지의 힘이 아니며, 큰 표현 형식을 구성하지만, 오늘날 그것들은 무형식의 힘, 실체 없는 에너지 코스모스다. 매우 작은 것에서 나온 코스모스적 힘, 점프, 침묵, 지속, 집합(ensemble)은 작은 것부터 큰 것까지 포함한다. 그것들의 부분이 재료를 또다시 접어 포개기 때문이다. … 사건은 순수 되기다.

여기서 들뢰즈 철학의 몇 가지 측면들을 발견할 수 있다. 이를테면 의미에 대해서가 아니라 기능과 효과에 대해 질문하기, 강도, 빠름, 느림으로 사유하기, 순수 되기의 사건으로 음악에 대해 이야기하기 등이다. CD의 뮤지션들은 자신들의 음악에서 똑같은 감수성을 표현해왔다.

「역사의 마지막 천사」의 데이터 시프가 발견하는 하나의 반복된 어구는 "사회적 실재와 SF 사이의 연결은 눈의 환영이다"라는 것이다. 영화는 흑인 소수자의 존재와 SF 사이에 확고한 접속이 있다는 것을 증명한다. 외계인 유괴와 유전자 변형에 비추어 아프리카계 미국인의 역사를 다시 쓰는 것은 단지 은유적인 것만은 아니다. "당신은 노예 이주보다 얼마나 더 소외될 수 있겠는가?"는 수사학적 질문이다. DJ 스푸키는 노예의 역사, 그들의 언어를 저버린 것, 새로운 표현 방식을 찾기 위한 돌파구로서 흑인 음악의 부상을 언급한다.[84] 귀는 눈의 환영보다 덜 민감한 것 같다. DJ

---

84) DJ 스푸키는 뉴욕 언더그라운드 클럽 니팅 팩토리(The Knitting Factory)의

스푸키는 음악에서 분자적 되기를 표현하는 젊은 동시대 DJ / 뮤지션들 중 하나다. 그는 또한 자신을 보이지 않는 도시의 공간 엔지니어라고 부른다. 그는 한 인터뷰에서 "나에게 레코드 두 장만 줘봐요. 그러면 나는 여러분에게 우주를 만들어주겠소"라고 말한 바 있다.[85] 전자 음악과 음악적 파노라마(soundscape)는 탈영토화하는 코스모스적 역량을 지니며, 동시에 공간적 질도 지닌다. 그것들은 영토적 힘에 그리고 "정체성"과 "가정"의 창조에 표현을 주는 "살아 있는" 작곡이다.

□새로운 종류의 민중?

내가 언급한 많은 DJ들, 사운드 디자이너들, 뮤지션들은 아방가르드와 언더그라운드 계통에서 일한다. 하지만 운동은 이러한 서클들에만 국한되지는 않는다. 뮤지션인 데이비드 톱(David Toop)은 책 『소리의 바다(Ocean of Sound)』에서, 광범위하게 대중성도 획득해온 환경 음악(ambient music)과 환경음에 대해 역사적으로 설명한다. 그의 설명은, 드뷔시(Debussy)가 처음으로 자바 섬의 음악이 공연되는 것을 들었던 1889년 파리박람회에서 시작한다. 우선 그가 읽고 쓰는 자신의 음의 환경을 서론에 묘사하면서 톱은 또한 위스망(Huysmans)의 데 제생트(Des Esseintes)[86]의 종합적 경험으로 거슬러 올라간다. 톱은 "소리와 음악이 방향을 상실하고 영감을 불러일으키는 개방을 표현하게 된 경로를 탐험하고자 한다. 그런데 그 열림을 통해 단단한 모든 것은 기체로 녹아

일원이다. 그는 작가로서 폴 D. 밀러(Paul D. Miller)라는 필명으로 출판도 한다.
85) *Andere Sinema*, nos. 137.138.139, 1997을 보라. 이것은 들뢰즈 · 구아타리로부터 영향을 받은 뮤지션들과 DJ들과의 인터뷰 및 "상상의 사운드트랙"의 현상에 대한 시리즈다.
86) [옮긴이] 위스망이 쓴 소설 『거꾸로(*A Rebours*)』의 주인공.

든다."[87] 물론 단단한 것의 기체-되기는 분자-되기와 심지어 지각 불가능하게-되기를 말하는 또 다른 방법이다. 톱은 **환경 음악**이라는 용어를 만든 브라이언 이노(Brian Eno)가 중요한 역할을 했음을 인정하고, 환경 음악에 대해 풍부하고 세부적으로 설명한다. 이노는 환경 그 자체를 포함해서, 음악을 만드는 데 사용되는 모든 장치들(음향 기계인 신시사이저를 통해)이 악기가 된다는 생각을 포용했다. 그러므로 환경 음악은 이제 기술 장비의 중재를 통해 환경 음악이 된다.[88] 톱은 바다 위에 떠 있는 배와 같이 두드러져 보이기보다는 오히려 빛, 그림자, 색채, 향기, 맛, 소리의 모든 다양한 일시적인 효과들과 어우러져 바다의 일부가 되는 음악으로서의 환경의 탄생에 대해 설명한다. 톱은 다음과 같이 환경을 묘사한다. "우리가 듣지만 듣지 못하는 음악, 우리로 하여금 침묵을 더 잘 듣도록 하기 위해 존재하는 소리들, 강렬한 충동에서 벗어나 집중하고, 분석하고, 틀을 짜고, 범주화하고, 분리하도록 우리를 쉽게 해주는 소리들. … 나비 한 떼가 바다 위에서 만났다."[89]

환경 음악은 모든 음과 소음이 음악이 될 수 있다는 것을 보여준다. 떨어지는 빗물, 비에 젖은 거리의 발자국, 불어오는 바람, 바다의 부서지는 파도, 속삭이는 목소리 등 모든 것은 음악이 될 수 있다. 반대로, 음악은 다시 환경적인 것이 되어 둘은 서로 구분할 수 없는 지점에 이른다. 암스테르담에는 숲 한가운데 있는 듯한 기분이 들도록, 여름에 사운드 시스템(태양 에너지에 반응하는)을 사용해서 새 소리가 나무에서 흘러나오게 하는 노천카페("드 에이스브레이커르(De Ijsbreker)"[얼음 깨는 사람])가 있

---

87) *Ocean of Sound*, p.11.
88) 환경음에 대해 이야기하는 시옹은 (뮤지션으로서) 환경 음악의 선구자라고도 말할 수 있는 뮤직 콩크레트(music concrète)로부터 영향을 받는다.
89) *Ocean of Sound*, p.140 and 179.

다. 사운드 시스템을 설명하는 표지판이 없다면, 이것이 기계 조작으로 가능한 일이라는 것을 몰랐을 것이다. 기계음이라고는 하지만 새소리가 지니는 진정 효과에는 차이가 없다.

환경 음악은 이제 테크노 뮤직 문화의 일부가 되었다. 그리고 수많은 DJ들이 환경음을 가지고 작업한다. 클럽에서, 레이브(rave)[90]에서, 댄스 파티에서 환경은 존재한다. 춤은 몸의 음악-되기의 방식이다. 사이먼 프리스는 다음과 같은 방식으로 대중 음악의 춤에 대해 주목한다.

> 춤은 음악을 표현하는 하나의 방식으로서 일뿐 아니라 음악을 듣는 방식, 다시 말해서 **춤의 펼침** 속에 있는 음악으로 들어가는 방식이라는 문제다. 이것은 댄스 음악이 음악 안에서 육체적으로 스스로를 잃어버리는 방식이자 음악에 대해 생각하는 방식이며, 확실히 "무뇌"는 아닐 정도의 집중도를 갖고 음악을 듣는 방식이기도 한 이유다. 음악을 "듣는" 자는 춤으로 음악을 "이해"한다. 따라서 춤꾼의 참여는 우리가 미학적 감상의 토대, 말하자면 음악의 기초적 발판으로 설명해왔던 리드미컬한 해석이다. 요컨대 리듬을 통해 움직일 시기와 속도와 규칙성 및 반복성에 대한 판단을 통해 우리는 하나의 곡에 가장 쉽게 참여하게 된다. 발로 톡톡 치고 손뼉을 치거나 머리를 아래위로 흔드는 것만 해도 된다. 그리고 라이브 공연에서 이것은 우리의 움직임이 다른 사람들의 움직임과 엮이는 집단적 참여며, 음악 그 자체에 없어서는 안 될 부분에 대한 우리의 반응인(아프리카 클래식에서 부르고 대답하는 전통 같은) 음악적 참여로서 확실히 경험된다.[91]

다시 한 번, 마음 / 몸의 대립은 더 이상 변호될 수 없다. 몸과

---

90) [옮긴이] 영국과 유럽에서 1980년대 중반부터 자리잡은 청소년 댄스 문화. 버려진 창고, 비행기 격납고, 농장에 설치된 천막 등 틀에 박히지 않은 장소에서 청소년들이 밤새 춤을 추는 파티로, 레이브 파티에 주로 등장하는 음악은 테크노였다.

91) *Performing Rites*, p.142.

마음은 광란의 레이브에서, 클럽에서 음악이 된다. 클럽, 레이브, 다양한 댄스 음악 이벤트들의 증가는 지난 10년간 우주 음악(cosmic music)이 어려운 전자 아방가르드 음악 현장에만 국한된 것이 아니라 대중 문화의 현장에까지 뻗어나가 융합을 일으키고 있다는 점을 분명히 한다. 그러한 이벤트들에 규모와 집단성이 주어지게 되면, 세계의 음악-되기는 새로운 종류의 민중(국경에 의해 정의되지 않는)이 음악을 통해 만들어진다는 점에서 정치적 차원까지도 포함할 수 있을 것이다. 들뢰즈·구아타리는 꿈같은 방식으로 예측한다.

마지막으로 대지나 민중과의 관계가 변하며, 따라서 더 이상 낭만주의 유형의 것이 아니라는 것만은 분명하다. 대지는 지금 최고로 탈영토화되어 있다. 은하계의 한 점으로 머무는 것이 아니라 수많은 성운 중의 하나가 되었기 때문이다. 민중은 오늘날 최고로 분자화해 있다. 분자적 집단, 진동자의 민중이 되어 수많은 상호 작용의 힘을 발휘하기 때문이다. … 팝음악이 내는 음의 분자들이 바로 지금 이 순간에도 여기저기서, 오늘 또는 내일 전혀 새로운 유형의 민중, 즉 라디오의 지령이나 컴퓨터에 의한 통제에도 또 원자 폭탄의 협박에도 전혀 무관심한 민중을 양성하고 있으리라고 단정하지 못할 이유는 없기 때문이다. 이러한 측면에서 민중에 대한 예술가들의 관계는 크게 변했다고 할 수 있다. 즉, 예술가는 자기 자신 속에 틀어박힌 혼자인 하나(One-Alone)이기를 포기했을 뿐 아니라 동시에 민중에게 호소하는 것도, 민중이 마치 기성의 힘인 양 민중을 불러내는 일도 포기했다. 하지만 지금처럼 예술가가 민중을 필요로 한 적도 없었다면, 정말 민중이 결여되어 있음을 이처럼 통감한 적도 없었던 것이다. … 따라서 예술가의 문제는 근대에 들어와 민중의 인구 감소가 열린 대지로 이어지고, 이것이 예술을 수단으로 하거나 또는 예술이 제공하는 것을 수단으로 해서 일어나기 때문에 발생하는 것이라고 할 수 있다. 민중과 대지는 이것들을 둘러싸고 있는 코스모스의 사방팔방에서 폭격당하는 것이 아니라 이것들을 끌고 나가는 코스모스의 벡터가 되지 않으면 안 된다. 그렇게 하면 코스모스 자체가 예술이 될 것이다. 인구의 절멸을 코스모스 규모의 민중으로 바꾸고 탈영토화를 코스모스 규모의 대지로 바꾸는 것. 바로 이것이 여기저기에서 어디까지나 국지적으로 존재하는 예술가-장인들의 바람인 것이다.[92]

댄스 이벤트, 페스티벌, 러브 퍼레이드[93]에 가는 사람들은 들뢰즈·구아타리가 이해하는 그러한 새로운 민중을 보여주는 지표다.[94] 이러한 대중은 1920년대와 1930년대에 라디오에서 흘러나오는 독재자들의 어쿠스매틱하며 영토화하는 목소리 주위에 몰려든 대중과는 다르다. 그들은 수많은 "타자들"을 파시즘적으로 배제하도록 하는 하나의 정체성을 찾고 있는 것이 아니기 때문이다. 제2차 세계대전은 하나의 국가, 하나의 정체성에 대한

---

92) *Thousand Plateaus*, pp.345-346 / 657-658.

93) [옮긴이] 독일에서 매년 열리는 세계 최대의 테크노 음악 축제.

94) 좀더 직접적인 정치적 층위에서, 1990년대 후반에 출현한 반세계화 운동(혹은 더 나은 "대안 세계화" 운동)은 "러브 퍼레이드"의 조직화와 제휴될 수 있다. 미디어가 이러한 매우 이질적인 민중 집단에 폭력적·무정부주의적 운동이라고 이름표를 붙이려고 할지라도(특히 2001년 제노바에서 있었던 G8 정상회담을 둘러싸고 벌어진 운동), 이러한 운동은 낡은 이원론적 구조에 따라서 조직되지 않는 "새로운 종류의 민중"을 얻으려 한다. 현재 존재하는 세계와는 다른 세계를 상상하려고 한다는 점에서 이것은 유토피아적 운동이다. 마이클 하트(Michael Hardt)와 토니 네그리(Toni Negri)는 『제국(*Empire*)』(Harvard University Press, 2001)에서 이러한 다른 세계를 탐구한다. 하트와 네그리는 스피노자와 들뢰즈로부터 영감을 받는다. 책과 관련된 인터뷰에서 하트는 다음과 같이 설명한다. "우리는 좌파가 유토피아적 사유를 잃어버렸다는 인상을 받았다. 유토피아, 그것은 불가능한 세계라는 점에서가 아니라 다르면서 좀더 나은 세계를 상상할 가능성이다. 과거에 대한 향수적인 동경을 종종 수반하면서 현재를 단지 비판하는 것보다는 우리는 미래에 대한 믿음의 표현을 선호한다"(De Groene Amsterdammer, Spetember 1st, 2001, p.II). 유사한 정신으로 프란체스코 마셀리(Francesco Maselli)는, 제노바의 "반세계화" 시위와 관련된 대안적 기사를 구성했던 에토레 스콜라 중 30명의 이탈리아 감독들과 함께 영화 「다른 세계는 가능하다(Un Mondo Diverso E' Possible)」(2001)를 만든다.

꿈을 완전히 부수어놓았다. 『앙티 오이디푸스』에서 들뢰즈·구아타리는 여전히 궁금해 한다. "어떻게 대중은 그들 자신의 억압을 욕망하게 될 수 있단 말인가?"[95] 많은 정체성 전쟁과 인종 청소가 계속해서 존재한다는 사실은 전통적 주체의 개념화의 정체성 정치학이 여전히 강력하다는 것을 증명한다. 그러나 테크노 뮤직의 탈영토화하는 코스모스적인 힘은 너무나 분자적이어서 통합된 주체를 선동할 수 없다. 이러한 음악은 경계를 정하는 대신에 경계를 허문다. 모든 이에게 무엇을 하라고 지시하는 하나의 신(독재자, 지도자)은 없다. 이러한 점에서, 모든 사람은 영속적인 되기의 상태에 있으며, 그들의 최대의 표현을 불가시적이게-되기(becoming-invisible) 안에서 찾는다. 들뢰즈·구아타리가 여기서 문자 그대로 사라짐을 말하고 있는지는 분명하지 않다. 아마도 익명의 다중의 자유와 관계가 있는 것은 분자적 되기일 것 같다. 어쨌든 지각 불가능하게-되기는 끔찍하게 판단하는 응시에서 기인하는 지각 불가능성과 관련이 있다.[96] "새로운 종류의 민중"이 있다면, 그 민중은 음악적 경험과 음악-되기를 통해 스스로를 만들어나갈 것이다.

제이슨 스핀가른-코프(Jason Spingarn-Koff)의 10분짜리 단편 영화 「유괴되다(Abducted)」(1996)는 이러한 모든 점들을 매

---

95) Deleuze and Guattari, *Anti-Oedipus — Capitalism and Schizophrenia.* Trans. Robert Hurley, Mark Seem, and Helen R. Lane (London : The Athlone Press, 1984) p.xvi.

96) 1987년 마흐무드 젬무리(Mahmoud Zemmouri)가 만든 영화 「100% 아라비카(레이를 하라)[100% Arabica(Do the Rai Thing)]」에서 음악은 결정적 역할을 한다. 다민족이 한데 모여 있는 파리 근교에서 레이 가수 셰브 마미와 칼레드는 많은 사람들을 모이게 하고, 공동체를 느끼게 해주는 불법 길거리 콘서트를 정기적으로 연다. 로컬 이슬람 근본주의자들은 협박과 매수로 이 이벤트를 막고 그들의 권력을 재확립하기 위해 가능한 무엇이든 다해본다. 근본주의자들의 문제와 공동체를 만들려는 음악의 힘이 이 영화에서 가벼운 방식으로 그려진다.

우 분명하게 해준다. 영화는 우리가 잠재적이자 현실적인 시청각 산물의 리좀적 네트워크 속을 어떻게 "걸어 다니고 있는지" 보여준다. 「유괴되다」에서 우리는 20세기 초에서 동시대 베를린으로 "유괴된" 한 소녀를 따라간다. 먼저 우리는 오늘날의 도시 이미지가 담긴 텔레비전을 본다. 강렬한 언더그라운드 테크노사운드 비트가 그 이미지를 현재로 제시한다. 그리고 난 후, 우리는 텔레비전 프레임에서 벗어나고, 방을 떠나 세상 속으로 들어가는 소녀를 본다. 그녀는 글자 그대로 이미지(종종 종합된) 안에서 걷고 있다. 이 모든 것은 매우 동시대적인 배경을 나타낸다. 그러나 소녀의 무언의 놀라움과 화면상의 자막은 우리를 다시 20세기 초로 데리고 간다. 소녀는 큰 건물 앞에 다다른다. 자막은 "제국 공군부(Reich Air Force Ministry)에서", "어떤 일이 일어났을까? 아마도 끔찍한 일이"라고 적고 있다. 소녀는 이미지 속을 달리기 시작한다. 그리고 몇 분 후 춤추는 사람들 무리 속으로 온다. 이제 "베를린 러브 퍼레이드에 있는 40만의 젊은이들"이라고 자막은 설명한다. 소녀는 여전히 그 모든 것에 대해 어떻게 생각해야 할지 알지 못한다. 클로즈업된 그녀의 얼굴은 이 모든 이미지, 소리, 사람들에 대해 그녀가 얼마나 궁금하게 여기고 있는지 말해준다. 그리고 난 후, "신비로운 힘이 마리아를 이끈다"는 설명이 다시 화면에 뜬다. 마리아는 거대한 건물 안으로 들어간다. 그녀가 사람들이 춤추고 있는 클럽 안에 도착했다는 것을 깨닫게 되는 데는 한참이 걸린다. 그럼에도 불구하고 그녀는 그 이미지들을 구별하는 것이 어렵다는 것을 알게 된다. 그때 클로즈업된 그녀의 얼굴 위로 미소가 번진다. "그것은 천사다"라는 설명이 자막으로 나타난다. 마지막 이미지에서 마리아는 팔을 하늘로 천사를 향하여 내뻗는다. 영화는 끝난다.

간결한 방식으로, 이 단편 영화는 어떤 식으로 우리가 과거와 현재의 이미지들에 둘러싸여 있는지, 우리가 글자 그대로 어떻게 시청각 문화의 매트릭스 안에서 스스로를 찾게 되는지 보여준다. 영화는 현실 이미지와 함께 하는 "잠재적 이미지들의 안개"를 보여준다. 동시대 베를린의 현재를 "현실화"하는 것, 우리를 현재 속으로 위치시키는 것은 바로 영화의 사운드트랙이다. 자막과 표현주의적인 그림자와 조명은 우리를 1920년대로 다시 데리고 간다. 제국 공군부는 제2차 세계대전(그리고 아마도 다른 많은 전쟁들)을 상기시킨다. 우리가 소녀의 이름이 마리아라는 것을 읽게 될 때, 또 다른 대도시에 대한 영화인 프리츠 랑(Fritz Lang)의 「메트로폴리스(Metropolis)」(1927)의 잠재성은 더욱 강력해진다. 「메트로폴리스」에서 착한 마리아(노동자의 손과 사장의 머리를 접합하며, 가부장적이며 고정된 정체성을 그대로 유지하는)는 나쁜 쌍인 사악한 로봇 마리아(위험한 여성의 섹슈얼리티, 음란한 춤, 카오스을 재현하는)와 대립한다. 1990년대의 "유괴된" 마리아는 이러한 선과 악의 대립을 뛰어넘는다. 그러므로 그녀 역시 사이보그지만, 다른 종류의 사이보그다. 그녀의 시간 여행에서 로봇 마리아는 사이보그 앨리스로 바뀐다. 그녀는 팔을 뻗는다.(그녀는 환상을 통해 가고 있는가?) 그녀는 춤추기를 배우고 있다. 아마도 "새로운 종류의 민중"(이 경우 베를린 러브 퍼레이드)이 되고 있을지도 모른다. 곧 그녀는 시청각 세계 안에서, 춤에서 음악-되기와 리듬을 느끼고 이해할 것이다. 되기가 이루어지는 동안, 그녀는 자신을 가두는 하나의 단순한 범주에서 벗어날 수 있게 해줄 많은 마주침들을 향해 열릴 것이다. 그리고 이 마주침들은 창조로 이끌 것이며, 그녀의 자아에 대한 새로운 깨달음을 현실화하도록 이끌 것이다.

레이브와 콘서트에 있는 민중은 자신들이 미래로 향하는 도주선에 있다는 것을 안다. 그들은 다중적 집단 속의 특이성들이다. 그들은 1960년대에 히피가 그랬던 것처럼 세상을 바꾸기를 원하지는 않는다. 그들은 펑크 운동이 그랬던 것처럼 세상에 반대하지도 않는다. 그들은 새로운 감수성, 새로운 사유의 방식을 개발하기를 원하며 이것이 가능한 공간과 순간을 창조하며, 이러한 새로운 태도(주체를 인식하는 새로운 방식과 강하게 연결되어 있는)는 나머지 세계로 퍼져나갈 수 있다. 이러한 되기의 과정은 전염에 의해 효력을 발휘한다. 하지만 "어느 누구도 다른 이를 위해 이것을 할 수는 없다. 이것은 집단적으로 가장 잘 행해질 수 있는 사적인 일이기 때문이다."97) 물론 늘 방심하지 않는 것이 필요하다. 들뢰즈·구아타리가 지적하듯이, 우리는 미시파시즘과 자기 파멸의 블랙홀을 늘 경계해야 한다. 그러나 경계하는 것 또한 동물-되기의 형식이다.98) 우리를 둘러싸고 있는 소리들과 이미지들의 바다에서, 계속 경계를 한다는 것도 역시 선한 효과와 악한 효과로서, 잠재적이자 현실적인 시청각적 사건들을 평가하는 것을 의미한다. 이러한 "잠재적 바다"에서 비언어적인 소리보다 언어가 우월하다는 전통적 위계는 더 이상 유효하지 않다. 언어는 다른 "음향 질료"들과 동등하게 존재한다. 그리고 그것은 특권을 지닌 주체들에게만 접근 가능한 것은 아니다. 이와 똑같이 이미지들의 경우에도 선하거나 악한 재현, 진실하거나 거짓된 이미지의 문제란 더 이상 존재하지 않는다. 모든 이미지들은 내재적 질을 바탕으로 그리고 그 이미지들이 나타나는 맥락과 관련하여 평가되어야 한다. 일반적인 요리법이나 처방전이란 없다. 변용과 개념 같은 몇 가지 도구들만이 우리를 도울 수 있다. 여성-되기, 동물-되기, 음악-되기는 그러한 개념들이다. 게다가 되기는 우리로 하여금 우리가 세계의 영화-되기, 영화의 삶-되기를 지켜보고 있음을 깨닫게 한다. 잠재태와 현실태는 때때로 둘 사이를 구별하는 것이 힘들게 되는, 항상 성장하고

97) 마크 심(Mark Seem)은 *Anti-Oedipus* 서문에 헨리 밀러(Henry Miller)를 인용한다.
98) cf. 들뢰즈가 Abécédaire에서 쓰는 "A"는 동물(Animal)을 뜻한다.

항상 변화하는 수정체들을 형성한다. 어쨌든 모든 이미지들과 소리들은 이 세계에서는 잠재적이다. 모든 이미지는 천 개의 소리의 잠재성을 포함하며, 모든 소리는 수많은 이미지들을 불러일으킨다. 어떤 것이 현실화될지는 우리의 창조적 권력 의지에 달려 있다. 이는 또한 "탈주체화"하려는 우리의 의지, 모든 종류의 되기에 진입하려는 우리의 의지에 달려 있다. 이 안에서 음악-되기는 탈영토화하기의 가장 분자화하는 방식들 중 하나며, 동시에 음악을 통해 "초월론적인" 유동적 자아들과 집단적 정체성들을 경험론적으로 창조할 수 있는 가능성이다.

결 론

    들뢰즈는 늘 익명성을 선호했다. 그의 시대의 위대한 프랑스 철학자들이 세계 학계에서 성공하는 동안, 그는 가정의 난롯가나 뱅센의 수업 시간에 자신의 철학적 여정을 고백했다.『앙티오이디푸스』의 충격 이후, 그와 구아타리의 개념은 변방에서 천천히 널리 퍼져나간다. 하지만 들뢰즈의 죽음 이후 그의 연구에 대한 관심이 폭발적으로 퍼져나갔다. 지난 몇 년간 수 개의 특집 이슈들, 비평적 독자들, 책들, 논문들이 나왔다.[1] 최근에 보이는 들뢰즈의 인기에서 가장 놀라운 점과 동시에 가장 중요한 점은 그의 이념에서 영감을 찾는 다중(multitude)들이다. 철학자들뿐 아니라 음악가들, 필름 메이커들, 작가들, 화가들, 건축가들, 심지어 경제학자들과 경영자들까지.[2] 물론 들뢰즈가 더 이상 우리

---

1) 이를테면, Ian Buchanan, ed. *A Deleuzian Century? South Atlantic Quaterly* 93 : 3, Summer 1997 (Durham : Duke University Press)을 보라. 참고 문헌은 보충적인 참조를 포함한다.

2) 1997년 10월에 네덜란드 텔레비전은 *Mille Gilles* 라는 프로그램을 방송한다 (VPRO TV). 이 프로그램은 들뢰즈 연구에 관심을 보이는 다양한 학과를 개괄했다.

가운데 문자 그대로 존재하지는 않는다는 것이 논리적이라 말하는 사람도 있을 것이다(이러한 현상은 늘 발생한다). 그러나 또 다른 무언가가 그 위에 연구 중에 있다고 생각한다. 이론과 철학에서 비판, 해체, 냉소주의, 부정의 해가 차례로 지나간 후 이제는 좀더 긍정적인 시각에 대한 추구가 있다. 들뢰즈·구아타리 연구의 강렬함과 자유로운 힘은 "신선한 공기 들이마시기, 바깥 세계와의 관계"를 제안하는 것으로 보인다. 이것은 또한 시대의 공기(air du temps)다.3)

영화 이론과 관련하여, 나는 들뢰즈와 함께 새로운 가능성을 허락하는 새로운 바람이 불어오고 있다는 것을 구체적으로 보여주었기를 희망한다.4) 운동, 소리, 이미지를 순수 기호학으로 개념화하는 들뢰즈의 방식은 이미지를 재현이나 언어 체계로 개념화하는 전통적 방식에 대한 대안을 제시한다. 점점 증가하는 시청각의 디지털화는 사진적 아날로그에 대한 존재론적 논의를 심각한 위험으로 빠뜨린다. 실제로 디지털 이미지는 애니메이션과

---

3) *Anti-Oedipus* 서문에서 이안 핀다(Ian Pindar)는 들뢰즈가 자신과 구아타리를 로렐과 하디에 비교하는 것을 상기시킨다. "A Very Long Scream with the Odd Couple — Deleuze and Guattari as the Laurel and Hardy of French Thought" in *Times Literary Supplement* 4944, Jan. 1998. *Negotiation*에서 들뢰즈와 구아타리는 시대의 공기에 대한 생각을 강조한다. "우리는 동맹을 필요로 한다. 그리고 우리는 이러한 동맹이 이미 없다고 생각하며, 동맹은 우리 없이 앞서 가버렸다고 생각하고, 충분히 많은 사람들, 똑같은 방향으로 사유하고 느끼고 진행하는 많은 사람들이 있다고 생각한다. 이것은 유행에 대한 질문이 아니라 넓은 범위의 장에서 수렴하는 프로젝트를 형성하는 더 심오한 '시대 정신'의 문제다"(p.22).

4) 데이비드 로도윅의 *Gilles Deleuze's Time Machine*은 들뢰즈의 영화 책의 철학적 함의에 대한 메타 반영을 제시한다. *The Brain is the Screen*에서 그레고리 플랙스먼은 때때로 특정 영화를 논의하지만 일반적으로는 철학적, 이론적 층위에서 탐구하는 들뢰즈 영화 책들에 대한 다양하고 흥미로운 논문들을 모았다. 나는 이안 뷰캐넌이 *Deleuzism : A Metacommentary*에서 "응용된 들뢰즈주의"로서 특징화하는 양식으로 좀더 깊이 연구하고자 했다.

더 많은 관련이 있다. 들뢰즈의 (영화) 철학은 움직이는 형식의 "원형질성(plasmaticness)"에 대한 에이젠슈테인의 시각과 매우 유사하다. 시간에 따라 변화하는 물질의 유동적 형식은 디지털 테크놀로지에 대한 성찰에 유용한 이미지의 개념화를 제시하는 것으로 나타난다. 그리고 고전 애니메이션은 완전한 발전 이전의 몰핑으로 보일 수 있다. 이미지의 상태에 대한 혼란(이미지는 재현일까, 혹은 가짜일까?)은 사진적 리얼리즘의 이미지가 애니메이션이라는 것을 인식하기가 점점 어려워진다는 사실에 기인한다.5) 전통적인 재현적 사유에서 이러한 혼란은 공황 상태로 이끈다. 우리가 보고 있는 것이 실재인지 아닌지에 대해 판단할 기준이 더 이상 없다. 들뢰즈의 베르그손적/퍼스적 기호학은 공황 상태로 갈 이유가 없다는 것을 입증한다. 우리는 단지 다른 질문을 하면 된다. 우리는 더 이상 "이게 뭘까?"라고 질문하지 않고, "무슨 효과가 생길까?" "어떻게 작용할까?" "무슨 힘들(항상 다중적인)이 작동할까?" "누가 이것이 진짜 이미지이기를 바라며, 무슨 이유 때문일까?"라고 질문한다.

영화적 이미지를 분석한 들뢰즈 영화 책의 무용성을 염려하는 로버트 스탬의 회의에도 불구하고, 특정 이미지가 구성하는 특수한 배치들을 살펴봄으로써 나는 영화 이론에서 들뢰즈와 함께 연구하는 것이 가능해지는 방식이 무엇인지 증명할 수 있었기를 희망한다. 내용의 형식과 표현의 형식의 수평축을 살펴봄으로써 들뢰즈 영화 책의 형식적 개념들은 특정 이미지에 의해 획득되는 특수한 변용과 효과를 결정짓는 데 유용하다. 행동-이미지의

---

5) 레프 마노비치(Lev Manovich)는 컴퓨터로 재생된 이미지(CGI)의 "리얼리즘"을 "컴퓨터 애니메이션의 리얼리티 효과"로 본다. *A Reader in Animation Studies*. Ed. Jayne Pilling (London, Paris, Rome, and Sudney : John Libbey and Company, 1997). Thomas Elsaesser and Kay Hoffmann, eds. *Cinema Future : Cain, Able or Cable — Media Kinship in the Digital Age* (Amsterdam : Amsterdam University Press, 1998)도 보라.

효과는 감정-이미지의 효과와 다르다. 그리고 몸의 영화는 뇌의 영화와 스타일에서 다르다. 그것들은 정서적, 지적, 정치적 힘을 가질 수 있는 상이한 유형의 이야기를 구성하고 상이한 종류의 기호(지표, 도상, 몸짓, 사유)를 창조한다. 이러한 힘들은 영토화, 탈영토화의 질문이 중요한 배치의 수직축을 구성한다. 이러한 개념들은 특별하게 영화적 개념이 아니라는 점이 주목할 만하다. 들뢰즈·구아타리는 『앙티 오이디푸스』와 『천 개의 고원』에서 영토화, 탈영토화의 다양한 형식들을 발전시켰다. 나는 특수한 이미지나 문제들을 살펴봄으로써 이러한 "운동하는 개념들"의 몇 가지 형식들로 작업해보고자 했다. 나는 들뢰즈가 영화 책에서 했던 "작가적" 접근을 항상 따라가지는 않았다. 이것은 생산적인 들뢰즈의 개념이 좀더 넓은 범위의 시청각적 이미지에 "적용 가능"해야 한다고 생각하기 때문이다. 따라서 나는 예술과 대중 문화의 이미지 사이에 어떤 위계적 구별을 만들지 않으려고 했다. 다양한 이미지들의 차이는 "고급" 문화나 "하위" 문화에 속하는 위치가 아닌, 그 이미지들이 진입하는 다양한 기계적 배치에 거주한다. 예를 들어 제2장에서는 할리우드, 유럽 예술 영화, 아프리카 영화의 다양한 살의 이미지-유형 간의 접속을 탐구하며, 이러한 이미지들이 질료적 종류의 주체성의 형성과 관련하여 그램분자선 위의 다양한 영토화의 절편 및 도주선 위의 다양한 탈영토화의 운동을 표현하는 방식을 확립하려 했다. 제3장에서는 영화의 폭력이 어떻게 탈영토화, 영토화의 힘이 될 수 있는지, 이러한 폭력 이미지가 어떻게 "다가올 민중"의 이야기 꾸미기의 일부가 될 수 있는지에 대해 논의했다. 모든 종류의 되기는 항상 탈영토화를 포함한다. 제4장과 제5장, 제6장에서는 세 가지 상이한 되기의 유형(여성-되기, 동물-되기, 음악-되기)에 집중했다. 이러한 되기들은 음악과 시청각 문화에서 관찰될 수 있다. 음악, 특히 후렴은 음악 안에서 영토적, 탈영토적 운동과 되기를 초대하는 가장 강력한 힘이다.

탈영토화의 운동은 우리가 초월론적 "타자"의 영역에서 벗어남을 함의하는 것이 아니다. 왜냐하면 모든 배치란 다양한 종류의 이미지들만큼만 형성되기 때문이다. 그 이미지들은 잠재적(기억에서), 현실적(현재의 우리의 감각을 움직이는)으로 우리를 변용한다. 들뢰즈는 우리가 어떻게 메타 시네마로서의 우주에 살게 되었는지 보여준다. 이 우주는 근본적으로 내재적인 우주다.6) 여기서 들뢰즈의 영화 및 이미지 일반의 개념화는, 정신분석학적으로 영화를 해석하는 것과 매우 깊은 관련이 있는, 환영 기계로 영화적 장치를 바라보는 전통적·초월론적 개념화와는 매우 다르다. 나의 목표는 전통적이고 초월론적인 영화 해석이 잘못되었다는 것을 입증하려는 게 아니었다. 오히려 우리가 볼 수 있는 다양한 사물들이 들뢰즈와 연구할 때는 어떻게 보이는지 탐구하는 것이었다. 우리가 들뢰즈의 개념들(그의 영화 개념과 그가 구아타리와 함께 발전시켰던 개념들 모두)을 가지고 연구한다면, 카메라 의식이 우리의 "보통의" 지각으로 들어와서 시간의 층들 사이를 뛰어넘고 시간 안에서 혼돈되기 쉽도록 한다는 점이 분명해진다. 이는 비인격적이며, 주체의 이미 착상된 이념으로부터 "거리를 둔" 의식이다. 이는 주체성의 질료적, 시간적 측면을 형성한다. 이미지는 우리를 둘러싸고 있으며, 우리는 이미지에서 살고 있고, 이미지는 우리 안에서 살고 있다. 내재성의 평면 위에서 이미지의 힘, 에너지, 잠재성이 항상 보이는 것은 아니다. 그러나 그것들이 우리의 주체성을 구성한다는 점

---

6) Gilles Deleuze, "Immanence : A Life …." Nick Millet. *Theory, Culture & Society—Explorations in Critical Social Science* 14(2). Trans. Nick Millet (London : Sage, May 1997 : 5). Gilles Deleuze, *Pure Immanence : Essays on a Life.* Introd. John Rajchman. Trans. Anne Boyman (New York : Zone Books, 2001)도 보라.

에서 느껴지고 경험되며 평가된다.

심지어 내레이션(전통적으로 공간적 구조에서 이해되는)도 활력적이며 시간적인 차원을 획득한다. 따라서 내레이션은 사건의 상태를 얻는다. 비디오 게임에서 뿐 아니라 점점 증가하는 모든 감각의 시뮬레이션에서 영화는 텍스트보다는 이벤트 이상의 것이 된다.[7] 모든 것이 "뇌가 없는" 스펙터클을 수반하지는 않는다는 것은 마음과 몸의 지속적인 대립을 없앰으로써만 이해될 수 있다. 이 고전적 대립은 몸에서 분리된 눈을 통해, 마음에 직접적으로 접근 가능한 재현으로서 이미지를 보는 고전적 시각과 관련된다. 들뢰즈는 리좀적으로 구조화된 뇌라는 대안적 모델을 제안한다. 소리, 이념, 개념, 정서, 이미지의 광대한 리좀적 네트워크에서 나는 뇌의 모델이라는 관점을 연구에 삽입한 몇몇 "일관성의 평면들", 몇몇 "고원들"을 구성했기를 희망한다. 많은 다양한 잠재적 이미지와 소리가, 이미 내가 구성했고 다른 접속들이 만들어질 수 있었던 평면을 둘러싸고 있다는 점을 나는 깨닫는다. 어쨌든 들뢰즈적 관점으로부터 이미지(영화도 포함하여)는 부차적 질서의 어떤 것이 아닌 자기의 고유한 권리 속에 있는 실재라는 것이 명확해져야 한다. 뇌는 그 자체가 이미지다. 뇌는 스크린이다. 우리는 뇌의 도시에서 산다. 스크린은 뇌며, 우리의 몸은 뇌고, 우리의 뇌는 우리의 몸의 일부

---

7) 앤드류 깁슨(Andrew Gibson)은 저서 *Towards a Postmodern Theory of Narrative* (Edinburgh : Edinburgh University Press, 1996)에서 "들뢰즈 에너지학"으로 내러티브 힘을 살펴보길 제안한다. "힘은 어떤 순수하고 무한한 다의성이다. 그 다의성은 휴지도, 휴식도 없이 기호화된 의미를 던져주지만, 그 자체의 경제로 끌어들임으로써 항상 다시 기호화하고 달라진다"(p.33 ; 여기서 깁슨은 들뢰즈와 데리다의 접속에 대해 논의한다). 깁슨은 또한 잠재적인 것에 주목한다. 잠재적인 것은 내러티브의 일부가 되는, "내러티브 발전에서 배제된 가능성의 그림자"(특히 상호 작용적 내러티브에서)다. 이는 다중 공간들, 다양한 시간 지대들, 병치된 세계들, 모든 형식의 이러한 가능한 잠재적 장은 각 내러티브 형식의 현실화를 수반하며, 그 안에서 각 현실화는 내러티브 이벤트가 된다.

다. 따라서 들뢰즈·구아타리가 리좀이라고 지칭한 뇌에 대한 신경학적 참조는 우리가 어떻게 생각하고 세계(모든 이미지들을 포함하여)가 어떻게 구성되는지 이해하는 적합한 방법일 것이다. 지시물로서의 눈이 20세기 철학에서는 "훼손"되었을지라도, 마틴 제이(Martin Jay), 크리스티앙 메츠, 자크 라캉, 그리고 많은 페미니즘 영화 이론가들이 증명하듯이, 뇌와 비교하여 지시물로서의 눈은 재현에 훨씬 깊이 연결되어 있다.8) 21세기의 시작에서 눈은 다른 감각 사이에서 자신의 장소를 찾았고, 결과적으로 다른 감각들에게 더 많은 자리를 제공해주었다. 특히 귀는 앞부분을 차지했다. 소리와 음악은 뇌 모델에서 중요성을 획득했고, 가장 월등한 층위에서 "분자화하는" 모든 것을 관통하고 있다. 들뢰즈가 말하듯이 "우리는 모두 분자다."9) 분자화하는 모든 것에 에너지를 주입하는 이미지와 세계의 분자-되기, 음악-되기가 존재한다.

이러한 들뢰즈적 시각을 지지하는 것은 또한 예기치 않은 부분에서 나온다. 로저 오딘(Roger Odin)은 논문 「다큐멘터리에 대한 반(半)화용론적 접근(A Semio-Pragmatic Approach to the Documentary)」에서 들뢰즈에게는 너무나도 중요한 이미지의 "유동의 에너지론"을 인식한다. 그는 다음과 같이 주장한다.

이러한 에너지론적인 자리매김은 텔레비전과 관련하여 존재할 뿐만이 아니다. 이 원리에 따라 기능하는 영화가 점점 증가한다(「매드 맥스(Mad Max)」, 「람보(Rambo)」, 「록키(Rocky)」 시리즈 등). 모든 뮤직비디오 또한 에너지론적인 자리매김에 속한다(그리고 우리는 이러한 생산품을 보급시키는 음악 방송국의 성공을 알고 있다). 결국,

---

8) Martin Jay, *Downcast Eyes : The Denigration of Vision in Twentieth Century French Though* (Berkeley and London : University of California Press, 1993)를 보라.
9) "On est tous des molecules", *Abécédaire*에서 들뢰즈는 이처럼 주장한다.

디스코와 엄청난 스펙터클적인 콘서트의 인기가 똑같은 방향으로 이행하고 있음이 분명하다. 따라서 사회적 공간 자체의 요구에 변형의 가설을 공식화하는 것은 부조리하지 않다. 아마도 우리는 욕망을 픽션화하는 것의 우세함이 종말로 향하고, 동시에 픽션과 다큐멘터리의 구별이 사라지고 있는 것을 목격하고 있다. 이러한 변화가 사실임이 입증된다면, 시청각 세계라는 장의 전체적 기능화는 혼란 속에서, 더 나아가 모든 개연성 속에서, 사회적 공간의 단일체의 개연성 속에서 스스로를 발견하게 될 것이다. 실제 발화자와 허구적 발화자 사이의 구별을 의식적으로 깨달으려는 시도가 사라질 때, 위험에 빠지는 것은 사회적 몸 그 자체다. 감정적 접촉의 방식으로서만 기능하는 "미개한" 인간은 계약의 방식으로 기능하는 "공적" 인간을 대체한다. 따라서 다큐멘터리와 픽션의 소멸은 "사회의 종말"을 선포하지만, 다행스럽게도 "카산드라(Cassandra)"[10)가 항상 옳은 것은 아니다.[11)

오딘이 설명하는 발전은 부인할 수 없는 진실이다. 나는 "욕망을 픽션화하는 것"이 이미지 및 주체의 개념에 대한 정신분석학적 해석과 밀접히 관련된다는 점을 보여주었기를 희망한다. 1990년대의 페미니즘 영화 이론과 정신분석학 수정주의자들은 이러한 주체의 이념이 가두고 있는 함의점을 입증해왔다. 하지만 이러한 비평들은 실제로 대안적인 것을 제시하지는 않았다. 모든 것이 해체된 이후, 우리가 "환영(phantasm)을 통과한" 이후 무엇이 생길까?

---

10) [옮긴이] 그리스 신화에 나오는 여자 예언자. 알렉산드라라고도 한다. 트로이의 마지막 왕 프리아모스와 헤카베의 딸이며 헬레노스와 쌍둥이 남매다. 예언의 신이기도 한 아폴론이 구애하자, 사랑을 받아들이는 조건으로 예언 능력을 달라고 요구하며 헬레노스와 함께 미래를 알 수 있는 힘을 갖게 되었다. 그러나 예언 능력만 전해 받고서 약속을 지키지 않자 성난 아폴론은 아무도 그녀의 예언을 믿지 않게 하였다.

11) Roger Odin, "A Semio-Pragmatic Approach to the Documentary Film", in Warren Buckland (ed.), *The Film Spectator — From Sign to Mind* (Amsterdam : Amsterdam University Press, 1995) p.233.

하나의 가능한 해법이 카자 실버만에 의해 제안된다. 실버만은 정신분석학에서 "저항하고" 자유로우며 생산적인 시선이, 지젝의 연구에서 매우 강하게 제시되고 있는 "불가능한 응시"로 회귀함으로써 어떻게 구성될 수 있는지를 지적해왔다. 하지만 실버만의 욕망의 개념화는 여전히 결핍, 부재, 부정에 기초하고 있다. 나는 들뢰즈적 욕망의 개념화를 제안해왔다. 들뢰즈적 욕망은 근본적인 결핍에 기초하지 않고, 공장으로서, 그리고 모든 종류의 사물들이 새로운 어떤 것과 연결되고 꾸며지는 배치선으로서 기능하는 욕망이다. 이러한 욕망의 기계적 정의는(숭고함 없는) 새로운 주체의 개념화에 중요할 것이다. 기관 없는 몸은 욕망, 강렬함, 에너지, 운동, 속도로 가능한 "주체"이거나 "유동하는 자아"다.

나는 또한 오딘의 "카산드라"가 옳은 것으로 입증되지 않는다면, 우리는 접촉으로서 기능하는 감정적 인간과 상호 독점적인 행위자로서 계약에 의해 기능하는 공적 인간을 바라보길 그만두어야 한다는 점을 알려주었기를 희망한다. 너무나 많은 전쟁과 싸움이 계속되고 있다면, 이것은 "미개한" 감정적 인간이 접촉하기 때문이 아니다. 반대로, 폭력은 도주선의 정치적 선택 혹은 지배적인 범주 및 "문명화된" 계약의 그램분자적, 절편적 방어와 관련이 있다. 가장 중요하게도 우리는 "합리적 계약"(이유)보다 "감정적 접촉"(종종 몸과 동등해지는)을 경시하는 것을 그만두어야 한다. 이 연구의 과정을 통해, 나는 시작점으로서 "여성-되기"와 함께 철학적 몸/마음 분리가 어떻게 극복될 수 있는지에 대해 지적했기를 희망한다. 그리하여 우리는 타자-되기·다중화되기·"더욱 풍족해"지기까지 더 많은 접촉과 더 많은 접속을 희망하고 추구할 수 있게 된다.

역설적이게도 우리는 주체가 의미하는 것에 대한 전통적 개념화(어떤 것 혹은 다른 누구인 "타자"와 비교하는 것에 기초한 고정된 정체성을 가진)를 버리면, "더 풍족"해질 수 있게 된다. 우리는 "탈인격화"하고 "탈주체화"해야 한다. 들뢰즈는 다음과 같이 주장한다.

고유한 자신의 이름을 자신 스스로 말한다는 것은 이상한 일이다, 왜냐하면 이것은 자신을 에고(ego)나 인간이나 주체로서 보는 것과는 전혀 맞지 않기 때문이다. 오히려 개인들은 그들 내부의 도처에 있는 다중성에 자신들을 개방함으로써 그들을 꿰뚫고 흐르는 강렬함으로 향하는 탈인격화 속에서 가장 거친 실습을 통해서만 스스로 실제 이름을 찾는다. 이러한 강렬한 다중성의 직접적인 깨달음으로서의 이름은 철학사에 의해 현실화된 탈인격화의 대립이다. 이것은 종속보다는 사랑을 통한 탈인격화다.12)

다중성과 이질적인 리좀적 접속 및 배치에 대한 요구와 함께 들뢰즈는 많은 점에서 다나 해러웨이에 의해 착상되었던 사이보그 주체성을 요구한다. 리좀적 주체 혹은 사이보그 주체는 그의 역사적 상황, 타자와의 관계, 테크놀로지와의 공모, 낡은 구조의 블랙홀의 위험을 알고 있다. 사이보그 및 기관 없는 몸에 대한 공통된 믿음과는 대조적으로 "새로운" 주체는 이 땅을 떠나고 싶어하지 않으며, 이를테면 오딘이나 지젝에 의해 지적된 정치적 딜레마를 무시하고 싶어하지 않는다. 들뢰즈가 주장하듯이, 새로운 주체는 "미묘한 출구"를 원할 뿐이다. 그리고 그 "미묘한 출구"는 다른 세계의 믿음에 기초하지 않는다. 다른 세계는 판단체계를 복구하고, 이 땅 위에서 어떤 것을 달성하지 못하는 무능력 안에서 분노의 심리학을 생산할 뿐인 초월론적이거나 플라톤적인 세계가 될 수 있을 뿐이다. 초월론적 세계의 믿음은 저열한 유토피아의 믿음이지만, 이는 우리가 믿음이나 유토피아적 포부

---

12) *Negotiation*, p.6.

를 포기하는 것을 의미하지는 않는다. 미묘한 출구는 "다른 세계에서가 아닌, 인간과 세계 사이의 연결에서 사랑이나 삶에서 믿는 것이며, 불가능한 것, 사유할 수 없는 것에서 믿는 것이다. 불가능한 것, 사유할 수없는 것은 그럼에도 불구하고 사유될 수밖에 없다."13)

사유할 수 없는 시간의 의식은 근본적으로 주체의 개념을 변화시키고 있다. 시간은 모든 것을 운동하게 한다. 모든 것은 시간에서 발생하고 모든 것은 시간에 따라 변화한다. 들뢰즈에 의하면, 인격("주체화된")은 경험으로 구성된다. 이안 뷰캐넌이 『들뢰즈적 세기?(*Deleuzian Century?*)』 서문에서 명확히 하듯이, 우리는 경험으로 만들어진다. 경험은 인격이 아닌 비인격의 자산이다. 둔스 스코투스, 스피노자, 흄을 따라 들뢰즈는 효과 및 관계와 관련하여, 혹은 이것임과 관련하여 경험을 재정의한다. 들뢰즈는 주체성의 실제적이고 경험적인 개념화를 가지고 있다.14) 경험적 세계 바깥에는 아무것도 없다. 그러나 우리가 어떻게 주체의 구성에 대한 모든 것을 말할 수 있을까? 혹은 들뢰즈의 단어로 "소여(the given)를 초월한 주체가 어떻게 소여 안에서 구성될 수 있을까?"15) 뷰캐넌은 "초월론적인 경험적 주체"라는 역설적 개념을 소개했다. 이는 존재하고 있는 구조를 따르는 것의 결과며, 습관이란 주체의 매우 구성적인 뿌리인 것만큼 자

---

13) *Gilles Deleuze's Time Machine*, p.192에서 인용한 들뢰즈(*Time-Image*에서).

14) *A Deleuzian Century?*, p.386. 여기서 우리는 인격, 개인, 주체 사이의 관계의, 일반적으로 가정되는 것 이상의 다양한 개념화를 본다. 주체의 일반적 (부르주아적) 개념화에서 개인과 인격 사이에는 밀접한 관련이 있다. 정신분석학적 패러다임에서 주체는 개인이나 인격과 결코 부합하지 않는다(항상 결핍하거나 결여한 어떤 것이 있다). 들뢰즈적 시각에서 "주체"는 비인격성에 의해 개체화된다.

15) 이안 뷰캐넌은 "Deleuze and Cultural Sudies", in *A Deleuzian Century?*, p.484에서 *Empiricism and Subjectivity*를 인용한다.

기 고안의 생산품이다.

하지만 주체가 즉자를 초월해야 한다는 사실은 주체가 "나"라는 몇 가지 이미 착상된 이념들과 함께 하는 초월론적 주체를 의미하는 것도 아니며, 주체가 불가능한 초월론적 실체에 의해 형성되는 것도 의미하지 않는다. 뷰캐넌은 주체를 다음과 같이 명확하게 공식화한다.

주체는 그것이 무엇을 조직하는지 혹은 무엇을 응집력 있게 만드는지의 바깥에 있지 않다. 오히려 연상의 원리에 의해 가능해지는 조직화와 응집성은 주체 안에서 생겨나며, 이것이 주체가 왜 파편화되는지의 이유다. 주체성으로 지시되는 응집성 단계의 장으로서 주체는 응집성을 공급할 전체화의 원리가 아니다. "경험적 주체성은 그에 작용하는 원리의 영향 아래 마음에서 구성된다. 따라서 마음은 선재하는 주체의 특징들을 가지지 않는다. 경험적 주체성은 마음이 주체가 되는 정도로 즉자를 초월한다."16)

"초월론적 순간"은 내재성의 평면 위의 주체 안에서 생겨난다. 뇌의 리좀적 구조를 "일관성의 평면"으로 조직하는 것은 마음이며, 이 "일관성의 평면"은 "주체"라 부를 수 있는 것 중 하나다. 그리고 마음은 결코 고정되지 않으며 새로운 경험, 새로운 정서, 새로운 사유, 새로운 마주침, 새로운 이미지와 소리를 통해 변화한다.

나는 연구에 들뢰즈를 적용하려고 애썼다. 이것이 허용했던 바는 영화를 세계에 대한 성찰 대신 세계의 일부로 보는 것이다. 영화에 대해 말하면서 나는 인생에 대해서도 말했다. 하지만 너무나 많은 요구를 하지는 않는다. 이러한 관점이 어떤 의미에서는 세계에 대한 좀더 나은 시각(위계가 없는)을 제공한다고 주장

16) *A Deleuzian Century?*, pp.486-487.

하지는 않는다. 나는 단순히 몇몇 돌연변이가 이미지와 세계에서 발생하고 있다는 점을 지적하고 싶다.[17] 과학, 예술, 철학의 발전은 지각의 변화와 우리가 세계와 맺고 있는 관계의 변화를 지적한다. 이것은 발생적 변이를 포함할 법하다. 우리는 세계를 분절하고, 세계는 우리 안에서 스스로 표현한다(이것은 우리의 뇌 속에서 주름잡힌다). 결과적으로, 이미지, 세계, 주체를 이해하는 것의 상이하며 좀더 내재적인 방식이 필수적이며, 심지어는 피할 수 없다. 궁극적으로 우리는 선택이 아닌 변화를 가진다.

"주체"를 말하는 것이 더 이상 가능하거나 필요한 것 같지는 않다. 어쨌든 들뢰즈·구아타리는 그들이 여전히 분리된 주체로 보일 수 있는지 의심했다. 그들은 두 개의 시내가 세 번째 시내를 형성하기 위해 한데 모이는 것이라고 스스로를 간주한다.[18] 『천개의 고원』에서 그들은 다음과 같은 방식으로 첫 번째 고원 "리좀"을 시작한다.

우리는 둘이서 『앙티 오이디푸스』를 썼다. 우리들 각자는 여럿이었기 때문에 이미 많은 사람들이 있었던 셈이다. 우리는 가장 가까운 곳에 있는 것에서부터 가장 먼 곳에 있는 것까지 손에 닿는 것이면 무엇이든지 이용했다. 알아보지 못하게 하려고 우리는 교묘한 가명들을 분배해놓았다. 그렇다면 왜 우리는 이름을 남겨뒀는가? 관례상, 그저 관례상. 바로 우리를 알아보지 못하게 하려고. 우리 자신이 아니라 우리가 행동하고 느끼고 사유하게끔 하는 것을 지각할 수 없게 하려고. 게다가 모든 사람들이 말하는 식으로 말하는 것은 기분 좋은 일이니까. 해가 뜬다고들 말하지만, 그건 사람들의 어법일 뿐이라는

---

17) 이것은 운동-이미지에서 시간-이미지로의 변화에 대한 들뢰즈의 비위계적인 설명과 비교할 수 있다. "그러므로 새로운 이미지는 영화의 완성이 아닌 영화의 돌연변이에서 보일 것이다"(*Movement-Image*, p.215). "운동-이미지의 위기"에 대해 쓴 pp.205-211과, 히틀러와 할리우드의 관계에 대해 쓴 *Time-Image*, p.264도 보라.

18) *Negotiation*, p.136.

걸 누구나 알고 있으니까. 더 이상 나라고 말하지 않는 지점에 이르기 위해서가 아니라 나라고 말하든 말하지 않든 더 이상 아무 상관이 없는 지점에 이르기 위해서. 이제 우리는 더 이상 우리 자신이 아니다. 사람들은 각자 자기 것을 찾아낼 수 있을 것이다. 우리는 도움을 받았고 빨려 들어갔고 다양화되었다.19)

들뢰즈·구아타리는 관례를 벗어나서 그들의 이름을 지켜냈다. 그들은 분리된 주체가 되는 것이 더 이상 그들에게 중요하지 않은 지점까지 도달했다. 내가 이 연구에서 주체라는 용어를 계속해서 사용한다면, 그것 역시 관례를 벗어나는 것이라고 해도 무방하며, 또한 들뢰즈·구아타리가 우리를 초대하듯이 "지층을 무언극으로 나타낼" 경우, 때때로 "나"라고 말하는 것이 여전히 중요하기 때문이다. 들뢰즈적 모델은 정치적 유토피아의 모델이다. 세계의 많은 측면들이 그램분자적 구조에서 지층화되고 조직되기 때문에, 전통적인 정체성 및 주체의 의미를 기초로 하는 주체를 떠나보내는 것이 항상 가능하지는 않다. 하지만 내가 구체적으로 영화의 예를 통해서 입증했기를 바라는 것처럼, 더 중요한 것은 영화적 지각 속에서 카메라 의식을 가지고 가장 잘 지각될 수 있는 저지선들이다. 많은 경우 우리는 스스로와 타자를 기관 없는 몸, 사이보그 앨리스, 멜로디, 강, 혹은 그냥 바람이나 심지어 회오리바람으로 지시하는 것을 선택할 것이다. 관계는 강력한 개별화, 탈인격화의 힘이기 때문에, 나는 주체라는 용어가 재형상화되고 재개념화되는 방식에도 불구하고 여전히 사용된다고 생각한다. 주체는 타자와 대립되는 하나의 정체성으로 더 이상 필연적으로 묶이지 않고, 재현적 사유와 정신분석학의 눈과 응시에 의해 더 이상 지배받지 않는다. 재형상화된 주체는 유동하는 자아, 개별화된 에너지의 장, 리좀적 배치를 만드는 욕

---

19) *Thousand Plateaus*, p.3 / 11.

망하는 기계를 지시한다. 다중적 힘, 운동과 정지, 역량과 변용은 주체를 구성한다. 주체는 근본적으로 모든 종류의 잠재적, 현실적 이미지와 소리로 둘러싸인 내재적인 세계와 관련이 있다. 리좀적 뇌 세계에서 마음은 구체적인 몸으로 현실화된 일관성의 평면을 창조하려고 한다. 그것은 "삶"에 포함된 모든 것이다. 유동적인 자아는 개별적이지만 다중성에 의해 연결되고 횡단되며, 시간에 따라 변화하고, 카메라 의식에 의해 정보를 받아들인다. 또한 유동적인 자아는 자신의 내재성의 평면인 시각 문화의 매트릭스 안에서 살며 지속적으로 스스로를 구성한다. 이 내재성의 평면에서 잠재적인 것과 현실적인 것, 기억과 현재는 끊임없이 힘들을 교환한다.

부록 [A]

『시네마1』, 『시네마2』의 들뢰즈 "도구 상자"

□『시네마1 : 운동-이미지』

간접 시간

몽타주 > 이미지는 (지각 / 감정 / 행동에) 어떻게 연결될까.

범주(베르그손)	기호(퍼스)	행위	형식	공간	예
지각-이미지 a.반(牛)주관성 　(Semisubjectvity) 　(자유 간접 화법) b.액체적 지각 　(Liquid Perception) c.기체적 지각 　(Gaseous Perception)	영도성 a.사실기호(Dicisign) b.유동체(Reume) c.문자소(Gramme)	보기	롱쇼트	일반	a.파졸리니(이론) b.프랑스 유파(비고, 르느와르) c.씨네-아이(베르토프), 　미국 실험영화(브래키지)
감정-이미지 a.얼굴(질 / 역능) b.임의의 공간 　(질 / 역능) c.사회와 개인 사이	일차성 a.도상(Icon) b.질기호(Qualisign) / 　능기호(potsign) c.분할체(Dividual)	감정 정서	클로즈 업	텅 빈, 혹은 임의의 공간들	a.폰 스턴버그 / 베리만 / 　드레이어 b.브레송 / 이벤스 / 　안토니오니 c.에이젠슈테인
충동-이미지	a.징후들 b.물신 / 우상들				폰 스트로하임 / 브뉘엘 / 로지

행동-이미지 a.큰 형식 : SAS' (상황-행동- 새로운 상황) b.작은 형식 : ASA' (행동-상황- 새로운 행동)	이차성 a.통합기호(Synsign) 이항식(Binôme) 자국(Imprint) b.지표(Index) 벡터(Vector)	작용 행동	미디엄 쇼트	결정된	a.장르 : 다큐(플래허티) / 심리-사회 / 필름누아르 / 민족영화, 역사영화 / 액터즈 스튜디오 / 벌레스크(키튼) / 서부극 b.장르 : 다큐(그리어슨) / 다이렉트-시네마 / 경찰 영화/코미디 / 벌레스크 (채플린) / 네오웨스턴
반영-이미지	a.형상 b.담화				에이젠슈테인 / 헤어조크 구로자와 / 미조구치
관계-이미지	삼차성 a.표식(Mark) / 탈표식(Demark) b.상징(Symbol)	정신적 행위	수사들		막스 브라더스 히치콕

행동-이미지를 넘어서 :
감각-운동적 연결의 파열
더 이상 실재 / 허구의 구분은 없음 > 잠재적 / 현실적 형식 결정체들
이미지와 소리의 자율성

□『시네마2 : 시간-이미지』
직접 시간
몽타주 > 몽타주 >
(이미지는 무엇을 보여주는가 : 이미지가 지각 / 감정 / 행동에 관련되지 않는다면, 기억·시간·사유에서 이미지는 무엇과 관계있는가?)

[과거 / 상상의 현실화]

기억 / 꿈	기 호	설 명
회상-이미지 꿈-이미지	기억 기호(Mnemosign) 꿈기호(Onirosign)	플래시백 실재적인 것의 변신

시지각 기호(Opsigns) + 음향 기호(Sonsigns) + 촉각 기호(Tactisigns) >

순수 시지각적, 음향적, 촉각적 상황들

[현실태·잠재태의 식별 불가능하게 되기(결정체들)]

직접 시간-이미지	기　호	양　상	설　명
결정체-이미지 (실재 / 상상)	결정체 기호 (Hyalosign)	완벽한(오웰스) 균열된(르느와르) 형성의(펠리니) 해체되는(비스콘티)	세계는 끝없는 거울의 반영들에 사로잡힌 결정체로 보인다.
시간 기호 (Chronosign) (진실 / 거짓 : 거짓의 　역량)	a.양상(Aspect) b.액센트 　(Accent) c.발생 기호 　(Gensign)	a.과거의 시트들(레네) b.현재의 첨점들 　(로브-그리예) c.되기(웰스 / 루쉬 / 고다르)	a.기억(베르그손) b.기억(베르그손) c.신체적 힘들 　(니체 / 스피노자)
정신 기호(Noosign) (사유하게 하는 힘들 : 정신적 충격[noochoc])		a.고다르 / 안토니오니 / 　아케르망 b.레네 / 큐브릭 / 안토니오니 c.제3세계 영화 / 정치 영화	자유 간접 화법 / 무리수적인 것 a."나에게 몸을 달라" b."나에게 뇌를 달라" c."민중이 결여되고 있다"
가독 기호(Lectosign) (이미지의 독해 가능성)		스트로브 / 뒤라스	이미지 구성의 자율성 (말, 소리, 음악)

부록 [B]

『시네마1』, 『시네마2』의 용어 해설

운동-이미지(Movement-Image)
서로 작용하고 반작용하는, 변하기 쉬운 요소들의 중심을 벗어난 세트
　(총체).

이미지 중심(Image Center)
수용된 운동과 실행된 운동, 작용과 반작용 사이의 틈(간극).

지각-이미지(Perception-Image)[**사물**(the Thing)]
사실 기호(Dicisign) : 주로 명제 일반의 기호를 지칭하기 위해 퍼스가
　창안한 용어. 여기서는 "자유 간접 화법"(파졸리니)의 특별한 경
　우와 관련하여 사용된다. 이것은 또 다른 지각의 프레임 속의 지각
　이다. 이것은 고체적, 기하학적, 물리적인 지각의 지위다.
유동체(Reume) : 퍼스의 rheme("단어")와 혼동하지 말 것. 이것은 프
　레임을 가로지르거나 넘쳐흐르는 것의 지각이다. 지각 그 자체의
　액체적 지위.
문자소(Gramme)[기억흔적소(Engramme) 혹은 사진소(Photogramme)] : 사
　진과 혼동하지 말 것. 이것은 특정한 역동성들(부동화, 진동, 깜박

거림, 엄습, 반복, 가속, 감속 등)로부터 분리될 수 없는 지각-이미지의 발생적 요소다. 분자적 지각의 기체적 상태.

감정-이미지(Affection-Image)[질(Quality) 또는 역능(Power)]

작용과 반작용 사이의 틈을 점하며, 외부적 작용과 내부의 반작용을 흡수하는 것.

도상(Icon) : 퍼스가 내적 특징들(유사성)에 의해 그 대상을 지시하는 기호를 지칭하기 위해 사용. 여기서는 얼굴 혹은 얼굴적 등가물에 의해 표현된 것으로서의 정서를 지칭하기 위해 사용.

질기호(Qualisign[또는 능기호(Potisign)]) : 퍼스가 하나의 기호인 질을 지칭하기 위해 사용한 용어. 여기서는 임의의 공간 속에서 표현된(혹은 노출된) 정서를 지칭하기 위해 사용. 임의의 공간은 때로는 텅 빈 공간이고, 때로는 그 부분들의 연결이 불변적이거나 고정적이지 않은 공간.

분할체(Dividual) : 나눠질 수 없는 것도 나눠질 수 있는 것도 아니라, 질적으로 변화함으로써 나눠지는 것(혹은 한데 모아지는 것). 이것은 존재, 즉 표현 속에서 표현된 존재의 상태다.

충동-이미지(Impulse-Image)[에너지(Energy)]

징후(Symtom) : (충돌들에 의해 정의되는) 원래 세계와 관련된 질들이나 역량들을 지칭.

물신(Fetish) : 충동에 의해 실재 환경으로부터 떼어지고 원래 세계에 상응하는 파편.

행동-이미지(Action-Image)[힘(Force) 또는 행위(Act)]

세트에 대한 중심으로 향하는 반작용(총체)

통합 기호(Synsign)[또는 포괄체(Encompasser)] : 퍼스의 "sinsign"과 상응. 사물들의 상태 안에서 현실화되고, 그리하여 중심을 둘러싼 실제 환경을 구성하며, 주체와 관련된 상황을 구성하는 질들과 역능들의 세트. 이는 우리가 상황에서 행동의 매개물을 통해 변형된 상황으로 진입하는 곳에 존재하는 행동-이미지의 큰 형식에 속한다(SAS').

인상(Impression) : 상황과 행동 간의 내적 연결.

지표(Index) : 퍼스가 질료적 연결에 의해 대상을 지시하는 기호를 지칭하기 위해 사용. 여기서는 주어진 것이 아니라 단지 추론되거나, 다의적이고 역전 가능한 것으로 남아 있는 상황에 대한 행동(혹은 행동의 효과)의 연결을 지칭하기 위해 사용. **결핍의 지표들과 다의성의 지표들**이 있는데, 이는 불어 ellipse(타원과 생략)의 두 가지 의미다. 새로운 행동의 상황 유발을 폭로하는 행동이 있는 곳에 존재하는 행동-이미지의 작은 형식에 속한다(ASA').

벡터(Vector)[또는 **우주의 선(Line of the Universe)**] : 특이점 혹은 그들 강렬함의 정점에서 주목할 만한 순간들을 한데 모으는 부러진 선. 벡터적 공간은 에워싸는 공간과 구별된다.

변형-이미지(Transformation-Image)[반영(Reflection)]

형상(Figure) : 자신의 대상을 지시하는 대신, 다른 대상을 반영하거나 (원근도법적 이미지 혹은 조형적 이미지), 자신의 대상을 직접 반영하는 (담화적 이미지) 기호.

정신-이미지(Mental-Image)[관계(Relation)]

표식(Mark) : 자연적 관계들을 지칭. 즉 이미지들이 우리를 한 이미지에서 다른 이미지로 데려가는 습관으로 연결되는 양상. **탈표식(demark)**은 자신의 자연적 관계들로부터 떼어낸 이미지를 지칭한다.

상징(Symbol) : 퍼스가 법칙에 의해 그 대상을 지시하는 기호를 지칭하기 위해 사용. 여기서는 추상적인 관계들(abstract relations)의 지지물, 말하자면 그들의 자연적인 관계들과는 독립적인 항들의 비교의 지지물을 지칭하기 위해 사용.

시지각 기호(Opsign)와 음향 기호(Sonsign) : 감각-운동적 연결을 파괴하고, 관계들을 압도하며, 더 이상 스스로를 운동으로 표현되지 않게 하고, 시간으로 직접 열리는 순수 시지각적, 음향적 이미지.

시간-이미지(Time-Image)

시간 기호(Chronosign)[첨점(Point)과 시트(Sheet)] : 시간이 운동에
　종속되기를 그만두고 스스로 모습을 드러내는 이미지.

가독 기호(Letosign) : 보이는 것만큼 많이 "독해되어야" 하는 시각 이
　미지.

정신 기호(Noosign) : 오직 사유될 수 있는 어떤 것을 향해 스스로를
　너머 진행하는 이미지.

결정체-이미지(Crystal-Image)

결정체 기호(Hyalosign) : 현실적 이미지와 잠재적 이미지가 더 이상
　구별될 수 없는 지점으로 통합된 것.

꿈-이미지(Dream-Image)

꿈 기호(Onirosign) : 세계의 운동이 행동을 대체하는 이미지.

화상-이미지(Recollection-Image)

기억 기호(Mnemosign) : 현실적 이미지와의 관계로 진입하여 그것을
　확장하는 잠재적 이미지.

옮긴이의 말

문화 분석이 철학이 되고 예술이 될 수 있을까?

동시대 사회의 시청각적 특징은 자본주의와 밀접하게 관련을 맺는다. 이미지와 소리는 현대적인 삶에서 주요한 부분을 차지할 뿐 아니라 경제와 문화의 주변부 위치에서 네트워크 사회의 중심으로 점차 이동해왔다. 들뢰즈는 현대 문화가 시청각 문화로 되어가는 양상에 민감하게 반응하며, 영화를 통해 철학을 하고, 철학을 통해 영화를 읽고 정의한다. 들뢰즈는 철학을 한다는 것은 개념을 창조하는 것이라고 말하며, 영화와 철학의 다중적 접속 안에서 독특한 개념들을 창조해왔다.

잘 알려져 있듯이 들뢰즈는 차이와 생성의 철학자다. 자본주의와 분열증에 대한 그의 저서들과 영화 책들을 통해 우리는 이론적인 것과 예술적인 것, 철학적인 것과 문학적인 것 사이의 자유로운 횡단을 경험한다. 예술은 정서와 지각으로 사유되고, 철학은 개념으로 사유된다. 예술은 조성의 평면이면서 감각의 힘을 지니며, 철학은 내재성의 평면이면서 개념의 형식을 지닌다. 그리고 각각의 요소를 따라 형성되는 평면들은 뇌에서 한데 접합한다. 우리는 영화를 통해 받아들인 지각에서 개념으로, 이어서 정서로 이동하게 되며, 종국에는 개념과 이미지의 접합 안에서 어떤 의미를 획득하려고 한다. 들뢰즈에게 영화란 지각-이미지, 감정-이미지, 행동-이미지로, 이는 영화가 감각을 조성하며, 현실화된 상태의 표면에서 작동하는 질적 움직임들을 제시하고, 세계와 몸 사이에서 이루어지는 운동의 과정을 나타낸다는 것을 뜻한다.

이 책은 파트리샤 피스터르스가 쓴 *The Matrix of Visual Culture: Working with Deleuze in Film Theory*를 번역한 것이다. 저자는 들뢰즈 철학을 무기로 영화를 연구하는 영화학자로서 이 책을 썼다. 저자는 들뢰즈의 철학책들을 『시네마』와 연결하여 사고하는 것이 중요하다고 여러 차례 강조한다. 1990년대 이후 들뢰즈 철학을 영화 이론에 접목하려는 시도들이 지속적으로 있어 왔으며, 여러 개의 해외 저서들이 번역되어 널리 읽히고 있고, 탁월한 국내 저작들 역시 속속 출간되고 있다. 하지만 실상 자본주의와 분열증을 다루는 『앙티 오이디푸스』, 『천 개의 고원』과 영화 책 『시네마』를 한데 엮기란 쉽지 않다. 철학책인가 하면 영화책이고, 영화책인가 하면 철학책인 『시네마』는 철학자와 영화학자 양쪽에서 모두 이해되기가 무척 어려운 책이다. 들뢰즈에게 영화감독들은 철학자들이며, 영화는 철학과 경쟁하고, 영화의 힘은 사유를 이끄는 데 있다. 세계 전쟁과 자본주의 발전을 거치면서 이미지와 시간에 대한 존재론적 사유를 통해 영화로 철학을 쓰는 것이 가능해졌고, 그에게서 비로소 영화는 철학이 되었다. 이제 철학자의 입장에서 영화를 분석하는 것이 아닌, 영화학자의 입장에서 들뢰즈 철학을 전방위적으로 활용하는 시도는 꽤나 반갑다.

『시각 문화의 매트릭스』에서 저자는, 들뢰즈와 구아타리가 자신들의 책을 의미 상자로 떠받들지 말고 도구 상자로, 더 나아가 무기로 활용하라고 제안하듯이, 들뢰즈 개념들을 영화를 이해하는 도구 상자로 사용한다. 이 책은『천 개의 고원』을 비롯한 들뢰즈 철학책들과 영화책을 종횡무진 탐사하며, 들뢰즈가 대개 영화사의 걸작, 소수자 영화, 예술 영화에 집중했던 분석을 대중미디어, 상업 영화 혹은 공연 예술과 축제에까지 광범위하게 확장하고 있다. 그리고 어려운 영화에 복잡한 들뢰즈 개념을 적용함으로써 이중의 나선으로 또 다른 곤론함에 봉착하게 될 것을 염려하여, 접근이 용이한 이미지들에 가로질러진 들뢰즈적 사유로 다중적인 리좀적 네트워크의 세계를 분석하길 갈망한다. 또한 들뢰즈가 철학과 자본주의의 내재적인 체계를 구성하고, 영화를 설명하기 위해 수많은 개념과 범주들의 블록을 쌓아나가듯이, 현대 사회의 시청각적 특징을 이미지와 소리의 내재적 체계로 차곡차곡 정리해나간다. 그럼으로써 자본주의와 영화가 맺고있는 관계, 우리의 일상적 삶과 사이버스페이스 안에서 들뢰즈 이론이 무엇을 해줄 수 있는지 질문한다.

우리는 들뢰즈 개념의 도구 상자 안에 있는 다양한 도구와 연장들을 꺼내 현대성과 테크놀로지의 충격으로 가득한 시청각 미디어에 리좀의 지도를 그릴 수 있다. 이 책은 들뢰즈, 베르그손, 스피노자를 축으로 지젝, 라캉, 영화 이론, 페미니즘 이론들을 끌어오는 방대한 지적 등정의 길로 안내한다. 여섯 개의 장으로 구성된 봉우리 하나하나를 넘으면서, 들뢰즈가 영화를 통해 창조하는 개념화와, 이에 대한 여러 학자들의 반응을 구체적인 영화적 사례들을 통해 이해하게 된다.

뇌는 스크린이라는 개념, 메타 시네마로서의 세계와 카메라의식의 문제는 히치콕의 고전 영화들과 캐슬린 비글로의 현대적 변형으로 설명된다. 정신분석학이 설명해온 여성성과 몸, 공포의 이미지와 함께, 들뢰즈가 재현적 사유에 대해 취하는 입장, 그리고 사유의 이미지로 전환되어야 하는 이유가 마이클 크라이튼, 폴 버호벤, 파스빈더, 맘베티 등의 영화를 통해 설명된다. 또한 들뢰즈가 현대 정치 영화를 통해 논한 몸의 영화, 뇌의 영화, 민중과 폭력 정치학의 문제는 클레르 드니, 올리비에 다한, 뒤라스, 데이비드 핀처와 타란티노의 영화들을 통해 제기된다. 다양한 되기의 미학적 형상과 감각의 논리는 이상한 나라의 앨리스, 주네와 카로, 폰 트리에, 벤더스, 샐리 포터, 닐 조던, 크로넨버그의 영화들을 통해 구체화된다. 마지막으로 음향 기계의 영토화, 탈영토화하는 힘의 개념들은 코폴라, 데이비드 린치, 베넥스, 뤽 베송의 영화들과 디즈니 애니메이션을 통해 펼쳐지며, 여기에는 현대 뮤지션들의 실험과 단편 실험 영화, 다큐멘터리 사례들이 함께 채택된다. 이처럼 우리로 하여금 흥미롭게 접할 수 있는 시청각적 사례들을 통해 들뢰즈의 영화적 수용에서 가장 중요한 이미지 자체에 대한 묘사와 분석이 이루어진다.

들뢰즈는 리좀, 기관 없는 몸, 소수자-되기, (탈)영토화, 정치선, 전쟁 기계 등과 같은 새로운 개념들을 제안하며, 이를 주어진 사회와 정치적 맥락 안에서 효과적으로 개념화했다. 영화와 시청각 미디어 일반은 현대 문화에서 매우 주요한 관심 대상이다. 자본과의 내재적 연결 안에서 시청각 문화는 동시대 문화를 묘사하고, 교전하고, 그로부터 탈출하려는 가장 중요한 영역이 되었기 때문이다. 들뢰즈 철학을 영화 이론에 접목하려는 학계의 시도 덕택으로 들뢰즈가 보여준 이미지와 시간에 대한 심층적인 성찰이 구체적인 영화 분석을 통해 증명되는 많은 예들을 접할 수 있게 되었다. 이에 더해 『시각 문화의 매트릭스』는 대중 미디어에 한층 더 집중함으로써 들뢰즈를 실용적으로 적용한다. 이로써 저자가 희망하는 한 권의 훌륭한 활용서가 탄생되었고, 이제 우리는 하나의 실질적 사례를 목격하게 된다. 무궁무진한 개념들로 가득한 들뢰즈 철학은 정의를 내리기조차 애매한 현대의 각종 문화적 실험들을 탐구하는 데 유용한 도구가 될 것이다.

각 장은 상호 밀접하게 관련되어 있으면서도 하나의 독립적인 고원으로 기능한다. 이 책이 방대한 학문적 궤도를 그리며 실천적 분석을 수행하고 있음으로 인해, 들뢰즈 철학에 대한 기본적인 이해 외에도 기호학, 정신분석학, 영화 이론, 페미니즘 이론 등에 대한 이해를 바탕으로 해야만 책에서 전개되는 모든 개념들을 수용할 수 있을 것이다.

하지만 순서를 거꾸로 이행하는 방식도 제안하고 싶다. 책이 들뢰즈와 영화 이론 등에 대해 기본적으로 습득해야 할 내용들을 광범위하게 다루고 있으므로, 방대한 참고 문헌은 독자들이 앞으로 추구하고자 하는 지식을 위한 훌륭한 길잡이가 될 것이기 때문이다. 이는 철학을 바탕으로 영화를 사유하는 자, 영화를 바탕으로 철학을 사유하는 자 모두에게 스스로 사유하는 독서가 될 매력적인 지침서로 기능할 것이다.

자본을 생산해내지 못하는 지식은 생존의 길을 찾기 어려운 삭막한 시대에, 들뢰즈 철학을 영화 분석에 구체적으로 적용함으로써 들뢰즈의 대중화에 함께하고자 선뜻 이 책의 출판을 허락해주신 <철학과현실사> 사장님, 책 번역에 용기를 불어넣어주고 출판을 현실화하도록 매개해주신 류상욱 선배님, 편집과 꼼꼼한 우리말 교열을 통해 책을 아름답게 만들어주신 편집자 이대길 님, 우수한 영화 서적 지원 프로그램으로 기운을 북돋아주신 <경기영상위원회>와 제2회 경기영상 창작 지원 프로그램 '경기 영상 출판 지원' 심사위원님들, 난해한 철학적 개념을 함께 고민해주신 이창성 선생님, 자료 정리와 원고 교정을 도와주신 정영권, 임영주, 임수선 후배님들께 감사드린다. 또한 한국어 번역 소식에 큰 기쁨을 전하며, 한국어 서문을 새로 써주시고, 번역에 필요한 여타 자료들을 보내주셨으며, 사소한 질문에도 친절하게 설명해줌으로써 끝까지 책임을 다해주신 저자 파트리샤 피스터르스 선생님께 감사드린다.

2007년 12월
옮긴이 정 민 아

영화 목록

「100% **아라비카**(100% Arabica)」(**프랑스**, 1997)
dir : 마흐무드 젬무리Mahmoud Zemmouri ; sc : Mahmoud Zemmouri ;
ph : Noel Very and Jean Claude Vicquery ; music : Khaled, Cheb
Mami, et al. ; cast : Khaled, Cheb Mami, Mouss, Farid Fedjer, Najim
Laouriga, et al.

「**유괴되다**(Abducted)」(**독일**, 1997)
dir : 제이슨 스핀가른-코프 Jason Spingarn-Koff ; sc : Jason Spingarn-
Koff ; video : Jason Spingarn-Koff ; music : DJ French Blend ; cast :
Mary Campbell.

「**도시의 앨리스**(Alice in the Cities / Alice in den Städten)」(**독일**, 1974)
dir : 빔 벤더스 Wim Wenders ; sc : Wim Wenders ; ph : Robby Müller ;
ed : Peter Prygadda ; music : Irmin Schmid ; cast : Yella Rottländer,
Rüdiger Vogler, Elisabeth Kreuzer, et al.

「**아메리칸 뷰티**(American Beauty)」(**미국**, 1999)
dir : 샘 멘더스 Sam Mendes ; sc : Alan Ball ; ph : Conrad L. Hall ; ed :

Tariq Anwar ; prod : Bruce Cohen and Dan Jinks ; cast : Kevin Spacey, Annette Benning, Thora Birch, Wes Bentley, Mena Suvari, et al.

「복수의 립스틱(Angel of Vengeance / MS. 45)」(미국, 1980)
Dir : 아벨 페라라 Abel Ferrara ; sc : Nicholas St. John ; cast : Zoe Tamerilis, Jimmy Laine, Peter Yellem, Vincent Gruppi, et al.

「라탈랑트(L'Atalante / Le Chaland Qui Passe)」(프랑스, 1934)
Dir : 장 비고 Jean Vigo ; sc : Albert Riéra and Jean Vigo ; ph : Boris Kaufman and Louis Berger ; music : Maurice Jaubert ; cast : Michel Simon, Dita Parlo, Jean Dasté, Jacques Prévert, et al.

「아틀란티스(Atlantis)」(프랑스, 1992)
Dir : 뤽 베송 Luc Besson ; ph : Christian Petron ; ed : Luc Besson ; music : Eric Serra ; locations : North Pole, Red Sea, Great Barrier Reef, Bahamas

「오렐리아 스타이너(Aurélia Steiner Melbourne / Aurélia Steiner Vancouver)」(프랑스, 1979)
Dir : 마르그리트 뒤라스 Marguerite Duras ; sc : Marguerite Duras ; voice : Marguerite Duras ; ph : Pierre Lhomme ; ed : Geneviève Dufour

「그랑 블루(The Big Blue / Le Grand Bleu)」(프랑스, 1988)
Dir : 뤽 베송 Luc Besson ; sc : Roger Garland and Luc Besson ; ph : Carlo Varini ; prod : Patrice Ledoux ; music : Eric Serra ; cast : Rosanna Arquette, Jean Reno, Jean-Marc Barre, et al.

「블레이드 러너(Blade Runner)」(미국, 1982)
Dir : 리들리 스콧 Ridley Scott ; sc : Hampton Fancher and David Peoples ; sp. eff : Douglas Trumbull ; ph : Jordan Cronenweth ; prod : Micheal Deeley ; music : Vangelis ; cast : Harrison Ford, Rutger Hauer,

Sean Young, et al.

「필사의 추적(Blow out)」(미국, 1981)

Dir : 브라이언 드 팔마 Brian De Palma ; sc : Brian De Palma ; ph : Vilmos Zsigmond ; prod : Paul Sylbert ; music : Pino Donaggio ; cast : John Travolta, Nancy Allen, John Lithgow, et al.

「블루(Blue)」(영국, 1993)

Dir : 데릭 저먼 Derek Jarman ; music and sound : Simon Fisher Turner ; voices : John Quentin, Nigel Terry, Tilda Swinton, and Derek Jarman.

「브레인스톰(Brianstorm)」(미국, 1983)

Dir : 더글라스 트럼불 Douglas Trumbull ; sc : Robert Stitzel and Frank Massina ; ph : Richard Yurich ; cast : Christopher Walken, Natalie Wood, Louise Fletcher, et al.

「드라큘라(Bram Stocker's Dracula)」(미국, 1992)

Dir : 프랜시스 포드 코폴라 Francis Ford Coppola ; based on the novel by Bram Stocker ; sc : James Hart ; ph : Michael Ballhaus ; ed : Nicholas Smith, etc. ; prod : Thomas Sanders ; music : Wojciech Kilar ; cast : Keanu Reeves, Winona Ryder, Gary Oldman, Anthony Hopkins, et al.

「브레이킹 더 웨이브(Breaking the Waves)」(덴마크 / 네덜란드, 1996)

Dir : 라스 폰 트리에 Lars von Trier ; sc : Lars von Trier ; ph : Robby Müller ; ed : Andre Refn ; music : Joachim Holbeck ; cast : Emily Watson, Stellan Skarsgard, Jean-Marc Barre, et al.

「형제들(Brothers / Frères, La Roulette Rouge)」(프랑스, 1994)

Dir : 올리비에 다한 Olivier Dahan ; sc : Olivier Dahann, et al. ; ph :

Alex Lamark ; ed : Zofia Mennet ; sound : Louis Foropon ; music : Yarol ;
cast : El Bouhairi, Véronique Octon, Samy Naceri, Saïd Taghmaoui,
et al.

「캐리(Carrie)」(미국, 1976)

Dir : 브라이언 드 팔마 Brian De Palma ; sc : Lawrence D. Cohen,
based on the novel by Stephen King ; ph : Mario Tosi ; music : Pino
Donaggio ; cast : Sissy Spacek, William Katt, John Travolta, Amy
Irving, et al.

「잃어버린 아이들의 도시(The City of Lost Children / La Cité des Enfants Perdus)」(프랑스 / 독일 / 스페인, 1995)

Dir : 장 피에르 주네 & 마르크 카로 Jean-Pierre Jeunet and Marc Caro ;
ph : Darius Khondji ; ed : Hervé Schneid ; music : Angelo Badalamenti
cast : Ron Perlman, Daniël Emilfork, Judith Vittet, Dominique Pinon,
et al.

「죽음의 가스(Coma)」(미국, 1978)

Dir : 마이클 크라이튼 Michael Crichton ; sc : Michael Crichton, based
on the novel by Robin Cook ; ph : Victor Kemper ; prod : Albert
Brenner ; music : Jerry Goldsmith ; cast : Geneviève Bujold, Michael
Douglas, Elisabeth Ashley, Rip Torn, Tom Selleck, et al.

「늑대의 혈족(The Company of Wolves)」(영국, 1984)

Dir : 닐 조던 Neil Jordan ; sc : Angela Carter and Neil Jordan ; ph :
Bryan Loftus ; cast : Angela Lansbury, David Warner, Sarah Patterson,
Stephen Rea, et al.

「도청(The Conversation)」(미국, 1974)

Dir : 프랜시스 포드 코폴라 Francis Ford Coppola ; sc : Francis Ford
Coppola ; ph : Bill Butler ; sound : Walter Murch ; music : David Shire ;

cast : Gene Hackman, John Cazale, Allen Garfield, Cindy Williams, et al.

「크레매스터 4(Cremaster 4)」(미국, 1994)

Dir : 매튜 바니 Matthew Barney ; video : Peter Strietman ; ph : Michael James O'Brian and Larry Lame ; makeup and spec. eff. : Gabe Z. Bartalos ; cast : Dave and Graham Molyneux, Steve and Karl Sinnot, Matthew Barney, et al.

「어둠 속의 댄서(Dancer in the Dark)」(덴마크/ 네덜란드, 2000)

Dir : 라스 폰 트리에 Lars von Trier ; sc : Lars von Trier ; music : Björk ; ph : Robby Müller ; ed : Molly Malene Stengaard and Françoise Gedigier ; prod : Vibeke Windelov ; cast : Björk, Catherine Deneuve, David Morse, Peter Stormare, et al.

「부르주아의 은밀한 매력(The Discreet Charm of the Bourgeoisie / Le charme Discret de la Bourgeoisie)」(프랑스/ 이탈리아/ 스페인, 1972)

Dir : 루이스 브뉘엘 Luis Buñuel ; sc : Luis Buñuel and Jean-Claude Carrière ; ph : Edmond Richard ; cast : Fernando Rey, Stèphane Audran, Delphine Seyrig, Bulle Ogier, Michel Piccoli, et al.

「디바(Diva)」(프랑스, 1980)

Dir : 장 자크 베넥스 Jean-Jacques Beineix ; sc : Jean van Hamme and Jean-Jacques Beineix, based on a novel by Delacorta ; ph : Philippe Rousselot ; prod : Hilton McConnic ; music : Vladimir Cosma ; cast : Wilhelminia Wiggins Frenandez, Frédéric Andréi, Richard Bohringer, Thuy An Luu, et al.

「지킬 박사와 하이드 씨(Dr. Jekyll and Mr. Hyde)」(미국, 1931)

Dir : 루벤 마모울리언 Rouben Mamoulian ; sc : Samuel Hoffenstein and Percy Heath, based on the novel by R. L. Stevenson ; ph : Karl Struss ; cast : Fredric March, Miriam Hopkins, Rose Hobart, Holmes

Herbert, et al.

「드라큘라(Dracular)」(미국, 1931)

Dir : 토드 브라우닝 Tod Browning ; ph : Karl Freund ; music : Tcha-
ikovsky ; cast : Bela Lugosi, David Manners, Helen Chandler, et al.

「아이즈 와이드 셧(Eyes Wide Shut)」(미국, 2000)

Dir : 스탠리 큐브릭 Stanley Kubrick ; sc : Stanley Kubrick and Frederic
Raphael, inspired by *Traumnovelle* by Arthur Schnitzler ; ph : Larry
Smith ; ed : Nigel Galt ; prod : Stanley Kubrick ; cast : Nicole Kidman
and Tom Cruise.

「거짓과 진실(F for Fake / Nothing but the Truth)」(프랑스 / 이란 / 독일, 1973)

Dir : 오슨 웰스 & 프랑수아 라이셴바흐 Orson Welles and François
Reichenbach (for the dramatizations) ; with : Orson Welles, Oja Kodar,
Elmy de Hory, Clifford Irving, et al.

「자유의 환영(The Fantome of Liberty / Le fantôme de la Liberté)」(프랑스 / 이탈리아, 1974)

Dir : Luis Buñuel ; sc : Jean-Claude Carrière and Luis Buñuel ; ph :
Edmond Richard ; ed : Hélène Plemiannikov ; cast : Michel Lonsdale,
Michel Piccoli, Marie-France Pisier, Jean Rochefort, et al.

「제5원소(The Fifth Element / Le Cinqième Elément)」(프랑스, 1997)

Dir : 뤽 베송 Luc Besson ; sc : Luc Besson and Robert Kamen ; prod :
Patrice Ledoux ; ph : Thierry Arbogast ; ed : Sylvie Landra ; music :
Eric Serra ; costume : Jean-Paul Gaultier ; spec. eff. : Mark Stetson
and Stella Bruzzi ; set design : Moebius and Jean-Claude Mézières ;
cast : Milla Jovovich, Bruce Willis, Gary Oldman, ChrisTucker, Ian
Holm, et al.

「파이트 클럽(Fight Club)」(미국, 1999)

Dir : 데이비드 핀처 David Fincher ; sc : Jim Uhls, based on the novel by Chuck Pajahnuick ; ph : Jeff Cronenweth ; sound : Ren Klyce ; music : The Dust Brothers ; prod : Art Linson ; cast : Edward Norton, Brad Pitt, Helena Bonham Carter, Meat Loaf, et al.

「플라이(The Fly)」(미국, 1986)

Dir : 데이비드 크로넨버그 David Cronenberg, sc : Edward Pogue and David Cronenberg ; ph : Mark Irwin ; prod : Carol Spider ; ed : Ronald Sanders ; cast : Jeff Goldblum, Geena Davis, John Getz, et al.

「포스 맨(The Fourth Man / De Vierde Man)」(네덜란드, 1983)

Dir : 폴 버호벤 Paul Verhoeven ; sc : Gerard Soeteman ; ph : Jan de Bont ; ed : Ine Schenkkan ; music : Loek Dikker ; cast : Renée Soutendijk, Jeroen Krabbé, Thom Hoffman, et al.

「프랑켄슈타인(Frankenstein)」(미국, 1931)

Dir : 제임스 웨일 James Whale ; sc : Garret Fort and Francis Edward Faragoh ; ph : Arthur Edeson ; makeup : Jack Pierce ; music : David Broekman ; cat : Boris Karloff, Mae Clark, Colin Clive, John Boles, et al.

「히로시마 내 사랑(Hiroshima Mon Amour)」(프랑스, 1959)

Dir : 알렝 레네 Alain Resnais ; sc : Marguerite Duras ; ph : sacha Vierny and Takahashi Michio ; ed : Henri Colpi and Jasmine Chasney ; prod : Sacha Kamenenka and Shirakawa Takeo ; music : Georges Delerue and Giovanni Fusco ; cast : Emmanuelle Riva, Eiji Okada, Stella Dassas, Pierre Barbaud, and Bernard Fresson

「잠이 오질 않아(I Can't Sleep / J'ai pas Sommeil)」(프랑스, 1994)

Dir : 클레르 드니 Claire Denis ; sc : Claire Denis and Jean-Paul Fargeau ;

ph : Agnes Godard ; ed : Nelly Quettier ; cast : Katherine Golubeva, Richard Courcet, Line Renaud, Beatrice Dalle, et al.

「네 무덤에 침을 뱉는다(I Spit on your Grave / Day of the Woman)」(미국, 1978)

Dir : 마이어 자르치 Meir Zarchi ; cast : Camille Keaton, Eron Tabor, Richard Pace, et al.

「백치들(The Idiots)」(덴마크, 1998)

Dir : 라스 폰 트리에 Lars von Trier ; sc : Lars von Trier ; ph : Lars von Trier ; cast : Bodil Jorgensen, Jens Albinus, Anne Louise Hassing, et al.

「13월인 어느 해에(In a Year of 13 Moons / In Einem Jahr mit 13 Monden)」(독일, 1978)

Dir : 라이너 베르너 파스빈더 Rainer Werner Fassbinder ; sc : Rainer Werner Fassbinder ; prod : Rainer Werner Fassbinder ; photo : Rainer Werner Fassbinder ; ed : Juliane Lorenz ; music : Peer Raben ; cast : Volker Spengler, Ingrid Caven, Gottfried John, Elisabeth Trissenaar, et al.

「뱀파이어와의 인터뷰(Interview with the Vampire)」(미국, 1994)

Dir : 닐 조던 Neil Jordan ; sc : Anne Rice ; ph : Philippe Rousselot ; cast : Brad Pitt, Tom Cruise, Antonio Banderas, Stephen Rea, et al.

「모로 박사의 섬(The Island of Dr. Moreau)」(미국, 1977)

Dir : 돈 테일러 Don Taylor ; sc : John Hermann Shaner and Al Ramus, based on the novel by H. G. Wells ; ph : Garry Fisher ; music : Laurence Rosenthal ; cast : Burt Lancaster, Michael York, Nigel Davenport, Barbara Carrera, et al.

「정글북(The Jungle Book)」(미국, 1942)

Dir : 졸탄 코르다 Zoltan Korda ; sc : Laurence Stallings, based on the novel by Rudyard Kipling ; ph : Lee Garmes ; cast : Sabu, André De Toth, Rosemary DeCamp, Ralph Byrd, et al.

「킹콩(King Kong)」(미국, 1933)

Dir : 메리안 쿠퍼 & 어니스트 쇼드색 Merian Cooper and Ernest Schoedsack ; sc : James Creelman and Ruth Rose ; prod : Merian Cooper and Ernest Schoedsack ; music : Max Steiner ; cast : Fay Wray, Bruce Cabot, Robert Armstrong, et al.

「역사의 마지막 천사(The Last Angel of History)」(영국, 1996)

Dir : 존 아캄프라 John Akomfrah ; prod : Black Audio Film Collective ; sound : Trevor Mathison ; music : Trevor Mathison, Sun Ra and Kraftwerk ; with : George Clinton, Sun Ra, Goldie, Octavia Butler, Darek May, DJ Spooky, et al.

「인어공주(Little Mermaid)」(미국, 1989)

Dir : 존 마스커 & 론 클레멘츠 John Musker and Ron Clements ; based on the fairy tale by Hans Christian Andersen ; prod : Disney Studios ; voices : Jodi Benson, Pat Carroll, Samuel E. Wright, Kenneth Mars, et al.

「로스트 하이웨이(Lost Highway)」(미국, 1996)

Dir : 데이비드 린치 David Lynch ; sc : David Lynch and Barry Gifford ; ph : Peter Deming ; ed : Mark Sweeney ; music : Angelo Badalamenti ; cast : Bill Pullman, Patricia Arquette, Balthazar Getty, et al.

「매트릭스(The Matrix)」(미국, 1999)

Dir : 워쇼스키 형제 The Wachowski Brothers ; sc : The Wachowski Brothers ; ph : Bill Pope ; ed : Zach Steanberg ; prod : Joel Silver ; music :

Don Davis ; cast : Keanu Reeves, Laurence Fishburne, Carrie-Anne Moss, et al.

「메트로폴리스(Metropolis)」(독일, 1927)
Dir : 프리츠 랑 Fritz Lang ; sc : Fritz Lang and Thea von Harbou ; ph : Eugen Scüfftan ; cast : Alfred Abel, Gustav Frölich Brigitte Helm, et al.

「다른 세계는 가능하다(Mondo, un Diverso E' Possibile)」(이탈리아, 2001)
Dir : 프란체스코 마셀리 Franscesco Maselli and 30 other directors (Etore Scola et al.) ; music : Manu Chao, et al.

「나탈리 그랑제(Nathalie Granger)」(프랑스, 1972)
Dir : 마르그리트 뒤라스 Marguerite Duras ; sc : Marguerite Duras ; prod : Luc Moulet & Cie ; cast : Lucia Bosé, Jeanne Moreau, Gérard Depardieu, Nathalie Bourgeois, et al.

「노스페라투(Nosferatu, Phantom der Nacht)」(독일 / 프랑스, 1979)
Dir : 베르너 헤어조크 Werner Herzog ; inspired by *Nosferatu, Eine Symphony des Grauens* ; cast : Klaus Kinski, Isabelle Adjani, Bruno Ganz, Roland Topor, Rijk de Gooyer

「노스페라투(Nosferatu, Eine Symphony des Grauens)」(독일, 1922)
Dir : F. W. 무르나우 F. W. Murnau ; inspired by the novel *Dracular* by Bram Stoker ; cast : Max Schreck, Alexander Granach, Gustav von Wangenheim, Greta Schröder

「올랜도(Orlando)」(영국 / 네덜란드 / 러시아 / 이탈리아 / 프랑스, 1992)
Dir : 샐리 포터 Sally Potter ; sc : Sally Potter, based on the novel by Virginia Woolf ; ph : Alexei Rodionov ; cast : Tilda Swinton, Billy Zane, John Wood, Quentin Crisp, et al.

「판도라의 상자(Pandora's Box / Die Büchse der Pandora)」(독일, 1929)
Dir : 게오르그 빌헬름 파브스트 Georg Wilhelm Pabst ; based on the plays *Der Erdgeist* and *Die Büchse de Pandora* by Frank Wedekind ; cast : Louise Brooks, Fritz Kortner, Franz Lederer, et al.

「피핑 톰(Peeping Tom)」(영국, 1960)
Dir : 마이클 파웰 Michael Powell ; sc : Leo Marks ; ph : Otto Heller ; music : Brian Easdale ; cast : Karl-Heinz Boehm, Moira Shearer, Anna Massey, Maxine Audley, et al.

「소매치기(Pickpocket)」(프랑스, 1959)
Dir : 로베르 브레송 Robert Bresson ; cast : Martin Lassalle, Pierre Leymarie, Pierre Etaix, Marika Green, Jean Pelegri, Kassagi and Pierre Etaix

「펄프 픽션(Pulp Fiction)」(미국, 1994)
Dir : 쿠엔틴 타란티노 Quentin Tarantino ; sc : Quentin Tarantino ; prod : Lawrence Bender ; ph : Andrzej Sekula ; ed : Sally Menke ; cast : Samuel L. Jackson, John Travolta, Uma Thurman, Bruce Willis, Rosanna Arquette, et al.

「이창(Rear Window)」(미국, 1954)
Dir : 알프레드 히치콕 Alfred Hitchcock ; sc : John Michael Hayes ; based on the short story by Cornell Woolrich ; ph : Robert Burks ; sound : Sam Corner and Ray Moyer ; ed : George Tomasini ; music : Franz Waxman ; cast : James Stewart, Grace Kelly, Thelma Ritter, Raymond Burr

「하인(The Servant)」(독일, 1963)
Dir : 조셉 로지 Joseph Losey ; sc : Harold Pinter, based on the novel by Robin Maugham ; ph : Douglas Slocombe ; music : Johnnie Dankworth ;

cast : Dirk Bogarde, James Fox, Sarah Miles

「쇼생크 탈출(The Shawshank Redemption)」(미국, 1994)
Dir : 프랭크 다라본트 Frank Darabont ; sc : Frank Darabont, based on a story by Stephen King ; prod : Niki Marvin ; ph : Roger Deakins ; ed : Richard Francis-Bruce ; music : Thomas Newman ; cast : Tim Robbins, Morgan Freeman, Bob Gunton, James Whitmore, et al.

「스트레인지 데이즈(Strange Days)」(미국, 1995)
Dir : 캐슬린 비글로 Kathryn Bigelow ; sc : James Cameron and Jay Cocks ; prod : Matthew Leonetti ; ed : Howard Smith ; music : Randy Gerston ; spec. eff : Terry Frazee ; sound : Gary Rydstrom ; art dir : John Warnke ; cast : Ralph Fiennes, Angela Bassett, Juliette Lewis, Tom Sizemore, Michael Wincott, Glenn Plummer, et al.

「태양이 없다면(Sunless / Sans Soleil)」(프랑스, 1982)
Dir : 크리스 마르케 Chris Marker ; sc : Chris Marker and Adrian Miles ; ed : Chris Marker ; narration : Alexandra Stewart (English Version) and Florence Delay (French version) ; music : M. Moussorgski, Sebelius and song by Arielle Dombasle ; film extracts : *Carnival in Bissau, Vertigo.*

「탱크 걸(Tank Girl)」(미국, 1995)
Dir : 레이젤 탤러레이 Rachel Talalay ; sc : Tedi Safarian, based on the comic strip created by Alan Martin and Jamie Hewlett ; prod : Richard Lewis, et al. ; ph : Gale Tettersal ; ed : James Symons ; makeup : Stan Winston ; music : Grame Revell ; cast : Lori Petty, Ice-T, Naomi Watts, Michael McDowell, et al.

「마부제 박사의 유언(Testament of Dr. Mabuse / Das Testament des Dr. Mabuse)」(독일, 1933)

Dir : 프리츠 랑 Fritz Lang ; sc : Thea von Harbou and Fritz Lang ; ph : Fritz Arno Wagner ; music : Hans Erdmann ; cast : Rudolf Klein-Rogge, Otto Wernicke, Oscar Beregi, et al.

「욕망의 모호한 대상(This Obscure Object of Desire / Cet Obscur Objet du Désir)」(프랑스 / 스페인, 1977)

Dir : 루이스 브뉘엘 Luis Buñuel ; sc : Luis Buñuel and Jean-Claude Carrière, based on the novel *La Femme et la Pantin* by Pierre Louys ; ph : Edmond Richard ; cast : Fernando Rey, Angela Molina, Carole Bouquet, et al.

「토탈 리콜(Total Recall)」(미국, 1990)

Dir : 폴 버호벤Paul Verhoeven ; sc : Gary Goldman, etc. ; ph : Jost Vacano ; makeup eff : Rob Bottin ; ed : Frank Urioste ; music : Jerry Goldsmith ; prod : Buzz Feitshans and Ronald Shusett ; cast : Arnold Schwarzenegger, Sharon Stone, Michael Ironside, Ronny Cox, et al.

「악마의 손길(Touch of Evil)」(미국, 1958)

Dir : 오슨 웰스 Orson Welles ; sc : Orson Welles, based on the novel *Badge of Evil* by Whit Masterson ; ph : Russell Metty ; cast : Charlton Heston, Janet Leigh, Orson Welles, Joseph Calleia, Marlene Dietrich, et al.

「12몽키스(Twelve Monkeys)」(미국, 1995)

Dir : 테리 길리엄 Terry Gilliam ; sc : David and Janet Peoples, inspired by *La Jetée* by Chris Marker ; prod : Charles Roven ; ph : Roger Pratt ; ed : Mick Audsley ; music : Paul Buckmaster ; cast : Bruce Willis, Madeleine Stowe, Brad Pitt, Christopher Plummer, et al.

「현기증(Vertigo)」(미국, 1958)

Dir : 알프레드 히치콕 Alfred Hitchcock ; sc : Alec Coppel and Samuel

Taylor, based on the novel *D'Entre les Morts* by Pierre Boileau and Thomas Narcejac ; prod : Alfred Hitchcock ; ph : Robert Burks ; ed : George Tomasini ; sound : Sam Comer and Frank McKelvey ; music : Bernard Herrmann ; titles : Saul Bass ; cast : James Stewart, Kim Novak, Barbara Bel Geddes, Tom Helmore.

「야생의 아이(The Wild Child / L'Enfant Sauvage)」(프랑스, 1969)

Dir : 프랑수아 트뤼포 François Truffaut ; sc : François Truffaut and Jean Gruault ; ph : Nestor Almendros ; music : Vivaldi ; cast : Jean-Pierre Cargol, François Truffaut, Françoise Seigner.

「울프(Wolf)」(미국, 1994)

Dir : 마이크 니콜스 Mike Nichols ; sc : Jim Harrison, etc. ; makeup eff : Rick Balar ; prod : Douglas Wick ; music : Ennio Morricone ; cast : Jack Nicholson, Michelle Pfeiffer, James Spader, Christopher Plummer, et al.

「엑스맨(X-Men)」(미국, 2000)

Dir : 브라이언 싱어 & 코니 유엔 Bryan Singer and Coney Yuen (action) ; sc : David Hayter ; story : Tom DeSanto and Bryan Singer, based on the Marvel comic strips ; ph : Tom Sigel ; music : Michael Kamen ; cast : Hugh Jackman, Patrick Stewart, Ian McKellen, Famke Janssen, et al.

참고 문헌

Abbate, C. "Opera or, the Envoicing of Women." *Musicology and Difference: Gender and Sexuality in Music Scholarship.* Ed. R Solie, Berkeley, Los Angeles and London : University of California Press, 1993. 225-258.

Alliez, E. *Deleuze ; Philosophie Virtuelle.* Le Plessis-Robinson : Synthélabo, 1996.

_____., ed. *Gilles Deleuze : une vie philosophique* (Rencontres Internationales Rio de Janeiro-Sao Paulo juin 1996). Le Plessis-Robinson : Synthélabo, 1998.

Alphen, E. *Francis Bacon and the Loss of Self.* London : Reaktion Books, 1992.

Altman, R., ed, *Sound Theory ─ Sound Practice.* New York and London ; Routledge, 1992.

Andrew, D. "The Roots of the Nomadic : Gilles Deleuze and the Cinema of West Africa." *The Brain is the Screen : Deleuze and the Philosophy of Cinema.* Ed. G. Flaxman. Minneapolis and London : University of Minnesota Press, 2000. 215-249. [박성수 옮김, 「노마드적 영화의 뿌리들」, 『뇌는 스크린이다』, 이소, 2003.]

Ansell Pearson, K., ed. *Deleuze and Philosophy : the Difference Engineer.* London and New York : Routledge, 1997.

Aumont, J. *Introduction à la couleur : des discours aux images.* Paris : Armand

Colin, 1994.

Asselberghs, H. "De Mille Plateaux Remix." *Andere Sinema*, no.138. Antwerp : Harry Eysakkers, 1997.

Balke, F., and J. Vogl, eds. *Gilles Deleuze : Fluchtlinien der Philosophie*. München : Wilhelm Fink Verlag, 1996.

Balsamo, A. *Technologies of the Gendered Body : Reading Cyborg Women*. Durham and London : Duke University Press, 1996.

Baudry, J. "The Apparatus : Metapsychological Approaches to the Impression of Reality in the Cinema." *Narrative, Apparatus, Ideology*. Ed. P. Rosen. New York : Columbia University Press, 1986. 299–318.

_____. "Ideological Effects of the Basic Cinematographic Apparatus." *Narrative, Apparatus, Ideology*. Ed. P. Rosen. New York : Columbia University Press, 1986. 286–298.

Bell, E. "Somatexts at the Disney Shop : Constructing the Pentimentos of Women's Animated Bodies." *Form Mouse to Mermaid : The Politics of Film, Gender and Culture*. Bloomington and Indianapolis : Indiana University Press, 1995. 107–124.

Bell, E,. et al., eds. *From Mouse to Mermaid : The Politics of Film, Gender and Culture*. Bloomington and Indianapolis ; Indiana University Press, 1995.

Beller, J. "Capital / Cinema." *Deleuze and Guattari : New Mappings in Politics Philoshophy and Culture*. Ed, E. Kaufman and K. J. Heller. Minneapolis and London : University of Minnesota Press, 1998. 77–95.

Bellour, R., ed. "Gilles Deleuze." *Magazine Littéraire* (Special Issue) 257 September 1988.

_____, "Penser, raconter. Le cinéma de Gilles Deleuze", *Der Film bei Deleuze*. Ed. O. Fahle and L. Engel. Weimar and Paris : Verlag der Bauhaus Universität and Presses de la Sorbonne Nouvelle, 1997. 22–40.

Benjamin, W. "Thesis on the Philosophy of History." Trans. H, Zohn. New York : Schocken Books, 1969. Reprinted in H. Adams and L. Searle, eds. *Critical Theory Since 1965*. Tallahassee ; University Presses of Florida, 1986. 680–685. [반성완 옮김, 「역사철학테제」, 『발터 벤야민의 문예 이론』, 민음사, 1983.]

Bergson, H. *Matière et mémoire ; essai sur la relation du corps à l'esprit*. Paris : PUF, 1993 (first publ. 1896) *Matter and Memory*. Trans. N. M.

Paul and W. S. Palmer. New York : Zone Books, 1988. [박종원 옮김, 『물질과 기억』, 아카넷, 2005.]

_____. *Le rire ; essai sur la signification du comique.* Paris : PUF, 1990 (first publ. 1899). [정연복 옮김, 『웃음』, 세계사, 1992.]

Bernard, J. *Quentin Tarantino : The Man and his Movies.* London : Harper Collins, 1995.

Bogue, R. *Deleuze and Guattari.* London and New York : Routledge, 1989. [이정우 옮김, 『들뢰즈와 가타리』, 새길, 1995.]

Bounda, C. *The Deleuze Reader.* New York : Columbia University Press, 1993.

Boundas, C., and D. Olkowski, eds. *Gilles Deleuze and the Theater of Philosophy.* New York : Routledge, 1994.

Braidotti, R. *Patterns of Dissonance : a Study of Woman and Contemporary Philosophy.* Cambridge : Polity Press, 1991.

_____., ed. *Post-restante ; feministische berichten aan het postmoderne.* Kampen : Kok Agora, 1994.

_____. *Nomadic Subjects : Embodiment and Sexual Difference in Contemporary Feminist Theory.* New York : Columbia University Press, 1994.

_____. "Teratologies." *Deleuze and Feminist Theory.* Ed. I. Buchanan and C. Colebrook. Edinburgh : Edinburgh University Press, 2000. 156-172.

Brenez, N. "Le voyage absolu : remarques sur la theorie contemporaine." *Art Press, un second siècle pour le cinéma,* no. 14, 1993 ; "The Ultimate Journey : remarks on contemporary theory." Trans. W. Routt, et al. *Screening the Past.* http://www.latrobe.edu.au/www/screeningthepast/.

Buchanan, I., ed. *A Deleuzian Century? South Atlantic Quarterly* (Special issue) 96 (no.3) Summer 1997.

_____. *Deleuzism : A Metacommentary.* Edinburgh : Edinburgh University Press, 2000.

Buchanan, I., and C. Colebrook, eds. *Deleuze and Feminist Theory.* Edinburgh : Edinburgh University Press, 2000.

Buckland, W., ed. *The Film Spectator : From Sign to Mind.* Amsterdam : Amsterdam University Press, 1995.

Bukatman, S. *Terminal Identity : The Virtual Subject in Post-Modern Science Fiction.* Durham : Duke University Press, 1993.

_____. *Blade Runner.* London : BFI, 1997.

Butler, J. *Bodies that Matter : on the Discursive Limits of "Sex."* New York and London : Routledge, 1993. [김윤상 옮김, 『의미를 체현하는 육체』, 인간사랑, 2003.].

_____, *Gender Trouble : Feminism and the Subversion of Identity.* New York and London : Routledge, 1990.

Caldwell, J. *Televisuality : Style Crisis and Authority in American Television.* New Brunswick, NJ : Rutgers University Press. 1995.

Canning, P. "The Imagination of Immanence : An Ethics of Cinema." *The Brain is the Screen : Deleuze and the Philosophy of Cinema.* Ed. G. Flaxman. Minneapolis and London : University of Minnesota Press, 2000. 327-362. [박성수 옮김, 「내재성의 상상력」, 『뇌는 스크린이다』, 이소, 2003.]

Chabrol, C., and E. Rohmer. *Hitchcock ; the First Forty-Four Films.* New York : Frederick Ungar, 1979. [최윤식 옮김, 『알프레드 히치콕 : 초기작 44편』, 현대미학사, 2004.]

Chion, M. *Audio-Visions : Sound on Screen.* Ed. and Trans. C. Gorgman, New York : Columbia University Press, 1994. [윤경진 옮김, 『오디오-비전』, 한나래, 2004.]

_____. *La parole au cinéma.* Paris : Editions de L'Etoile, 1985.

_____. *La toile trouée.* Paris : Editions de L'Etoile, 1988.

_____. *La voix au cinéma.* Paris : Editions de L'Etoile, 1982. [박선주 옮김, 『영화의 목소리』, 동문선, 2005.]

Cholodenko, A., ed. *The Illusion of Life : Essays on Animation.* Sydney : Power Publications, 1991.

Clover, C. *Men, Women and Chain Saws : Gender in the Modern Horror Film.* Princeton : Princeton University Press, 1992.

Cohan, S., and I. Rae Hark, eds. *Screening the Male : Exploring Masculinities in Hollywood Cinema.* London and New York : Routledge, 1993.

Colebrook, C. *Gilles Deleuze.* London and New York : Routledge, 2002.

Collins, J., et al., eds. *Film Theory Goes to the Movies.* London and New York : Routledge, 1993.

Comolli, J. "Machines of the Visible." *The Cinematic Apparatus.* Ed. T. de Lauretis and S. Heath. Houndmills, Basingstroke, and London : Macmillan, 1980. 121-142.

_____. "Technique and Ideology : Camera, Perspective, Depth of Field."

Narrative, Apparatus, Ideology. Ed. P. Rosen. New York : Columbia
　University Press, 1986. 421-443.

Cook, P., and P. Dudd, eds. *Women and Film : A Sight and Sound Reader.*
　London : Temple University Press, 1993.

Copjec, J. *Read my Desire : Lacan Against the Historicists.* Cambridge : MIT
　Press, 1994.

_____., ed. *Shades of Noir.* London : Verso, 1993.

_____., ed. *Supposing the Subject.* London : Verso, 1994.

Corrigan, T. *A Cinema without Walls : Movies and Culture After Vietnam.*
　London : Routledge, 1991.

Curley, E., ed. *A Spinoza Reader.* Princeton : Princeton University Press,
　1994.

Creed, B. *The Monstrous Feminine : Film, Feminism, Psychoanalysis.* Bloo-
　mington : Indiana University Press, 1993.

De Lauretis, T. *Alice Doesn't : Feminism, Semiotics, Cinema.* Bloomington :
　Indiana University Press, 1987.

_____. *Technologies of Gender : Essay on Theory, Film and Fiction.* Bloo-
　mington : Indiana University Press, 1987.

Deleuze, G. "L'actuel et le virtuel", in *Dialogues.* Paris : Flammairon, edition
　1997. 179-185.

_____. "Avoir une idée en cinéma." *Hölderlin Cézanne.* Ed. Jean-Marie
　Straub and Danièle Huillet. Paris : Editions Antigone, 1990.

_____. *Le bergsonisme.* Paris : PUF, 1966. [김재인 옮김, 『베르그송주의』,
　문학과지성사, 1996.]

_____. *Cinéma 1 : L'image-mouvement.* Paris : Editions de Minuit, 1983 ;
　Cinema 1 : The Movement-Image. Trans. H. Tomlinson and B. Habber-
　jam. London : The Athlone Press, 1986. [유진상 옮김, 『시네마1 : 운동-
　이미지』, 시각과언어, 2002.]

_____. *Cinema 2 : L'image-temps.* Paris : Editions de Minuit, 1985 ; *Cinema
　2 : The Time-Image.* Trans. H. Tomlinson and R. Galeta. London : The
　Athlone Press, 1989. [이정하 옮김, 『시네마2 : 시간-이미지』, 시각과언
　어, 2005.]

_____, "Le cerveau, c'est l'écran." *Cahiers du Cinéma.* 1986 ; "The Brain
　is the Screen." Trans. M. T. Guiris ; Ed. G. Flaxman. *The Brain is the
　Screen : Deleuze and the Philosophy of Cinema.* Minneapolis and London :

University of Minnesota Press, 2000. 365-373. [박성수 옮김, 「뇌는 스크린이다 : 질 들뢰즈와의 인터뷰」, 『뇌는 스크린이다』, 이소, 2003.]

_____. *Critique et clinique*. Paris : Editions de Minuit, 1993 ; *Essays Critical and Clinical*. Trans. D. W. Smith and M. A. Greco. London and New York : Verso, 1998. [김현수 옮김, 『비평과 진단』, 인간사랑, 2000.]

_____. *Différence et répétition*. Paris : PUF, 1968 ; *Difference and Repetition*. Trans. P. Patton. London : The Athlone Press, 1994. [김상환 옮김, 『차이와 반복』, 민음사, 2004.]

_____. *Empirisme et subjectivité : essai sur la nature humaine selon Hume*. Paris : PUF, 1953 ; *Empiricism and Subjectivity*. Trans. C. Boundas. New York : Columbia University Press, 1991.

_____. *L'épuisé*. Paris : Editions de Minuit, 1992 (published with *Quad et autres pièces pour la télévision* by Samuel Becket).

_____. *Foucault*. Paris : Editions de Minuit, 1986. [허경 옮김, 『푸코』, 동문선, 2003.]

_____. *Francis Bacon : logique de la sensation*. Paris : Editions de la Différence, 1981. [하태환 옮김, 『감각의 논리』, 민음사, 1995.]

_____. "L'immanence : une vie …", in *Philosophie*, no. 47. Paris : Editions de Minuit, 1995 ; "Immanence, A Life." Trans. N. Millet. *Theory, Culture and Society : Explorations in Critical Social Science*. Vol. 14, no. 2. London, Thousand Oaks, and New Delhi : Sage 1997. 3-7.

_____. *Logique du sens*. Paris : Editions de Minuit, 1969 ; *The Logic of Sense*. Trans. M. Lester and C. Stivale. New York : Columbia University Press, 1990. [이정우 옮김, 『의미의 논리』, 한길사, 2000.]

_____. *Nietzsche et la philosophie*. Paris : PUF, 1962. [이경신 옮김, 『니체와 철학』, 민음사, 1998.]

_____. "Optimisme, pessimisme et voyage-lettre à Serge Daney." *Serge Daney, Cinéjournal 1981-1986*. Paris : Editions du Cinéma, 1986.

_____. *La philosophie critique de Kant*. Paris : PUF, 1963. [서동욱, 『칸트의 비판철학』, 민음사, 1995.]

_____. *Le pli : Leibniz et le baroque*. Paris Editions de Minuit, 1988 ; *The Fold : Leibniz and the Baroque*. Trans. T. Conley. Minneapolis and London : University of Minnesota Press, 1993. [이찬웅 옮김, 『주름 : 라이프니츠와 바로크』, 문학과지성사, 2004.]

_____. *Pourparlers*. Paris : Editions de Minuit, 1990 ; *Negotiations*. Trans.

M. Joughin. New York : Columbia University Press, 1995. [김종호 옮김, 『대담1972~1990』, 솔, 1993.]

_____. *Présentation de Sacher Masoch*. Paris : Editions de Minuit, 1967.

_____. *Proust et les signes*. Paris : PUF, 1964. [서동욱·이충민 옮김, 『프루스트와 기호들』, 민음사, 1997.]

_____. *Pure Immanence. Essays on A Life*. Introd. J. Rajchman ; Trans. Anne Boyman. New York : Zone Books, 2001.

_____. *Spinoza et le problème de l'expression*. Paris : Editons de Minuit, 1968 ; *Expressionism in Philosophy : Spinoza*. Trans. M. Joughin. New York : Zone Books, 1992. [이진경·권순모 옮김, 『스피노자와 표현의 문제』, 인간사랑, 2003.]

_____. *Spinoza : philosophie pratique*. Paris : Editions de Minuit, 1981 ; *Spinoza : Practical Philosophy*. Trans. R. Herley. San Francisco : City Lights, 1988. [박기순 옮김, 『스피노자의 철학』, 민음사, 1999.]

_____. "Trois questions sur six fois deux." *Cahiers du Cinéma* 271. November 1976.

Deleuze, G., and C. Bene. *Superpositions*. Paris : Editions de Minuit, 1979.

Deleuze, G., and F. Guattari. *Anti-oedipe : capitalisme et schizophrénie*. Paris : Editions de Minuit, 1972 ; *Anti-Oedipus : Capitalism and Schizophrenia*. Trans. R. Hurley, et al. London : The Athlone Press, 1984. [최명관 옮김, 『앙띠 오이디푸스』, 민음사, 2000.]

_____. *Kafka : pour une littérature mineure*. Paris : Editions de Minuit, 1975. [이진경 옮김, 『카프카 : 소수적인 문학을 위하여』, 동문선, 2001.]

_____. *Mille plateaux : capitalisme et schizophrénie*. Paris : Editions de Minuit, 1980 ; *A Thousand Plateaus : Capitalism and Schizophrenia*. Trans. B. Massumi. London : The Athlone Press, 1988. [김재인 옮김, 『천 개의 고원』, 새물결, 2001.]

_____. *Qu'est-ce que la philosophie?* Paris : Editions de Minuit, 1991 ; *What is Philosophy?* Trans. G. Burchell and H. Tomlinson. London and New York : Verso, 1994. [이정임·윤정임 옮김, 『철학이란 무엇인가』, 현대미학사, 1995.]

Deleuze, G., and C. Parnet. *Dialogues*. Paris : Flammarion, 1977 ; *Dialogues*. Trans. H. Tomlinson and B. Habberjam. New York : Columbia University Press, 1987. [허희정·정승화 옮김, 『디알로그』, 동문선, 2005.]

Dery, M., ed. *Escape Velocity : Cyberculture at the End of the Century*. New

York : Grove Press, 1996.

_____. *Flame Wars : The Discourse of Cyberculture*. Durham : Duke University Press, 1994.

Doane, M. *The Desire to Desire : The Woman's Film of the 1940s*. Bloomington and Indianapolis : Indiana University Press, 1987.

_____. *Femmes Fatales : Feminism, Film Theory, Psychoanalysis*. New York and London : Routledge, 1991.

_____. "The Voice in the Cinema : the Articulation of Body and Space." *Yale French Studies* 60, 1980. Reprinted in P. Rosen, ed. *Narrative, Apparatus, Ideology*. New York : Columbia University Press, 1986. 335-348.

Drew, W. *David Cronenberg*. London : BFI dossier no. 21, 1984.

Dunn, L., and N. Jones, eds. *Embodied Voices : Representing Female Vocality in Western Culture*. Cambridge : Cambridge University Press, 1994.

Duras, Marguerite. *Le navire night et autres texts*. Paris : Mercure de France, 1979.

_____. *Les Yeux Verts*. Paris : Cahiers du Cinéma and Gallimard, 1980.

Eisenstein, S. *Film Form. Essays in Film Theory*. Trans. J. Leyda. New York : Harvest Books, 1949. [정일몽 옮김, 『영화의 형식과 몽타주』, 영화진흥공사, 1994.]

Elsaesser, T. *Fassbinder's Germany : History, Identity, Subject*. Amsterdam : Amsterdam University Press, 1995.

_____. *New German Cinema : A History*. Houndmills, Basingstoke, Hampshire, and London : Macmillan Press, 1989.

_____., ed. *Space, Frame, Narrative*. London : BFI and Bloomington University Press, 1990.

Elsaesser, T., and K. Hoffmann, eds. *Cinema Futures : Cain and Able or Cable? Media Kinship in the Digital Age*. Amsterdam : Amsterdam University Press, 1998. [김성욱 외 옮김, 『디지털 시대의 영화』, 한나래, 2002.]

Elsaesser, T., and M. Wedel. "The Hollow Heart of Hollywood : *Apocalypse Now* and the New Sound Space." *Conrad on Film*. Ed. K. Moore. Cambridge : Cambridge University Press, 1997.

Esquenazi, J. *Film, perception et mémoire*. Paris : L'Harmattan, 1994.

Evens A., et al. "Another Always Thinks in Me." *Deleuze and Guattari :*

New Mappings in Politics, Philosophy and Culture. Ed. E. Kaufman and K. J. Heler. Minneapolis and London : University of Minnesota Press, 1009. 270-280.

Fahle, O., and L. Engell, eds. *Der Film bei Deleuze / Le cinéma selon Deleuze*. Weimar and Paris : Verlag der Bauhaus-Universitat and Presses de la Sorbonne Nouvelle, 1997.

Flaxman, G., ed. *The Brain is the Screen : Deleuze and the Philosophy of Cinema*. Minneapolis and London : University of Minnesota Press, 2000. [박성수 옮김, 『뇌는 스크린이다』, 이소, 2003.]

Flieger, J. A. "Becoming-Woman : Deleuze, Schreber and Molecular Identification." *Deleuze and Feminist Theory*. Ed. I. Buchanan and C. Colebrook. Minneapolis and London : University of Minnesota Press, 2000. 38-63.

Foucault, M. "Theatrum philosophicum." *Language, Counter-Memory, Practice*. Trans. D. Bouchard and S. Simon. Ithaca : Cornell University Press, 1977.

French, K., ed. *Screen Violence*. London : Bloomsbury, 1996.

Friedberg, A. *Window Shopping : Cinema and the Postmodern*. Berkeley : University of California Press, 1993.

Frith, S. *Performing Rites : On the Value of Popular Music*. Oxford and New York : Oxford University Press, 1996.

_____. "Music and Identity." *Questions of Cultural Identity*. Ed. S. Hall and P. du Gay, eds. London : Sage, 1996. 108-127

Gatens, M. *Feminism and Philosophy : Perspectives on Difference and Equality*. Cambridge : Polity Press, 1990.

_____. *Imaginary Bodies : Ethics, Power and Corporeality*. London and New York : Routledge, 1996.

_____. "Through a Spinozist Lens : Ethology, Difference, Power." *Deleuze : A Critical Reader*. Ed. P. Patton. Oxford and Cambridge : Blackwell, 1996. 162-187.

Genosko, G., ed. *The Guattari Reader*. Oxford and Cambridge : Blackwell, 1996.

Gibson, A. *Towards a Postmodern Theory of Narrative*. Edinburgh : Edinburgh University Press, 1996.

Gilmore, R. *Alice in Quantumland : An Allegory of Quantum Physics*. New York : Springer Verlag, 1995. [이충호 옮김, 『양자나라의 앨리스 : 재미

있는 양자역학 모험여행』, 해나무, 2003.]

Gledhill, C. *Home is Where the Heart is : Studies in Melodrama and the Woman's Film.* London : BFI, 1987.

Goodchild, P. *Deleuze and Guattari : An Introduction to the Politics of Desire.* London : Thousand Oaks and New Delhi : Sage Publications, 1996.

Goodwin, A. *Dancing in the Distraction Factory : Music Television and Popular Culture.* London : Routledge, 1993.

Griggers, C. *Becoming-Woman.* Minneapolis and London : University of Minnesota Press, 1997.

Grosz, E. *Volatile Bodies, Toward a Corporeal Feminism.* Bloomington and Indianapolis : Indiana University Press, 1994. [임복희 옮김, 『뫼비우스 띠로서의 몸』, 여이연, 2001.]

Guattrai, F. *Chaosophy.* New York : Semiotext[e], 1995. [윤수종 옮김, 『카오스모제』, 동문선, 2003.]

_____. *La révolution moléculaire.* Fontenay-sous-Bois : Editions Recherches, 1997. [윤수종 옮김, 『분자혁명 : 자유의 공간을 향한 욕망의 미시정치학』, 푸른숲, 1998.]

Hables Gray, C., et al., eds. *The Cyborg Handbook.* New York and London : Routledge, 1995.

Haraway, D. *Modest_Witness@Second_Millennium.FemaleMan©_Meets_OncoMouse™ : Feminism and Technoscience.* New York and London : Routledge, 1997. [민경숙 옮김, 『겸손한_목격자@제2의_천년.여성인간 ⓒ_앙코마우스™를 만나다 : 페미니즘과 기술과학』, 갈무리, 2007.]

_____. "The Promise of Monsters : a Regenerative Politics for Inappropriated Others." *Cultural Studies.* Ed. L. Nelson and P. Treichler. New York : Routledge. 1992. 295-337.

_____. *Simians, Cyborgs and Woman : The Reinvention of Nature.* London : Free Association Books, 1991. [민경숙 옮김, 『유인원, 사이보그, 그리고 여자』, 동문선, 2002.]

Hardy, M. *Gilles Deleuze : An Apprenticeship in Philosophy.* London : UCL Press, 1993. [김상운 · 임창렬 옮김, 『들뢰즈 사상의 진화』, 갈무리, 2004.]

Hardt, M., and T. Negri. *Empire.* Harvard University Press, 2001. [윤수종 옮김, 『제국』, 이학사, 2001.]

Hayward, S. *Luc Besson.* Manchester and New York : Manchester University Press, 1998.

Heath, S., and T. de Lauretis, eds. *The Cinematic Apparatus*. London : Macmillan Press, 1980.

Heusen, J. *The Duration of Oblivion : Deleuze and Forgetting in Fight Club and Lost Highway*. M.A. thesis. Amsterdam : University of Amsterdam, 2000.

Hofstadter, D., and Dennett, D. *The Mind's I : Fantasies and Reflections on Self and Soul*. London, New York : Penguin, 1981.

Holland, E. *Deleuze and Guattari's Anti-Oedipus : Introduction to Schizoanalysis*. London and New York : Routledge, 1999. [조현일 옮김, 『프로이트의 거짓말 : 들뢰즈와 과타리의 안티오이디푸스 : 정신분열분석입문』, 접힘 / 펼침, 2004.]

hooks, b. *Black Looks : Race and Representation*. Boston : South End Press, 1992.

_____. *Reel to Real : Race, Sex and Class at the Movies*. New York and London : Routledge, 1996.

Hunter, S. *Violent Screen*. New York : Delta Books, 1995.

Jay, M. *Downcast Eyes : The Denigration of Vision in Twentieth Century French Thought*. Berkeley and London : University of California Press, 1993.

Jayamanne, L., ed. *Kiss Me Deadly : Feminism and Cinema for the Moment*. Sydney : Power Publications, 1995.

Kahn, D., and G. Whitehead, eds. *Wireless Imagination : Sound, Radio and the Avant Garde*. Cambridge and London : MIT Press, 1992.

Kaufman, E., and K. J. Heller, eds. *Deleuze and Guattari : New Mapping in Politics, Philosophy and Culture*. Minneapolis and London : University of Minnesota Press, 1998.

Kristeva, J. *Pouvoirs de l'horreur*. Paris : Editions du Seuil, 1980. [서민원 옮김, 『공포의 권력』, 동문선, 2001.]

Kuhn, A., ed. *Alien Zone — Cultural Theory and Contemporary Science Fiction Cinema*. London and New York : Verso, 1990.

Lanford, M. "Film Figures : Rainer Werner Fassbinder's *The Marriage of Maria Braun* and Alexander Kluge's *The Female Patriot*." *Kiss Me Deadly : Feminism and Cinema for the Moment*. Ed. Laleen Jayamanne. Sydney : Power Publications, 1995. 147-179.

Lanza, J. *Elevator Music — A Surreal History of Muzak, Easy Listening, and*

Other Moodsongs. New York : Picador, 1994.

Leutrat, J. *Kaleidoscope : analyses de films*. Lyon : Presses Universitaire de Lyon, 1988.

Leyda, J. "Nietzsche, Zarathustra and the Status of Laughter." *British Journal of Aesthetics* 32(1), 39–49, 1992.

Lloyd, G. *Being in Time : Selves and Narrators in Philosophy and Literature*. London and New York : Routeldge, 1993.

_____. *Spinoza and the Ethics*. London and New York : Routledge, 1996.

Lykke, N., and R. Braidotti, eds. *Between Monster, Goddesses and Cyborgs. Feminist Confrontations with Science, Medicine and Cyberspace*. London and New Jersey : Zed Books, 1996.

Lynn, G., ed. *Folding in Architecture*. London : Academy Editions, 1993.

Manovich, L. "'Reality' Effects in Computer Animation", in J. Pilling, ed. *A Reader in Animation Studies*. Sydney : John Libbey and Company, 1997. 5–15.

Mark, L. *The Skin of Film : Intercultural Cinema, Embodiment and the Senses*. Durham and London : Duke University Press, 2000.

Massumi, B. *A User's Guide to Capitalism and Schizophrenia : Deviations from Deleuze and Guattari*. Cambridge and London : MIT Press, 1992. [조현일 옮김, 『천 개의 고원 사용자 가이드』, 접힘 / 펼침, 2005.]

_____. "Too-Blue Colour-Patch for an Expanded Empiricism." *Cultural Studies* 14(2). London : Routledge, April 2000. 177–226.

Mellencamp, P. *A Fine Romance : Five Ages of Film Feminism*. Philadelphia : Temple University Press, 1995.

Merck, M,. ed. *The Sexual Subject —A Screen Reader in Sexuality*. London and New York : Routledge, 1992.

Merleau-Ponty, M. *L'oeil et L'esprit*. Paris : Gallimard, 1964.

_____. *Phénoménologie de la perception*. Paris : Gallimard, 1945. [류의근 옮김, 『지각의 현상학』, 문학과지성사, 2002.]

Metz, C. *Film Language : A Semiotics of Cinema*. Tran. M. Tylor. New York : Oxford University Press, 1974.

_____. "The Imaginary Signifier." *Screen* 16(2), 14–76, Summer 1975.

Modleski, T. *The Woman Who Knew Too Much : Hitchcock and Feminist Theory*. New York and London : Methuen, 1988. [임옥희 옮김, 『너무 많이 알았던 히치콕』, 여이연, 2007.]

Moore, F. *Bergson: Thinking Backwards*. Cambridge: Cambridge University Press, 1996.

Mulvey, L. *Visual and Other Pleasures*. Bloomington: Indiana University Press, 1989.

Negua, K. *Popular Music in Theory: An Introduction*. Cambridge and Oxford: Polity Press, 1996.

Nichols, B., ed. *Movies and Methods*, Volume I and Volume II. Berkeley: University of California Press, 1976 and 1985.

Noon, J. *Automated Alice*. New York: Crown Publishers, 1996.

Odin, R. "A Semio-Pragmatic Approach to the Documentary Film." *The Film Spectator*. Ed. W. Buckland. 1995. 227-235.

Olkowski, D. *Gilles Deleuze and the Ruin of Representation*. Berkeley, Los Angeles and London: University of California Press, 1998.

Patton, P. ed. *Deleuze: A Critical Reader*. Oxford and Cambridge: Blackwell, 1996.

_____. *Deleuze and the Political*. London and New York: Routledge, 2000. [백민정 옮김, 『들뢰즈와 정치』, 태학사, 2005.]

Penley, C., et al., eds. *Close Encounters ─ Film, Feminism and Science Fiction*. Minneapolis: University of Minnesota Press, 1991.

Penley, C., and A. Ross. "Cyborgs at Large: Interview with Donna Haraway." *Technoculture*. Minneapolis: University of Minnesota Press, 1991.

Pindar, I. "A Very Long Scream with the Odd Couple: Deleuze and Guattari as the Laurel and Hardy of French Thought." *Times Literary Supplement* 4944, January 1998.

Pisters, P. "Cyborg Alice; or, Becoming-Woman in an Audiovisual World." *IRIS* 23, 147-164, 1997.

_____. ed. *Micropolitics of Media Culture ─ Reading the Rhizomes of Deleuze and Guattari*. Amsterdam: Amsterdam University Press, 2001.

_____. "The War of Images: Appropriation and Fabulation of Missing People." *ASCA Brief: Privacies*. Ed. B. Roessler. Amsterdam: ASCA Press, 2000. 69-81.

Polan, D. *Pulp Fiction*. London: British Film Institute, 2000.

Probyn, E. *Outside Belongings*. London and New York: Routledge, 1996.

Rajchman, J. *The Deleuze Connections*. Cambridge, Mass. And London: The MIT Press, 2001. [김재인 옮김, 『들뢰즈 커넥션』, 현실문화연구,

2005.]

Rodowick, D. *The Difficulty of Difference : Psychoanalysis, Sexual Difference and Film Theory*. New York and London : Routledge, 1991.

_____. *Gilles Deleuze's Time Machine*. Durham : Duke University Press, 1997. [김지훈 옮김, 『질 들뢰즈의 시간 기계』, 그린비, 2005.]

_____., ed. "Gilles Deleuze, Philosopher of Cinema / Gilles Deleuze, Philosophe du cinéma." *IRIS* 23, Spring 1997.

Rosen, P., ed. *Narrative, Apparatus, Ideology*. New York : Columbia University Press, 1986.

Sage, L., ed. *Flesh and the Mirror. Essay on the Art of Angela Carter*. London : Virago, 1994.

Shapiro, M. *Cinematic Political Thought : Narrating Race, Nation and Gender*. Edinburgh : Edinburgh University Press, 1999.

Shaviro, S. *The Cinematic Body*. Minneapolis and London : University of Minnesota Press, 1993.

Silverman, K. *The Acoustic Mirror : the Female Voice in Psychoanalysis and Cinema*. Bloomington and Indianapolis : Indiana University Press, 1988.

_____. *Male Subjectivity at the Margins*. London and New York : Routledge, 1992.

_____. *The Subject of Semiotics*. New York : Oxford University Press, 1987.

_____. *The Threshold of the Visible World*. London and New York : Routledge, 1996.

_____. *World Spectators*. Stanford : Stanford University Press, 2000.

Smith, J. "Speaking Up for Corpses." *Screen Violence*. Ed. K. French. London : Bloomsbury Publishing, 1996. 196-204.

Sobchack, V. *The Address of the Eye : a Phenomenology of Film Experience*. New Jersey : Princeton University Press, 1992.

_____. *Screening Space : The American Science Fiction Film*. New York : Ungar Press, 1987.

_____. "Towards a Phenomenology of Cinematic and Electronic Presence : The Scene of the Screen." *Post-Script* 10, 1990.

Spoto, D. *The Dark Side of Genius : The Life of Alfred Hitchcock*. New York : Ballantine, 1984.

Stam, R. *Film Theory : An Introduction*. Malden and Oxford : Blackwell, 2000.

Stam, R., and S. Flitterman-Lewis, eds. *New Vocabularies in Film Semiotics, Structuralism, Post-Structuralism and Beyond.* London and New York: Routledge, 1992. [문재철 외 옮김,『어휘로 풀어 읽는 영상기호학』, 시각과언어, 2003.]

Stivale, C. *The Two-Fold Thought of Deleuze and Guattari.* New York and London: The Guilford Press, 1998.

Studlar, G. "De-Territorial Imperative." *Quarterly Review of Film and Video* 12(3), 1990.

_____. "Masochism and the Perverse Pleasure of Cinema." *Movies and Methods*, Vol. II. Ed. B. Nicholas. Berkeley and Los Angeles: University of California Press, 1985. 602-621.

Tapsoba, C., ed. *Tribute to Djibril Diop Mambety. African Screen*, vol. 7, no. 24, 1998.

Tarkovski, A. *Sculpting in Time: Reflections on the Cinema.* New York: Alfred Knopf, 1987.

Tasker, Y. *Spectacular Bodies: Gender, Genre and the Action Cinema.* London: Routledge, 1993.

Thompson, B. M. "Idiocy, Foolishness, and Spastic Jesting" in *P. O. V., A Danish Journal of Film Studies* 10, 47-60, December 2000.

Thornton, S. *Club Culture: Music, Media and Subcultural Capital.* Cambridge and Oxford: Polity Press, 1995.

Toop, D. *Ocean of Sound. Aether Talk, Ambient Sound and Imaginary Worlds.* London and New York: Serpent Tail, 1995.

Toubiana, S. "Le cinéma est Deleuzien." *Cahiers du Cinéma* 497, 1995.

Truffaut, F. *Hitchcock / Truffaut.* New York: Simon and Schuster, 1967. [곽한주·이채훈 옮김,『히치콕과의 대화』, 한나래, 1994.]

Turim, M. *Flashbacks in Film: Memory and History.* New York and London: Routledge, 1989.

Vojkovic, S. *Subjectivity in the New Hollywood Cinema: Fathers, Sons and Other Ghosts.* Amsterdam: ASCA Press, 2001.

Werven, van, B. *De Herinneringsmachine: Godard, Deleuze, Histoire(s).* Amsterdam: M. A. thesis, University of Amsterdam, 2000.

Williams, L. *Hardcore: Power, Pleasure and The Frenzy of the Visible.* London: Pandora, 1987.

_____. "The Body in Horror, Science Fiction and Melodrama." *Film Quar-*

terly 44, 1991.

Willis, S. "The Father Watch The Boys' Room." *Camera Obscura* 32, 1994.

Woolf, V. *Orlando.* London : The Hogarth Press, 1928 and Penguin, 1993. [김유정 옮김, 『올랜도』, 혜원, 2003.]

Zaoui, p. "La grande identité : Nietzsche et Spinoza — quelle identité?" in *Philosophie.* No. 47. Paris : Editions de Minuit, 1995.

Žižek, S. *Enjoy Your Symptom! Jacques Lacan in Hollywood and Out.* London and New York : Routledge, 1992. [주은우 옮김, 『당신의 징후를 즐겨라! : 할리우드의 정신분석』, 한나래, 1997.]

_____. ed. *Everything You Always Wanted to Know about Lacan But Were Afraid to Ask Hitchcock.* London and New York : Verso, 1992. [김소연 옮김, 『항상 라캉에 대해 알고 싶었지만 감히 히치콕에게 물어보지 못한 모든 것』, 새물결, 2001.]

_____. *For They Know Not What They Do : Enjoyment as Political Factor.* London : Verso, 1991. [박성수옮김, 『그들은 자기가 하는 일을 알지 못하나이다』, 인간사랑, 2004.]

_____. *Looking Awry : an Introduction to Jaques Lacan through Popular Culture.* Cambridge and Massachusetts : MIT Press, 1991. [김소연 · 유재희 옮김, 『삐딱하게 보기 : 대중 문화를 통한 라캉의 이해』, 시각과언어, 1993.]

_____. "Grimaces of the Real, or When the Phallus Appears", *October* 56, 44-68, 1992.

_____. "The Lamella of David Lynch." *Reading Seminar XI : Lacan's Four Fundamental Concepts of Psychoanalysis.* Ed. R. Feldskin et al. New York : State University of New York Press, 1995. 205-220.

_____. "The Matrix, the Two Sides of Perversion." <http://www.britannica.com>.

_____. *The Metastases of Enjoyment : Six Essays on Women and Causality.* London and New York : Verso, 1994. [이만우 옮김, 『향락의 전이』, 인간사랑, 2002.]

_____. *The Sublime Object of Ideology.* London : Verso, 1989. [이수련 옮김, 『이데올로기라는 숭고한 대상』, 인간사랑, 2002.]

_____. *Tarrying with the Negative — Kant, Hegel and the Critique of Ideology.* Durham : Duke University Press, 1993. [이성민 옮김, 『부정적인 것과 함께 머물기 : 칸트, 헤겔 그리고 이데올로기 비판』, b, 2007.]

Žižek, S., and R. Salect, eds. *Gaze and Voice as Love Objects*. Durham and
    London : Duke University Press, 1996.
Zohar, D. *The Quantum Self*. London : HarperCollins, 1991.
Zourbichvilli, F. *Deleuze, une philosophie de l'événement*. Paris : PUF, 1994.

용어 대조

[a]
abject 아브젝트, 비천한
abjection 아브젝시옹
action 행동, 행위, 작용
action-reaction 작용-반작용
active 능동적
activity 활동, 행위, 행동
actual 현실태, 현실적
adequate 적합한
affect 정서, 변용
affection 감정, 감화
affection-image 감정-이미지
affinity 친밀성
affirmation 긍정
agency 작인
agent 행위자
Aion 아이온
alliance 결연
analogy 유비

anorganism 비유기체성
any-space-whatever 임의의 공간
apparatus 장치, 기구
appropriation 전유
a priori 선험적
articulation 분절
assemblage 배치(물)
association 연상
automata 자동기계

[b]
becoming 되기, 생성
becoming-intense 강렬하게-되기
becoming-imperceptible 지각 불가
　능하게-되기
bodies without organs(BwO) 기관
　없는 몸
body 몸, 신체, 육체
border 가장자리, 경계

burlesque 벌레스크

[c]
capacity 능력
cartography 지도 제작
Chronos 크로노스
chronosign 시간 기호
circuit 회로
circulation 일주
coalescence 유착
code 약호
coherence 응집성
combination 조합
commentary 해설
common sense 상식, 공통 감각
complication 복잡화
composition 조성
compound 합성물
conatus 코나투스, 자존성
conceive 착상하다, 파악하다
conception 개념화
connection 접속
consistency 일관성
contemplation 관조
contrast 콘트라스트
corporeal 신체적, 물체적
corpse 실체, 몸체
crystal 결정(체)
crystallization 결정화

[d]
depersonalization 탈인격화
determination 결정, 규정
deterritorialization 탈영토화
dicisign 사실 기호

differentiation 미분화, 변별화
disjoint 탈구
disjunction 이접
displacement 전치
doubling 이중화
domain 영역
drive 욕동
duration 지속
dynamics 역학

[e]
effect 효과
emotion 감동, 감정
encounter 조우, 마주침
enjoyment 즐거움
ensemble 집합
entity 존재
enunciation 언표 행위
extension 연장
exteriority 외재성
external recurrence 영원 회귀

[f]
fabulation 이야기 꾸미기
factor 요인
false 거짓
figure 형상
filiation 계통
flesh 살
force 힘
fragmentation 파편화
free indirect discourse 자유 간접
    화법

[g]
gap 구멍, 간극
gaze 응시
given 소여
good sense 양식

[h]
habitus 아비투스
haecceity 이것임
heautonomous 각기 자율적
heterogeneous 다질적, 이질적
hyalosign 결정체 기호

[i]
idea 관념, 이념
identification 동일화
identity 정체성, 동일성
image 이미지
imagination 상상력
immanence 내재성
imperceptible 지각 불능
impersonal 비인격적
impulse 충동
in-between 사이, 중간물
indetermination 비결정
individuality 개체성
individuation 개별화
intensity 강렬함
irrational 무리수적

[j]
joint 접합
joy 기쁨
jouissance 희열

[l]
layer 층
liaison 연관
line of flight 도주선
longitude 경도

[m]
majoritarian 다수파
mark 표식
material 질료, 물질
matter 질료, 물질
metamorphosis 변신, 변형
metaphor 은유
milieu 환경
mind 마음, 정신
mobility 유동성, 이동성
mode 양태
modification 수정, 변형
molar 그램분자적
molecular 분자적
monstrosity 괴물성
motor 운동, 동력
movement 운동
multiplicity 다중성, 다양체, 복수성

[n]
narrative 내러티브
negative 부정적
negotiation 교섭
night of the world 세계의 밤
nomad 유목
nonpersonal 비인격적

[o]
opposition 대립

optical 시지각적, 광학적
orchestration 통합
organ 기관
organism 유기체
organization 조직화

[p]
particle 입자, 미립자
partition 부분화
passage 이행, 통로
passion 열정, 정념
passive 수동적
pathetic 비장한
pathos 파토스
people 민중
perception 지각
performative 수행적, 화행적
personalization 인격화
perspective 관점, 원근성
perversion 성도착
plane 평면
plane of composition 조성의 평면
plane of consistence 일관성의 평면
plane of immanence 내재성의 평면
political line 정치선
point 점, 지점, 첨점
positive 긍정적
possible 가능한, 가능태
potentiality 잠재력
power 역량, 역능, 힘, 권력, 권능
pragmatic 화용론
premonition 징후
preoccupation 선취
presence 현존
presentation 현시

principium 원리
proximity 근접성
pure optical and sound situation
　순수 시지각적-음향적 상황

[q]
quality 특질, 질

[r]
real 실재
reason 이성
reasoning 추론
reality 현실, 실제
recognition 재인
reference 지시 관계, 지시항
reflection 반영, 성찰
refusal 거부
refrain 후렴
regime 체제
relation 관계, 결합 관계
representation 재현, 표상
resemblance 유사
reversibility 역전가능성
rhizome 리좀

[s]
schema 구조, 도식
schizoanalysis 분열분석
schizophrenia 정신분열증
scopophilia 절시증
segment 절편
segmental line 절편선
segmentation 절편화
sensation 감각
sense 의미, 감각, 방향

sensitivity 감성
sensory-motor 감각-운동
serialism 계열성
series 계열
sheet 시트
significance 의미생성
singularity 독자성, 특이성
sound 소리, 음향, 음
specificity 특수성
spirit 정신, 영혼
strata 지층
subjectification 주체화
subjectivity 주체성, 주관성
subtractive 감산적
substance 실체
system 체계

[t]
territorialization 영토화
thought 사유
trope 수사
transcendent 초월적
transcendental 초월론적
transformation 변형
translation 번역
trauma 트라우마, 외상

[u]
unity 단일체, 통일성
universality 보편성

[v]
vampire 흡혈귀
variation 변주
virtual 잠재태, 잠재적, 가상적

voice 목소리, 음성
void 텅 빔
voyeurism 관음증

[z]
zero degree 영도
zeroness 영도성
zone 지대

찾아보기

□지은이 / 파트리샤 피스터르스(Patricia Pisters) ─────────

네덜란드 암스테르담대학교 영화학과 교수로 있으면서, 『스크린(Skrien)』지 편집자
이자 로테르담국제영화제 객원 프로그래머, 네덜란드 문화 방송 제작 고문으로 활동
하고 있다. 다문화주의, 상호문화성과 미디어, 북아프리카 영화, 아랍 미디어, 트랜스
내셔널리즘, 이미지 존재론, 영화-철학 인식론, 뇌-스크린 이론을 강의하고 있다. 저서
로는 *Micropolitics of Media Culture : Reading the Rhizomes of Deleuze and Guattari*,
Shooting the Family : Transnational Media and Intercultural Values 등이 있다.

□옮긴이 / 정민아 ─────────

한양대학교를 졸업한 뒤, 뉴욕대학교 티쉬스쿨 영화 이론학 석사, 동국대학교 영화학
과 박사 과정을 수료하였으며, 동국대학교와 세종대학교 강사, EBS 국제다큐멘터리
페스티벌 프로그래머, 영화 주간지 『무비위크』 스태프 평론가로 활동하고 있다. 역서
『화이트』(공역)와 공저 『멜로드라마란 무엇인가』, *Yu Hyun-Mok : The Pathfinder of
Korean Realism* 등이 있으며, 「디지털 미디어 시대의 매혹 : 동시대 매혹의 시네마」,
「영화 이론의 물신주의 연구」 등의 논문이 있다.

시각 문화의 매트릭스

초판 1쇄 인쇄 / 2007년 12월 15일
초판 1쇄 발행 / 2007년 12월 20일

■

지은이 / 파트리샤 피스터르스
옮긴이 / 정 민 아
펴낸이 / 전 춘 호
펴낸곳 / 철학과현실사
서울특별시 서초구 양재동 338의 10호
전화 579-5908~9

■

등록일자 / 1987년 12월 15일(등록번호 : 제1—583호)

■

ISBN 978-89-7775-648-9 03680
*잘못된 책은 바꾸어 드립니다.

값 20,000원